# 社会变迁中的法律意识与行为取向

## 基于上海的调查报告

李峰 张善根 著

中国社会科学出版社

# 图书在版编目(CIP)数据

社会变迁中的法律意识与行为取向：基于上海的调查报告／李峰，张善根著．—北京：中国社会科学出版社，2018.12
ISBN 978-7-5203-1787-0

Ⅰ.①社… Ⅱ.①李…②张… Ⅲ.①社会主义法制—建设—研究—上海 Ⅳ.①D927.51

中国版本图书馆 CIP 数据核字(2017)第 324786 号

| 出 版 人 | 赵剑英 |
| --- | --- |
| 责任编辑 | 姜阿平 |
| 责任校对 | 胡新芳 |
| 责任印制 | 张雪娇 |

| 出　　版 | 中国社会科学出版社 |
| --- | --- |
| 社　　址 | 北京鼓楼西大街甲 158 号 |
| 邮　　编 | 100720 |
| 网　　址 | http://www.csspw.cn |
| 发 行 部 | 010-84083685 |
| 门 市 部 | 010-84029450 |
| 经　　销 | 新华书店及其他书店 |

| 印刷装订 | 北京君升印刷有限公司 |
| --- | --- |
| 版　　次 | 2018 年 12 月第 1 版 |
| 印　　次 | 2018 年 12 月第 1 次印刷 |

| 开　　本 | 880×1230　1/32 |
| --- | --- |
| 印　　张 | 15.125 |
| 插　　页 | 2 |
| 字　　数 | 365 千字 |
| 定　　价 | 69.00 元 |

凡购买中国社会科学出版社图书，如有质量问题请与本社营销中心联系调换
电话：010-84083683
版权所有　侵权必究

# 目 录

### 上篇 数据报告

**第一章 导论** ………………………………………………（3）
    一 问题的缘起：被悬置的法治 ………………………（3）
    二 法律意识的界定及意义 ……………………………（6）
    三 本报告的研究思路与框架 …………………………（10）
    四 关于数据统计的说明 ………………………………（13）

**第二章 抽样调查的方式及样本之基本人口学特征** ……（14）
    一 抽样及调查的方式 …………………………………（14）
    二 样本的基本人口学特征 ……………………………（23）

**第三章 法律认知** …………………………………………（30）
    一 社会公众对法律的了解度 …………………………（30）
    二 对专门机构法制宣传与教育的关注状况 …………（33）
    三 对非专门机构的法律宣传与教育的关注
       状况 ………………………………………………（42）
    四 社会公众的法律知识的了解渠道 …………………（51）

## 第四章　法律观念 (56)
　一　社会服从态度与观念 (56)
　二　诉讼意识 (62)
　三　对法官的态度 (68)
　四　对审判的态度 (74)
　五　对司法及其他权利救济渠道的态度 (81)
　六　对律师的态度 (89)
　七　司法信心 (93)

## 第五章　私权意识 (101)
　一　家庭成员间的合同意识 (101)
　二　亲友间合同意识 (106)
　三　同学、同事间合同意识 (111)
　四　非熟人间的合同意识 (114)

## 第六章　公共权利意识 (117)
　一　组织参与观念 (117)
　二　公共事务的关注态度 (141)
　三　政治参与意识 (149)
　四　公民行动意识 (156)

## 第七章　政府绩效评价 (169)
　一　政府透明度 (169)
　二　依法行政 (178)
　三　政府效率 (187)
　四　法治治理 (197)
　五　环境治理 (206)
　六　社会民生 (213)

## 第八章 法律信任 ······ (234)
- 一 社会信任 ······ (234)
- 二 法律人信任 ······ (259)
- 三 司法机构信任 ······ (269)
- 四 警察机构信任 ······ (287)
- 五 政府机构信任 ······ (296)
- 六 人大机构信任 ······ (305)

## 第九章 法律行为取向 ······ (312)
- 一 家庭类纠纷的法律行为取向 ······ (312)
- 二 亲友近邻类纠纷的法律行为取向 ······ (327)
- 三 对同学、同事类纠纷的法律行为取向 ······ (336)
- 四 陌生人之间纠纷的法律行为取向 ······ (342)
- 五 与组织机构纠纷的行为取向 ······ (351)

## 第十章 法律行为的经验 ······ (361)
- 一 法律经验的总体状况 ······ (361)
- 二 诉讼对象 ······ (370)
- 三 诉讼的纠纷类型 ······ (373)
- 四 诉讼原因 ······ (375)
- 五 司法认同 ······ (377)

### 下篇 专论

## 第十一章 司法信任的影响机制分析
——基于上海数据的实证探讨 ······ (383)
- 一 文献综述、问题及分析思路 ······ (384)
- 二 研究假设 ······ (390)

三　数据与变量 …………………………………（391）
　　四　数据分析 ……………………………………（395）
　　五　结论与讨论 …………………………………（400）

## 第十二章　社会公众对法律人的信任问题探析
　　　　　　——基于上海的实证研究 ………………（409）
　　一　法律人信任：文献综述与研究思路 …………（411）
　　二　对法律人总体的高信任和部分的低信任 ……（417）
　　三　关系信任抑或权威信任 ………………………（420）
　　四　结论与讨论：法律人信任的隐忧及其应对 …（426）

## 第十三章　户籍、同期群及其对警察信任度的影响
　　　　　　——基于上海数据的分析 ………………（429）
　　一　西方文献综述 ………………………………（431）
　　二　分析框架和研究思路 ………………………（436）
　　三　数据与变量 …………………………………（445）

**附录** ………………………………………………（459）

**后记** ………………………………………………（477）

上篇

数据报告

# 第一章

# 导论

## 一 问题的缘起：被悬置的法治

自改革开放以来，中国法治发展已经取得了举世瞩目的成就。经过30年的法治启蒙，"法治优于人治""要法治不要人治"已经逐渐成为整个中国社会的基本共识，法治中国成为法律学人及其整个国家的梦想与追求；经过30年的法治建设，法治从器物建设、法律职业队伍建设到法律制度建设已经基本齐备、健全。中国确实可以自豪地向国人、向世界宣告中国特色社会主义法律体系业已基本形成。[1] 然而，突飞猛进的法治发展，也暗含着深刻的隐忧。我们有越来越多的法律，但却面临着越来越少的秩序；我们有越来越多的法律机构，但却面临着越来越混乱的社会治理；我们有越来越多的法律宣传，但却面临着越来越少的信任；法律离我们越来越近，正义却离我们越来越远；法律权力越来越多，但法律权威越来越少。法治在

---

[1] 全国人大常委会委员长吴邦国于2011年在十一届全国人大四次会议中宣告中国特色社会主义法律体系形成。

中国推进过程中所遭遇的这些尴尬与困境,形成了"法治悬置"的社会学现象。

简单而言,所谓"法治悬置"就是法治被搁置的意思,即法治作为国家的建构,在自上而下的推进过程中,遭遇着难以向社会下沉的一种状态。法律社会学把这一现象解读为:法治在我国主要体现为一系列法律的文本规则,是书本上的法,还没有转化为行动中的法。[①] 这在某种程度上描述出我国法治落地过程中的困境,但"法治悬置"的困境绝不仅限于此。实际上,当前中国法治是一种表征性法治,其具备了法治的表征性要素:制度、机构和法律人,但法治秩序还停留在建构者的理想之中。法治在推进过程中,被社会场域无形软化和搁置,而难以真正落地,从而形成国家与社会"分治"的局面。

"法治悬置"是中国法治发展过程中必须经历的阶段性现象,其产生具有深刻的社会学根源。首先,中国社会的转型在整体上表现为国家与社会的断层,法治的发展主要是政府强力推进,社会缺乏法治自我生成的基础。其次,社会进化一直存在文化堕距现象,即制度文化和精神文化滞后于物质文化的现象。[②] 而中国法治的推进,无疑加大了社会与法治的距离。再次,法治是精英阶层的理性设计,并主要表现为一种移植的法,无论是作为中国法律意识形态的马克思主义,还是作为现代法律精神的法治品格,都是来源于中国之外。尽管一直以来,法治建构都很强调中国化、本土化,但这些外来法律对中国社会来说,依然比较陌生。社会公众对其既不了解,也不能

---

① 朱景文:《比较法社会学的框架与方法——法制化、本土化与全球化》,中国人民大学出版社2000年版,第353页。

② [美]威廉·费尔丁·奥格本:《社会变迁:关于文化和先天的本质》,王晓毅、陈育国译,浙江人民出版社1989年版,第235页。

理解。最后，法治的规则与社会所习得的规则有太多的差异，并存在一定的竞争关系，使得社会大众难以适从，也导致了法治的权威难以建构。

尽管"法治悬置"现象事出有因，但因此而形成的国家与社会二元分治的局面却不容忽视。法治是现代社会的基本价值，现代社会的治理是法治的治理，现代社会秩序的本质是法治的秩序。然而，如果法治无法融入社会，国家与社会二元分治，意味着法治还没有被社会所认同和接受，当然法治建构的行为规范也不会被社会所遵守。不仅如此，国家与社会二元分治还导致社会公众对规范秩序服从的紊乱，损耗法治的公信力和权威，最终导致社会公众对法律的不信任。实际上，虽然法律日臻完善，但人们对法律的信心却逐渐瓦解。当人们越来越不相信法治的时候，法治已经面临着危险。当人们拒斥法律的时候，法治建构的梦想就面临着破产。这不是危言耸听，而是当前中国法治发展过程中所面临的现实。

解决"法治悬置"这一现象所引发的社会问题，是一个系统而复杂的事情。但总体而言，大致有两个路径。一个是从国家层面，通过建构法律权威的方式。另一个就是从社会层面，通过法律大众化的方式。前者以健全、完善法律系统为主导，其不仅要建立法治化的规范体系、组织系统和法律职业队伍，还要在法律系统之外，处理好法律与政治的关系，使法律的运作超然于政治之外，而不被沦为政治的附庸。法律只要有权威，社会必然会认同和接受。后者则依托社会公众，认为要让社会公众认同和接受法治，那么就应让法治大众化。实际上，两个路径目标一致，殊途同归，相互影响和建构。其差异仅在于权威的路径是自上而下，而大众化的路径是自下而上。而且对法治的社会认同与接受而言，法律的大众化可能更为关键。实际上，法律权威本身也可以是社会认同和接受的一个重要范畴。因此，解决了法治的大众化问题，在某种程度上意味着能够化解"法治悬置"问题。

我国在具体解决"法治悬置"，让法治下沉落地的思路上，大致经历了硬着陆和软着陆两个阶段，基本手段主要是普法和法律的实施。早期以硬着陆为主，国家对法治的社会化采取比较强势的态势。其一方面在建构表征法治的同时，利用国家的优势排斥其他社会规范系统。另一方面，通过激发社会公众的法律意识，采取积极的法律行动，尤其是利用诉讼，以获得法律的权利。而当前主要以软着陆为主，其逐渐重视社会场域对法治下沉的作用力。法治是目的，而不仅仅是治理的手段。因此，通过法律的积极对抗逐渐被弱化，而更多地主张通过其他非诉讼渠道，化解社会纠纷与矛盾。然而，我们却发现，不管是硬着陆还是软着陆，其并没有有效地解决"法治悬置"问题。这并非因为硬着陆和软着陆本身出现了问题，而是在法治自上而下和自下而上的过程中，还没有建立或者说缺乏法治化的观念基础，那就是决定法律行为取向的法律意识。

## 二　法律意识的界定及意义

在社会中建构与法治相应的法律意识是解决"法治悬置"、实现法治化的关键，也是评价法治化的基本变量。现代化理论认为，现代化包含物质的现代化、制度的现代化和人的现代化。文化理论则把物质、制度和观念视为文化的三个层面。无论是现代化理论还是文化理论都把人及人的观念视为现代化的内在标准。物质和制度容易改变，但人的观念不容易改变。对法治化而言，其本质是法治的社会化，其不仅需要建构现代法治的器物表征，也不仅是建构现代法治的制度，更需要社会依法治而行事，即法治转化为社会的观念和行为依据。因此，与法治相应的法律意识的研究一直是法学研究的核心范畴之一。

有关法律意识的元理论相对比较成熟，美国一般使用"Legal Consciousness"这个术语加以表达，而在欧洲则通常用"Knowledge and Opinion about Law"这一术语。在我国，法律意识的讨论在20世纪90年代初就逐步兴起。早期法律意识的概念通常沿用马克思主义的意识理论，把法律意识视为法这一社会现象在人们头脑中的反映和映象。① 法律属于第一性，而法律意识属于第二性，这一观点基本为早期的法学理论所认可。当前的概念主要从法律意识的基本范畴加以界定。实际上，法律意识包含了人们对法律现象的内在领悟及领悟到的感觉、知觉、观念、态度和情感等心理观念因素。② 也就是说法律意识的主要表现内容是法律观念。③ 即法律意识是一种特殊的社会意识体系，是社会主体对社会法的现象的主观把握方式，是人们对法的理性、情感、意志和信念等各种心理要素的有机综合体。④ 从法律意识内部的横向结构来看，法律意识由法律知识、法律理想、法律感情、法律意志、法律评价、法律信仰等要素所构成；从法律意识的纵深结构来看，法律意识由法律心理、法律观念、法律意识形态三个层次所构成。⑤

---

① 李步云：《法律意识的本原》，《中国法学》1992年第6期，第51页。
② 张文显：《法哲学范畴研究》，中国政法大学出版社2001年版，第239页。
③ 刘作翔：《法律文化理论》，商务印书馆2001年版，第126页。
④ 刘旺洪：《法律意识论》，法律出版社2001年版，第49页。
⑤ 刘旺洪：《法律意识之结构分析》，《江苏社会科学》2001年第6期，第109页。

对法律意识的关注，主要是基于法律意识对法律，尤其是对现代法治的意义。李步云、刘士平指出，法律意识对法的作用和影响，存在正作用与副作用之分。正确的与进步的法律意识对法的制定与实施起促进与保护作用；错误的与落后的法律意识，则对法的制定与实施起破坏作用。符合事物性质、客观规律和时代精神的法律意识，是正确的与进步的法律意识；不符合事物性质、客观规律与时代精神的法律意识，是错误的与落后的法律意识。① 这一逻辑偷换了一个概念，正功能与副功能是客观评价，而正确与错误则是价值判断，两者并不能等同。实际上，法律意识不仅对法律自身的建构和运作具有意义，还对政治、经济、文化等诸方面具有意义。而且，在我国，法律意识的论题一直潜存着两个理论预设，一个是传统与现代的理论框架，另一个是国家与社会的理论框架。前者预设了现代的法律意识优于传统法律意识的进化观，后者则预设了国家法律价值观自上而下的过程观。因此，在法律意识的元理论中，界分传统法律意识和现代法律意识及如何推动传统法律意识向现代法律意识的转型，使社会中的法律意识与国家主导的法律系统相配套，便成为法律意识研究的重要范畴。

在法律意识的元理论发展过程中，法律意识的实证研究也逐渐丰富起来。实际上，法律意识的实证研究与法律意识的元理论研究几乎在同步进行，目的在于观察和还原中国法律意识的基本状况。法律意识的实证调查基本是建立在元理论基础之上，但在具体的测量中，可能会因为研究的侧重点不同，而选取不同的测量标准。早在 1990 年，郑永流等就对农民法律意

---

① 李步云、刘士平：《论法与法律意识》，《法学研究》2003 年第 4 期，第 78 页。

识和法律发展进行调研,其主要测量的是农民究竟能在多大程度上了解、认同乃至接受法律的调整。[1] 史清华等主要就农民对农村法律、政策了解程度及其态度进行了探讨。[2] 董璠舆从法律认知和法律态度两个方面测量北京居民的法律意识状况,不仅包括对法律知识的认知和态度,还包括对法律机关的认知和态度。[3] 秦华等从法律知识、法律评价、权利义务关系的判断、法律行为态度及法律需求五个层面测量法律意识。[4] 孙育玮等从法律认知、法律遵守、法律运用、法律评价、法律关注和法律期待六个层面测量法律意识。[5] 冯仕政等则主要从法律服从和遵守的角度测量法律意识。[6]

很显然,20世纪90年代的法律实证研究以法学研究者为主,2000年以后,社会学也逐渐涉猎法律意识领域。总体而言,存在以下特点:从调查的地域范围来看,主要以区域调查为主,全国性的调研比较少。但随着社会学者的介入,全国性的整体调研也逐渐出现。从调研的对象来看,既有对社会群体的总体调查,也有对社会群体的分类调查,如专门针对农民、城市居民、公务员及各种群体的调查。从调研的方式来看,小

---

[1] 郑永流、马协华、高其才、刘茂林:《中国农民法律意识的现实变迁——来自湖北农村的实证研究》,《中国法学》1992年第1期,第92页。

[2] 史清华、陈凯:《现阶段农民法律素质与法律意识分析——对山西省农民政策法规了解情况的问卷调查》,《中国农村观察》2002年第2期,第67页。

[3] 董璠舆:《中国人法律意识的基本构造及提高途径——以北京为中心的调查》,《社会科学战线》1996年第6期,第60页。

[4] 秦华、任大鹏:《公民法律意识的量表测量:一个基于调查数据的分析》,《法学家》2009年第5期,第118页。

[5] 孙育玮等:《"上海市民法律意识调查"课题总报告》,《政府法制研究》2002年第7期,第7—9页。

[6] 转引自郭星华、陆益龙等《法律与社会:社会学和法学的视角》,中国人民大学出版社2004年版,第158页。

型的调研以访谈为主,而大多数的调查以问卷为主。从调研的内容来看,一般以总体的法律认知和观念为主。但也有一些对具体法律制度的评测。

## 三 本报告的研究思路与框架

法治中国的建构、推进与实现,依托于社会场域,其中社会大众的法律意识是关键要素。社会大众对法律的态度和行为是当前中国"法治悬置"产生的核心因素和根本原因,也在很大程度上决定了法治建构的成败。因此,调查和测量我国的法律意识状况成为法治国情的基础调查项目之一,尤其是改革开放后,法治建构已经进行了 30 多年,社会中的法律意识究竟发生了怎么样的变化,对法治的转型和推进究竟会产生怎么样的影响,一直是法律意识研究的重要范畴。本报告即为对法律意识状况的实证调查研究。

从已有的实证研究可以看出,法律意识测量核心是法律的认知和观念。本报告对法律意识的测量也必然包含这两个方面,构成本调查报告的两大核心章节。并且本报告还将深度拓展法律意识的测量范围。在我们看来,法律意识的测量还可以包含以下几个方面:第一,我们将对社会公众的权利意识进行测量。权利意识是现代社会中最为重要的法律观念,不仅包括个人的私权利意识,还包括公共权利意识。前者我们将通过社会公众的合同意识加以测量,后者我们将通过社会公众的公共参与意识加以测量。原有的调查研究比较侧重个人权利意识状况的测量,认为权利是现代法治的根本。传统的法律意识主要表现为权利观念不强和贱诉,而现代的法律意识则主张个人权利。但对于权利意识关注不够,实际上,公共权利更能反映出现代社会与传统社会的本质性差异。公共权利意识主要表现为公共参与意识，包括公共事务的参与意识、政治参与意识等。第二，对法律的信任是一种非常重要的社会心理，是法律意识的重要方面。对法律信任可以涵盖整个法律系统，包括制度信任、机构信任和法律人的信任三大层面。当前的法治系统如果能够得到社会的信任，那么就具备了法治化的社会基础。本质而言，法律信任也是一种法律态度，但因为法律信任长期得不到关注，因此，有必要重点讨论。而且，在对法律信任测量的同时，我们也对社会信任进行了测量。第三，我们还将测量公众的法律行为取向，即当社会公众遇到法律问题和纠纷时，可能采取何种行为。对法治化而言，只有当书本上的法，转化为行动中的法时，"法治悬置"的问题才算得到根本解决。第四，我们将测量社会公众的法律行为经验，其中重点调查社会公众的诉讼经验及其对司法的印象。第五，我们还将进一步扩展法律意识的范畴，我们认为公众参与意识是现代法治的基础意识。第六，我们还将对政府绩效进行评价，因为政府绩效在很大程度上将影响现代法律意识的形成。但在章节安排上，本报告把政府绩效的评价放在公共权利意识之后。

具体来说，我们对法律意识的测量主要围绕着法律认知、法律观念、私权意识、公共权利意识、政府绩效评价、法律信任、法律行为取向、法律经历等层面进行。法律意识测量的指标体系也是围绕着这些不同层面而设置。毫无疑问，通过这个指标体系能从整体上测量法律意识的全貌，反映法治建设的成效及其可能潜藏的问题。这一指标体系既可以就某一地域进行测量，也可以对全国进行测量。本报告是基于上海的调查研究。选择上海进行测量，不仅是因为研究的便利和经费的控制，更重要的是，上海是国际性大都市、中国社会改革的前沿,也是法治的试验田。上海在我国一直被视为最具有法治土壤的地方,其法治发展在我国具有标杆性意义。法律意识既表征社会公众的法律观念,也反映上海的法治发展水平。不仅如此,法律意识又是进一步推进法治进程的基础和前提。因此,呈现上海的法律意识状况及其为何会是这种状况,便是我们研究的核心目的。为了全面展现上海的法律意识状况,本报告由两部分组成,分为上、下两篇。上篇包括导论、抽样调查的方式及样本之基本人口学特征、法律认知、法律观念、私权意识、公共权利意识、政府绩效评价、法律信任、法律行为取向、法律行为的经验,共有十个章节。需要说明的是,当前无论是对法律意识的分析还是尝试性的探索,呈现的数据主要以频次分析为主。

同时,随着社会的日益多元化,不同社会亚群体的法律意识和行为取向可能存在着一定的差异。而对群体的划分有着不同的标准,本书选择以户籍为标准,对上海市户籍人口和非户籍人口的法律意识和行为取向进行对比。原因在于,随着中国快速地进入城市化,诸如北上广这样的大城市的常住居民构成已发生显著的变化,根据第六次人口普查数据,在上海市常住居民中,外来常住人口所占的比重达39%,年平均增长9.99%;从人口增量结构来看,与"五普"相比,全市常住人口增量中,有87.75%是外省市来沪人员;[1]他们也为上海市的社会经济发展做出了巨大的贡献。同时,在经济发展各项政策的驱动下,外来人口出现了明显的"家庭化""常住化"和"本地化"。面对着如此现实,在上海常住人口中,上海户籍人口和非上海户籍人口在法律意识和行为取向等方面有无差

---

[1] http://www.stats-sh.gov.cn/sjfb/201105/218818.htm.

异，应当是我们首先搞清楚的问题。

下篇为专题报告，是对法律意识实证调查的专题性、探索性研究，借用社会学的统计工具，进行复杂的定量研究，以期对法律意识进行深层次的分析和研究。当前已经形成的专题报告有法律人信任专题、司法信任专题和警察信任专题三大专题。我们也将在未来的数据开发中深度呈现各种有关法律意识的调查研究。

## 四　关于数据统计的说明

我们使用SPSS18.0软件对调查数据进行处理，在数据计算的过程中，基于不同的问题意识和统计标准，本书有以下情况需要提前说明。

第一，由于原始数据中存在着缺损值，所以在后面各章节中的频次分析中，对于有缺损值的题项，若未加特别的说明或表中未列出缺损值明细情况的，我们均是以剔除缺损值后的有效样本为基准进行百分比统计。

第二，由于各分项之百分比是按照四舍五入的原则取值，因此，它们的百分比之和可能不完全等于100%。故在这些地方，"合计"栏中的百分比数据不以各分项百分比数据相加为准。

# 第二章

# 抽样调查的方式及样本之基本人口学特征

## 一 抽样及调查的方式

本调查按照随机抽样的原则,从2011年6月到9月,在上海市通过入户的方式进行问卷调查,共获得有效问卷2300份。

### (一) 总样本量

由于调查的结果主要是估计各种比例数据以及进行比例数据之间的比较,所以在调查样本量的确定上是以估计简单随机抽样的总体比例 $p$ 时的样本量为基础。在95%的置信度下按抽样绝对误差不超过3%的要求进行计算,需要抽取样本量:

$$n_0 = \frac{u_\alpha^2 p(1-p)}{d^2} = 1067$$

其中,$d$ 为抽样绝对误差,取0.03;$u_\alpha$ 在置信度为0.95时为 1.96；$p(1-p)$ 最大取 0.25。由于采用多阶段的复杂抽样，设计效应 deff①一般会在 2 和 2.5 之间，我们把 deff 定为 2，这样需要的样本量就为 2134 个。

综合考虑精确度、费用与调查实施的可行性等因素，以及以往若干全国社会调查的经验，再加上考虑到在调查实施中通常会存在一部分户内找不到或没有合格调查对象，以及各种原因造成的无回答等情况，根据第六次人口普查上海市常住居民的人数（2300 万），我们把样本量确定为 2300 个。这 2300 个样本不仅能满足对总体的估计，而且也能满足对抽样框各自总体的估计。

**（二）抽样方法和样本分配**

1. 抽样单位

本方案先根据各区、县人口占上海市总人口比例实行定比样本分配，然后再采用分层的三阶段不等概率抽样，各阶段的抽样单位为：

第一阶段：以街道、镇为抽样单位。

第二阶段：以居民委员会、村民委员会为抽样单位。

第三阶段：以家庭住户并在每户中确定 1 人为最终单位。

2. 样本分配

依照上述样本分配原则，每个区县具体抽样实施方案为：一个街道 1 个居（村）委会，一个居（村）委会 20 户。由此形成表 2-1 所列的具体样本分配方案。

---

① 设计效应（deff）：任意抽样方式下的抽样方案/简单随机抽样方式下抽样方案。

表2-1 样本分配方案 单位：个

| 区/县① | 样本数 | 街道（镇） | 居（村）委会 |
|---|---|---|---|
| 黄浦 | 80 | 4 | 4 |
| 徐汇 | 10 | 5 | 5 |
| 长宁 | 80 | 4 | 4 |
| 静安 | 20 | 1 | 1 |
| 普陀 | 120 | 6 | 6 |
| 闸北 | 10 | 5 | 5 |
| 虹口 | 80 | 4 | 4 |
| 杨浦 | 120 | 6 | 6 |
| 闵行 | 260 | 13 | 13 |
| 宝山 | 180 | 9 | 9 |
| 嘉定 | 140 | 7 | 7 |
| 金山 | 80 | 4 | 4 |
| 松江 | 160 | 8 | 8 |
| 青浦 | 10 | 5 | 5 |
| 奉贤 | 120 | 6 | 6 |
| 崇明 | 60 | 3 | 3 |
| 浦东 | 50 | 25 | 25 |
| 合计 | 230 | 115 | 115 |

根据上述样本分配，同时兼顾城乡分布，最终确定为本调

---

① 第六次人口普查进行时卢湾区还未并入黄浦区，南汇区未并入浦东新区，但本调查在进行各区县样本量分配时按照上海市新的行政区划进行。不过，在对新的浦东新区进行抽样时，考虑到南汇区与原浦东新区在人口结构上的异质性，我们实际仍以原南汇区为单位进行抽样。

查的名单如表 2-2 所示。

表 2-2　　　　　样本分配最终方案和名单

| 区/县 | 各区户数 | 所属街道 | 居委会名称 | 调查户数 |
|---|---|---|---|---|
| 黄浦区 | 80 | 南京东路街道 | 云南中路居委会 | 20 |
|  |  | 半淞园街道 | 瞿溪路第四居委会 | 20 |
|  |  | 豫园街道 | 四新居委会 | 20 |
|  |  | 打浦桥街道 | 局后居委会 | 20 |
| 徐汇区 | 10 | 长桥街道 | 长桥三村第二居委会 | 20 |
|  |  | 虹梅路街道 | 航天新苑居委会 | 20 |
|  |  | 徐家汇街道 | 乐山一村居委会 | 20 |
|  |  | 康健街道 | 康乐小区居委会 | 20 |
|  |  | 枫林路街道 | 龙山新村第一居委会 | 20 |
| 长宁区 | 80 | 新华路街道 | 新华居委会 | 20 |
|  |  | 仙霞新村街道 | 天山五村一居委会 | 20 |
|  |  | 北新泾街道 | 新泾一村一居委会 | 20 |
|  |  | 新泾镇 | 天山村村委会 | 20 |
| 静安区 | 20 | 石门二路街道 | 培德居委会 | 20 |
| 普陀区 | 120 | 长风新村街道 | 海鑫公寓居委会 | 20 |
|  |  | 甘泉路街道 | 新宜居委会 | 20 |
|  |  | 宜川路街道 | 宜川一村居委会 | 20 |
|  |  | 真如镇 | 真光新村第五居委会 | 20 |
|  |  | 长征镇 | 东旺居委会 | 20 |
|  |  | 桃浦镇 | 李子园村村委会 | 20 |

续表

| 区/县 | 各区户数 | 所属街道 | 居委会名称 | 调查户数 |
|---|---|---|---|---|
| 闸北区 | 10 | 宝山路街道 | 通源居委会 | 20 |
| | | 共和新路街道 | 洛川居委会 | 20 |
| | | 彭浦新村街道 | 平顺路七九零弄居委会 | 20 |
| | | 芷江西路街道 | 三兴大楼居委会 | 20 |
| | | 彭浦镇 | 龙潭居委会 | 20 |
| 虹口区 | 80 | 广中路街道 | 商洛小区居委会 | 20 |
| | | 凉城新村街道 | 锦一居委会 | 20 |
| | | 新港路街道 | 逢源居委会 | 20 |
| | | 江湾镇街道 | 学府居委会 | 20 |
| 杨浦区 | 120 | 江浦路街道 | 兰州新村居委会 | 20 |
| | | 控江路街道 | 凤二（1）居委会 | 20 |
| | | 殷行街道 | 工二（4）居委会 | 20 |
| | | 大桥街道 | 永安居委会 | 20 |
| | | 新江湾城街道 | 政立路第一居委会 | 20 |
| | | 五角场镇 | 中农新村居委会 | 20 |
| 闵行区 | 260 | 江川路街道 | 鹤北新村第四居委会 | 20 |
| | | 古美街道 | 古龙六村居委会 | 20 |
| | | 莘庄镇 | 绿梅一村居委会 | 20 |
| | | 七宝镇 | 佳宝新村第一居委会 | 20 |
| | | 七宝镇 | 航华二村第一居委会 | 20 |
| | | 颛桥镇 | 秀龙居委会 | 20 |
| | | 虹桥镇 | 虹桥居委会 | 20 |
| | | 虹桥镇 | 虹六村村委会 | 20 |
| | | 梅陇镇 | 梅陇第三居委会 | 20 |

续表

| 区/县 | 各区户数 | 所属街道 | 居委会名称 | 调查户数 |
|---|---|---|---|---|
| 闵行区 |  | 梅陇镇 | 爱国村村委会 | 20 |
|  |  | 马桥镇 | 联建村村委会 | 20 |
|  |  | 浦江镇 | 景江苑居委会 | 20 |
|  |  | 浦江镇 | 跃农村村委会 | 20 |
| 宝山区 | 180 | 友谊路街道 | 宝林一村居委会 | 20 |
|  |  | 吴淞街道 | 吴淞三村居委会 | 20 |
|  |  | 张庙街道 | 泗塘八村居委会 | 20 |
|  |  | 大场镇 | 大华一村一居委会 | 20 |
|  |  | 大场镇 | 联建居委会 | 20 |
|  |  | 杨行镇 | 苏家村村委会 | 20 |
|  |  | 月浦镇 | 先锋二村村委会 | 20 |
|  |  | 顾村镇 | 共富新村第一居委会 | 20 |
|  |  | 庙行镇 | 共康五村居委会 | 20 |
| 嘉定区 | 140 | 真新街道 | 金汤社区居委会 | 20 |
|  |  | 嘉定镇街道 | 小囡桥社区居委会 | 20 |
|  |  | 安亭镇 | 紫荆社区居委会 | 20 |
|  |  | 安亭镇 | 水产村（方泰）村委会 | 20 |
|  |  | 马陆镇 | 石冈村村委会 | 20 |
|  |  | 南翔镇 | 古猗园社区居委会 | 20 |
|  |  | 江桥镇 | 嘉华社区居委会 | 20 |
| 浦东新区 | 50 | 潍坊新村街道 | 潍坊一村居委会 | 20 |
|  |  | 陆家嘴街道 | 崂山五村居委会 | 20 |
|  |  | 塘桥街道 | 微山新村居委会 | 20 |
|  |  | 上钢新村街道 | 德州四村居委会 | 20 |

续表

| 区/县 | 各区户数 | 所属街道 | 居委会名称 | 调查户数 |
|---|---|---|---|---|
| 浦东新区 |  | 沪东新村街道 | 沪东新村二居委会 | 20 |
|  |  | 金杨新村街道 | 罗山二村居委会 | 20 |
|  |  | 洋泾街道 | 阳光三村居委会 | 20 |
|  |  | 浦兴路街道 | 东陆路一居委会 | 20 |
|  |  | 花木街道 | 培花新村三居委会 | 20 |
|  |  | 花木街道 | 锦绣居委会 | 20 |
|  |  | 川沙新镇 | 妙华居委会 | 20 |
|  |  | 川沙新镇 | 红旗村村委会 | 20 |
|  |  | 高桥镇 | 高桥二村居委会 | 20 |
|  |  | 北蔡镇 | 大华第一居委会 | 20 |
|  |  | 合庆镇 | 春雷村村委会 | 20 |
|  |  | 曹路镇 | 丰怡苑居委会 | 20 |
|  |  | 金桥镇 | 金明村村委会 | 20 |
|  |  | 张江镇 | 江丰居委会 | 20 |
|  |  | 三林镇 | 长青路一居委会 | 20 |
|  |  | 惠南镇 | 听北居委会 | 20 |
|  |  | 周浦镇 | 澧溪居委会 | 20 |
|  |  | 大团镇 | 金石村村委会 | 20 |
|  |  | 康桥镇 | 火箭村村委会 | 20 |
|  |  | 六灶镇 | 果园村村委会 | 20 |
|  |  | 祝桥镇 | 千汇一村社区居委会 | 20 |
| 金山区 | 80 | 朱泾镇 | 南圩居委会 | 20 |
|  |  | 亭林镇 | 复兴居委会 | 20 |
|  |  | 金山卫镇 | 南门居委会 | 20 |

续表

| 区/县 | 各区户数 | 所属街道 | 居委会名称 | 调查户数 |
|---|---|---|---|---|
| | | 山阳镇 | 东方村村委会 | 20 |
| 松江区 | 160 | 岳阳街道 | 龙潭居委会 | 20 |
| | | 永丰街道 | 田村居委会 | 20 |
| | | 方松街道 | 建设居委会 | 20 |
| | | 泗泾镇 | 新南居委会 | 20 |
| | | 车墩镇 | 祥东居委会 | 20 |
| | | 九亭镇 | 亭中居委会 | 20 |
| | | 泖港镇 | 胡光村村委会 | 20 |
| | | 新浜镇 | 赵王村村委会 | 20 |
| 青浦区 | 10 | 夏阳街道 | 青城社区居委会 | 20 |
| | | 盈浦街道 | 庆华社区居委会 | 20 |
| | | 朱家角镇 | 西湖新村居委会 | 20 |
| | | 金泽镇 | 金溪居委会 | 20 |
| | | 白鹤镇 | 江南村村委会 | 20 |
| 奉贤区 | 120 | 南桥镇 | 江海第二居委会 | 20 |
| | | 南桥镇 | 益民村村委会 | 20 |
| | | 奉城镇 | 头桥第一社区居委会 | 20 |
| | | 金汇镇 | 金汇镇居委会 | 20 |
| | | 四团镇 | 四团居委会 | 20 |
| | | 庄行镇 | 邬桥居委会 | 20 |
| 崇明县 | 60 | 堡镇 | 玉屏居委会 | 20 |
| | | 陈家镇 | 裕安村村委会 | 20 |
| | | 横沙乡 | 富民村村委会 | 20 |
| 总计 | 230 | | | 2300 |

### （三）入户调查的方法

在最终抽样单位的选取方面，本调查具体操作方法如下：

1. 抽取居民户

（1）基本方法：本调查按照随机抽样的方法，在选取的镇/乡中选取居/村委会，再按照门牌号码、楼栋和房间号等确定应调查的居民户。

（2）备用样本：为防止某些入户调查无法进行，在抽取户样本时，本调查还多抽取50%的备用样本。

2. 户内抽取受访者

（1）年龄范围：本问卷调查对象年龄为18—70周岁。

（2）基本方法：选取居民户后，采用"预抽样"的形式进行抽样，即抽样员通过居委会、村委会或其他途径了解该户的人员后，用Kish表法选取一名户内被调查对象（受访者）。

（3）访问次数：为保证数据的有效性，若抽到的调查对象因故不在家，不应立即启用备选样本，应再选择时间入户调查。若还不在家，则可启用备选样本。

（4）特殊情况的处理规定：

A. 无法通过"预抽样"确定户内受访者的情况为：

a. 住户抽样框只有户主等信息，没有住户家庭成员信息；

b. 采用地图法只能抽到住户门牌地址。

这时，由访问员持该抽样页单页及问卷入户后，仍以Kish表法选取被调查对象。访问员进行户内抽样、确定户成员的规则和抽样方法应与预抽样一致。访问员应在抽样员转交的抽样页单页上完成户内抽样，待整个访问结束后，将抽样页上的内容完整地抄录到问卷中的抽样页上，并将抽样页单页与问卷粘贴在一起。

B. 访问员入户后，发现"预抽样"的信息有误，可重新采用 Kish 表法在该住户中选取一名被调查对象。

C. 访问员入户后，若抽到的调查对象因故不在家，而且在调查时段内也不可能找到，这时访问员应更换样本，在备选样本中抽取一户，采用 Kish 表法在该住户中选取一名被调查对象。

D. 访问员入户后，发现"预抽样"抽到的调查对象已不在该门牌地址居住，这时访问员应采用 Kish 表法，从该门牌地址新的住户中选取一名被调查对象。

## 二 样市的基市人口学特征

作为一项较大规模的抽样调查，人口统计学变量的分布特征是检验其信度的重要指标之一。从总体情况来看，本次调查的样本基本与总体特征吻合。

1. 样本的性别构成

调查数据显示，在本次调查总样本量 2300 人中，男性 1164 人，占总样本量的 50.6%；女性 1136 人，占 49.4%。基本符合上海市的总体的人口分布情况（见表 2-3）。

表 2-3　　　　样本之性别构成（N=2300）

| 性别 | 人数 | 占比重（%） |
| --- | --- | --- |
| 男性 | 1164 | 50.6 |
| 女性 | 1136 | 49.4 |
| 合计 | 230 | 100 |

## 2. 样本的年龄构成

在本次调查总样本量2300人中,18—24岁年龄段的受访者占到18.7%;25—34岁年龄段的受访者比例最高,为23.6%;35—44岁年龄段占19.3%;45—54岁、55—64岁和64—69岁年龄段的受访者比例依次为18.6%、15.0%和4.8%(见表2-4)。

表2-4　　　　样本中年龄结构分布 (N=2300)

| 年龄段(岁) | 人数 | 占比重(%) |
|---|---|---|
| 18—24 | 429 | 18.7 |
| 25—34 | 543 | 23.6 |
| 35—44 | 444 | 19.3 |
| 45—54 | 428 | 18.6 |
| 55—64 | 345 | 15.0 |
| 64—69 | 111 | 4.8 |
| 合计 | 230 | 100 |

第六次人口普查资料显示,2010年上海60岁及以上老年人口占总人口的比例为15.1%。[①] 为此,此两类比例分布有一定的出入。但考虑到本调查的对象为18—69岁,为此,这种差距也在可接受的范畴之内。

表2-5则进一步描述了样本中年龄的均值和标准误差。

---

① 数据来源于《上海市2010年第六次全国人口普查主要数据公报》,2013年5月12日 (http://www.stats.gov.cn/tjgb/rkpcgb/dfrkpcgb/t20120228_402804339.htm)。

表2–5　　　　　样本年龄分布特征（N=2300）

| 最小值 | 最大值 | 均值 | 标准误差 |
|---|---|---|---|
| 18 | 69 | 42.7 | 0.2664 |

3. 样本的文化程度构成

在本次调查样本量 2300 人中，初中和高中文化程度人数最多，分别占 24.6% 和 35.0%；其次是大专和本科，其比例分别为 19.8% 和 14.8%（见表 2–6）。

表2–6　　　　　样本中文化程度构成（N=2300）

| 文化程度 | 人数 | 占比重（%） |
|---|---|---|
| 没上过学 | 8 | 0.3 |
| 小学 | 104 | 4.5 |
| 初中/技校 | 565 | 24.6 |
| 高中/中专 | 805 | 35.0 |
| 大专 | 455 | 19.8 |
| 本科 | 340 | 14.8 |
| 硕士及以上 | 23 | 1.0 |
| 合计 | 230 | 100 |

而根据第六次人口普查的数据，在全市常住人口中，具有大学（指大专以上）文化程度的人口约占 22.0%，高中（含中专）文化程度人口占 21.0%，初中文化程度人口占 36.5%，

文盲人口（15岁及以上不识字的人）的比重为2.7%。[1] 从这两组数据的对比来看，本调查对象的受教育程度要高于人口普查的情况。

4. 样本中受访者当前的婚姻状况

在本次调查的2300份样本中，涉及婚姻状况的有效样本为2270份。其中，已婚1736人，占76.5%；未婚518人，占22.8%；离异者有16人，占0.7%（见表2-7）。

表2-7　　　　样本中婚姻状况（N=2270）

| 婚姻状况 | 人数 | 占比重（%） |
| --- | --- | --- |
| 未婚 | 518 | 22.8 |
| 已婚 | 1736 | 76.5 |
| 离异 | 16 | 0.7 |
| 合计 | 2270 | 100 |

5. 样本的户口状况

在本次调查户口状况的有效样本2283人中，本地非农业户口1727人，占75.6%；本地农业户口214人，占9.4%；外地非农业户口134人，占5.9%；外地农业户口208人，占9.1%（见表2-8）。若将前两者与后两者分别合并，那么，在本调查样本中，上海市户籍受访者的比例为85.0%，非上海户籍为15.0%，而上海市第六次全国人口普查时外来人口的比例为39.0%。造成如此差距的一个重要原因在于外来人

---

[1] 数据来源于《上海市2010年第六次全国人口普查主要数据公报》，2013年5月12日（http://www.stats.gov.cn/tjgb/rkpcgb/dfrkpcgb/t20120228_402804339.htm）。

口居住格局的非随机性和多聚居性,而本调查在抽样过程中并未考虑到这一点。

表2-8　　　　样本中户口状况（N=2283）

| 户口状况 | 人数 | 占比重（%） |
| --- | --- | --- |
| 本地非农业户口 | 1727 | 75.6 |
| 本地农业户口 | 214 | 9.4 |
| 外地非农业户口 | 134 | 5.9 |
| 外地农业户口 | 208 | 9.1 |
| 合计 | 2283 | 100 |

注：本表为删除缺损值之后的统计结果。

6. 样本的职业构成

从职业分布来看,在排除退休和没有回答的问卷后,在1644份回答中,企业一般职员691人,占30.8%；企业一般管理人员200人,占8.9%；个体户144人,占6.4%；商业、服务业人员135人,占6.0%；产业工人119人,占5.3%；工程技术人员90人,占4.0%；农民50人,占2.2%；企事业单位负责人44人,占2.0%；私营企业主41人,占1.8%；普通公务员26人,占1.2%；中小学教师24人,占1.1%；党群组织负责人13人,占0.6%；农民工13人,占0.6%；护士11人,占0.5%；医生10人,占0.4%；科学研究人员9人,占0.4%；家庭保姆计时工8人,占0.4%；政府机关负责人8人,占0.4%；大学教师4人,占0.2%；法律工作人员4人,占0.2%（见表2-9）。

表2-9　　样本中职业类型分布比例（N=2240）

| 职业类型 | 频次（百分比） | 职业类型 | 频次（百分比） |
|---|---|---|---|
| 企业一般职员 | 691（30.8%） | 党群组织负责人 | 13（0.6%） |
| 企业一般管理人员 | 200（8.9%） | 农民工 | 13（0.6%） |
| 个体户 | 144（6.4%） | 护士 | 11（0.5%） |
| 商业、服务业人员 | 135（6.0%） | 医生 | 10（0.4%） |
| 产业工人 | 119（5.3%） | 科学研究人员 | 9（0.4%） |
| 工程技术人员 | 90（4.0%） | 家庭保姆计时工 | 8（0.4%） |
| 农民 | 50（2.2%） | 政府机关负责人 | 8（0.4%） |
| 企事业单位负责人 | 44（2.0%） | 大学教师 | 4（0.2%） |
| 私营企业主 | 41（1.8%） | 法律工作人员 | 4（0.2%） |
| 普通公务员 | 26（1.2%） | 退休 | 403（18.0%） |
| 中小学教师 | 24（1.1%） | 缺失值 | 193（8.6%） |

### 7. 样本中受访者的家庭收入水平

从受访者的家庭收入情况来看，认为自己家庭收入为下等的有257人，占11.2%；认为属中下等的有931人，占40.5%；认为属中等的有963人，占41.9%；认为属中上等的有81人，占3.5%；认为属上等的有4人，占0.2%（见表2-10）。

表2-10　　受访者家庭收入等级比例（N=2300）

| 等级 | 下等 | 中下等 | 中等 | 中上等 | 上等 | 缺失值 | 合计 |
|---|---|---|---|---|---|---|---|
| 频次 | 257 | 931 | 963 | 81 | 4 | 64 | 2300 |
| 百分比（%） | 11.2 | 40.5 | 41.9 | 3.5 | 0.2 | 2.8 | 100 |

8. 样本中受访者的政治身份

从受访者的政治身份来看,中共党员 340 人,占 14.8%;共青团员 258 人,占 11.2%;群众 1693 人,占 73.6%;另外,还有 9 位受访者未做回答(见表 2-11)。

表 2-11　　　　**受访者政治身份比例**（N=2300）

| 政治身份 | 中共党员 | 共青团员 | 群众及其他 | 缺失值 | 合计 |
|---|---|---|---|---|---|
| 频次 | 340 | 258 | 1693 | 9 | 2300 |
| 百分比（%） | 14.8 | 11.2 | 73.6 | 0.4 | 100 |

# 第三章

# 法律认知

法律认知主要是指对法律知识的了解度和知晓度，它是法律意识和观念的基本要素，也是形成法律意识和观念的源头。其中法律知识是现有的法律体系所建构出来的知识系统，但法律认知并不是对所有规范制度的了解，而是对制度体系所表征的价值观念的了解。社会公众的法律认知主要来源于国家的制度化传播和教育机制，其中包括各种正式的和非正式的社会化机构。因此，本次调查特别关注社会公众更加容易受到哪些法律社会化的机构影响。同时还关注，当社会公众有法律知识的需求时，其主要通过哪些渠道获得。

## 一 社会公众对法律的了解度

1. 法律了解度的总体状况

法律认知测量的是社会公众对法律知识的总体性了解状况，其主要是社会公众的主观自我评估，并不涉及具体的法律知识的了解。抽样调查结果显示，在样本对法律知识了解程度栏中，系统缺失值73个，有效值2227个。从其单变量的频次分布情况来看，其中认为自己完全不了解法律的仅有1人；认为"不太了解"法律的有774人,占34.8%;比较了解法律的有1290人,占57.9%;认为非常了解法律的有55人,占2.5%;觉得说不清的有107人,占4.8%(见表3-1)。这表明,在上海,社会公众对法律的了解度比较高,现代法治在上海已经有一定的社会基础。

表3-1　民众对法律知识了解程度比例(N=2227)

| 了解程度 | 完全不了解 | 不太了解 | 比较了解 | 非常了解 | 说不清 | 合计① |
|---|---|---|---|---|---|---|
| 频次(百分比) | 1(0.0%) | 774(34.8%) | 1290(57.9%) | 55(2.5%) | 107(4.8%) | 2227(100%) |

2. 户籍差异与法律了解度

比较分析上海户籍人口与非上海户籍人口对法律的了解度。调查的数据显示:在本地非农业户籍人口1727人中,0人完全不知道;552人不太了解,占32.0%;1044人比较了解,占60.5%;47人非常了解,占2.7%;84人说不清,占4.9%。在本地农业户籍人口164人中,1人完全不知道,占0.6%;57人不太了解,占34.8%;94人比较了解,占57.3%;4人非常了解,占2.4%;8人说不清,占4.9%。合计本市户籍人口1891人,占有效样本总数的85.1%。其中1人完全不知道,占0.0%;609人不太了解,占32.2%;1138人比较了解,占60.2%;51人非常了解,占2.7%;92人说不清,占4.9%。外地非农户籍人口129人,占样本中外地户籍人口总数的38.9%。其中0人完全不知道;62人不太了解,

---

① 本表所列为有效样本的总数,而非抽样调查之总数,其百分比也是基于前者计算。以下各章各表皆如此。

占 48.1%；62 人比较了解，占 48.1%；2 人非常了解，占 1.6%；3 人说不清，占 2.3%。外地农业户籍人口 203 人，占样本中外地户籍人口总数的 61.1%。其中 0 人完全不知道；101 人不太了解，占 49.8%；88 人比较了解，占 43.3%；2 人非常了解，占 0.1%；12 人说不清，占 5.9%。合计外地户籍人口 332 人，占有效样本总数的 14.9%。其中 0 人完全不知道；163 人不太了解，占 49.1%；150 人比较了解，占 45.2%；4 人非常了解，占 1.2%；15 人说不清，占 4.5%（见表 3-2）。

表 3-2　户籍身份与法律知识了解程度交互频次（N=2223）

|  | 完全不知道 | 不太了解 | 比较了解 | 非常了解 | 说不清 | 合计 |
|---|---|---|---|---|---|---|
| 本地户籍 | 1 (0.1%) | 609 (32.2%) | 1138 (60.2%) | 51 (2.7%) | 92 (4.9%) | 1891 (100%) |
| 本地非农 | 0 | 552 (32.0%) | 1044 (60.5%) | 47 (2.7%) | 84 (4.9%) | 1727 (100%) |
| 本地农业 | 1 (0.6%) | 57 (34.8%) | 94 (57.3%) | 4 (2.4%) | 8 (4.9%) | 164 (100%) |
| 外地户籍 | 0 | 163 (49.1%) | 150 (45.2%) | 4 (1.2%) | 15 (4.5%) | 332 (100%) |
| 外地非农 | 0 | 62 (48.1%) | 62 (48.1%) | 2 (1.6%) | 3 (2.3%) | 129 (100%) |
| 外地农业 | 0 | 101 (49.8%) | 88 (43.3%) | 2 (0.1%) | 12 (5.9%) | 203 (100%) |
| 合计 | 1 (0.0%) | 772 (34.7%) | 1288 (57.9%) | 55 (2.5%) | 107 (4.8%) | 2223 (100%) |

注：本表为删除缺损值之后的统计结果。

上述数据表明，上海户籍人口与非上海户籍人口对法律的了解度存在一定差异。其一，上海户籍人口比非上海户籍人口对法律的了解度要高，不管是农业人口还是非农业人口都是如此。其二，具体到农业户口与非农业户口的比较则发现，非农业户口对法律的了解度高于农业户口。不管是上海户籍还是非上海户籍都是如此。非农户籍人口对法律比较了解的有59.6%，而农业户籍人口对法律比较了解的有49.6%。

## 二 对专门机构法制宣传与教育的关注状况

### 1. 总体状况

国家为了让社会公众尽可能知悉和了解现有的法律制度，通常会通过各种社会化机构进行法律知识传播和教育。其中，社会化传播与教育机构大体分成正式机构和非正式机构，前者主要是指学校、社区街道、司法机关、公检法及政府部门等具有法律宣传职能的机构，而非正式机构则主要是各种社会媒体及家庭。对社会公众而言，对法律的各种社会化机构的关注情况可能会有所不同，这在某种程度上将影响社会公众对法律的认知度。从样本反映的数据表明，总体而言，社会公众对各种法律社会化机构的关注度（包括非常关注和比较关注）都较高，都在50%以上。其中关注度最低的是学校，为55.1%；关注度最高的是各类新闻媒体，为87.5%。另一个最为重要的特征是，在社会公众对各个部门法制宣传与教育的关注中，非正式的法律社会化机构比正式的法律社会化机构关注度要高，前者都在70%以上，网络为61.6%，而后者都在70%以下（见表3-3）。这可能表明专门的法律社会化机构的法律宣传与教育效果存在一定的问题。

表3-3 样本对各部门法制宣传与教育关注程度比例（N=2235）

| | 非常关注 | 比较关注 | 不太关注 | 一点不关注 | 说不清 | 合计 |
|---|---|---|---|---|---|---|
| 家庭 | 344<br>(15.4%) | 1387<br>(62.0%) | 401<br>(17.9%) | 54<br>(2.4%) | 50<br>(2.2%) | 2236<br>(100%) |
| 学校 | 283<br>(12.7%) | 949<br>(42.5%) | 648<br>(29.0%) | 202<br>(9.0%) | 153<br>(6.8%) | 2235<br>(100%) |
| 社区街道 | 327<br>(14.6%) | 1162<br>(52.0%) | 625<br>(28.0%) | 55<br>(2.5%) | 66<br>(3.0%) | 2235<br>(100%) |
| 司法机关 | 288<br>(12.9%) | 1000<br>(44.8%) | 747<br>(33.4%) | 73<br>(3.3%) | 126<br>(5.6%) | 2234<br>(100%) |
| 公检法及政府部门 | 284<br>(12.7%) | 969<br>(43.4%) | 774<br>(34.6%) | 70<br>(3.1%) | 137<br>(6.1%) | 2234<br>(100%) |
| 报纸杂志 | 412<br>(18.4%) | 1290<br>(57.7%) | 445<br>(19.9%) | 36<br>(1.6%) | 52<br>(2.3%) | 2235<br>(100%) |
| 电视、广播 | 661<br>(29.6%) | 1371<br>(61.3%) | 175<br>(7.8%) | 13<br>(0.6%) | 15<br>(0.7%) | 2235<br>(100%) |
| 网络 | 397<br>(17.8%) | 979<br>(43.8%) | 561<br>(25.1%) | 189<br>(8.5%) | 109<br>(4.9%) | 2235<br>(100%) |
| 各类新闻媒体 | 481<br>(21.5%) | 1474<br>(66.0%) | 235<br>(10.5%) | 19<br>(0.9%) | 26<br>(1.2%) | 2235<br>(100%) |

2. 学校的法制宣传与教育

对于学校的法制宣传与教育，从其单变量的频次分布情况来看，有283人表示非常关注，占12.7%；949人比较关注，占42.5%；648人不太关注，占29.0%；202人一点不关注，占9.0%；153人说不清，占6.8%（见表3-3）。

比较不同户籍对"学校法制宣传与教育"的关注度，发现：本地非农1733人，占样本中本地户籍人口总数的91.3%。其中227人非常关注，占13.1%；773人比较关注，占44.6%；475人不太关注，占27.4%；145人一点不关注，占8.4%；113人说不清，占6.5%。本地农业165人，占样本中本地户籍人口总数的8.7%。其中23人非常关注，占

13.9%；66人比较关注，占40.0%；53人不太关注，占32.1%；12人一点不关注，占7.3%；11人说不清，占6.7%。合计本市户籍人口1898人，占有效样本总数的85.1%。其中250人非常关注，占13.2%；839人比较关注，占44.2%；528人不太关注，占27.8%；157人一点不关注，占8.3%；124人说不清，占6.5%。外地非农129人，占样本中外地户籍人口总数的38.7%。其中14人非常关注，占10.9%；52人比较关注，占40.3%；46人不太关注，占35.7%；8人一点不关注，占6.2%；9人说不清，占7.0%。外地农业204人，占样本中外地户籍人口总数的61.3%。其中19人非常关注，占9.3%；58人比较关注，占28.4%；71人不太关注，占34.8%；36人一点不关注，占17.6%；20人说不清，占9.8%。合计外地户籍人口333人，占有效样本总数的14.9%。其中33人非常关注，占9.9%；110人比较关注，占33.0%；117人不太关注，占35.1%；44人一点不关注，占13.2%；29人说不清，占8.7%（见表3-4）。

表3-4　　　户籍身份与对"学校法制宣传与教育"
关注度交互频次（N=2231）

|  | 非常关注 | 比较关注 | 不太关注 | 一点不关注 | 说不清 | 合计 |
| --- | --- | --- | --- | --- | --- | --- |
| 本地户籍 | 250<br>(13.2%) | 839<br>(44.2%) | 528<br>(27.8%) | 157<br>(8.3%) | 124<br>(6.5%) | 1898<br>(100%) |
| 本地非农 | 227<br>(13.1%) | 773<br>(44.6%) | 475<br>(27.4%) | 145<br>(8.4%) | 113<br>(6.5%) | 1733<br>(100%) |
| 本地农业 | 23<br>(13.9%) | 66<br>(40.0%) | 53<br>(32.1%) | 12<br>(7.3%) | 11<br>(6.7%) | 165<br>(100%) |
| 外地户籍 | 33<br>(9.9%) | 110<br>(33.0%) | 117<br>(35.1%) | 44<br>(13.2%) | 29<br>(8.7%) | 333<br>(100%) |
| 外地非农 | 14<br>(10.9%) | 52<br>(40.3%) | 46<br>(35.7%) | 8<br>(6.2%) | 9<br>(7.0%) | 129<br>(100%) |

续表

|  | 非常关注 | 比较关注 | 不太关注 | 一点不关注 | 说不清 | 合计 |
|---|---|---|---|---|---|---|
| 外地农业 | 19<br>(9.3%) | 58<br>(28.4%) | 71<br>(34.8%) | 36<br>(17.6%) | 20<br>(9.8%) | 204<br>(100%) |
| 合计 | 283<br>(12.7%) | 949<br>(42.5%) | 645<br>(28.9%) | 201<br>(9.0%) | 153<br>(6.9%) | 2231<br>(100%) |

注：本表为删除缺损值之后的统计结果。

以上数据也表明：上海户籍人口与非上海户籍人口对学校中的法制宣传与教育的关注度存在一定差异。上海户籍人口比非上海户籍人口对学校中的法制宣传与教育的关注度要高，不管是农业人口还是非农业人口都是如此。具体到农业户口与非农业户口的比较则发现，非农业户口对学校中的法制宣传与教育的关注度高于农业户口，不管是上海户籍还是非上海户籍都是如此。

3. 社区街道的法制宣传与教育

对于社区街道法制宣传，从其单变量的频次分布情况来看，327人非常关注，占14.6%；1162人比较关注，占52.0%；625人不太关注，占28.0%；55人一点不关注，占2.5%；66人说不清，占3.0%（见表3-3）。

在样本对"社区街道中的法制宣传与教育"关注度栏中，本地非农1733人，占77.7%。其中270人非常关注，占15.6%；919人比较关注，占53.0%；452人不太关注，占26.1%；39人一点不关注，占2.3%；53人说不清，占3.1%。本地农业165人，占7.4%。其中27人非常关注，占16.4%；97人比较关注，占58.8%；37人不太关注，占22.4%；2人一点不关注，占1.2%；2人说不清，占1.2%。合计本地户籍人口1898人，占85.1%。其中297人非常关注，占 15.6%；1016 人比较关注，占 53.5%；489 人不太关注，占 25.8%；41 人一点不关注，占 2.2%；55 人说不清，占 2.9%。外地非农 129 人，占 5.8%。其中 18 人非常关注，占 14.0%；57 人比较关注，占 44.2%；48 人不太关注，占 37.2%；3 人一点不关注，占 2.3%；3 人说不清，占 2.3%。外地农业 204 人，占 9.1%。其中 12 人非常关注，占 5.9%；89 人比较关注，占 43.6%；85 人不太关注，占 41.7%；10 人一点不关注，占 4.9%；8 人说不清，占 3.9%。合计外地户籍人口 333 人，占 14.9%。其中 30 人非常关注，占 9.0%；146 人比较关注，占 43.8%；133 人不太关注，占 39.9%；13 人一点不关注，占 3.9%；11 人说不清，占 3.3%（见表 3-5）。

表 3-5　户籍身份与对"社区街道中的法制宣传与教育"关注度交互频次（N=2231）

| | 非常关注 | 比较关注 | 不太关注 | 一点不关注 | 说不清 | 合计 |
|---|---|---|---|---|---|---|
| 本地户籍 | 297<br>(15.6%) | 1016<br>(53.5%) | 489<br>(25.8%) | 41<br>(2.2%) | 55<br>(2.9%) | 1898<br>(100%) |
| 本地非农 | 270<br>(15.6%) | 919<br>(53.0%) | 452<br>(26.1%) | 39<br>(2.3%) | 53<br>(3.1%) | 1733<br>(100%) |
| 本地农业 | 27<br>(16.4%) | 97<br>(58.8%) | 37<br>(22.4%) | 2<br>(1.2%) | 2<br>(1.2%) | 165<br>(100%) |
| 外地户籍 | 30<br>(9.0%) | 146<br>(43.8%) | 133<br>(39.9%) | 13<br>(3.9%) | 11<br>(3.3%) | 333<br>(100%) |
| 外地非农 | 18<br>(14.0%) | 57<br>(44.2%) | 48<br>(37.2%) | 3<br>(2.3%) | 3<br>(2.3%) | 129<br>(100%) |
| 外地农业 | 12<br>(5.9%) | 89<br>(43.6%) | 85<br>(41.7%) | 10<br>(4.9%) | 8<br>(3.9%) | 204<br>(100%) |
| 合计 | 327<br>(14.7%) | 1162<br>(52.1%) | 622<br>(27.9%) | 54<br>(2.4%) | 66<br>(3.0%) | 2231<br>(100%) |

注：本表为删除缺损值之后的统计结果。

以上数据也表明：上海户籍人口与非上海户籍人口对社区

街道中的法制宣传与教育的关注度存在一定差异。上海户籍人口比非户籍人口对社区街道中的法制宣传与教育的关注度要高，不管是农业人口还是非农业人口都是如此。若将"非常关注"与"比较关注"合并为"关注"，而将"不太关注"与"一直不关注"合并为"不关注"①，那么，上海户籍人口对街道社区中的法制宣传与教育的关注度为69.1%，而非上海户籍人口则为52.8%。具体到农业户口与非农业户口的比较则发现，非农业户口对街道社区中的法制宣传与教育的关注度明显高于农业户口。

4. 司法机关的宣传与教育

对于司法机关的法制教育与宣传，从其单变量的频次分布来看，288人非常关注，占12.9%；1000人比较关注，占44.8%；747人不太关注，占33.4%；73人一点不关注，占3.3%；126人说不清，占5.6%（见表3-3）。

在样本对"司法机关的法制宣传与教育"关注度栏中，本地非农1733人，占77.7%。其中237人非常关注，占13.7%；799人比较关注，占46.1%；536人不太关注，占30.9%；57人一点不关注，占3.3%；104人说不清，占6.0%。本地农业165人，占7.4%。其中20人非常关注，占12.1%；85人比较关注，占51.5%；49人不太关注，占29.7%；4人一点不关注，占2.4%；7人说不清，占4.2%。合计本地户籍人口1898人，占85.1%。其中257人非常关注，占13.5%；884人比较关注，占46.6%；585人不太关注，占30.8%；61人一点不关注，占3.2%；111人说不清，占5.8%。外地非农128人，占5.8%。其中16人非常关注，占

---

① 后文的"关注度"都以此为统计标准。

12.5%；46 人比较关注，占 35.9%；58 人不太关注，占 45.3%；1 人一点不关注，占 0.8%；7 人说不清，占 5.5%。外地农业 204 人，占 9.1%。其中 15 人非常关注，占 7.4%；70 人比较关注，占 34.3%；101 人不太关注，占 49.5%；10 人一点不关注，占 4.9%；8 人说不清，占 3.9%。合计外地户籍人口 332 人，占 14.9%。其中 31 人非常关注，占 9.3%；116 人比较关注，占 34.9%；159 人不太关注，占 47.9%；11 人一点不关注，占 3.3%；15 人说不清，占 4.5%（见表 3-6）。

表 3-6　户籍身份与对"司法机关的法制宣传与教育"关注度交互频次（N=2230）

| | 非常关注 | 比较关注 | 不太关注 | 一点不关注 | 说不清 | 合计 |
|---|---|---|---|---|---|---|
| 本地户籍 | 257<br>(13.5%) | 884<br>(46.6%) | 585<br>(30.8%) | 61<br>(3.2%) | 111<br>(5.8%) | 1898<br>(100%) |
| 本地非农 | 237<br>(13.7%) | 799<br>(46.1%) | 536<br>(30.9%) | 57<br>(3.3%) | 104<br>(6.0%) | 1733<br>(100%) |
| 本地农业 | 20<br>(12.1%) | 85<br>(51.5%) | 49<br>(29.7%) | 4<br>(2.4%) | 7<br>(4.2%) | 165<br>(100%) |
| 外地户籍 | 31<br>(9.3%) | 116<br>(34.9%) | 159<br>(47.9%) | 11<br>(3.3%) | 15<br>(4.5%) | 332<br>(100%) |
| 外地非农 | 16<br>(12.5%) | 46<br>(35.9%) | 58<br>(45.3%) | 1<br>(0.8%) | 7<br>(5.5%) | 128<br>(100%) |
| 外地农业 | 15<br>(7.4%) | 70<br>(34.3%) | 101<br>(49.5%) | 10<br>(4.9%) | 8<br>(3.9%) | 204<br>(100%) |
| 合计 | 288<br>(12.9%) | 1000<br>(44.8%) | 744<br>(33.4%) | 72<br>(3.2%) | 126<br>(5.7%) | 2230<br>(100%) |

注：本表为删除缺损值之后的统计结果。

上述数据也表明，司法机关的普法宣传和教育在不同户籍状况的人群中存在一定差异。总体而言，拥有本地户籍的社会公众对司法机关的普法宣传和教育的关注度明显高于外来人口，不管是农业人口还是非农业人口。本地户籍人口的关注度在60%左右，而外地户籍人口的关注度都在50%以下。一般认为，农村人口对司法机关的普法宣传和教育的关注度会低于城市人口。这在外来人口中农业人口和非农业人口的关注度中可以明显看出。外地非农的关注度为48.4%，外地农业的关注度则为41.7%。但上海户籍人口中的农业人口和非农业人口的关注度则出现逆转，本市非农的关注度为59.8%，而本市农业的关注度则为63.6%，略高于本市非农。这可能与当前上海市的司法机关正在进行系统性的送法下乡有关。

5. 公检法及政府部门的法制宣传与教育

对于公检法及政府部门的法制宣传，从其单变量的频次分布情况来看，284人非常关注，占12.7%；969人比较关注，占43.4%；774人不太关注，占34.6%；70人一点不关注，占3.1%；137人说不清，占6.1%（见表3-3）。

在样本对"公检法及政府部门的法制宣传与教育"关注度栏中，本地非农1733人，占77.7%。其中234人非常关注，占13.5%；785人比较关注，占45.3%；547人不太关注，占31.6%；54人一点不关注，占3.1%；113人说不清，占6.5%。本地农业165人，占7.4%。其中18人非常关注，占10.9%；79人比较关注，占47.9%；56人不太关注，占33.9%；3人一点不关注，占1.8%；9人说不清，占5.5%。合计本市户籍人口1898人，占85.1%。其中252人非常关注，占13.3%；864人比较关注，占45.5%；603人不太关注，占31.8%；57人一点不关注，占3.0%；122人说不清，占6.4%。外地非农128人，占5.7%。其中17人非常关注，占13.3%；45人比较关注，占35.2%；56人不太关注，占43.8%；6人一点不关注，占4.7%；4人说不清，占 3.1%。外地农业 204 人，占 9.1%。其中 15 人非常关注，占 7.4%；60 人比较关注，占 29.4%；112 人不太关注，占 54.9%；6 人一点不关注，占 2.9%；11 人说不清，占 5.4%。合计外地户籍人口 332 人，占 14.9%。其中 32 人非常关注，占 9.6%；105 人比较关注，占 31.6%；168 人不太关注，占 50.6%；12 人一点不关注，占 3.6%；15 人说不清，占 4.5%（见表 3-7）。

表 3-7 户籍身份与对"公检法及政府部门的法制宣传与教育"关注度交互频次（N=2230）

|  | 非常关注 | 比较关注 | 不太关注 | 一点不关注 | 说不清 | 合计 |
| --- | --- | --- | --- | --- | --- | --- |
| 本地户籍 | 252 (13.3%) | 864 (45.5%) | 603 (31.8%) | 57 (3.0%) | 122 (6.4%) | 1898 (100%) |
| 本地非农 | 234 (13.5%) | 785 (45.3%) | 547 (31.6%) | 54 (3.1%) | 113 (6.5%) | 1733 (100%) |
| 本地农业 | 18 (10.9%) | 79 (47.9%) | 56 (33.9%) | 3 (1.8%) | 9 (5.5%) | 165 (100%) |
| 外地户籍 | 32 (9.6%) | 105 (31.6%) | 168 (50.6%) | 12 (3.6%) | 15 (4.5%) | 332 (100%) |
| 外地非农 | 17 (13.3%) | 45 (35.2%) | 56 (43.8%) | 6 (4.7%) | 4 (3.1%) | 128 (100%) |
| 外地农业 | 15 (7.4%) | 60 (29.4%) | 112 (54.9%) | 6 (2.9%) | 11 (5.4%) | 204 (100%) |
| 合计 | 284 (12.7%) | 969 (43.5%) | 771 (34.6%) | 69 (3.1%) | 137 (6.1%) | 2230 (100%) |

注：本表为删除缺损值之后的统计结果。

上述数据也表明，与司法机关相同，社会公众对公检法及其他国家机关的法制宣传与教育的关注相对较低，其关注度都在 60% 以下。同时，公检法及其他政府部门的法制宣传和教育在不同户籍状况的人群中也存在一定差异。拥有本地户籍的社会公众的关注度明显高于外来人口，不管是农业人口还是非农业人口。本地户籍人口的关注度都接近60%，其中本地非农人口的关注度为58.8%，而本地农业人口的关注度也为58.8%。与此相对的是，外地非农人口的关注度为48.4%，而外地农业人口的关注度则仅为36.8%。这也在某种程度上反映出外来群体对当地司法及政府部门的信任状况。

## 三 对非专门机构的法制宣传与教育的关注状况

### 1. 家庭的法制宣传与教育

在上海，社会公众对家庭的法制宣传与教育的关注度很高，在2236个有效样本中，从其单变量的频次分布情况来看，77.5%调查对象对家庭的法制宣传与教育表示关注。其中，344人非常关注，占15.4%；1387人比较关注，占62.0%；401人不太关注，占17.9%；54人一点不关注，占2.4%；50人说不清，占2.2%（见表3-3）。

具体到户籍对家庭法制宣传与教育的影响，抽样数据显示：本地非农1734人，占所有样本的77.7%。其中271人非常关注家庭法制宣传与教育，占15.6%；1107人比较关注，占63.8%；286人不太关注，占16.5%；36人一点不关注，占2.1%；34人说不清，占2.0%。本地农业165人，占所有抽样人口的7.4%。其中37人非常关注家庭法制宣传与教育，占22.4%；94人比较关注，占57.0%；26人不太关注，占15.8%；4人一点不关注，占2.4%；4人说不清，占2.4%。合计本市户籍人口1899人，占85.1%。其中308人非常关注，占16.2%；1201人比较关注，占63.2%；312

人不太关注，占16.4%；40人一点不关注，占2.1%；38人说不清，占2.0%。外地非农129人，占5.8%。其中18人非常关注，占14.0%；71人比较关注，占55.0%；32人不太关注，占24.8%；4人一点不关注，占3.1%；4人说不清，占3.1%。外地农业204人，占9.1%。其中18人非常关注，占8.8%；114人比较关注，占55.9%；55人不太关注，占27.0%；9人一点不关注，占4.4%；8人说不清，占3.9%。合计外地户籍人口333人，占14.9%。其中36人非常关注，占10.8%；185人比较关注，占55.6%；87人不太关注，占26.1%；13人一点不关注，占3.9%；12人说不清，占3.6%（见表3-8）。

表3-8　户籍身份与对"家庭中的法制宣传与教育"关注度交互频次（N=2232）

|  | 非常关注 | 比较关注 | 不太关注 | 一点不关注 | 说不清 | 合计 |
|---|---|---|---|---|---|---|
| 本地户籍 | 308<br>(16.2%) | 1201<br>(63.2%) | 312<br>(16.4%) | 40<br>(2.1%) | 38<br>(2.0%) | 1899<br>(100%) |
| 本地非农 | 271<br>(15.6%) | 1107<br>(63.8%) | 286<br>(16.5%) | 36<br>(2.1%) | 34<br>(2.0%) | 1734<br>(100%) |
| 本地农业 | 37<br>(22.4%) | 94<br>(57.0%) | 26<br>(15.8%) | 4<br>(2.4%) | 4<br>(2.4%) | 165<br>(100%) |
| 外地户籍 | 36<br>(10.8%) | 185<br>(55.6%) | 87<br>(26.1%) | 13<br>(3.9%) | 12<br>(3.6%) | 333<br>(100%) |
| 外地非农 | 18<br>(14.0%) | 71<br>(55.0%) | 32<br>(24.8%) | 4<br>(3.1%) | 4<br>(3.1%) | 129<br>(100%) |
| 外地农业 | 18<br>(8.8%) | 114<br>(55.9%) | 55<br>(27.0%) | 9<br>(4.4%) | 8<br>(3.9%) | 204<br>(100%) |
| 合计 | 344<br>(15.4%) | 1386<br>(62.1%) | 399<br>(17.9%) | 53<br>(2.4%) | 50<br>(2.2%) | 2232<br>(100%) |

注：本表为删除缺损值之后的统计结果。

以上数据也表明,上海户籍人口与非上海户籍人口对家庭中的法制宣传与教育的关注度存在一定差异。上海户籍人口比非户籍人口对家庭中的法制宣传与教育的关注度要高,不管是农业人口还是非农业人口都是如此。上海户籍人口对家庭中的法制宣传与教育的关注度为79.4%,而非上海户籍人口则为66.4%。具体到农业户口与非农业户口的比较则发现,非农业户口对家庭中的法制宣传与教育的关注度明显高于农业户口。

2. 报纸杂志的法制宣传与教育

对于报纸杂志中的法制宣传,从其单变量的频次分布情况来看,412人非常关注,占18.4%;1290人比较关注,占57.7%;445人不太关注,占19.9%;36人一点不关注,占1.6%;52人说不清,占2.3%(见表3-3)。

在样本对"报纸杂志中的法制宣传与教育"关注度栏中,本地非农1733人,占77.7%。其中337人非常关注,占19.4%;993人比较关注,占57.3%;340人不太关注,占19.6%;26人一点不关注,占1.5%;37人说不清,占2.1%。本地农业165人,占7.4%。其中29人非常关注,占17.6%;103人比较关注,占62.4%;23人不太关注,占13.9%;3人一点不关注,占1.8%;7人说不清,占4.2%。合计本地户籍人口1898人,占85.1%。其中366人非常关注,占19.3%;1096人比较关注,占57.7%;363人不太关注,占19.1%;29人一点不关注,占1.5%;44人说不清,占2.3%。外地非农129人,占5.8%。其中21人非常关注,占16.3%;65人比较关注,占50.4%;38人不太关注,占29.5%;3人一点不关注,占2.3%;2人说不清,占1.6%。外地农业204人,占9.1%。其中25人非常关注，占 12.3%；125 人比较关注，占 61.3%；44 人不太关注，占 21.6%；4 人一点不关注，占 2.0%；6 人说不清，占 2.9%。合计外地户籍人口 333 人，占 14.9%。其中 46 人非常关注，占 13.8%；190 人比较关注，占 57.1%；82 人不太关注，占 24.6%；7 人一点不关注，占 2.1%；8 人说不清，占 2.4%（见表 3-9）。

表 3-9　户籍身份与对"报纸杂志中的法制宣传与教育"关注度交互频次（N=2231）

|  | 非常关注 | 比较关注 | 不太关注 | 一点不关注 | 说不清 | 合计 |
| --- | --- | --- | --- | --- | --- | --- |
| 本地户籍 | 366<br>(19.3%) | 1096<br>(57.7%) | 363<br>(19.1%) | 29<br>(1.5%) | 44<br>(2.3%) | 1898<br>(100%) |
| 本地非农 | 337<br>(19.4%) | 993<br>(57.3%) | 340<br>(19.6%) | 26<br>(1.5%) | 37<br>(2.1%) | 1733<br>(100%) |
| 本地农业 | 29<br>(17.6%) | 103<br>(62.4%) | 23<br>(13.9%) | 3<br>(1.8%) | 7<br>(4.2%) | 165<br>(100%) |
| 外地户籍 | 46<br>(13.8%) | 190<br>(57.1%) | 82<br>(24.6%) | 7<br>(2.1%) | 8<br>(2.4%) | 333<br>(100%) |
| 外地非农 | 21<br>(16.3%) | 65<br>(50.4%) | 38<br>(29.5%) | 3<br>(2.3%) | 2<br>(1.6%) | 129<br>(100%) |
| 外地农业 | 25<br>(12.3%) | 125<br>(61.3%) | 44<br>(21.6%) | 4<br>(2.0%) | 6<br>(2.9%) | 204<br>(100%) |
| 合计 | 412<br>(18.5%) | 1286<br>(57.6%) | 445<br>(19.9%) | 36<br>(1.6%) | 52<br>(2.3%) | 2231<br>(100%) |

注：本表为删除缺损值之后的统计结果。

上述数据还表明，整体而言，本地户籍对报纸杂志中法制栏目的关注度要高于外来人口，不管是农业人口还是非农人口。其中本市非农的关注度为 76.7%，本市农业的关注度为80.0%,外地非农的关注度为66.7%,外地农业的关注度为73.6%。另外,通过观察可以发现,无论是上海户籍还是非上海户籍,农业人口对报纸杂志中的法制宣传与教育的关注度要高于非农户口。而且,社会公众对报纸杂志中的法制宣传与教育的关注度要高于各种国家机构的关注度。这表明各种国家机构在法制宣传教育方面存在一定的问题,如何解决这一问题是提供社会公众关注度的关键。

3. 电视、广播的法制宣传与教育

总体而言,对于电视、广播的法制宣传,从其单变量的频次分布情况来看,661人非常关注,占29.6%;1371人比较关注,占61.3%;175人不太关注,占7.8%;13人一点不关注,占0.6%;15人说不清,占0.7%(见表3-3)。

在样本对"电视、广播中的法制宣传与教育"关注度栏中,本地非农1734人,占77.7%。其中513人非常关注,占29.6%;1051人比较关注,占60.6%;146人不太关注,占8.4%;10人一点不关注,占0.5%;14人说不清,占0.8%。本地农业164人,占7.4%。其中53人非常关注,占32.3%;100人比较关注,占61.0%;8人不太关注,占4.9%;2人一点不关注,占1.2%;1人说不清,占0.6%。合计本地户籍人口1898人,占85.1%。其中566人非常关注,占29.8%;1151人比较关注,占60.7%;154人不太关注,占13.4%;12人一点不关注,占0.6%;15人说不清,占0.8%。外地非农129人,占5.8%。其中37人非常关注,占28.7%;82人比较关注,占63.6%;10人不太关注,占7.8%。外地农业204人,占9.1%。其中58人非常关注,占28.4%;136人比较关注,占66.7%;10人不太关注,占4.9%。合计外地户籍人口333人,占14.9%。其中 95 人非常关注，占 28.5%；218 人比较关注，占 65.5%；20 人不太关注，占 6.0%（见表 3-10）。

表 3-10　户籍身份与对"电视、广播中的法制宣传与教育"关注度交互频次（N=2231）

| | 非常关注 | 比较关注 | 不太关注 | 一点不关注 | 说不清 | 合计 |
|---|---|---|---|---|---|---|
| 本地户籍 | 566<br>(29.8%) | 1151<br>(60.6%) | 154<br>(8.1%) | 12<br>(0.6%) | 15<br>(0.8%) | 1898<br>(100%) |
| 本地非农 | 513<br>(29.6%) | 1051<br>(60.6%) | 146<br>(8.4%) | 10<br>(0.5%) | 14<br>(0.8%) | 1734<br>(100%) |
| 本地农业 | 53<br>(32.3%) | 100<br>(61.0%) | 8<br>(4.9%) | 2<br>(1.2%) | 1<br>(0.6%) | 164<br>(100%) |
| 外地户籍 | 95<br>(28.5%) | 218<br>(65.5%) | 20<br>(6.0%) | 0 | 0 | 333<br>(100%) |
| 外地非农 | 37<br>(28.7%) | 82<br>(63.6%) | 10<br>(7.8%) | 0 | 0 | 129<br>(100%) |
| 外地农业 | 58<br>(28.4%) | 136<br>(66.7%) | 10<br>(4.9%) | 0 | 0 | 204<br>(100%) |
| 合计 | 661<br>(29.6%) | 1369<br>(61.4%) | 174<br>(7.8%) | 12<br>(0.5%) | 15<br>(0.7%) | 2231<br>(100%) |

注：本表为删除缺损值之后的统计结果。

上述数据还表明，整体而言，本地户籍对电视、广播中的法制栏目的关注度要高于外来人口，不管是农业人口还是非农人口。其中本地非农的关注度为 90.2%，本地农业的关注度为 93.3%，外地非农的关注度为 92.3%，外地农业的关注度为 95.1%。另外，通过观察可以发现，无论是上海户籍还是非上海户籍，农业人口对电视、广播中的法制栏目的关注度要高于非农户口。而且，社会公众对电视、广播中的法制栏目的关注度不仅高于各种国家机构的关注度，也高于对报纸杂志中法制栏目的关注度。这也在某种程度上说明，电视、广播作为一种更为普遍的传播方式得到了社会公众的认可和利用，因此法制教育应着力解决如何利用电视、广播进行法制宣传和教育的问题。

4. 网络的法制宣传与教育

对于网络中的法制宣传，从其单变量的频次分布情况来看，397人非常关注，占17.8%；979人比较关注，占43.8%；561不太关注，占25.1%；189人一点不关注，占8.5%；109人说不清，占4.9%（见表3-3）。

在样本对"网络中的法制宣传与教育"关注度栏中，本地非农1734人，占77.7%。其中319人非常关注，占18.4%；772人比较关注，占44.5%；443人不太关注，占25.5%；127人一点不关注，占7.3%；73人说不清，占4.2%。本地农业165人，占7.4%。其中24人非常关注，占14.5%；61人比较关注，占37.0%；42人不太关注，占25.5%；26人一点不关注，占15.8%；12人说不清，占7.3%。合计本地户籍人口1899人，占85.1%。其中343人非常关注，占18.1%；833人比较关注，占43.9%；485人不太关注，占25.5%；153人一点不关注，占8.1%；85人说不清，占4.5%。外地非农129人，占5.8%。其中22人非常关注，占17.1%；60人比较关注，占46.5%；33人不太关注，占25.6%；7人一点不关注，占5.4%；7人说不清，占5.4%。外地农业203人，占9.1%。其中32人非常关注，占15.8%；83人比较关注，占40.9%；43人不太关注，占21.2%；28人一点不关注，占13.8%；17人说不清，占8.4%。合计外地户籍人口332人，占14.9%。其中

54 人非常关注，占 16.3%；143 人比较关注，占 43.1%；76 人不太关注，占 22.9%；35 人一点不关注，占 10.5%；24 人说不清，占 7.2%（见表 3-11）。

表 3-11　户籍身份与对"网络中的法制宣传与教育"
关注度交互频次（N=2231）

| | 非常关注 | 比较关注 | 不太关注 | 一点不关注 | 说不清 | 合计 |
|---|---|---|---|---|---|---|
| 本地户籍 | 343<br>(18.1%) | 833<br>(43.9%) | 485<br>(25.5%) | 153<br>(8.1%) | 85<br>(4.5%) | 1899<br>(100%) |
| 本地非农 | 319<br>(18.4%) | 772<br>(44.5%) | 443<br>(25.5%) | 127<br>(7.3%) | 73<br>(4.2%) | 1734<br>(100%) |
| 本地农业 | 24<br>(14.5%) | 61<br>(37.0%) | 42<br>(25.5%) | 26<br>(15.8%) | 12<br>(7.3%) | 165<br>(100%) |
| 外地户籍 | 54<br>(16.3%) | 143<br>(43.1%) | 76<br>(22.9%) | 35<br>(10.5%) | 24<br>(7.2%) | 332<br>(100%) |
| 外地非农 | 22<br>(17.1%) | 60<br>(46.5%) | 33<br>(25.6%) | 7<br>(5.4%) | 7<br>(5.4%) | 129<br>(100%) |
| 外地农业 | 32<br>(15.8%) | 83<br>(40.9%) | 43<br>(21.2%) | 28<br>(13.8%) | 17<br>(8.4%) | 203<br>(100%) |
| 合计 | 397<br>(17.8%) | 976<br>(43.7%) | 561<br>(25.1%) | 188<br>(8.4%) | 109<br>(4.9%) | 2231<br>(100%) |

注：本表为删除缺损值之后的统计结果。

上述数据表明，网络作为新兴媒体对中国社会产生了巨大的推力。然而在法律宣传与教育方面，明显不如其他传统媒体。不管是农业人口还是非农人口，本地户籍还是外地户籍都是如此。具体而言，本地非农的关注度为 62.9%，本地农业的关注度为 51.5%，外地非农的关注度为 63.6%，外地农业的关注度为 56.4%。另外，通过观察可以发现，非本地户籍对网络的法制宣传与教育的关注度要高于本地户籍人口。

5. 对各种新闻媒体中的法制宣传与教育

对于各类新闻媒体的法制宣传,从其单变量的频次分布情况来看,481 人非常关注,占 21.5%;1474 人比较关注,占 66.0%;235 人不太关注,占 10.5%;19 人一点不关注,占 0.9%;26 人说不清,占 1.2%(见表 3-3)。

在样本对"各种新闻媒体中的法制宣传与教育"关注度栏中,本地非农 1733 人,占 77.7%。其中 377 人非常关注,占 21.8%;1132 人比较关注,占 65.3%;189 人不太关注,占 10.9%;14 人一点不关注,占 0.8%;21 人说不清,占 1.2%。本地农业 165 人,占 7.4%。其中 43 人非常关注,占 26.1%;103 人比较关注,占 62.4%;12 人不太关注,占 7.3%;4 人一点不关注,占 2.4%;3 人说不清,占 1.8%。合计本地户籍人口 1898 人,占 85.1%。其中 420 人非常关注,占 22.1%;1235 人比较关注,占 65.1%;201 人不太关注,占 10.6%;18 人一点不关注,占 0.9%;24 人说不清,占 1.3%。外地非农 129 人,占 5.8%。其中 24 人非常关注,占 18.6%;90 人比较关注,占 69.8%;14 人不太关注,占 10.9%;1 人一点不关注,占 0.8%;0 人说不清。外地农业 204 人,占 9.1%。其中 37 人非常关注,占 18.1%;145 人比较关注,占 71.1%;20 人不太关注,占 9.8%;0 人一点不关注;2 人说不清,占 1.0%。合计外地户籍人口 333 人,占 14.9%。其中 61 人非常关注,占 18.3%;235 人比较关注,占 70.6%;34 人不太关注,占 10.2%;1 人一点不关注,占 0.3%;2 人说不清,占 0.6%(见表 3-12)。

表3-12　户籍身份与对"各种新闻媒体中的法制宣传与教育"
关注度交互频次（N=2231）

|  | 非常关注 | 比较关注 | 不太关注 | 一点不关注 | 说不清 | 合计 |
| --- | --- | --- | --- | --- | --- | --- |
| 本地户籍 | 420<br>(22.1%) | 1235<br>(65.1%) | 201<br>(10.6%) | 18<br>(0.9%) | 24<br>(1.3%) | 1898<br>(100%) |
| 本地非农 | 377<br>(21.8%) | 1132<br>(65.3%) | 189<br>(10.9%) | 14<br>(0.8%) | 21<br>(1.2%) | 1733<br>(100%) |
| 本地农业 | 43<br>(26.1%) | 103<br>(62.4%) | 12<br>(7.3%) | 4<br>(2.4%) | 3<br>(1.8%) | 165<br>(100%) |
| 外地户籍 | 61<br>(18.3%) | 235<br>(70.6%) | 34<br>(10.2%) | 1<br>(0.3%) | 2<br>(0.6%) | 333<br>(100%) |
| 外地非农 | 24<br>(18.6%) | 90<br>(69.8%) | 14<br>(10.9%) | 1<br>(0.8%) | 0 | 129<br>(100%) |
| 外地农业 | 37<br>(18.1%) | 145<br>(71.1%) | 20<br>(9.8%) | 0 | 2<br>(1.0%) | 204<br>(100%) |
| 合计 | 481<br>(21.6%) | 1470<br>(65.9%) | 235<br>(10.5%) | 19<br>(0.9%) | 26<br>(1.2%) | 2231<br>(100%) |

注：本表为删除缺损值之后的统计结果。

上述数据表明，整体而言，社会公众对"各种新闻媒体中的法制宣传与教育"的关注度都相对较高，而且差异不大，不管是农业人口还是非农人口，本地户籍还是外地户籍。这也表明社会公众比较喜好以法制新闻和故事的方式了解法律。其中本市非农的关注度为87.1%，本市农业的关注度为88.5%，外地非农的关注度为88.4%，外地农业的关注度为89.2%。

## 四　社会公众的法律知识的了解渠道

1. 总体状况

当社会公众在遇到纠纷时，是否会想到采用法律的方式加以解决,其了解法律知识的渠道如何,在某种程度上反映了社会公众的法律意识。从调查研究状况看,在样本遇到法律纠纷想了解法律知识的一般途径栏中,系统缺失值 5 个,有效值 2235 个,其中会咨询家人的有 595 人,占 26.6%;会咨询亲戚朋友的有 1020 人,占 45.6%;会选择咨询律师的有 1151 人,占 51.5%;会选择查阅相关书籍的有 615 人,占 27.5%;会选择网络查询的有 908 人,占 40.6%;会选择咨询有关部门的有 1145 人,占 51.2%;会选择其他方法的有 6 人,占 0.3%[①](见表 3-13)。

表 3-13　　受访者的法律知识了解渠道频次 (N=2235)

| 了解渠道 | 咨询家人 | 咨询亲戚朋友 | 咨询律师 | 查阅相关书籍 | 网络查询 | 咨询有关部门 | 其他方法 |
|---|---|---|---|---|---|---|---|
| 频次(百分比) | 595 (26.6%) | 1020 (45.6%) | 1151 (51.5%) | 615 (27.5%) | 908 (40.6%) | 1145 (51.2%) | 6 (0.3%) |

由此可以看出,社会公众在遇到法律纠纷时,还是比较倾向于通过咨询律师或咨询有关部门等专业化和权威性的了解渠道。咨询亲戚朋友也是一种重要的方式,但明显比前者要弱,表明社会公众还是存在对熟人关系的依赖性。另外,网络查询也是非常重要的渠道,这也表明网络在社会生活中的重要性。

2. 户籍身份对法律知识了解渠道的影响

在样本与"纠纷时了解法律知识渠道"栏中,本地非农中有 458 人会咨询家人,占样本的 10.8%;733 人会咨询亲

---

① 本题上述选项为多选。

戚朋友，占样本的17.2%；913人会咨询律师，占样本的21.5%；514人会查阅书籍，占样本的12.1%；714人会查询网络，占16.8%；914人会咨询部门，占样本的21.5%；5人会用其他方式，占样本的0.1%。本地农业中有42人会咨询家人，占样本的10.6%；88人会咨询亲戚朋友，占样本的22.1%；92人会咨询律师，占样本的23.1%；43人会查阅书籍，占样本的10.8%；48人会查询网络，占样本的12.1%；85人会咨询部门，占样本的21.4%；0人会用其他方式。合计本地户籍人口中500人会咨询家人，占样本的10.8%；821人会咨询亲戚朋友，占样本的17.7%；1005人会咨询律师，占21.6%；557人会查阅书籍，占样本的12.0%；762人会查询网络，占样本的16.4%；999人会咨询部门，占样本的21.5%；5人会用其他方式，占样本的0.1%。外地非农中有39人会咨询家人，占样本的12.1%；72人会咨询亲戚朋友，占样本22.4%；55人会咨询律师，占样本的17.1%；26人会查阅书籍，占样本的8.1%；61人会查询网络，占样本的18.9%；69人会咨询部门，占样本的21.4%；0人会用其他方式。外地农业中有56人会咨询家人，占样本的12.1%；127人会咨询亲戚朋友，占样本的27.5%；90人会咨询律师，占样本的19.5%；32人会查阅书籍，占样本的6.9%；82人会查询网络，占样本的17.7%；74人会咨询部门，占16.0%；1人会用其他方式，占0.2%。合计外地户籍人口中有95人会咨询家人，占样本的12.1%；199人会咨询亲戚朋友，占样本的25.4%；145人会咨询律师，占样本的18.5%；58人会查阅书籍，占样本的7.4%；143人会查询网络，占样本的18.2%；143人会咨询部门，占样本的18.2%；1人会用其他方式，占样本的 0.1%（见表 3-14）。

表 3-14　户籍身份与"纠纷时了解法律知识渠道"交互频次

| | 咨询家人 | 咨询亲戚朋友 | 咨询律师 | 查阅书籍 | 查询网络 | 咨询部门 | 其他 | 合计 |
|---|---|---|---|---|---|---|---|---|
| 本地户籍 | 500 (10.8%) | 821 (17.7%) | 1005 (21.6%) | 557 (12.0%) | 762 (16.4%) | 999 (21.5%) | 5 (0.1%) | 4649 (100%) |
| 本地非农 | 458 (10.8%) | 733 (17.2%) | 913 (21.5%) | 514 (12.1%) | 714 (16.8%) | 914 (21.5%) | 5 (0.1%) | 4251 (100%) |
| 本地农业 | 42 (10.6%) | 88 (22.1%) | 92 (23.1%) | 43 (10.8%) | 48 (12.1%) | 85 (21.4%) | 0 | 398 (100%) |
| 外地户籍 | 95 (12.1%) | 199 (25.4%) | 145 (18.5%) | 58 (7.4%) | 143 (18.2%) | 143 (18.2%) | 1 (0.1%) | 784 (100%) |
| 外地非农 | 39 (12.1%) | 72 (22.4%) | 55 (17.1%) | 26 (8.1%) | 61 (18.9%) | 69 (21.4%) | 0 | 322 (100%) |
| 外地农业 | 56 (12.1%) | 127 (27.5%) | 90 (19.5%) | 32 (6.9%) | 82 (17.7%) | 74 (16.0%) | 1 (0.2%) | 462 (100%) |
| 合计 | 595 (26.7%) | 1020 (45.7%) | 1150 (51.5%) | 615 (27.6%) | 905 (40.5%) | 1142 (51.2%) | 6 (0.3%) | |

注：①本表为删除缺损值之后的统计结果；②本题为多选题。

上述数据也表明，社会公众对法律知识的了解比较依赖于专业化和有权威性的部门，不管是本地户籍还是外地户籍，也不管是农业户籍还是非农户籍。随着网络技术的发达，网络查询也是了解法律知识的重要渠道。但需要注意的是，通过亲戚朋友去了解法律知识在不同户籍之间，尤其是农业户口与非农户口之间有一些差异。在本地非农人群中，咨询律师和咨询相关部门的比例最高，且明显高于通过亲戚朋友这一渠道了解法律知识。而本地农业人群中，咨询律师和咨询相关部门的比例与通过亲戚朋友这一渠道了解法律知识的比例基本趋同，甚至咨询相关部门略低于通过亲戚朋友这一渠道。而在外来人口中，不管是外地非农还是外地农业，通过亲戚朋友了解法律知识的比例最高。这表明在我国当前,熟人社会关系对法律知识的了解具有重要的作用。简言之,法律知识的传播,社会圈子是一个重要的载体,其在某种程度上影响了熟人圈的法律知识的了解程度。

# 第四章

# 法律观念

法律观念是法律意识的核心组成部分，其既是社会公众对法律的认知、基本态度和看法，也是社会公众如何行动的心理依据。在社会转型期间，法治的发展与推进，一直存在观念与制度二元化的困境，即法律观念的发展难以跟上法律制度的发展，国家法治的硬着陆总遭遇社会法律观念的软障碍。那么现在社会公众的法律观念究竟如何？这需要进行系统测量。为此，我们主要测量法治的核心，即社会公众对当前司法的态度及其以司法为中心扩展而来的法律认知、法律观念与态度。

## 一 社会服从态度与观念

为了全面了解社会公众的法律认知与观念，我们首先要了解社会公众的社会态度与观念。对社会公众的态度与观念的测量主要集中于服从观念，因为不同的服从观念可能会对法律观念具有重要的影响。我们把服从观念区分为对集体的服从观念、对领导的服从观念和对政府首脑的服从观念三个方面。

1. 对集体的服从观念

对于集体的服从观念的测量,主要通过对"个人利益在任何时候都要服从集体利益"这一语句的赞同度进行。总体而言,在样本中,从其单变量的频次分布情况来看,460 人对此表示非常同意,占所有调研对象的 20.6%;1419 人比较同意,占 63.5%;258 人不太同意,占 11.5%;51 人非常不同意,占 2.3%;47 人说不清,占 2.1%(见表 4-1)。

表 4-1　　　　　　　社会服从态度与观念

|  | 非常同意 | 比较同意 | 不太同意 | 非常不同意 | 说不清 |
| --- | --- | --- | --- | --- | --- |
| 对集体的服从观念 | 460 (20.6%) | 1419 (63.5%) | 258 (11.5%) | 51 (2.3%) | 47 (2.1%) |
| 对领导的服从观念 | 62 (2.8%) | 531 (23.8%) | 43 (1.9%) | 1110 (49.7%) | 488 (21.8%) |
| 对政府首脑的服从观念 | 772 (34.6%) | 1088 (48.7%) | 296 (13.2%) | 35 (1.6%) | 43 (1.9%) |

通过比较沪籍人口和非沪籍人口发现,在样本对观点"个人利益在任何时候都要服从集体利益"态度栏中,在本地户籍 1898 人中,有 407 人选择非常同意,占 21.4%;1196 人选择比较同意,占 63.0%;220 人选择不太同意,占 11.6%;选择非常不同意的有 29 人,占 1.5%。而在外地户籍人口中,这一比例依次为 15.9%、65.8%、11.4% 和 6.6%。两者的差别主要集中于两端的态度级,本地户籍受访者较外地户籍受访者对集体服从选择非常同意的比例高出 5.5%,选择非常不同意的比例低 5.1%。

另外,从各户籍中的非农和农业情况来看,在本地户籍样本中,本地非农 1733 人,其中 376 人选择非常同意,占

21.7%；1081 人比较同意，占 62.4%；203 人不太同意，占 11.7%；29 人非常不同意，占 1.7%；44 人说不清，占 2.5%。本地农业 165 人，其中 31 人非常同意，占 18.8%；115 人比较同意，占 69.7%；17 人不太同意，占 10.3%；0 人非常不同意；2 人说不清，占 1.2%。在外地户籍样本中，外地非农 129 人，其中 24 人非常同意，占 18.6%；86 人比较同意，占 66.7%；14 人不太同意，占 10.9%；4 人非常不同意，占 3.1%；1 人说不清，占 0.8%。外地农业 204 人，其中 29 人非常同意，占 14.2%；133 人比较同意，占 65.2%；24 人不太同意，占 11.8%；18 人非常不同意，占 8.8%；0 人说不清（见表 4-2）。

表 4-2　　户籍身份与集体服从观念交互频次（N=2235）

|  | 非常同意 | 比较同意 | 不太同意 | 非常不同意 | 说不清 |
| --- | --- | --- | --- | --- | --- |
| 本地户籍 | 407<br>(21.4%) | 1196<br>(63.0%) | 220<br>(11.6%) | 29<br>(1.5%) | 46<br>(2.4%) |
| 本地非农 | 376<br>(21.7%) | 1081<br>(62.4%) | 203<br>(11.7%) | 29<br>(1.7%) | 44<br>(2.5%) |
| 本地农业 | 31<br>(18.8%) | 115<br>(69.7%) | 17<br>(10.3%) | 0 | 2<br>(1.2%) |
| 外地户籍 | 53<br>(15.9%) | 219<br>(65.8%) | 38<br>(11.4%) | 22<br>(6.6%) | 1<br>(0.3%) |
| 外地非农 | 24<br>(18.6%) | 86<br>(66.7%) | 14<br>(10.9%) | 4<br>(3.1%) | 1<br>(0.8%) |
| 外地农业 | 29<br>(14.2%) | 133<br>(65.2%) | 24<br>(11.8%) | 18<br>(8.8%) | 0 |
| 合计 | 460<br>(20.6%) | 1419<br>(63.5%) | 258<br>(11.5%) | 51<br>(2.3%) | 47<br>(2.1%) |

2. 对领导的服从观念

对领导的服从观念的测量，主要通过对"如果领导的道德品质好，能力强，我们就可以让他来决定所有的事情"这一语句的态度加以评测。在样本中，从其单变量的频次分布情况来看，有 62 人表示非常同意，占所有样本的 2.8%；531 人比较同意，占 23.8%；43 人不太同意，占 1.9%；1110 人非常不同意，占 49.7%；488 人说不清，占 21.8%（见表 4-1）。

通过比较沪籍人口和非沪籍人口发现，在样本对"如果领导的道德品质好，能力强，我们就可以让他来决定所有的事情"态度栏中，不论是本地户籍还是外地户籍受访者，他们对此的态度相似，其选择非常不同意的比例最高，分别为 49.4% 和 50.3%；其次为比较同意，分别为 23.9% 和 23.5%。

若再以非农和农业户籍细分，那么，在本地非农 1733 人中，37 人非常同意，占 2.1%；406 人比较同意，占 23.4%；32 人不太同意，占 1.8%；863 人非常不同意，占 49.8%；395 人说不清，占 22.8%。本地农业 165 人，其中 2 人非常同意，占 1.2%；47 人比较同意，占 28.5%；6 人不太同意，占 3.6%；76 人非常不同意，占 46.1%；34 人说不清，占 20.6%。合计本地户籍人口 1898 人，其中 39 人非常同意，占 2.1%；453 人比较同意，占 23.9%；38 人不太同意，占 2.0%；939 人非常不同意，占 49.5%；429 人说不清，占 22.6%。外地非农 128 人，其中 6 人非常同意，占 4.7%；19 人比较同意，占 14.8%；3 人不太同意，占 2.3%；78 人非常不同意，占 60.9%；22 人说不清，占 17.2%。外地农业 204 人，其中 17 人非常同意，占 8.3%；59 人比较同意，占 28.9%；2 人不太同意，占 1.0%；89 人非常不同意，占 43.6%；37 人说不清，占 18.1%。合计外地户籍人口 332 人，其中 23 人非常同意，占 6.9%；78 人比较同意，占 23.5%；5 人不太同意，占 1.5%；167 人非常不同意，占 50.3%；59 人说不清，占 17.8%（见表 4-3）。

表 4-3　户籍身份与对领导的服从观念交互频次（N=2230）

| | 非常同意 | 比较同意 | 不太同意 | 非常不同意 | 说不清 |
|---|---|---|---|---|---|
| 本地户籍 | 39 (2.1%) | 453 (23.9%) | 38 (2.0%) | 939 (49.5%) | 429 (22.6%) |
| 本地非农 | 37 (2.1%) | 406 (23.4%) | 32 (1.8%) | 863 (49.8%) | 395 (22.8%) |
| 本地农业 | 2 (1.2%) | 47 (28.5%) | 6 (3.6%) | 76 (46.1%) | 34 (20.6%) |
| 外地户籍 | 23 (6.9%) | 78 (23.5%) | 5 (1.5%) | 167 (50.3%) | 59 (17.8%) |
| 外地非农 | 6 (4.7%) | 19 (14.8%) | 3 (2.3%) | 78 (60.9%) | 22 (17.2%) |
| 外地农业 | 17 (8.3%) | 59 (28.9%) | 2 (1.0%) | 89 (43.6%) | 37 (18.1%) |
| 合计 | 62 (2.8%) | 531 (23.8%) | 43 (1.9%) | 1106 (49.6%) | 488 (21.9%) |

注：本表为删除缺损值之后的统计结果。

3. 对政府首脑的服从观念

对政府首脑的服从观念的测量，主要通过对"政府首脑就像一家之长"的态度进行。在样本中，从其单变量的频次分布情况来看，有772人对此表示非常同意，占所有样本的34.6%；1088人比较同意，占48.7%；296人不太同意，占13.2%；35人非常不同意，占1.6%；43人说不清，占1.9%（见表4-1）。

通过比较沪籍人口和非沪籍人口发现，在样本对观点"政府首脑就像一家之长"态度栏中，沪籍人口和非沪籍人口选择比较同意的比例均为最高，分别占49.0%和46.7%；其次是非常同意，分别为33.1%和43.1%。这说明对政府首脑的服从观念在两种户籍人口中都比较强，基本观念是差不多的。但非沪籍人口较之于沪籍人口表现出更高比例的同意度，其非常同意的比例高出沪籍人口10.0%。

而就各户籍中的非农和农业情况来看，本地非农1733人，其中575人非常同意，占33.2%；853人比较同意，占49.2%；241人不太同意，占13.9%；30人非常不同意，占1.7%；34人说不清，占2.0%。本地农业165人，其中53人非常同意，占32.1%；77人比较同意，占46.7%；25人不太同意，占15.2%；3人非常不同意，占1.8%；7人说不清，占4.2%。合计本地户籍人口1898人，其中628人非常同意，占33.1%；930人比较同意，占49.0%；266人不太同意，占14.0%；33人非常不同意，占1.7%；41人说不清，占2.2%。外地非农128人，其中53人非常同意，占41.4%；57人比较同意，占44.5%；15人不太同意，占11.7%；2人非常不同意，占1.6%；1人说不清，占0.8%。外地农业204人，其中90人非常同意，占44.1%；98人比较同意，占48.0%；15人不太同意，占7.4%；0人非常不同意；1人说不清，占0.5%。合计外地户籍人口332人，其中143人非常同意，占43.1%；155人比较同意，占46.7%；30人不太同意，占9.0%；2人非常不同意，占0.6%；2人说不清，占0.6%（见表4-4）。

表4-4 户籍身份与对政府首脑的服从观念交互频次（N=2230）

|  | 非常同意 | 比较同意 | 不太同意 | 非常不同意 | 说不清 |
| --- | --- | --- | --- | --- | --- |
| 本地户籍 | 628<br>(33.1%) | 930<br>(49.0%) | 266<br>(14.0%) | 33<br>(1.7%) | 41<br>(2.2%) |
| 本地非农 | 575<br>(33.2%) | 853<br>(49.2%) | 241<br>(13.9%) | 30<br>(1.7%) | 34<br>(2.0%) |

续表

|  | 非常同意 | 比较同意 | 不太同意 | 非常不同意 | 说不清 |
|---|---|---|---|---|---|
| 本地农业 | 53<br>(32.1%) | 77<br>(46.7%) | 25<br>(15.2%) | 3<br>(1.8%) | 7<br>(4.2%) |
| 外地户籍 | 143<br>(43.1%) | 155<br>(46.7%) | 30<br>(9.0%) | 2<br>(0.6%) | 2<br>(0.6%) |
| 外地非农 | 53<br>(41.4%) | 57<br>(44.5%) | 15<br>(11.7%) | 2<br>(1.6%) | 1<br>(0.8%) |
| 外地农业 | 90<br>(44.1%) | 98<br>(48.0%) | 15<br>(7.4%) | 0 | 1<br>(0.5%) |
| 合计 | 771<br>(34.6%) | 1085<br>(48.7%) | 296<br>(13.3%) | 35<br>(1.5%) | 43<br>(1.9%) |

注：本表为删除缺损值之后的统计结果。

## 二 诉讼意识

对社会公众诉讼意识的测量可以通过原告意识、被告意识两个方面进行。而信访人意识则会在某种程度上影响诉讼态度。一般而言，在传统向现代转型的国家中，社会公众总会呈现诉讼意识不强的状态，持有息诉和无诉的观念。但在我们对上海社会公众的抽样测量中发现，这种现象有所改变。超过一半的人不再认为诉讼是坏事情，而且也不认为信访就是不懂法。

1. 原告意识

原告意识主要通过对"打官司终归是不好的事情"这一语句的判断来测量。总体而言，在有效样本中，从其单变量的频次分布情况来看，有258人对"打官司终归是不好的事情"表示非常同意，占有效样本的11.5%；有822人比较同意，占36.8%；有786人不太同意，占35.2%；有240人非常不同意，占 10.7%；有 128 人说不清，占 5.8%（见表 4-5）。

表 4-5　　　　　　　　受访者之诉讼观念频次

|  | 非常同意 | 比较同意 | 不太同意 | 非常不同意 | 说不清 | 合计 |
| --- | --- | --- | --- | --- | --- | --- |
| 打官司不好 | 258<br>(11.5%) | 822<br>(36.8%) | 786<br>(35.2%) | 240<br>(10.7%) | 128<br>(5.8%) | 2234<br>(100%) |
| 被人告<br>不光彩 | 247<br>(11.1%) | 815<br>(36.4%) | 807<br>(36.1%) | 232<br>(10.4%) | 135<br>(6.0%) | 2236<br>(100%) |
| 信访人<br>不懂法 | 61<br>(2.7%) | 424<br>(19.0%) | 1147<br>(51.3%) | 356<br>(15.9%) | 248<br>(11.1%) | 2236<br>(100%) |

在样本对观点"打官司终归是不好的事情"态度栏中，沪籍人口和非沪籍人口都以比较同意和不太同意的态度居多，沪籍人口有 37.6% 比较同意，35.9% 不太同意；而非常同意和非常不同意这两个极端态度所占比例相对较小，分别为 11.0% 和 9.8%。非沪籍人口有 32.4% 比较同意，31.3% 不太同意，14.4% 非常同意，16.5% 非常不同意。

就各户籍中的非农和农业情况来看，本地非农 1732 人，其中 186 人非常同意，占 10.7%；653 人比较同意，占 37.7%；618 人不太同意，占 35.7%；173 人非常不同意，占 10.0%；102 人说不清，占 5.9%。本地农业 165 人，其中 23 人非常同意，占 13.9%；60 人比较同意，占 36.4%；63 人不太同意，占 38.2%；12 人非常不同意，占 7.3%；7 人说不清，占 4.2%。合计本地户籍人口 1897 人，其中 209 人非常同意，占 11.0%；713 人比较同意，占 37.6%；681 人不太同意，占 35.9%；185 人非常不同意，占 9.8%；109 人说不清，占 5.7%。外地非农 129 人，其中 21 人非常同意，占 16.3%；

39 人比较同意，占 30.2%；42 人不太同意，占 32.6%；20 人非常不同意，占 15.5%；7 人说不清，占 5.4%。外地农业 204 人，其中 27 人非常同意，占 13.2%；69 人比较同意，占 33.8%；62 人不太同意，占 30.4%；35 人非常不同意，占 17.2%；11 人说不清，占 5.4%。合计外地户籍人口 333 人，其中 48 人非常同意，占 14.4%；108 人比较同意，占 32.4%；104 人不太同意，占 31.2%；55 人非常不同意，占 16.5%；18 人说不清，占 5.4%（见表 4 - 6）。

表 4 - 6　户籍身份与原告意识交互频次（N = 2230）

|  | 非常同意 | 比较同意 | 不太同意 | 非常不同意 | 说不清 |
|---|---|---|---|---|---|
| 本地户籍 | 209<br>(11.0%) | 713<br>(37.6%) | 681<br>(35.9%) | 185<br>(9.8%) | 109<br>(5.7%) |
| 本地非农 | 186<br>(10.7%) | 653<br>(37.7%) | 618<br>(35.7%) | 173<br>(10.0%) | 102<br>(5.9%) |
| 本地农业 | 23<br>(13.9%) | 60<br>(36.4%) | 63<br>(38.2%) | 12<br>(7.3%) | 7<br>(4.2%) |
| 外地户籍 | 48<br>(14.4%) | 108<br>(32.4%) | 104<br>(31.2%) | 55<br>(16.5%) | 18<br>(5.4%) |
| 外地非农 | 21<br>(16.3%) | 39<br>(30.2%) | 42<br>(32.6%) | 20<br>(15.5%) | 7<br>(5.4%) |
| 外地农业 | 27<br>(13.2%) | 69<br>(33.8%) | 62<br>(30.4%) | 35<br>(17.2%) | 11<br>(5.4%) |
| 合计 | 257<br>(11.5%) | 821<br>(36.8%) | 785<br>(35.2%) | 240<br>(10.8%) | 127<br>(5.7%) |

注：本表为删除缺损值之后的统计结果。

2. 被告意识

被告意识主要通过对"被别人告到法院总是不太光彩的事情"这一语句的判断来测量。总体而言，在有效样本中，从其单变量的频次分布情况来看，有 247 人对"被别人告到法院总是不太光彩的事情"表示非常同意,占有效样本的11.1%;有815人比较同意,占36.4%;有807人不太同意,占36.1%;有232人非常不同意,占10.4%;有135人说不清,占6.0%(见表4-5)。

在样本对观点"被别人告到法院总是不太光彩的事情"态度栏中,沪籍人口和非沪籍人口大多持中间态度,持比较同意和不太同意态度的占绝大多数,沪籍人口分别为36.8%和37.3%,而非沪籍人口为34.5%和29.1%。两个极端态度的比例相对都较少,沪籍人口分别为10.8%和9.1%,而非沪籍人口则为12.3%和18.0%。

而将各户籍按照农业和非农细分来看,本地非农1734人,其中183人非常同意,占10.6%;640人比较同意,占36.9%;642人不太同意,占37.0%;161人非常不同意,占9.3%;108人说不清,占6.2%。本地农业165人,其中22人非常同意,占13.3%;59人比较同意,占35.8%;67人不太同意,占40.6%;11人非常不同意,占6.7%;6人说不清,占3.6%。合计本地户籍人口1899人,其中205人非常同意,占10.8%;699人比较同意,占36.8%;709人不太同意,占37.3%;172人非常不同意,占9.1%;114人说不清,占6.0%。外地非农129人,其中16人非常同意,占12.4%;38人比较同意,占29.5%;41人不太同意,占31.8%;26人非常不同意,占20.2%;8人说不清,占6.2%。外地农业204人,其中25人非常同意,占12.3%;77人比较同意,占37.7%;56人不太同意,占27.5%;34人非常不同意,占16.7%;12人说不清,占5.9%。合计外地户籍人口333人,其中41人非常同意,占12.3%;115人比较同意,占34.5%;97人不太同意,占29.1%;60人非常不同意,占18.1%;20

人说不清，占 6.0%（见表 4-7）。

表 4-7　户籍身份与被告意识交互频次（N=2232）

|  | 非常同意 | 比较同意 | 不太同意 | 非常不同意 | 说不清 |
|---|---|---|---|---|---|
| 本地户籍 | 205<br>(10.8%) | 699<br>(36.8%) | 709<br>(37.3%) | 172<br>(9.1%) | 114<br>(6.0%) |
| 本地非农 | 183<br>(10.6%) | 640<br>(36.9%) | 642<br>(37.0%) | 161<br>(9.3%) | 108<br>(6.2%) |
| 本地农业 | 22<br>(13.3%) | 59<br>(35.8%) | 67<br>(40.6%) | 11<br>(6.7%) | 6<br>(3.6%) |
| 外地户籍 | 41<br>(12.3%) | 115<br>(34.5%) | 97<br>(29.1%) | 60<br>(18.0%) | 20<br>(6.0%) |
| 外地非农 | 16<br>(12.4%) | 38<br>(29.5%) | 41<br>(31.8%) | 26<br>(20.2%) | 8<br>(6.2%) |
| 外地农业 | 25<br>(12.3%) | 77<br>(37.7%) | 56<br>(27.5%) | 34<br>(16.7%) | 12<br>(5.9%) |
| 合计 | 246<br>(11.0%) | 814<br>(36.5%) | 806<br>(36.1%) | 232<br>(10.4%) | 134<br>(6.0%) |

注：本表为删除缺损值之后的统计结果。

3. 信访人意识

信访人意识主要通过对"信访的人都是不懂法的人"这一语句的判断来测量。在有效样本中，从其单变量的频次分布情况来看，有 61 人对"信访的人都是不懂法的人"表示非常同意，占有效样本的 2.7%；有 424 人比较同意，占 19.0%；有 1147 人不太同意，占 51.3%；有 356 人非常不同意，占 15.9%；有 248 人说不清，占 11.1%（见表 4-5）。

在样本对观点"信访的人都是不懂法的人"态度栏中，沪籍人口 1899 人，其中 47 人表示非常同意，占 2.5%；355 人比较同意，占 18.7%；1005 人不太同意，占 52.9%；289 人非常不同意，占 15.2%；203 人说不清，占 10.7%。外地户籍人口 333 人，其中 14 人非常同意，占 4.2%；69 人比较同意，占 20.7%；141 人不太同意，占 42.3%；66 人非常不同意，占 19.8%；43 人说不清，占 12.9%。所以沪籍人口和非沪籍人口的基本态度都是不太同意，分别占 52.9% 和 42.3%，其次是比较同意和非常不同意。

将各户籍细分后，本地非农 1734 人，其中 45 人非常同意，占 2.6%；341 人比较同意，占 19.7%；914 人不太同意，占 52.7%；250 人非常不同意，占 14.4%；184 人说不清，占 10.6%。本地农业 165 人，其中 2 人非常同意，占 1.2%；14 人比较同意，占 8.5%；91 人不太同意，占 55.2%；39 人非常不同意，占 23.6%；19 人说不清，占 11.5%。外地非农 129 人，其中 8 人非常同意，占 6.2%；40 人比较同意，占 31.0%；50 人不太同意，占 38.8%；19 人非常不同意，占 14.7%；12 人说不清，占 9.3%。外地农业 204 人，其中 6 人非常同意，占 2.9%；29 人比较同意，占 14.2%；91 人不太同意，占 44.6%；47 人非常不同意，占 23.0%；31 人说不清，占 15.2%（见表 4-8）。

表 4-8　户籍身份与信访人意识交互频次（N=2232）

|  | 非常同意 | 比较同意 | 不太同意 | 非常不同意 | 说不清 |
| --- | --- | --- | --- | --- | --- |
| 本地户籍 | 47 (2.5%) | 355 (18.7%) | 1005 (52.9%) | 289 (15.2%) | 203 (10.7%) |
| 本地非农 | 45 (2.6%) | 341 (19.7%) | 914 (52.7%) | 250 (14.4%) | 184 (10.6%) |
| 本地农业 | 2 (1.2%) | 14 (8.5%) | 91 (55.2%) | 39 (23.6%) | 19 (11.5%) |
| 外地户籍 | 14 (4.2%) | 69 (20.7%) | 141 (42.3%) | 66 (19.8%) | 43 (12.9%) |
| 外地非农 | 8 (6.2%) | 40 (31.0%) | 50 (38.8%) | 19 (14.7%) | 12 (9.3%) |

续表

|  | 非常同意 | 比较同意 | 不太同意 | 非常不同意 | 说不清 |
|---|---|---|---|---|---|
| 外地农业 | 6<br>(2.9%) | 29<br>(14.2%) | 91<br>(44.6%) | 47<br>(23.0%) | 31<br>(15.2%) |
| 合计 | 61<br>(2.7%) | 424<br>(19.0%) | 1146<br>(51.3%) | 355<br>(15.9%) | 246<br>(11.0%) |

注：本表为删除缺损值之后的统计结果。

## 三 对法官的态度

社会公众对法官态度的测量可以通过社会公众对法官角色信任、职业道德和专业素养三个层面进行。在此，我们用传统社会以来比较流行的对法官的态度作为测量变量。一般而言，社会公众对法官的评价，越是接近传统看法，则说明对法官的认同度越低。相反，社会公众越是不接受传统的对法官的评价，则表明对法官的认同度越高。同时这一态度评测，也在某种程度表明司法的权威性的状况。通过观察我们发现，总体而言，社会公众对法官的传统看法越来越不被接受。这也在某种程度上表明，法官的形象与传统观念相比有所改观。

1. 法官角色信任状况

社会公众在向法院寻求救济时，是因为相信法院，还是因为与法院的法官有关系。易言之，就是社会公众究竟相信关系重要还是法官职业角色重要。在传统社会观念中，明显是关系重要。因此，对法官角色信任，我们用社会公众对"打官司就是打关系"这一语句的判断加以测量。测量的结果显示，在有效样本中，从其单变量的频次分布情况来看，有208人对此表示非常同意，占有效样本的9.3%；有863人比较同意，占38.6%；有763人不太同意，占34.1%；有130人非常不同意，占 5.8%；有 272 人说不清，占 12.2%（见表 4-9）。这表明，社会关系在诉讼中的重要意义已经逐步下降，这与上海作为中国的、最接近"陌生人"的社会有关。

表 4-9　　　　　　　受访者对法官的态度频次

| | 非常同意 | 比较同意 | 不太同意 | 非常不同意 | 说不清 | 合计 |
|---|---|---|---|---|---|---|
| 打官司就是打关系 | 208 (9.3%) | 863 (38.6%) | 763 (34.1%) | 130 (5.8%) | 272 (12.2%) | 2236 (100%) |
| 大盖帽两头翘，吃了原告吃被告 | 143 (6.4%) | 579 (25.9%) | 879 (39.3%) | 187 (8.4%) | 446 (20.0%) | 2234 (100%) |
| 某些法官的法治意识不强 | 171 (7.7%) | 977 (43.7%) | 695 (31.1%) | 144 (6.4%) | 247 (11.1%) | 2234 (100%) |

在样本对观点"打官司就是打关系"态度栏中，沪籍和非沪籍人口态度基本相似，都以比较同意态度比例为最高，分别为 37.2% 和 46.3%。其次是不太同意，分别占 36.3% 和 22.2%。但非沪籍人口在非常同意态度中较之于沪籍人口更为突出，占 17.1%，高出沪籍人口比例 9.2%。

另外，从各户籍中的非农和农业情况来看，本地非农 1734 人，其中 127 人非常同意，占 7.3%；663 人比较同意，占 38.2%；626 人不太同意，占 36.1%；111 人非常不同意，占 6.4%；207 人说不清，占 11.9%。本地农业 165 人，其中 23 人非常同意，占 13.9%；43 人比较同意，占 26.1%；63 人不太同意，占 38.2%；9 人非常不同意，占 5.5%；27 人说不清，占 16.4%。外地非农 129 人，其中 14 人非常同意，占 10.9%；68 人比较同意，占 52.7%；32 人不太同意，占 24.8%；3 人非常不同意，占 2.3%；12 人说不清，占 9.3%。外地农业 204 人，其中 43 人非常同意，占 21.1%；86 人比较同意，占 42.2%；42 人不太同意，占 20.6%；7 人非常不同意，占 3.4%；26 人说不清，占 12.7%（见表 4-10）。

表 4-10　户籍身份与法官角色信任状况交互频次（N=2232）

| | 非常同意 | 比较同意 | 不太同意 | 非常不同意 | 说不清 |
|---|---|---|---|---|---|
| 本地户籍 | 150 (7.9%) | 706 (37.2%) | 689 (36.3%) | 120 (6.3%) | 234 (12.3%) |
| 本地非农 | 127 (7.3%) | 663 (38.2%) | 626 (36.1%) | 111 (6.4%) | 207 (11.9%) |
| 本地农业 | 23 (13.9%) | 43 (26.1%) | 63 (38.2%) | 9 (5.5%) | 27 (16.4%) |
| 外地户籍 | 57 (17.1%) | 154 (46.2%) | 74 (22.2%) | 10 (3.0%) | 38 (11.4%) |
| 外地非农 | 14 (10.9%) | 68 (52.7%) | 32 (24.8%) | 3 (2.3%) | 12 (9.3%) |
| 外地农业 | 43 (21.1%) | 86 (42.2%) | 42 (20.6%) | 7 (3.4%) | 26 (12.7%) |
| 合计 | 207 (9.3%) | 860 (38.5%) | 763 (34.2%) | 130 (5.8%) | 272 (12.2%) |

注：本表为删除缺损值之后的统计结果。

## 2. 对法官职业道德的评价

对法官职业道德的评价，我们用社会公众对"大盖帽两头翘，吃了原告吃被告"这一语句的判断加以测量。这一语句实际上表明传统中国的法官是缺乏职业道德精神的。通过我们的抽样调查也发现：在所有有效样本中，从其单变量的频次分布情况来看，有 143 人对此表示非常同意，占有效样本的 6.4%；有 579 人比较同意，占 25.9%；有 879 人不太同意，占 39.3%；有 187 人非常不同意，占 8.4%；有 446 人说不清，占 20.0%。也就是说，社会公众对"大盖帽两头翘，吃了原告吃被告"的认同率并不是很高，合计只有 32.3%。这也表明社会公众对上海法官的职业道德评价还是相对较高的（见表 4-9）。

表 4-11　户籍身份与法官职业道德的看法交互频次（N=2230）

|  | 非常同意 | 比较同意 | 不太同意 | 非常不同意 | 说不清 |
|---|---|---|---|---|---|
| 本地户籍 | 114<br>(6.0%) | 452<br>(23.8%) | 785<br>(41.4%) | 164<br>(8.6%) | 382<br>(20.1%) |
| 本地非农 | 105<br>(6.1%) | 408<br>(23.6%) | 726<br>(41.9%) | 150<br>(8.7%) | 343<br>(19.8%) |
| 本地农业 | 9<br>(5.5%) | 44<br>(26.7%) | 59<br>(35.8%) | 14<br>(8.5%) | 39<br>(23.6%) |
| 外地户籍 | 27<br>(8.1%) | 126<br>(37.8%) | 93<br>(27.9%) | 23<br>(6.9%) | 64<br>(19.2%) |
| 外地非农 | 11<br>(8.5%) | 45<br>(34.9%) | 45<br>(34.9%) | 4<br>(3.1%) | 24<br>(18.6%) |
| 外地农业 | 16<br>(7.8%) | 81<br>(39.7%) | 48<br>(23.5%) | 19<br>(9.3%) | 40<br>(19.6%) |
| 合计 | 141<br>(6.3%) | 578<br>(25.9%) | 878<br>(39.4%) | 187<br>(8.4%) | 446<br>(20%) |

注：本表为删除缺损值之后的统计结果。

在样本对观点"大盖帽两头翘，吃了原告吃被告"态度栏中，沪籍人口中表示不太同意的占大多数，为 41.4%；其次是比较同意，为 23.8%。而非沪籍人口中比较同意占大多数，为 37.9%；其次是不太同意，占 27.9%。两类户籍人口基本都持中间态度，两极态度较少。

样本中，本地非农 1732 人，其中 105 人非常同意，占 6.1%；408 人比较同意，占 23.6%；726 人不太同意，占 41.9%；150 人非常不同意，占 8.7%；343 人说不清，占

19.8%。本地农业165人,其中9人非常同意,占5.5%;44人比较同意,占26.7%;59人不太同意,占35.8%;14人非常不同意,占8.5%;39人说不清,占23.6%。外地非农129人,其中11人非常同意,占8.5%;45人比较同意,占34.9%;45人不太同意,占34.9%;4人非常不同意,占3.1%;24人说不清,占18.6%。外地农业204人,其中16人非常同意,占7.8%;81人比较同意,占39.7%;48人不太同意,占23.5%;19人非常不同意,占9.3%;40人说不清,占19.6%(见表4-11)。

3. 对法官专业素养的评价

法官的法律意识是法官的基本素养,但在现实社会中,法官的专业素质令人担忧。因此,对法官专业素养的评价主要通过"某些法官的法治意识不强"的社会态度加以测量。在有效样本中,从其单变量的频次分布情况来看,有171人对"某些法官的法治意识不强"表示非常同意,占7.7%;有977人比较同意,占43.7%;有695人不太同意,占31.1%;有144人非常不同意,占6.4%;有247人说不清,占11.1%(见表4-9)。这也表明,50%以上的社会公众认为有些法官的法治意识存在问题。

表4-12 户籍身份与法官专业素养评价交互频次(N=2230)

|  | 非常同意 | 比较同意 | 不太同意 | 非常不同意 | 说不清 |
| --- | --- | --- | --- | --- | --- |
| 本地户籍 | 143 (7.5%) | 806 (42.5%) | 621 (32.7%) | 122 (6.4%) | 205 (10.8%) |
| 本地非农 | 129 (7.4%) | 750 (43.3%) | 569 (32.9%) | 113 (6.5%) | 171 (9.9%) |
| 本地农业 | 14 (8.5%) | 56 (33.9%) | 52 (31.5%) | 9 (5.5%) | 34 (20.6%) |

续表

|  | 非常同意 | 比较同意 | 不太同意 | 非常不同意 | 说不清 |
|---|---|---|---|---|---|
| 外地户籍 | 27<br>(8.1%) | 169<br>(50.8%) | 74<br>(22.2%) | 22<br>(6.6%) | 41<br>(12.3%) |
| 外地非农 | 14<br>(10.9%) | 66<br>(51.2%) | 30<br>(23.3%) | 5<br>(3.9%) | 14<br>(10.9%) |
| 外地农业 | 13<br>(6.4%) | 103<br>(50.5%) | 44<br>(21.6%) | 17<br>(8.3%) | 27<br>(13.2%) |
| 合计 | 170<br>(7.6%) | 975<br>(43.7%) | 695<br>(31.2%) | 144<br>(6.5%) | 246<br>(11.0%) |

注：本表为删除缺损值之后的统计结果。

在样本对观点"某些法官的法治意识不强"态度栏中，沪籍人口和非沪籍人口都以比较同意的态度为大多数，分别占42.5%和50.8%；其次是不太同意，分别占32.7%和22.2%。两端态度级较少，沪籍人口中非常同意的占7.5%，非常不同意的占6.4%；非沪籍人口中非常同意的占8.1%，非常不同意的占6.6%。

再细分来看，本地非农1732人，其中129人非常同意，占7.4%；750人比较同意，占43.3%；569人不太同意，占32.9%；113人非常不同意，占6.5%；171人说不清，占9.9%。本地农业165人，其中14人非常同意，占8.5%；56人比较同意，占33.9%；52人不太同意，占31.5%；9人非常不同意，占5.5%；34人说不清，占20.6%。外地非农129人，其中14人非常同意，占10.9%；66人比较同意，占51.2%；30人不太同意，占23.3%；5人非常不同意，占3.9%；14人说不清，占10.9%。外地农业204人，其中13人非常同意，占6.4%；103人比较同意，占50.5%；44人不太同意，占21.6%；17人非常不同意，占8.3%；27人说不清，占13.2%（见表4-12）。

## 四 对审判的态度

对审判的态度的测量主要是就社会公众对司法独立、审判效率及审判的公平、公正性等四大方面进行评测。社会公众对审判的态度在某种程度上决定了司法权威状况。

1. 审判效率

对于"法院审判效率太低"的评价是对审判效率状况的测量,从抽样调查的情况看,在有效样本中,从其单变量的频次分布情况来看,对"法院审判效率太低"这一语句的态度中,有160人表示非常同意,占有效样本的7.2%;有852人比较同意,占38.1%;有790人不太同意,占35.3%;有130人非常不同意,占5.8%;有303人说不清,占13.6%(见表4-13)。这也表明,在上海,审判效率还是存在一定问题的。

表4-13 受访者对审判效率的社会评价频次(N=2235)

| | 非常同意 | 比较同意 | 不太同意 | 非常不同意 | 说不清 | 合计 |
|---|---|---|---|---|---|---|
| 频次(百分比) | 160 (7.2%) | 852 (38.1%) | 790 (35.3%) | 130 (5.8%) | 303 (13.6%) | 2235 (100%) |

在样本对观点"法院审判效率太低"态度栏中,沪籍人口和非沪籍人口大多持中间态度,沪籍人口中不太同意的占37.4%,其次是比较同意,占36.9%;而非沪籍人口中,比较同意的占多数,为45.1%,其次是不太同意,占24.0%。两类户籍人口的两端态度级所占比例都相对较少。

其中，本地非农 1733 人，其中 118 人非常同意，占 6.8%；649 人比较同意，占 37.4%；641 人不太同意，占 37.0%；108 人非常不同意，占 6.2%；217 人说不清，占 12.5%。本地农业 165 人，其中 8 人非常同意，占 4.8%；51 人比较同意，占 30.9%；68 人不太同意，占 41.2%；8 人非常不同意，占 4.8%；30 人说不清，占 18.2%。外地非农 129 人，其中 14 人非常同意，占 10.9%；62 人比较同意，占 48.1%；25 人不太同意，占 19.4%；5 人非常不同意，占 3.9%；23 人说不清，占 17.8%。外地农业 204 人，其中 20 人非常同意，占 9.8%；88 人比较同意，占 43.1%；55 人不太同意，占 27.0%；9 人非常不同意，占 4.4%；32 人说不清，占 15.7%（见表 4-14）。

表 4-14　户籍身份与审判效率的社会评价交互频次（N=2231）

|  | 非常同意 | 比较同意 | 不太同意 | 非常不同意 | 说不清 |
|---|---|---|---|---|---|
| 本地户籍 | 126 (6.6%) | 700 (36.9%) | 709 (37.4%) | 116 (6.1%) | 247 (13.0%) |
| 本地非农 | 118 (6.8%) | 649 (37.4%) | 641 (37.0%) | 108 (6.2%) | 217 (12.5%) |
| 本地农业 | 8 (4.8%) | 51 (30.9%) | 68 (41.2%) | 8 (4.8%) | 30 (18.2%) |
| 外地户籍 | 34 (10.2%) | 150 (45.0%) | 80 (24.0%) | 14 (4.2%) | 55 (16.5%) |
| 外地非农 | 14 (10.9%) | 62 (48.1%) | 25 (19.4%) | 5 (3.9%) | 23 (17.8%) |
| 外地农业 | 20 (9.8%) | 88 (43.1%) | 55 (27.0%) | 9 (4.4%) | 32 (15.7%) |
| 合计 | 160 (7.2%) | 850 (38.1%) | 789 (35.4%) | 130 (5.8%) | 302 (13.5%) |

注：本表为删除缺损值之后的统计结果。

## 2. 司法独立

对司法是否独立的判断,我们主要是看司法受到多大的外界影响。因此,测量司法独立可以通过对"法院判决受到太多政治和经济利益的影响"这一语句的社会态度加以测量。抽样调查显示,在有效样本中,从其单变量的频次分布情况来看,有246人对此表示非常同意,占有效样本的11.0%;有980人比较同意,占43.8%;有680人不太同意,占30.4%;有58人非常不同意,占2.6%;有271人说不清,占12.1%(见表4-15)。

表4-15  受访者对司法独立的评价频次 (N=2235)

|  | 非常同意 | 比较同意 | 不太同意 | 非常不同意 | 说不清 | 合计 |
| --- | --- | --- | --- | --- | --- | --- |
| 频次<br>(百分比) | 246<br>(11.0%) | 980<br>(43.8%) | 680<br>(30.4%) | 58<br>(2.6%) | 271<br>(12.1%) | 2235<br>(100%) |

在样本对观点"法院判决受到太多政治和经济利益的影响"态度栏中,沪籍人口和非沪籍人口都以比较同意的态度占大多数,分别为42.7%和50.3%;其次是不太同意的态度,分别占32.4%和19.0%。但非沪籍人口在非常同意态度级中的比例为18.7%,高于沪籍人口9.0%。这说明非沪籍常住人口对司法独立评价低于沪籍人口。

另外,从各户籍中的非农和农业情况来看,本地非农1734人,其中168人非常同意,占9.7%;759人比较同意,占43.8%;564人不太同意,占32.5%;51人非常不同意,占2.9%;192人说不清,占11.1%。本地农业165人,其中16人非常同意,占9.7%;52人比较同意,占31.5%;

52人不太同意，占31.5%；3人非常不同意，占1.8%；42人说不清，占25.5%。外地非农128人，其中18人非常同意，占14.1%；67人比较同意，占52.3%；30人不太同意，占23.4%；2人非常不同意，占1.6%；11人说不清，占8.6%。外地农业204人，其中44人非常同意，占21.6%；100人比较同意，占49.0%；33人不太同意，占16.2%；2人非常不同意，占1.0%；25人说不清，占12.3%（见表4-16）。

表4-16　户籍身份与司法独立评价交互频次（N=2231）

| | 非常同意 | 比较同意 | 不太同意 | 非常不同意 | 说不清 |
| --- | --- | --- | --- | --- | --- |
| 本地户籍 | 184（9.7%） | 811（42.7%） | 616（32.4%） | 54（2.8%） | 234（12.3%） |
| 本地非农 | 168（9.7%） | 759（43.8%） | 564（32.5%） | 51（2.9%） | 192（11.1%） |
| 本地农业 | 16（9.7%） | 52（31.5%） | 52（31.5%） | 3（1.8%） | 42（25.5%） |
| 外地户籍 | 62（18.7%） | 167（50.3%） | 63（19.0%） | 4（1.2%） | 36（10.8%） |
| 外地非农 | 18（14.1%） | 67（52.3%） | 30（23.4%） | 2（1.6%） | 11（8.6%） |
| 外地农业 | 44（21.6%） | 100（49.0%） | 33（16.2%） | 2（1.0%） | 25（12.3%） |
| 合计 | 246（11.0%） | 978（43.8%） | 679（30.4%） | 58（2.6%） | 270（12.1%） |

注：本表为删除缺损值之后的统计结果。

3. 司法公平

社会公众对司法公平的观念，主要来自于社会主体之间的对比，即比较强调司法的平等性。也就是说，对司法公平的测量就是评估司法是否受到金钱、权力等社会因素的影响。从抽样调查数据看,样本对打官司公平程度的认知栏中,系统缺失值5个,有效值2235个。从其单变量的频次分布情况来看,其中认为目前打官司非常不公平的有34人,占1.5%;认为不太公平的有279人,占12.5%;认为比较公平的有1417人,占63.4%;认为非常公平的有102人,占4.6%;认为官司的公平程度视官司性质和对象而定的有403人,占18.0%(见表4-17)。也就是说,社会公众对司法公平的认同度相对较高,尤其比司法效率和司法独立的评价要高。

表4-17 受访者对打官司公平程度的评价频次(N=2235)

| 公平程度 | 非常不公平 | 不太公平 | 比较公平 | 非常公平 | 视官司性质和对象而定 | 合计 |
| --- | --- | --- | --- | --- | --- | --- |
| 频次（百分比） | 34（1.5%） | 279（12.5%） | 1417（63.4%） | 102（4.6%） | 403（18.0%） | 2235（100%） |

在样本对打官司公平程度栏中,沪籍人口和非沪籍人口的绝大多数都认为比较公平,分别占65.3%和53.2%,沪籍人口的比例高于非沪籍人口12.1%。其次是认为视官司性质和对象而定,沪籍人口和非沪籍人口分别为17.2%和22.8%,非沪籍人口高于沪籍人口5.6%。再者是认为不太公平,非沪籍人口仍比沪籍人口多8.0%。因此,总体而言,沪籍人口对打官司公平的认可度略高于非沪籍人口。

详细而言,本地非农1733人,其中84人认为非常公平,占4.8%;1130人认为比较公平,占65.2%;193人认为不太公平,占11.1%;24人认为非常不公平,占1.4%;302人认为视官司性质和对象而定,占17.4%。本地农业165人,其中 8 人认为非常公平,占 4.8%;109 人认为比较公平,占 66.1%;19 人认为不太公平,占 11.5%;4 人认为非常不公平,占 2.4%;25 人认为视官司性质和对象而定,占 15.2%。外地非农 129 人,其中 6 人认为非常公平,占 4.7%;71 人认为比较公平,占 55.0%;22 人认为不太公平,占 17.1%;0 人认为非常不公平;30 人认为视官司性质和对象而定,占 23.3%。外地农业 204 人,其中 4 人认为非常公平,占 2.0%;106 人认为比较公平,占 52.0%;42 人认为不太公平,占 20.6%;6 人认为非常不公平,占 2.9%;46 人认为视官司性质和对象而定,占 22.5%(见表 4-18)。

表 4-18　户籍身份与对打官司公平程度认知交互频次(N=2231)

|  | 非常公平 | 比较公平 | 不太公平 | 非常不公平 | 视官司性质和对象而定 |
| --- | --- | --- | --- | --- | --- |
| 本地户籍 | 92 (4.8%) | 1239 (65.3%) | 212 (11.2%) | 28 (1.5%) | 327 (17.2%) |
| 本地非农 | 84 (4.8%) | 1130 (65.2%) | 193 (11.1%) | 24 (1.4%) | 302 (17.4%) |
| 本地农业 | 8 (4.8%) | 109 (66.1%) | 19 (11.5%) | 4 (2.4%) | 25 (15.2%) |
| 外地户籍 | 10 (3.0%) | 177 (53.2%) | 64 (19.2%) | 6 (1.8%) | 76 (22.8%) |
| 外地非农 | 6 (4.7%) | 71 (55.0%) | 22 (17.1%) | 0 | 30 (23.3%) |
| 外地农业 | 4 (2.0%) | 106 (52.0%) | 42 (20.6%) | 6 (2.9%) | 46 (22.5%) |
| 合计 | 102 (4.6%) | 1416 (63.5%) | 276 (12.4%) | 34 (1.5%) | 403 (18.1%) |

注:本表为删除缺损值之后的统计结果。

**4. 司法正义**

司法正义主要是对个案正义性评价,因此,司法正义可以通过对冤假错案的认知加以测量。从抽样调查的数据来看,在样本对冤假错案数量的认知栏中,系统缺失值6个,有效值2234个。从其单变量的频次分布情况来看,其中认为社会上冤假错案非常少的有314人,占14.1%;认为比较少的有1582人,占70.8%;认为比较多的有313人,占14.0%;认为非常多的有25人,占1.1%(见表4-19)。这说明社会公众认为冤假错案较少,也表明社会公众对上海的司法比较有信心。

表4-19　　受访者对冤假错案数量的认知频次(N=2234)

|  | 非常少 | 比较少 | 比较多 | 非常多 | 合计 |
| --- | --- | --- | --- | --- | --- |
| 频次<br>(百分比) | 314<br>(14.1%) | 1582<br>(70.8%) | 313<br>(14.0%) | 25<br>(1.1%) | 2234<br>(100%) |

在样本对冤假错案数量认知栏中,沪籍人口和非沪籍人口绝大多数都认为比较少,分别为1345人和236人,各自都占70.9%。沪籍人口中288人认为非常少,占15.2%;244人认为比较多,占12.9%;20人认为非常多,占1.1%。非沪籍人口中26人认为非常少,占7.8%;66人认为比较多,占19.8%;5人认为非常多,占1.5%。可见认为冤假错案非常多的比例甚小。

样本中,本地非农1732人,其中269人认为非常少,占15.5%;1222人认为比较少,占70.6%;223人认为比较多,占12.9%;18人认为非常多,占1.0%。本地农业165人,其中19人认为非常少,占11.5%;123人认为比较少,占74.5%;21人认为比较多,占12.7%;2人认为非常多,占1.2%。合计本市户籍人口1897人。外地非农129人,其中11

人认为非常少，占 8.5%；95 人认为比较少，占 73.6%；23 人认为比较多，占 17.8%；0 人认为非常多。外地农业 204 人，其中 15 人认为非常少，占 7.4%；141 人认为比较少，占 69.1%；43 人认为比较多，占 21.1%；5 人认为非常多，占 2.5%（见表 4-20）。

表 4-20　户籍身份与对冤假错案数量认知交互频次（N=2230）

|  | 非常少 | 比较少 | 比较多 | 非常多 |
| --- | --- | --- | --- | --- |
| 本地户籍 | 288<br>(15.2%) | 1345<br>(70.9%) | 244<br>(12.9%) | 20<br>(1.1%) |
| 本地非农 | 269<br>(15.5%) | 1222<br>(70.6%) | 223<br>(12.9%) | 18<br>(1.0%) |
| 本地农业 | 19<br>(11.5%) | 123<br>(74.5%) | 21<br>(12.7%) | 2<br>(1.2%) |
| 外地户籍 | 26<br>(7.8%) | 236<br>(70.9%) | 66<br>(19.8%) | 5<br>(1.5%) |
| 外地非农 | 11<br>(8.5%) | 95<br>(73.6%) | 23<br>(17.8%) | 0 |
| 外地农业 | 15<br>(7.4%) | 141<br>(69.1%) | 43<br>(21.1%) | 5<br>(2.5%) |
| 合计 | 314<br>(14.1%) | 1581<br>(70.9%) | 310<br>(13.9%) | 25<br>(1.1%) |

注：本表为删除缺损值之后的统计结果。

## 五　对司法及其他权利救济渠道的态度

对于各种化解纠纷、矛盾的机制，简单分为公权救济和社会救济，而公权救济又大致区分为司法、行政和信访三大类。社会公众更愿意向哪个部门寻求救济，或者说认为哪一种方式更为有效，表明对法律的一种态度。因此，对于司法及其他权利救济渠道的态度的测量，可以通过比较性选择加以评价。总体而言，在上海，社会公众的法制意识相对较强，比较相信公权部门，但与媒体相比，社会公众认为媒体可能比政府或法院更为有效。与此同时，我们也需要注意网络社会对纠纷解决的影响，其作为一种新的社会力量，逐渐被社会接受。

1. 对司法与政府部门的态度比较

社会公众对司法与政府机构的态度，可以受访者通过对"去法院打官司不如去政府部门找领导"这一语句的判断加以测量。抽样调查显示，在有效样本中，从其单变量的频次分布情况来看，有231人对此表示非常同意，占10.3%；有722人比较同意，占32.3%；有862人不太同意，占38.6%；有111人非常不同意，占5.0%；有310人说不清，占13.9%（见表4-21）。

表4-21　受访者对司法及其他权利救济渠道的态度频次

|  | 非常同意 | 比较同意 | 不太同意 | 非常不同意 | 说不清 | 合计 |
| --- | --- | --- | --- | --- | --- | --- |
| 打官司不如找政府 | 231（10.3%） | 722（32.3%） | 862（38.6%） | 111（5.0%） | 310（13.9%） | 2236（100%） |
| 找政府或法院不如找媒体 | 371（16.6%） | 837（37.4%） | 705（31.5%） | 102（4.6%） | 220（9.8%） | 2235（100%） |
| 打官司不如信访 | 254（11.4%） | 618（27.6%） | 894（40.0%） | 124（5.5%） | 346（15.5%） | 2236（100%） |
| 信访不如上网 | 393（17.6%） | 647（28.9%） | 808（36.1%） | 117（5.2%） | 271（12.1%） | 2236（100%） |

在样本对观点"去法院打官司不如去政府部门找领导"态

度栏中，沪籍人口和非沪籍人口中比例最高的是不太同意，分别为759人和102人，各占40.0%和30.6%。其次是比较同意，分别为626人和95人，各占33.0%和28.5%。但非沪籍人口中，表示非常同意的占19.5%，明显高于沪籍人口10.8%。

详细而言，本地非农1734人，其中144人非常同意，占8.3%；579人比较同意，占33.4%；695人不太同意，占40.1%；88人非常不同意，占5.1%；228人说不清，占13.1%。本地农业165人，其中21人非常同意，占12.7%；47人比较同意，占28.5%；64人不太同意，占38.8%；5人非常不同意，占3.0%；28人说不清，占17.0%。外地非农129人，其中13人非常同意，占10.1%；34人比较同意，占26.4%；47人不太同意，占36.4%；8人非常不同意，占6.2%；27人说不清，占20.9%。外地农业204人，其中52人非常同意，占25.5%；61人比较同意，占29.9%；55人不太同意，占27.0%；10人非常不同意，占4.9%；26人说不清，占12.7%（见表4-22）。

表4-22 户籍身份与对司法和政府部门的态度交互频次（N=2232）

|  | 非常同意 | 比较同意 | 不太同意 | 非常不同意 | 说不清 |
| --- | --- | --- | --- | --- | --- |
| 本地户籍 | 165<br>(8.7%) | 626<br>(33.0%) | 759<br>(40.0%) | 93<br>(4.9%) | 256<br>(13.5%) |
| 本地非农 | 144<br>(8.3%) | 579<br>(33.4%) | 695<br>(40.1%) | 88<br>(5.1%) | 228<br>(13.1%) |
| 本地农业 | 21<br>(12.7%) | 47<br>(28.5%) | 64<br>(38.8%) | 5<br>(3.0%) | 28<br>(17.0%) |
| 外地户籍 | 65<br>(19.5%) | 95<br>(28.5%) | 102<br>(30.6%) | 18<br>(5.4%) | 53<br>(15.9%) |
| 外地非农 | 13<br>(10.1%) | 34<br>(26.4%) | 47<br>(36.4%) | 8<br>(6.2%) | 27<br>(20.9%) |

续表

|  | 非常同意 | 比较同意 | 不太同意 | 非常不同意 | 说不清 |
|---|---|---|---|---|---|
| 外地农业 | 52<br>(25.5%) | 61<br>(29.9%) | 55<br>(27.0%) | 10<br>(4.9%) | 26<br>(12.7%) |
| 合计 | 230<br>(10.3%) | 721<br>(32.3%) | 861<br>(38.6%) | 111<br>(5.0%) | 309<br>(13.8%) |

注：本表为删除缺损值之后的统计结果。

2. 对公权与媒体的态度比较

对公权与媒体的态度比较，是指与公权部门相比较，社会公众在面临社会纠纷与矛盾时，愿意选择政府部门或法院，还是愿意选择媒体去解决。比较社会公众对公权与媒体的态度，可以通过对"有冤屈找政府或法院不如找媒体"这一语句的判断加以测量。抽样调查显示，在所有样本中，从其单变量的频次分布情况来看，有371人对此表示非常同意，占16.6%；有837人比较同意，占37.4%；有705人不太同意，占31.5%；有102人非常不同意，占4.6%；有220人说不清，占9.8%（见表4－21）。这表明，媒体可能是社会公众更愿意选择的渠道。

在样本对观点"有冤屈找政府或法院不如找媒体"态度栏中，沪籍人口和非沪籍人口中占最大比例的是比较同意，分别为37.0%和39.4%。而非沪籍人口中23.1%表示非常同意，高于沪籍人口7.7%；沪籍人口中33.6%表示不太同意，高于非沪籍人口13.2%。因此，总体而言，非沪籍人口对"有冤屈找政府或法院不如找媒体"认可度更高些。

从各户籍中的非农和农业情况来看，本地非农1733人，其中263人非常同意，占15.2%；651人比较同意，占37.6%；581人不太同意，占33.5%；83人非常不同意，占4.8%；155人说不清，占8.9%。本地农业165人，其中30

人非常同意，占 18.2%；52 人比较同意，占 31.5%；56 人不太同意，占 33.9%；2 人非常不同意，占 1.2%；25 人说不清，占 15.2%。外地非农 129 人，其中 19 人非常同意，占 14.7%；52 人比较同意，占 40.3%；36 人不太同意，占 27.9%；7 人非常不同意，占 5.4%；15 人说不清，占 11.6%。外地农业 204 人，其中 58 人非常同意，占 28.4%；79 人比较同意，占 38.7%；32 人不太同意，占 15.7%；10 人非常不同意，占 4.9%；25 人说不清，占 12.3%（见表 4-23）。

表 4-23　户籍身份与对公权和媒体态度的交互频次（N=2231）

|  | 非常同意 | 比较同意 | 不太同意 | 非常不同意 | 说不清 |
| --- | --- | --- | --- | --- | --- |
| 本地户籍 | 293<br>(15.4%) | 703<br>(37.0%) | 637<br>(33.6%) | 85<br>(4.5%) | 180<br>(9.5%) |
| 本地非农 | 263<br>(15.2%) | 651<br>(37.6%) | 581<br>(33.5%) | 83<br>(4.8%) | 155<br>(8.9%) |
| 本地农业 | 30<br>(18.2%) | 52<br>(31.5%) | 56<br>(33.9%) | 2<br>(1.2%) | 25<br>(15.2%) |
| 外地户籍 | 77<br>(23.1%) | 131<br>(39.3%) | 68<br>(20.4%) | 17<br>(5.1%) | 40<br>(12.0%) |
| 外地非农 | 19<br>(14.7%) | 52<br>(40.3%) | 36<br>(27.9%) | 7<br>(5.4%) | 15<br>(11.6%) |
| 外地农业 | 58<br>(28.4%) | 79<br>(38.7%) | 32<br>(15.7%) | 10<br>(4.9%) | 25<br>(12.3%) |
| 合计 | 370<br>(16.6%) | 834<br>(37.4%) | 705<br>(31.6%) | 102<br>(4.6%) | 220<br>(9.9%) |

注：本表为删除缺损值之后的统计结果。

3. 对诉讼与信访态度的比较

诉讼与信访一直被认为是法治社会的矛盾体，因此，测量社会公众对诉讼与信访态度的比较，有助于发现法律意识的变迁。对此，我们可以用对"去法院打官司不如信访"这一语句的判断加以衡量。通过抽样调查发现，在有效样本中，从其单变量的频次分布情况来看，有254人对此表示非常同意，占11.4%；有618人比较同意，占27.6%；有894人不太同意，占40.0%；有124人非常不同意，占5.5%；有346人说不清，占15.5%（见表4-21）。这表明，在上海，信访意识或信访的有效性并不是很强。也就是说，诉讼与信访相比较，社会公众可能更觉得诉讼是一个较好的途径。

在样本对观点"去法院打官司不如信访"态度栏中，沪籍人口表示不太同意的比例最大，占42.3%；其次是比较同意，占27.3%。而非沪籍人口表示比较同意的比例最大，占29.4%；其次是不太同意，占27.3%。与此同时，非沪籍人口非常同意的态度比例为20.7%，明显高于本地户籍11.0%，因此，总体而言，外地户籍人口对"去法院打官司不如信访"的认同度要高于沪籍人口。

样本中，本地非农1734人，其中160人非常同意，占9.2%；477人比较同意，占27.5%；734人不太同意，占42.3%；104人非常不同意，占6.0%；259人说不清，占14.9%。本地农业165人，其中24人非常同意，占14.5%；42人比较同意，占25.5%；69人不太同意，占41.8%；4人非常不同意，占2.4%；26人说不清，占15.8%。外地非农129人，其中20人非常同意，占15.5%；42人比较同意，占32.6%；39人不太同意，占30.2%；8人非常不同意，占6.2%；20人说不清，占15.5%。外地农业204人，其中49人非常同意，占24.0%；56人比较同意，占27.5%；52人不太同意，占25.5%；8人非常不同意，占3.9%；39人说不清，占19.1%（见表4-24）。

表4-24　户籍身份与对诉讼与信访态度的交互频次（N=2236）

| | 非常同意 | 比较同意 | 不太同意 | 非常不同意 | 说不清 |
|---|---|---|---|---|---|
| 本地户籍 | 184<br>(9.7%) | 519<br>(27.3%) | 803<br>(42.3%) | 108<br>(5.7%) | 285<br>(15.0%) |
| 本地非农 | 160<br>(9.2%) | 477<br>(27.5%) | 734<br>(42.3%) | 104<br>(6.0%) | 259<br>(14.9%) |
| 本地农业 | 24<br>(14.5%) | 42<br>(25.5%) | 69<br>(41.8%) | 4<br>(2.4%) | 26<br>(15.8%) |
| 外地户籍 | 69<br>(20.7%) | 98<br>(29.4%) | 91<br>(27.3%) | 16<br>(4.8%) | 59<br>(17.7%) |
| 外地非农 | 20<br>(15.5%) | 42<br>(32.6%) | 39<br>(30.2%) | 8<br>(6.2%) | 20<br>(15.5%) |
| 外地农业 | 49<br>(24.0%) | 56<br>(27.5%) | 52<br>(25.5%) | 8<br>(3.9%) | 39<br>(19.1%) |
| 合计 | 254<br>(11.4%) | 618<br>(27.7%) | 894<br>(40.1%) | 124<br>(5.6%) | 346<br>(15.5%) |

4. 对信访和上网的态度比较

当前，网络的兴起，使得网络也成为社会公众解决社会矛盾的一种重要方式。我们通过对"信访不如上网"的比较发现，在有效样本中，从其单变量的频次分布情况来看，有393人对此表示非常同意，占17.6%；有647人比较同意，占28.9%；有808人不太同意，占36.1%；有117人非常不同意，占5.2%；有271人说不清，占12.1%（见表4-21）。

在样本对观点"信访不如上网"态度栏中，沪籍人口中持不太同意态度的最多，有729人，占38.4%；其次是比较同意，有543人，占28.6%。而非沪籍人口持比较同意态度的最多，有102人，占30.6%；其次是非常同意，有88人，占26.4%。沪籍人口和非沪籍人口在比较同意和非常不同意这两个态度栏中相差不大，但在非常同意和不太同意这两个态度栏中相差较大，非沪籍人口在非常同意态度中高于沪籍人口10.3%，而在不太同意栏中低于沪籍人口15.0%。因此，总体而言，非沪籍人口对"信访不如上网"的认同度高于沪籍人口。

详细而言，本地非农1734人，其中284人非常同意，占16.4%；496人比较同意，占28.6%；665人不太同意，占38.4%；95人非常不同意，占5.5%；194人说不清，占11.2%。本地农业165人，其中21人非常同意，占12.7%；47人比较同意，占28.5%；64人不太同意，占38.8%；7人非常不同意，占4.2%；26人说不清，占15.8%。外地非农129人，其中28人非常同意，占21.7%；36人比较同意，占27.9%；36人不太同意，占27.9%；11人非常不同意，占8.5%；18人说不清，占14.0%。外地农业204人，其中60人非常同意，占29.4%；66人比较同意，占32.4%；42人不太同意，占20.6%；4人非常不同意，占2.0%；32人说不清，占15.7%（见表4-25）。

表4-25　户籍身份与对信访和上网的态度交互频次（N=2236）

|  | 非常同意 | 比较同意 | 不太同意 | 非常不同意 | 说不清 |
| --- | --- | --- | --- | --- | --- |
| 本地户籍 | 305 (16.1%) | 543 (28.6%) | 729 (38.4%) | 102 (5.4%) | 220 (11.6%) |
| 本地非农 | 284 (16.4%) | 496 (28.6%) | 665 (38.4%) | 95 (5.5%) | 194 (11.2%) |
| 本地农业 | 21 (12.7%) | 47 (28.5%) | 64 (38.8%) | 7 (4.2%) | 26 (15.8%) |
| 外地户籍 | 88 (26.4%) | 102 (30.6%) | 78 (23.4%) | 15 (4.5%) | 50 (15.0%) |
| 外地非农 | 28 (21.7%) | 36 (27.9%) | 36 (27.9%) | 11 (8.5%) | 18 (14.0%) |
| 外地农业 | 60 (29.4%) | 66 (32.4%) | 42 (20.6%) | 4 (2.0%) | 32 (15.7%) |
| 合计 | 393 (17.6%) | 647 (29.0%) | 808 (36.2%) | 117 (5.2%) | 271 (12.1%) |

## 六 对律师的态度

律师是现代社会中的重要角色，也是法律人的基本类型之一。尽管在我国当前，地位和声誉存在一定的瑕疵，但社会公众越来越借助律师的力量。测量社会公众对律师的态度，我们主要从社会公众聘请律师的原因加以评测。我们大致把律师区分为职业角色和关系角色两大类。

1. 律师的职业角色

如果社会公众聘请律师的原因在于认为律师更熟悉法律，我们认为这是对律师角色的信任。对此，我们通过社会公众对"请律师主要是律师懂法律"这一语句加以判断。抽样调查显示，在所有有效样本中，从其单变量的频次分布情况来看，有599人对此表示非常同意，占总样本量的26.8%；有1314人比较同意，占58.8%；有238人不太同意，占10.6%；有17人非常不同意，占0.8%；有68人说不清，占3.0%（见表4－26）。这表明，在上海社会公众对律师的依赖还是主要对律师掌握法律知识的依赖。

表4－26　　　　受访者对聘请律师原因的频次分布

|  | 非常同意 | 比较同意 | 不太同意 | 非常不同意 | 说不清 | 合计 |
| --- | --- | --- | --- | --- | --- | --- |
| 懂法 | 599<br>(26.8%) | 1314<br>(58.8%) | 238<br>(10.6%) | 17<br>(0.8%) | 68<br>(3.0%) | 2236<br>(100%) |
| 与法官熟悉 | 308<br>(13.8%) | 909<br>(40.7%) | 761<br>(34.1%) | 70<br>(3.1%) | 185<br>(8.3%) | 2233<br>(100%) |

在样本对观点"请律师主要是律师懂法律"栏中，沪籍

人口和非沪籍人口的绝大多数都持比较同意态度，分别为1109人和203人，各占59.0%和61.0%；其次是非常同意，分别有486人和93人，各占25.9%和27.9%。因此两类户籍人口对"请律师主要是律师懂法律"的态度基本相似，都持认可态度。

其中，本地非农1734人，其中461人非常同意，占26.6%；1019人比较同意，占58.8%；198人不太同意，占11.4%；11人非常不同意，占0.6%；45人说不清，占2.6%。本地农业165人，其中45人非常同意，占27.3%；90人比较同意，占54.5%；20人不太同意，占12.1%；1人非常不同意，占0.6%；9人说不清，占5.5%。外地非农129人，其中34人非常同意，占26.4%；76人比较同意，占58.9%；10人不太同意，占7.8%；3人非常不同意，占2.3%；6人说不清，占4.7%。外地农业204人，其中59人非常同意，占28.9%；127人比较同意，占62.3%；10人不太同意，占4.9%；2人非常不同意，占1.0%；6人说不清，占2.9%（见表4-27）。

表4-27　户籍身份与对律师职业角色的态度交互频次（N=2212）

|  | 非常同意 | 比较同意 | 不太同意 | 非常不同意 | 说不清 |
| --- | --- | --- | --- | --- | --- |
| 本地户籍 | 486<br>(25.9%) | 1109<br>(59.0%) | 218<br>(11.6%) | 12<br>(0.6%) | 54<br>(2.9%) |
| 本地非农 | 461<br>(26.6%) | 1019<br>(58.8%) | 198<br>(11.4%) | 11<br>(0.6%) | 45<br>(2.6%) |
| 本地农业 | 45<br>(27.3%) | 90<br>(54.5%) | 20<br>(12.1%) | 1<br>(0.6%) | 9<br>(5.5%) |
| 外地户籍 | 93<br>(27.9%) | 203<br>(61.0%) | 20<br>(6.0%) | 5<br>(1.5%) | 12<br>(3.6%) |

续表

|  | 非常同意 | 比较同意 | 不太同意 | 非常不同意 | 说不清 |
|---|---|---|---|---|---|
| 外地非农 | 34<br>(26.4%) | 76<br>(58.9%) | 10<br>(7.8%) | 3<br>(2.3%) | 6<br>(4.7%) |
| 外地农业 | 59<br>(28.9%) | 127<br>(62.3%) | 10<br>(4.9%) | 2<br>(1.0%) | 6<br>(2.9%) |
| 合计 | 579<br>(26.2%) | 1312<br>(59.3%) | 238<br>(10.8%) | 17<br>(0.7%) | 66<br>(3.0%) |

注：本表为删除缺损值之后的统计结果。

2. 律师的关系角色

在熟人社会中，纠纷的解决也是依托于熟人关系。然而，随着大都市的社会关系逐渐陌生化，社会公众出现借用职业角色再造熟人社会的路径。比如通过聘请律师，以律师的社会关系延伸其社会关系。因此，测量律师的关系角色，可以通过对"请律师主要看他是否与法官熟悉"这一语句的判断加以评估。抽样调查显示，在有效样本中，从其单变量的频次分布情况来看，有308人对此表示非常同意，占13.8%；有909人比较同意，占40.7%；有761人不太同意，占34.1%；有70人非常不同意，占3.1%；有185人说不清，占8.3%（见表4-26）。

在样本对观点"请律师主要看他是否与法官熟悉"态度栏中，沪籍人口和非沪籍人口中占最高比例的都为比较同意，分别占39.1%和50.3%，非沪籍人口的比例高出沪籍人口11.2%；其次是不太同意，各占36.4%和21.1%，沪籍人口的比例高出非沪籍人口15.3%；再次则为非常同意，各占13.2%和17.5%，非沪籍人口的比例高出沪籍人口4.3%。因此两类户籍人口的态度基本相似，但非沪籍人口对"请律师主要看他是否与法官熟悉"的认同度略高于沪籍人口。

从各户籍中的非农和农业情况来看，本地非农 1732 人，其中 232 人非常同意，占 13.4%；684 人比较同意，占 39.5%；626 人不太同意，占 36.1%；54 人非常不同意，占 3.1%；136 人说不清，占 7.9%。本地农业 165 人，其中 18 人非常同意，占 10.9%；57 人比较同意，占 34.5%；64 人不太同意，占 38.8%；5 人非常不同意，占 3.0%；21 人说不清，占 12.7%。外地非农 129 人，其中 22 人非常同意，占 17.1%；64 人比较同意，占 49.6%；29 人不太同意，占 22.5%；4 人非常不同意，占 3.1%；10 人说不清，占 7.8%。外地农业 203 人，其中 36 人非常同意，占 17.7%；103 人比较同意，占 50.7%；41 人不太同意，占 20.2%；7 人非常不同意，占 3.4%；16 人说不清，占 7.9%（见表 4-28）。

表 4-28　户籍身份与对律师关系角色的态度交互频次（N=2229）

|  | 非常同意 | 比较同意 | 不太同意 | 非常不同意 | 说不清 |
| --- | --- | --- | --- | --- | --- |
| 本地户籍 | 250<br>(13.2%) | 741<br>(39.1%) | 690<br>(36.4%) | 59<br>(3.1%) | 157<br>(8.3%) |
| 本地非农 | 232<br>(13.4%) | 684<br>(39.5%) | 626<br>(36.1%) | 54<br>(3.1%) | 136<br>(7.9%) |
| 本地农业 | 18<br>(10.9%) | 57<br>(34.5%) | 64<br>(38.8%) | 5<br>(3.0%) | 21<br>(12.7%) |
| 外地户籍 | 58<br>(17.5%) | 167<br>(50.3%) | 70<br>(21.1%) | 11<br>(3.3%) | 26<br>(7.8%) |
| 外地非农 | 22<br>(17.1%) | 64<br>(49.6%) | 29<br>(22.5%) | 4<br>(3.1%) | 10<br>(7.8%) |

续表

|  | 非常同意 | 比较同意 | 不太同意 | 非常不同意 | 说不清 |
|---|---|---|---|---|---|
| 外地农业 | 36<br>(17.7%) | 103<br>(50.7%) | 41<br>(20.2%) | 7<br>(3.4%) | 16<br>(7.9%) |
| 合计 | 308<br>(13.8%) | 908<br>(40.7%) | 760<br>(34.1%) | 70<br>(3.1%) | 183<br>(8.2%) |

注：本表为删除缺损值之后的统计结果。

## 七　司法信心

社会公众对司法的信心，是社会公众对法律产生信任的前提，也是司法产生权威的社会基础。对司法信心的测量，主要是对法院的现状和将来是否具有信心态度的评测。本调查问卷通过询问受访者对"在当代中国，法院基本代表正义""原告和被告不论有钱无钱，有权无权，法官都能一视同仁""与5年前相比，现在的法院和法官更值得信任了"和"未来我国的司法状况会变得更好"等的态度来测量司法信心。总体而言，在上海，社会公众对司法还是具有较强的社会信心，但从各个测量指标看，法官能否做到一视同仁还是相对较弱（见表4-29）。

表4-29　　　　　受访者之司法信心频次分布

|  | 非常同意 | 比较同意 | 不太同意 | 非常不同意 | 说不清 | 合计 |
|---|---|---|---|---|---|---|
| 法院基本<br>代表正义 | 506<br>(22.7%) | 1260<br>(56.5%) | 332<br>(14.9%) | 42<br>(1.9%) | 89<br>(4.0%) | 2229<br>(100%) |
| 法官能<br>一视同仁 | 446<br>(20.0%) | 993<br>(44.4%) | 556<br>(24.9%) | 69<br>(3.1%) | 171<br>(7.7%) | 2235<br>(100%) |

续表

|  | 非常同意 | 比较同意 | 不太同意 | 非常不同意 | 说不清 | 合计 |
|---|---|---|---|---|---|---|
| 法官更值得信任 | 162<br>(7.2%) | 1374<br>(61.4%) | 370<br>(16.5%) | 35<br>(1.6%) | 295<br>(13.2%) | 2236<br>(100%) |
| 司法状况会更好 | 335<br>(15.0%) | 1505<br>(67.3%) | 174<br>(7.8%) | 23<br>(1.0%) | 199<br>(8.9%) | 2236<br>(100%) |

1. 当前司法的正义性评价

在现代法治观念中，法院是正义的代表和化身。那么社会公众对当代中国司法的评价如何，我们可以通过对"在当代中国，法院基本代表正义"这一语句的判断加以测量。抽样调查显示，在有效样本中，从其单变量的频次分布情况来看，有506人对此表示非常同意，占22.7%；有1260人比较同意，占56.5%；有332人不太同意，占14.9%；有42人非常不同意，占1.9%；有89人说不清，占4.0%（见表4-29）。

在样本对观点"在当代中国，法院基本代表正义"态度栏中，沪籍人口和非沪籍人口的绝大部分都持比较同意态度，分别占56.2%和58.4%；其次为非常同意，分别占23.0%和21.4%；再次为不太同意，分别占15.2%和13.0%。因此两类户籍人口的态度基本相同。

详细而言，本地非农1729人，其中408人非常同意，占23.6%；957人比较同意，占55.3%；269人不太同意，占15.6%；34人非常不同意，占2.0%；61人说不清，占3.5%。本地农业164人，其中27人非常同意，占16.5%；106人比较同意，占64.6%；19人不太同意，占11.6%；2人非常不同意，占1.2%；10人说不清，占6.1%。外地非农

129 人，其中 34 人非常同意，占 26.4%；68 人比较同意，占 52.7%；21 人不太同意，占 16.3%；3 人非常不同意，占 2.3%；3 人说不清，占 2.3%。外地农业 203 人，其中 37 人非常同意，占 18.2%；126 人比较同意，占 62.1%；22 人不太同意，占 10.8%；3 人非常不同意，占 1.5%；15 人说不清，占 7.4%（见表 4-30）。

表 4-30　户籍身份与对司法正义的态度交互频次（N=2225）

| | 非常同意 | 比较同意 | 不太同意 | 非常不同意 | 说不清 |
|---|---|---|---|---|---|
| 本地户籍 | 435<br>(23.0%) | 1063<br>(56.2%) | 288<br>(15.2%) | 36<br>(1.9%) | 71<br>(3.8%) |
| 本地非农 | 408<br>(23.6%) | 957<br>(55.3%) | 269<br>(15.6%) | 34<br>(2.0%) | 61<br>(3.5%) |
| 本地农业 | 27<br>(16.5%) | 106<br>(64.6%) | 19<br>(11.6%) | 2<br>(1.2%) | 10<br>(6.1%) |
| 外地户籍 | 71<br>(21.4%) | 194<br>(58.4%) | 43<br>(13.0%) | 6<br>(1.8%) | 18<br>(5.4%) |
| 外地非农 | 34<br>(26.4%) | 68<br>(52.7%) | 21<br>(16.3%) | 3<br>(2.3%) | 3<br>(2.3%) |
| 外地农业 | 37<br>(18.2%) | 126<br>(62.1%) | 22<br>(10.8%) | 3<br>(1.5%) | 15<br>(7.4%) |
| 合计 | 506<br>(22.7%) | 1257<br>(56.5%) | 331<br>(14.9%) | 42<br>(1.9%) | 89<br>(4%) |

注：本表为删除缺损值之后的统计结果。

2. 司法的公平性评价

司法的最大原则是把当事人抽象化，从而把当事人的身份地位从法律关系中剥离出来，使得司法更为公平与公正。对此，我们可以通过对"原告和被告不论有钱无钱，有权无权，法官都能一视同仁"这一语句的判断测量。抽样调查显示，在有效样本中，从其单变量的频次分布情况来看，有 446 人对此表示非常同意，占 20.0%；有 993 人比较同意，占 44.4%；有 556 人不太同意，占 24.9%；有 69 人非常不同意，占 3.1%；有 171 人说不清，占 7.7%（见表 4-29）。

在样本对观点"原告和被告不论有钱无钱，有权无权，法官都能一视同仁"态度栏中，沪籍人口和非沪籍人口中占最高比例的都为比较同意，分别是 44.8% 和 42.6%；其次为不太同意，分别为 24.0% 和 29.7%；再次为非常同意，分别是 21.0% 和 13.8%。因此两类户籍人口态度相似，但沪籍人口中持非常同意观点的比例高出非沪籍人口 7.2%；非沪籍人口中持不太同意观点的比例高出沪籍人口 5.7%，说明沪籍人口对"原告和被告不论有钱无钱，有权无权，法官都能一视同仁"的认同度要稍高于非沪籍人口。

从各户籍中的非农和农业情况来看，本地非农 1733 人，其中 369 人非常同意，占 21.3%；774 人比较同意，占 44.7%；414 人不太同意，占 23.9%；50 人非常不同意，占 2.9%；126 人说不清，占 7.3%。本地农业 165 人，其中 30 人非常同意，占 18.2%；77 人比较同意，占 46.7%；41 人不太同意，占 24.8%；4 人非常不同意，占 2.4%；13 人说不清，占 7.9%。外地非农 129 人，其中 25 人非常同意，占 19.4%；61 人比较同意，占 47.3%；32 人不太同意，占 24.8%；4 人非常不同意，占 3.1%；7 人说不清，占 5.4%。外地农业 204 人，其中 21 人非常同意，占 10.3%；81 人比较同意，占 39.7%；67 人不太同意，占 32.8%；11 人非常不同意，占 5.4%；24 人说不清，占 11.8%（见表 4-31）。

表4-31　户籍身份与对司法公平的态度交互频次（N=2231）

|  | 非常同意 | 比较同意 | 不太同意 | 非常不同意 | 说不清 |
|---|---|---|---|---|---|
| 本地户籍 | 399 (21.0%) | 851 (44.8%) | 455 (24.0%) | 54 (2.8%) | 139 (7.3%) |
| 本地非农 | 369 (21.3%) | 774 (44.7%) | 414 (23.9%) | 50 (2.9%) | 126 (7.3%) |
| 本地农业 | 30 (18.2%) | 77 (46.7%) | 41 (24.8%) | 4 (2.4%) | 13 (7.9%) |
| 外地户籍 | 46 (13.8%) | 142 (42.6%) | 99 (29.7%) | 15 (4.5%) | 31 (9.3%) |
| 外地非农 | 25 (19.4%) | 61 (47.3%) | 32 (24.8%) | 4 (3.1%) | 7 (5.4%) |
| 外地农业 | 21 (10.3%) | 81 (39.7%) | 67 (32.8%) | 11 (5.4%) | 24 (11.8%) |
| 合计 | 445 (19.9%) | 993 (44.5%) | 554 (24.8%) | 69 (3.1%) | 170 (7.6%) |

注：本表为删除缺损值之后的统计结果。

3. 法官的信任度评价

对于法院和法官的信任前景，我们可以通过对"与5年前相比，现在的法院和法官更值得信任了"这一语句的判断加以测量。抽样调查显示，在有效样本中，从其单变量的频次分布情况来看，有162人对此表示非常同意，占7.2%；有1374人比较同意，占61.4%；有370人不太同意，占16.5%；35人非常不同意，占1.6%；有293人说不清，占13.2%（见表4-29）。

在样本对观点"与5年前相比，现在的法院和法官更值得信任了"态度栏中，沪籍人口和非沪籍人口态度基本相似，占比例最高的皆为比较同意，分别占63.8%和48.9%；其次为不太同意，分别占15.1%和24.6%。

从各户籍中的非农和农业情况来看，本地非农1734人，其中131人非常同意，占7.6%；1104人比较同意，占

63.7%；255人不太同意，占14.7%；29人非常不同意，占1.7%；215人说不清，占12.4%。本地农业165人，其中4人非常同意，占2.4%；107人比较同意，占64.8%；31人不太同意，占18.8%；2人非常不同意，占1.2%；21人说不清，占12.7%。外地非农129人，其中14人非常同意，占10.9%；68人比较同意，占52.7%；29人不太同意，占22.5%；1人非常不同意，占0.8%；17人说不清，占13.2%。外地农业204人，其中13人非常同意，占6.4%；95人比较同意，占46.6%；53人不太同意，占26.0%；3人非常不同意，占1.5%；40人说不清，占19.6%（见表4-32）。

表4-32　　户籍身份与司法信任的态度交互频次（N=2232）

|  | 非常同意 | 比较同意 | 不太同意 | 非常不同意 | 说不清 |
|---|---|---|---|---|---|
| 本地户籍 | 135<br>(7.1%) | 1211<br>(63.8%) | 286<br>(15.1%) | 31<br>(1.6%) | 236<br>(12.4%) |
| 本地非农 | 131<br>(7.6%) | 1104<br>(63.7%) | 255<br>(14.7) | 29<br>(1.7%) | 215<br>(12.4%) |
| 本地农业 | 4<br>(2.4%) | 107<br>(64.8%) | 31<br>(18.8%) | 2<br>(1.2%) | 21<br>(12.7%) |
| 外地户籍 | 27<br>(8.1%) | 163<br>(48.9%) | 82<br>(24.6%) | 4<br>(1.2%) | 57<br>(17.1%) |
| 外地非农 | 14<br>(10.9%) | 68<br>(52.7%) | 29<br>(22.5%) | 1<br>(0.8%) | 17<br>(13.2%) |
| 外地农业 | 13<br>(6.4%) | 95<br>(46.6%) | 53<br>(26.0%) | 3<br>(1.5%) | 40<br>(19.6%) |
| 合计 | 162<br>(7.3%) | 1374<br>(61.6%) | 368<br>(16.5%) | 35<br>(1.6%) | 293<br>(13.1%) |

注：本表为删除缺损值之后的统计结果。

**4. 司法前景的评价**

对司法信心的测量，最为直接的就是测量社会公众对司法前景的态度。具体而言，我们可以通过对"未来我国的司法

第四章 法律观念 99

状况会变得更好"这一语句的判断加以评测。抽样调查显示,在有效样本中,从其单变量的频次分布情况来看,有335人对此表示非常同意,占15.0%;有1505人比较同意,占67.3%;174人不太同意,占7.8%;有23人非常不同意,占1.0%;有199人说不清,占8.9%(见表4-29)。

在样本对观点"未来我国的司法状况会变得更好"态度栏中,沪籍人口和非沪籍人口态度基本相似,占比例最高的皆为比较同意,分别占67.5%和66.7%;其次为非常同意,分别占15.7%和10.8%;再次为不太同意,分别占7.6%和8.7%。

详细而言,本地非农1734人,其中276人非常同意,占15.9%;1157人比较同意,占66.7%;135人不太同意,占7.8%;18人非常不同意,占1.0%;148人说不清,占8.5%。本地农业165人,其中23人非常同意,占13.9%;124人比较同意,占75.2%;10人不太同意,占6.1%;1人非常不同意,占0.6%;7人说不清,占4.2%。合计本地户籍人口1899人,其中299人非常同意,占15.7%;1281人比较同意,占67.5%;145人不太同意,占7.6%;19人非常不同意,占1.0%;155人说不清,占8.2%。外地非农129人,其中12人非常同意,占9.3%;84人比较同意,占65.1%;15人不太同意,占11.6%;1人非常不同意,占0.8%;17人说不清,占13.2%。外地农业204人,其中24人非常同意,占11.8%;138人比较同意,占67.6%;14人不太同意,占6.9%;3人非常不同意,占1.5%;25人说不清,占12.3%。合计外地户籍人口333人,其中36人非常同意,占10.8%;222人比较同意,占66.7%;29人不太同意,占8.7%;4人非常不同意,占1.2%;42人说不清,占

12.6%（见表4-33）。

表4-33　户籍身份与对司法前景的态度交互频次（N=2232）

|  | 非常同意 | 比较同意 | 不太同意 | 非常不同意 | 说不清 |
| --- | --- | --- | --- | --- | --- |
| 本地户籍 | 299<br>(15.7%) | 1281<br>(67.5%) | 145<br>(7.6%) | 19<br>(1.0%) | 155<br>(8.2%) |
| 本地非农 | 276<br>(15.9%) | 1157<br>(66.7%) | 135<br>(7.8%) | 18<br>(1.0%) | 148<br>(8.5%) |
| 本地农业 | 23<br>(13.9%) | 124<br>(75.2%) | 10<br>(6.1%) | 1<br>(0.6%) | 7<br>(4.2%) |
| 外地户籍 | 36<br>(10.8%) | 222<br>(66.7%) | 29<br>(8.7%) | 4<br>(1.2%) | 42<br>(12.6%) |
| 外地非农 | 12<br>(9.3%) | 84<br>(65.1%) | 15<br>(11.6%) | 1<br>(0.8%) | 17<br>(13.2%) |
| 外地农业 | 24<br>(11.8%) | 138<br>(67.6%) | 14<br>(6.9%) | 3<br>(1.5%) | 25<br>(12.3%) |
| 合计 | 335<br>(15.0%) | 1503<br>(67.3%) | 174<br>(7.8%) | 23<br>(1.0%) | 197<br>(8.8%) |

注：本表为删除缺损值之后的统计结果。

# 第五章

# 私权意识

　　私权意识是现代社会中最为重要的权利意识之一,而且学界总把权利意识等同于私权意识。其中,私权意识可以通过合同意识加以体现。因此,可以通过合同意识来测量社会公众私权意识的发展。合同意识是社会公众为了防止将来可能发生的纠纷,通过签订合同或公证的方式把双方的权利义务确定下来,以便当纠纷发生后能起到有力的证明效力。在传统社会中,社会公众的合同意识较弱,其权利义务是否得到履行,主要依赖当事人的诚信和法律以外的压力。而现代社会的公民意识,则更愿意通过更为理性方式,即通过合同方式确立法律关系。因此,合同意识的测量,主要测试当前社会公众是否具有签订合同的意愿及其针对不同主体的签订合同意愿会有什么不同。从调研数据看,当前社会公众的合同意识大大提高,但表现出明显的差序格局,即与自己关系越近其合同意识越弱,与自己关系越远,签订合同的意识越强。

## 一　家庭成员间的合同意识

　　家庭成员间的合同意识主要通过夫妻财产、家庭财产及家庭借贷的合同意识加以测量。总体而言，家庭成员间的合同意识比较低，其可能是为了避免因签订合同或公证而伤害家庭关系。但我们也应注意，与会通过合同方式确定财产和借贷关系相比，视情况而定的人比例相对较高。具体而言如下：

1. 夫妻财产的合同意识

抽样调查显示，当问及是否会通过签订协议或进行公证方式确定"夫妻财产"关系时，在有效样本中，从其单变量的频次分布情况来看，有305人表示会签订协议或进行公证，占有效样本的13.6%；有1488人表示不会签订合同或进行公证，占66.5%；表示要视情况而定的有443人，占19.8%（见表5-1）。

表 5-1　　家庭成员间的合同意识（N=2236）

|  | 会 | 不会 | 视情况而定 | 合计 |
| --- | --- | --- | --- | --- |
| 夫妻财产 | 305<br>(13.6%) | 1488<br>(66.5%) | 443<br>(19.8%) | 2236<br>(100%) |
| 家庭财产 | 299<br>(13.4%) | 1474<br>(65.9%) | 463<br>(20.7%) | 2236<br>(100%) |
| 家庭成员间相互借款 | 421<br>(18.8%) | 1334<br>(59.7%) | 481<br>(21.5%) | 2236<br>(100%) |

通过比较沪籍人口和非沪籍人口发现，在样本是否因夫妻财产问题签订协议或进行公证情况栏中，本市户籍人口1899人，其中257人表示会，占13.5%；1268人表示不会，占66.8%；374人表示视情况而定，占19.7%。外地户籍人口333人，其中47人表示会，占14.1%；219人不会，占65.8%；67人视情况而定，占20.1%。数据表明，无论本市户籍还是外地户籍，大多数人不会因夫妻财产问题签订协议或进行公证。具体而言，本地非农1734人，其中235人表示会

签订协议或进行公证，占 13.6%；1154 人不会，占 66.6%；345 人表示视情况而定，占 19.9%。本地农业 165 人，其中 22 人表示会，占 13.3%；114 人不会，占 69.1%；29 人表示视情况而定，占 17.6%。外地非农 129 人，其中 20 人表示会，占 15.5%；75 人不会，占 58.1%；34 人表示视情况而定，占 26.4%。外地农业 204 人，其中 27 人表示会，占 13.2%；144 人不会，占 70.6%；33 人视情况而定，占 16.2%（见表 5 - 2）。

表 5 - 2　　户籍身份与因夫妻财产问题签订协议或
进行公证情况交互频次（N = 2232）

|  | 会 | 不会 | 视情况而定 |
| --- | --- | --- | --- |
| 本地户籍 | 257（13.5%） | 1268（66.8%） | 374（19.7%） |
| 本地非农 | 235（13.6%） | 1154（66.6%） | 345（19.9%） |
| 本地农业 | 22（13.3%） | 114（69.1%） | 29（17.6%） |
| 外地户籍 | 47（14.1%） | 219（65.8%） | 67（20.1%） |
| 外地非农 | 20（15.5%） | 75（58.1%） | 34（26.4%） |
| 外地农业 | 27（13.2%） | 144（70.6%） | 33（16.2%） |
| 合计 | 304（13.6%） | 1487（66.6%） | 441（19.8%） |

注：本表为删除缺损值之后的统计结果。

2. 家庭财产的合同意识

抽样调查显示，当问及是否会通过签订合同或进行公证的方式确立"家庭财产"关系时，从其单变量的频次分布情况来看，在有效样本中，有 299 人表示会签订合同或进行公证，占 13.4%；表示不会的有 1474 人，占 65.9%；表示要视情况而定的有 463 人，占 20.7%（见表 5-1）。

通过比较沪籍人口和非沪籍人口发现，在样本因家庭财产问题签订协议或进行公证情况栏中，本市户籍人口 1899 人，其中 250 人表示会，占 13.2%；1258 人不会，占 66.2%；391 人表示视情况而定，占 20.6%。外地户籍人口 333 人，其中 48 人表示会，占 14.4%；215 人表示不会，占 64.6%；70 人表示视情况而定，占 21.0%。数据表明，无论本市户籍还是外地户籍，大多数人不会出现因家庭财产问题签订协议或进行公证的情况。具体而言，本地非农 1734 人，其中 228 人会，占 13.1%；1143 人不会，占 65.9%；363 人表示视情况而定，占 20.9%。本地农业 165 人，其中 22 人会，占 13.3%；115 人不会，占 69.7%；28 人视情况而定，占 17.0%。外地非农 129 人，其中 24 人会，占 18.6%；71 人不会，占 55.0%；34 人表示视情况而定，占 26.4%。外地农业 204 人，其中 24 人表示会，占 11.8%；144 人不会，占 70.6%；36 人表示视情况而定，占 17.6%（见表 5-3）。

表 5-3　　户籍身份与因家庭财产问题签订协议或进行公证情况交互频次（N=2232）

|  | 会 | 不会 | 视情况而定 |
| --- | --- | --- | --- |
| 本地户籍 | 250（13.2%） | 1258（66.2%） | 391（20.6%） |
| 本地非农 | 228（13.1%） | 1143（65.9%） | 363（20.9%） |
| 本地农业 | 22（13.3%） | 115（69.7%） | 28（17.0%） |
| 外地户籍 | 48（14.4%） | 215（64.6%） | 70（21.0%） |

续表

|  | 会 | 不会 | 视情况而定 |
| --- | --- | --- | --- |
| 外地非农 | 24（18.6%） | 71（55.0%） | 34（26.4%） |
| 外地农业 | 24（11.8%） | 144（70.6%） | 36（17.6%） |
| 合计 | 298（13.4%） | 1473（66.0%） | 461（20.7%） |

注：本表为删除缺损值之后的统计结果。

3. 家庭成员相互借贷的合同意识

抽样调查显示，当问及是否会通过签订合同或进行公证的方式确立"家庭成员间相互借贷"关系时，在有效样本中，从其单变量的频次分布情况来看，有421人表示会签订合同或进行公正，占有效样本的18.8%；表示不会的有1334人，占59.7%；表示要视情况而定的有481人，占21.5%（见表5-1）。

通过比较沪籍人口和非沪籍人口发现，在样本因家庭成员相互借贷问题签订协议或进行公证情况栏中，本市户籍人口1899人，其中354人表示会，占18.6%；1123人表示不会，占59.1%；422人表示视情况而定，占22.2%。外地户籍人口333人，其中66人表示会，占19.8%；210人表示不会，占63.1%；57人表示视情况而定，占17.1%。数据表明，无论本市户籍还是外地户籍，大多数人不会因家庭成员相互借贷问题签订协议或进行公证。具体而言，本地非农1734人，其中330人会签订协议或进行公证，占19.0%；1009人不会，占58.2%；395人视情况而定，占22.8%。本地农业165人，其中24人表示会，占14.5%；114人表示不会，占69.1%；27人表示视情况而定，占16.4%。外地非农129人，其中29人表示会，占22.5%；76人不会，占58.9%；24人表示视情况而定，占18.6%。外地农业204人，其中37人表示会，占 18.1%；134 人不会，占 65.7%；33 人表示视情况而定，占 16.2%（见表 5-4）。

表 5-4　　户籍身份与因家庭成员相互借贷问题签订协议或进行公证情况交互频次（N=2232）

|  | 会 | 不会 | 视情况而定 |
| --- | --- | --- | --- |
| 本地户籍 | 354（18.6%） | 1123（59.1%） | 422（22.2%） |
| 本地非农 | 330（19.0%） | 1009（58.2%） | 395（22.8%） |
| 本地农业 | 24（14.5%） | 114（69.1%） | 27（16.4%） |
| 外地户籍 | 66（19.8%） | 210（63.1%） | 57（17.1%） |
| 外地非农 | 29（22.5%） | 76（58.9%） | 24（18.6%） |
| 外地农业 | 37（18.1%） | 134（65.7%） | 33（16.2%） |
| 合计 | 420（18.8%） | 1333（59.7%） | 479（21.5%） |

注：本表为删除缺损值之后的统计结果。

## 二　亲友间合同意识

亲友间的合同意识主要通过对亲戚、朋友之间的借贷或合伙是否会签订协议或公证的态度加以测量。抽样调查发现，总体而言，与被调查者的关系越近，愿意签订协议或公证的越少；与被调查者的关系越远，愿意签订协议或公证的越多。具体情况如下：

1. 亲属间的合同意识

抽样调查显示，当问及面对"亲属间相互借贷或合伙做生意",是否会签订协议或进行公证时,在有效样本中,从其单变量的频次分布情况来看,选择会的有 870 人,占 38.9%;表示不会的有 806 人,占 36.1%;表示要视情况而定的有 559 人,占 25.0% (见表 5-5)。

表 5-5　　　　　　　亲友间的合同意识

| | 会 | 不会 | 视情况而定 | 合计 |
|---|---|---|---|---|
| 亲属间相互借款或合伙做生意 | 870 (38.9%) | 806 (36.1%) | 559 (25.0%) | 2235 (100%) |
| 一般朋友相互借款或合伙做生意 | 1431 (64.1%) | 301 (13.5%) | 502 (22.5%) | 2234 (100%) |
| 亲密朋友相互借款或合伙做生意 | 1042 (46.6%) | 698 (31.2%) | 496 (22.2%) | 2236 (100%) |

通过比较沪籍人口和非沪籍人口发现,在样本因亲属间相互借贷或合伙做生意签订协议或进行公证情况栏中,本市户籍人口 1898 人,其中 736 人表示会,占 38.8%;667 人表示不会,占 35.1%;495 人表示视情况而定,占 26.1%。外地户籍人口 333 人,其中 131 人表示会,占 39.3%;138 人表示不会,占 41.4%;64 人表示视情况而定,占 19.2%。数据表明,在本地户籍中,会因亲属间相互借贷合伙做生意签订协议或进行公证的比例高于不会的;而在外地户籍中,情况正好相反。具体而言,本地非农 1733 人,其中 675 人表示会签订协议或进行公证,占 38.9%;611 人表示不会,占 35.3%;447 人表示视情况而定,占 25.8%。本地农业

165 人，其中 61 人表示会，占 37.0%；56 人表示不会，占 33.9%；48 人表示视情况而定，占 29.1%。外地非农 129 人，其中 49 人表示会，占 38.0%；52 人不会，占 40.3%；28 人表示视情况而定，占 21.7%。外地农业 204 人，其中 82 人会，占 40.2%；86 人不会，占 42.2%；36 人视情况而定，占 17.6%（见表 5-6）。

表 5-6　户籍身份与因亲属间相互借贷或合伙做生意签订协议或进行公证情况交互频次（N=2231）

|  | 会 | 不会 | 视情况而定 |
| --- | --- | --- | --- |
| 本地户籍 | 736（38.8%） | 667（35.1%） | 495（26.1%） |
| 本地非农 | 675（38.9%） | 611（35.3%） | 447（25.8%） |
| 本地农业 | 61（37.0%） | 56（33.9%） | 48（29.1%） |
| 外地户籍 | 131（39.3%） | 138（41.4%） | 64（19.2%） |
| 外地非农 | 49（38.0%） | 52（40.3%） | 28（21.7%） |
| 外地农业 | 82（40.2%） | 86（42.2%） | 36（17.6%） |
| 合计 | 867（38.9%） | 805（36.1%） | 559（25.1%） |

注：本表为删除缺损值之后的统计结果。

2. 一般朋友间的合同意识

抽样调查显示，当问及面对"一般朋友相互借贷或合伙做生意"，是否会签订协议或进行公证时，在有效样本中，从其单变量的频次分布情况来看，有 1431 人表示会选择签订协议或进行公证，占有效样本的 64.1%；表示不会的有 301 人，占 13.5%；表示要视情况而定的有502人，占22.5%（见表5-5）。

通过比较沪籍人口和非沪籍人口发现，在样本因一般朋友相互借贷或合伙做生意签订协议或进行公证情况栏中，本市户籍人口1897人，其中1202人表示会，占63.4%；241人表示不会，占12.7%；454人表示视情况而定，占23.9%。外地户籍人口333人，其中226人会，占67.9%；59人不会，占17.7%；48人视情况而定，占14.4%。两类户籍都以表示会因一般朋友借贷或合伙做生意签订协议或进行公证居多，分别占63.4%和67.9%。

将两类户籍按照农业与非农业细分来看，本地非农1732人，其中1087人会签订协议或进行公证，占62.8%；227人不会，占13.1%；418人视情况而定，占24.1%。本地农业165人，其中115人表示会，占69.7%；14人表示不会，占8.5%；36人表示视情况而定，占21.8%。外地非农129人，其中82人表示会，占63.6%；18人表示不会，占14.0%；29人表示视情况而定，占22.5%。外地农业204人，其中144人表示会，占70.6%；41人表示不会，占20.1%；19人表示视情况而定，占9.3%（见表5-7）。

表5-7　户籍身份与因一般朋友相互借贷或合伙做生意签订协议或进行公证情况交互频次（N=2230）

|  | 会 | 不会 | 视情况而定 |
| --- | --- | --- | --- |
| 本地户籍 | 1202（63.4%） | 241（12.7%） | 454（23.9%） |
| 本地非农 | 1087（62.8%） | 227（13.1%） | 418（24.1%） |
| 本地农业 | 115（69.7%） | 14（8.5%） | 36（21.8%） |
| 外地户籍 | 226（67.9%） | 59（17.7%） | 48（14.4%） |

续表

|  | 会 | 不会 | 视情况而定 |
| --- | --- | --- | --- |
| 外地非农 | 82（63.6%） | 18（14.0%） | 29（22.5%） |
| 外地农业 | 144（70.6%） | 41（20.1%） | 19（9.3%） |
| 合计 | 1428（64.0%） | 300（13.5%） | 502（22.5%） |

注：本表为删除缺损值之后的统计结果。

3. 亲密朋友间的合同意识

抽样调查显示，当问及面对"亲密朋友相互借贷或合伙做生意"，是否会签订协议或进行公证时，在有效样本中，从其单变量的频次分布情况来看，有 1042 人表示会选择签订协议或进行公证，占 46.6%；表示不会的有 698 人，占 31.2%；表示要视情况而定的有 496 人，占 22.2%（见表 5-5）。

通过比较沪籍人口和非沪籍人口发现，在样本因亲密朋友相互借贷或合伙做生意签订协议或进行公证情况栏中，本市户籍人口 1899 人，其中 891 人表示会，占 46.9%；572 人表示不会，占 30.1%；436 人表示视情况而定，占 23.0%。外地户籍人口 333 人，其中 148 人会，占 44.4%；125 人不会，占 37.5%；60 人视情况而定，占 18.0%。两类户籍都以表示会因亲密朋友相互借贷或合伙做生意签订协议或进行公证的情况居多，分别占 46.9% 和 44.4%；其次为不会，分别占 30.1% 和 37.5%。

具体而言，本地非农 1734 人，其中 812 人表示会，占 46.8%；524 人不会，占 30.2%；398 人视情况而定，占 23.0%。本地农业 165 人，其中 79 人会，占 47.9%；48 人不会，占 29.1%；38 人视情况而定，占 23.0%。外地非农 129

人，其中63人表示会，占48.8%；36人表示不会，占27.9%；30人表示视情况而定，占23.3%。外地农业204人，其中85人会，占41.7%；89人不会，占43.6%；30人视情况而定，占14.7%（见表5-8）。

表5-8 户籍身份与因亲密朋友相互借贷或合伙做生意
签订协议或进行公证情况交互频次（N=2232）

|  | 会 | 不会 | 视情况而定 |
| --- | --- | --- | --- |
| 本地户籍 | 891（46.9%） | 572（30.1%） | 436（23.0%） |
| 本地非农 | 812（46.8%） | 524（30.2%） | 398（23.0%） |
| 本地农业 | 79（47.9%） | 48（29.1%） | 38（23.0%） |
| 外地户籍 | 148（44.4%） | 125（37.5%） | 60（18.0%） |
| 外地非农 | 63（48.8%） | 36（27.9%） | 30（23.3%） |
| 外地农业 | 85（41.7%） | 89（43.6%） | 30（14.7%） |
| 合计 | 1039（46.6%） | 697（31.2%） | 496（22.2%） |

注：本表为删除缺损值之后的统计结果。

## 三 同学、同事间合同意识

同学或同事之间的合同意识主要通过对同学或同事之间的借贷或合伙是否会签订协议或进行公证的态度加以测量。抽样调查显示，同学与同事之间的合同意识差异不是很大，大体而言，同事间签订合同或进行公证的比例要高于同学，但要低于一般朋友。具体情况如下：

1. 同学间的合同意识

抽样调查显示，当被问及面对"同学间相互借贷或合伙做生意",是否会签订协议或进行公证时,在有效样本中,从其单变量的频次分布情况来看,有1164人表示会签订协议或进行公证,占52.2%;表示不会的有439人,占19.7%;表示要视情况而定的有628人,占28.1%(见表5-9)。

表5-9　　　　　　同学或同事之间的合同意识

|  | 会 | 不会 | 视情况而定 | 合计 |
| --- | --- | --- | --- | --- |
| 同学间相互借款式合伙做生意 | 1164（52.2%） | 439（19.7%） | 628（28.1%） | 2231（100%） |
| 同事间相互借款或合伙做生意 | 1237（55.4%） | 396（17.7%） | 599（26.8%） | 2232（100%） |

通过比较沪籍人口和非沪籍人口发现,在样本因同学间相互借贷或合伙做生意签订协议或进行公证情况栏中,本市户籍人口1898人,其中980人会,占51.6%;353人不会,占18.6%;565人视情况而定,占29.8%。外地户籍人口333人,其中184人表示会,占55.3%;86人表示不会,占25.8%;63人表示视情况而定,占18.9%。两类户籍人口都以会因同学间相互借贷或合伙做生意签订协议或进行公证的情况居多,分别占51.6%和55.3%。

详细而言,本地非农1733人,其中889人表示会,占51.3%;327人表示不会,占18.9%;517人表示视情况而定,占29.8%。本地农业165人,其中91人表示会,占55.2%;26人表示不会,占15.8%;48人表示视情况而定,占29.1%。外地非农129人,其中67人会,占51.9%;31人不会,占24.0%;31人表示视情况而定,占24.0%。外地农业204人,其中117人表示会,占57.4%;55人不会,占27.0%;32人表示视情况而定,占15.7%(见表5-10)。

表 5 – 10　　　户籍身份与因同学间相互借贷或合伙做生意
签订协议或进行公证情况交互频次（N = 2231）

| | 会 | 不会 | 视情况而定 |
|---|---|---|---|
| 本地户籍 | 980（51.6%） | 353（18.6%） | 565（29.8%） |
| 本地非农 | 889（51.3%） | 327（18.9%） | 517（29.8%） |
| 本地农业 | 91（55.2%） | 26（15.8%） | 48（29.1%） |
| 外地户籍 | 184（55.3%） | 86（25.8%） | 63（18.9%） |
| 外地非农 | 67（51.9%） | 31（24.0%） | 31（24.0%） |
| 外地农业 | 117（57.4%） | 55（27.0%） | 32（15.7%） |
| 合计 | 1164（52.2%） | 439（19.7%） | 628（28.1%） |

2. 同事间的合同意识

抽样调查显示，当被问及面对"同事间相互借贷或合伙做生意"，是否会签订协议或进行公证时，在有效样本中，从其单变量的频次分布情况来看，有 1237 人表示会签订协议或进行公证，占 55.4%；表示不会的有 396 人，占 17.7%；表示要视情况而定的有 599 人，占 26.8%（见表 5 – 9）。

通过比较沪籍人口和非沪籍人口发现，在样本因同事间相互借贷合伙做生意签订协议或进行公证情况栏中，本市户籍人口 1899 人，其中 1043 人表示会，占 54.9%；322 人表示不会，占 17.0%；534 人表示视情况而定，占 28.1%。外地户籍人口 333 人，其中 194 人会，占 58.3%；74 人表示不会，占 22.2%；65 人表示视情况而定，占 19.5%。两类户籍人口都以表示会因同事间相互借贷或合伙做生意签订协议或进行公证的情况为主，分别占 54.9% 和 58.3%；其次为视情况而定，分别占 28.1% 和 19.5%。

具体而言，本地非农 1734 人，其中 947 人会签订协议或进行公证，占 54.6%；296 人不会，占 17.1%；491 人视情况而定，占 28.3%。本地农业 165 人，其中 96 人表示会，占 58.2%；26 人表示不会，占 15.8%；43 人表示视情况而定，占 26.1%。外地非农 129 人，其中 68 人会，占 52.7%；24 人不会，占 18.6%；37 人表示视情况而定，占 28.7%。外地农业 204 人，其中 126 人会，占 61.8%；50 人不会，占 24.5%；28 人视情况而定，占 13.7%（见表 5-11）。

表 5-11　户籍身份与因同事间相互借贷或合伙做生意签订协议或进行公证情况交互频次　（N=2232）

|  | 会 | 不会 | 视情况而定 |
| --- | --- | --- | --- |
| 本地户籍 | 1043（54.9%） | 322（17.0%） | 534（28.1%） |
| 本地非农 | 947（54.6%） | 296（17.1%） | 491（28.3%） |
| 本地农业 | 96（58.2%） | 26（15.8%） | 43（26.1%） |
| 外地户籍 | 194（58.3%） | 74（22.2%） | 65（19.5%） |
| 外地非农 | 68（52.7%） | 24（18.6%） | 37（28.7%） |
| 外地农业 | 126（61.8%） | 50（24.5%） | 28（13.7%） |
| 合计 | 1237（55.4%） | 396（17.7%） | 599（26.8%） |

## 四　非熟人间的合同意识

现代社会中，社会公众经常需要与陌生人交往与合作。测量陌生人之间的合同意识，主要通过对非熟人间的合作是否会通过签订协议或进行公证的方式加以确定。抽样调查显示，在问及"与不熟悉的人相互借款或合伙做生意"是否会签订协议或进行公证时,在有效样本中,从其单变量的频次分布情况来看,有 1658 人表示会选择签订协议或进行公证,占 74.3%;表示不会的有 207 人,占 9.3%;表示要视情况而定的有 367 人,占 16.4%(见表 5-12)。也就是说,与陌生人合作主要通过理性的、法律的方式进行。

表 5-12　　　样本为防止纠纷矛盾签订协议或
进行公证情况比例（N=2232）

|  | 会 | 不会 | 视情况而定 | 合计 |
|---|---|---|---|---|
| 与不熟悉的人相互借款或合伙做生意 | 1658（74.3%） | 207（9.3%） | 367（16.4%） | 2232（100%） |

通过比较沪籍人口和非沪籍人口发现,在样本因与不熟的人借贷或合伙做生意签订协议或进行公证情况栏中,本市户籍人口 1899 人,其中 1400 人会,占 73.7%;165 人不会,占 8.7%;334 人表示视情况而定,占 17.6%。外地户籍人口 333 人,其中 258 人会,占 77.5%;42 人表示不会,占 12.6%;33 人表示视情况而定,占 9.9%。两类户籍的人口大部分都表示会为防止纠纷矛盾签订协议或进行公证。

按照农业与非农细分,本地非农 1734 人,其中 1272 人会,占 73.4%;153 人不会,占 8.8%;309 人视情况而定,占 17.8%。本地农业 165 人,其中 128 人会,占 77.6%;12 人不会,占 7.3%;25 人表示视情况而定,占 15.2%。外地非农 129 人,其中 99 人会,占 76.7%;13 人不会,占 10.1%;17 人视情况而定,占 13.2%。外地农业 204 人,其中159人会，占77.9%；29人不会，占14.2%；16人视情况而定，占7.8%（见表5-13）。

表5-13　户籍身份与因不熟的人借贷或合伙做生意签订协议或进行公证情况交互频次（N=2232）

|  | 会 | 不会 | 视情况而定 |
| --- | --- | --- | --- |
| 本地户籍 | 1400（73.7%） | 165（8.7%） | 334（17.6%） |
| 本地非农 | 1272（73.4%） | 153（8.8%） | 309（17.8%） |
| 本地农业 | 128（77.6%） | 12（7.3%） | 25（15.2%） |
| 外地户籍 | 258（77.5%） | 42（12.6%） | 33（9.9%） |
| 外地非农 | 99（76.7%） | 13（10.1%） | 17（13.2%） |
| 外地农业 | 159（77.9%） | 29（14.2%） | 16（7.8%） |
| 合计 | 1658（74.3%） | 207（9.3%） | 367（16.4%） |

# 第六章

# 公共权利意识

在现代社会中,权利意识不仅包括私权意识,还包括公共权利意识,甚至公共权利意识是一种更为重要的权利意识。在国家与社会二元的法律理论中,法治是与公民社会相对应的范畴。法治作为现代社会的一种价值和规范体系,必须要有相应的社会基础,这个社会基础就是公民社会。而公民社会最为重要的表征是社会公众应当具备的公民意识,我们称其为公民品格。公民意识不仅仅包括自我私人权利的张扬,更包括维护社会公共利益的权利观念。其中公共权利意识包括社会组织参与观念、公共事务的关注程度、政治参与意识和公民行动意识等。

## 一 组织参与观念

公民社会的一个基本预设是,公民意识和品格包含了社会公众积极参加各种社会组织及其活动。这也是传统社会与现代社会的一个重要区别,传统社会中的人不愿意参与到各种社会组织之中,尤其是那些公益组织。因此,组织参与是测量公民意识的一个重要维度。总体而言,当前上海的组织参与度并不是很高。多数组织参与主要围绕着工作和社区展开，其他社会参与度较少。而对参与社会组织的社会公众而言，参与组织活动的比例则相对比较高。抽样调查的具体情况如下：

1. 文教组织参与

在样本组织活动参与度栏中，对于教育/艺术/音乐/文化组织，从其单变量的频次分布情况来看，有1857人不是成员，占83.2%；有374人是成员，占16.8%。在教育/艺术/音乐/文化组织的成员中，经常参加组织活动的有119人，占5.3%，偶尔参加的有174人，占7.8%，从不参加的有81人，占3.6%（见表6-1）。

表6-1　　教育/艺术/音乐/文化组织参与情况（N=2231）

|  | 不是成员 | 是成员 |  |  |
| --- | --- | --- | --- | --- |
|  |  | 经常参加 | 偶尔参加 | 从不参加 |
| 教育/艺术/音乐/文化组织 | 1857（83.2%） | 119（5.3%） | 174（7.8%） | 81（3.6%） |

通过比较沪籍和非沪籍的受访者情况发现，在教育/艺术/音乐/文化/组织参与情况方面，样本中共有1857人不是成员，其中本地非农户籍为1444人，占77.8%，本地农业户籍者有123人，占6.6%，外地非农和外地农业户籍者分为有115人和175人，依次占6.2%和9.4%。

样本中共有374人是具有上述组织的成员身份，其中，本地户籍者有331人，外地户籍者43人，分别占88.5%和11.5%。就其参与情况来看，经常参加、偶尔参加与从不参加的占比分别为31.8%、46.5%和21.7%。

在本地户籍且具有成员身份者中，本地非农和本地农业户籍者的情况分别为 289 人（87.3%）和 42 人（12.7%）；从他们的参与情况来看，选择经常参加、偶尔参加与从不参加的比例依次为 34.7%、48.3% 和 16.9%。具体来说，在本地非农户籍受访者中，经常参加者有 107 人，占 37.0%，偶尔参加者有 147 人，占 50.9%，从不参加者有 35 人，占 12.1%。本地农业户籍这一数字分别为 8（19.0%）、13（31.0%）和 21（50%）。

在外地户籍且具有成员身份者中，外地非农户籍者有 14 人，占 32.6%，外地农业户籍者有 29 人，占 67.4%；他们选择经常参加、偶尔参加与从不参加的比例分别为 9.3%、32.6% 和 58.1%。具体看说，在外地非农户籍成员者中，上述参与情况依次为 14.3%、57.1% 和 28.6%；外地农业户籍成员的这一比例为 6.9%、20.7% 和 72.4%（见表 6-2）。

表 6-2 户籍身份与教育/艺术/音乐或文化组织参与情况交互频次（N=2231）

|  | 不是成员 | 是成员 |  |  |
| --- | --- | --- | --- | --- |
|  |  | 经常参加 | 偶尔参加 | 从不参加 |
| 本地户籍 | 1567 | 115<br>(34.7%) | 160<br>(48.3%) | 56<br>(16.9%) |
| 本地非农 | 1444<br>(77.8%) | 107<br>(37.0%) | 147<br>(50.9%) | 35<br>(12.1%) |
| 本地农业 | 123<br>(6.6%) | 8<br>(19.0%) | 13<br>(31.0%) | 21<br>(50%) |
| 外地户籍 | 290 | 4<br>(9.3%) | 14<br>(32.6%) | 25<br>(58.1%) |
| 外地非农 | 115<br>(6.2%) | 2<br>(14.3%) | 8<br>(57.1%) | 4<br>(28.6%) |
| 外地农业 | 175<br>(9.4%) | 2<br>(6.9%) | 6<br>(20.7%) | 21<br>(72.4%) |
| 合计 | 1857 | 119<br>(31.0%) | 174<br>(46.5%) | 81<br>(21.7%) |

2. 工会参与

对于工会参与，抽样调查显示，从其单变量的频次分布情况来看，有1632人不是工会成员，占73.1%；有600人是成员，占26.9%。在工会成员中，有265人经常参加工会活动，占所有样本的11.9%；有229人偶尔参加，占10.3%；有106人从不参加，占4.7%（见表6-3）。

表6-3　　　　　　　工会参与情况（N=2232）

|  | 不是成员 | 是成员 |  |  |
|---|---|---|---|---|
|  |  | 经常参加 | 偶尔参加 | 从不参加 |
| 工会 | 1632（73.1%） | 265（11.9%） | 229（10.3%） | 106（4.7%） |

在工会参与情况方面，样本中共有1632人不是成员，其中本地非农户籍者为1242人，占76.1%，本地农业户籍者有116人，占7.1%，外地非农和外地农业户籍者分为有112人和162人，依次占6.9%和9.9%。

样本中共有600人是具有上述组织的成员身份，其中，本地户籍者有541人，外地户籍者59人，分别占90.2%和9.8%。就其参与情况来看，经常参加、偶尔参加与从不参加的占比分别为44.2%、38.2%和17.7%。

在本地户籍且具有成员身份者中，本地非农和本地农业户籍者的情况分别为492人（90.9%）和49人（9.1%）；从他们的参与情况来看，选择经常参加、偶尔参加与从不参加的比例依次为46.4%、39.2%和14.4%。具体来说，在本地非农户籍受访者中，经常参加者有238人，占48.4%，偶尔参加者有198人，占40.2%，从不参加者有56人，占11.4%。本地农业户籍这一数字分别为 13（26.5%）、14（28.6%）和 22（44.9%）。

在外地户籍且具有成员身份者中，外地非农户籍者有 17 人，占 28.8%，外地农业户籍者有 42 人，占 71.2%；他们选择经常参加、偶尔参加与从不参加的比例分别为 23.7%、28.8% 和 47.5%。具体看说，在外地非农户籍成员者中，上述参与情况依次为 41.2%、29.4% 和 29.4%；外地农业户籍成员的这一比例为 16.7%、28.6% 和 54.8%（见表 6-4）。

表 6-4　　户籍身份与工会参与情况交互频次（N=2232）

| | 不是成员 | 是成员 | | |
|---|---|---|---|---|
| | | 经常参加 | 偶尔参加 | 从不参加 |
| 本地户籍 | 1358 | 251 (46.4%) | 212 (39.2%) | 78 (14.4%) |
| 本地非农 | 1242 (76.1%) | 238 (48.4%) | 198 (40.2%) | 56 (11.4%) |
| 本地农业 | 116 (7.1%) | 13 (26.5%) | 14 (28.6%) | 22 (44.9%) |
| 外地户籍 | 274 | 14 (23.7%) | 17 (28.8%) | 28 (47.5%) |
| 外地非农 | 112 (6.9%) | 7 (41.2%) | 5 (29.4%) | 5 (29.4%) |
| 外地农业 | 162 (9.9%) | 7 (16.7%) | 12 (28.6%) | 23 (54.8%) |
| 合计 | 1632 | 265 (44.2%) | 229 (38.2%) | 106 (17.7%) |

3. 政党组织参与

对于政党组织，从其单变量的频次分布情况来看，1837

人不是成员，占82.3%；396人是成员，占17.7%。在参与政党组织的人中，有233人经常参加政党组织的活动，占10.4%；有77人偶尔参加，占3.4%；有86人从不参加，占3.9%（见表6-5）。

表6-5　　　　政党组织参与情况（N=2233）

|  | 不是成员 | 是成员 |  |  |
| --- | --- | --- | --- | --- |
|  |  | 经常参加 | 偶尔参加 | 从不参加 |
| 政党组织 | 1837（82.3%） | 233（10.4%） | 77（3.4%） | 86（3.9%） |

在政党组织参与情况方面，样本中共有1837人不是成员，其中本地非农户籍者为1420人，占77.3%，本地农业户籍者有118人，占6.4%，外地非农和外地农业户籍者分为有121人和178人，依次占6.6%和9.7%。

样本中共有397人是具有上述组织的成员身份，其中，本地户籍者有364人，外地户籍者33人，分别占91.7%和8.3%。就其参与情况来看，经常参加、偶尔参加与从不参加的占比分别为58.9%、19.4%和21.7%。

在本地户籍且具有成员身份者中，本地非农和本地农业户籍者的情况分别为317人（87.1%）和47人（12.9%）；从他们的参与情况来看，选择经常参加、偶尔参加与从不参加的比例依次为62.9%、20.3%和16.8%。具体来说，在本地非农户籍受访者中，经常参加者有212人，占66.9%，偶尔参加者有67人，占21.1%，从不参加者有38人，占12.0%。本地农业户籍这一数字分别为17（36.2%）、7（14.9%）和23（48.9%）。

在外地户籍且具有成员身份者中,外地非农户籍者有8人,占24.2%,外地农业户籍者有25人,占75.8%;他们选择经常参加、偶尔参加与从不参加的比例分别为15.2%、9.1%和75.8%。具体看说,在外地非农户籍成员者中,上述参与情况依次为37.5%、25.0%和37.5%;外地农业户籍成员的这一比例为8.0%、4.0%和88.0%(见表6-6)。

表6-6　户籍身份与政党组织参与情况交互频次(N=2233)

|  | 不是成员 | 是成员 |  |  |
|---|---|---|---|---|
|  |  | 经常参加 | 偶尔参加 | 从不参加 |
| 本地户籍 | 1538 | 229<br>(62.9%) | 74<br>(20.3%) | 61<br>(16.8%) |
| 本地非农 | 1420<br>(77.3%) | 212<br>(66.9%) | 67<br>(21.1%) | 38<br>(12.0%) |
| 本地农业 | 118<br>(6.4%) | 17<br>(36.2%) | 7<br>(14.9%) | 23<br>(48.9%) |
| 外地户籍 | 299 | 5<br>(15.2%) | 3<br>(9.1%) | 25<br>(75.8%) |
| 外地非农 | 121<br>(6.6%) | 3<br>(37.5%) | 2<br>(25.0%) | 3<br>(37.5%) |
| 外地农业 | 178<br>(9.7%) | 2<br>(8.0%) | 1<br>(4.0%) | 22<br>(88.0%) |
| 合计 | 1837 | 234<br>(58.9%) | 77<br>(19.4%) | 86<br>(21.7%) |

4. 环保组织的参与情况

对于环保组织,从其单变量的频次分布情况来看,1918人不是成员,占85.9%;316人是成员,占14.1%。在参与环保组织的成员中,有99人经常参加组织活动,占4.4%;

有 131 人偶尔参加，占 5.9%；有 86 人从不参加，占 3.8%（见表 6-7）。

表 6-7　　环保组织的参与情况（N=2234）

| | 不是成员 | 是成员 | | |
| --- | --- | --- | --- | --- |
| | | 经常参加 | 偶尔参加 | 从不参加 |
| 环保组织 | 1918（85.9%） | 99（4.4%） | 131（5.9%） | 86（3.8%） |

在环保组织参与情况方面，样本中共有 1918 人不是成员，其中本地非农户籍者为 1499 人，占 78.2%，本地农业户籍者有 121 人，占 6.3%，外地非农和外地农业户籍者分为有 120 人和 178 人，依次占 6.3% 和 9.3%。

样本中共有 316 人是具有上述组织的成员身份，其中，本地户籍者和外地户籍分别有 281 人和 35 人，分别占 88.9% 和 11.1%。就其参与情况来看，经常参加、偶尔参加与从不参加的占比分别为 31.3%、41.5% 和 27.2%。

在本地户籍且具有成员身份者中，本地非农和本地农业户籍者的分别 238 人（84.7%）和 43 人（15.3%）；从他们的参与情况来看，选择经常参加、偶尔参加与从不参加的比例依次为 33.5%、44.8% 和 21.7%。具体来说，在本地非农户籍受访者中，经常参加者有 87 人，占 36.6%，偶尔参加者有 114 人，占 47.9%，从不参加者有 37 人，占 15.5%。本地农业户籍这一数字分别为 7（16.3%），12（27.9%）和 24（55.8%）。

在外地户籍且具有成员身份者中，外地非农户籍者有 9 人，占 25.7%，外地农业户籍者有 26 人，占 74.3%；他们选择经常参加、偶尔参加与从不参加的比例分别为 14.3%、14.3% 和 71.4%。具体看说，在外地非农户籍成员者中，上述参与情况依次均为 33.3%；外地农业户籍成员的这一比例为 7.7%、7.7% 和 84.6%（见表 6-8）。

表 6-8　户籍身份与环保组织参与情况交互频次（N = 2234）

| | 不是成员 | 是成员 经常参加 | 是成员 偶尔参加 | 是成员 从不参加 |
|---|---|---|---|---|
| 本地户籍 | 1620 | 94 (33.5%) | 126 (44.8%) | 61 (21.7%) |
| 本地非农 | 1499 (78.2%) | 87 (36.6%) | 114 (47.9%) | 37 (15.5%) |
| 本地农业 | 121 (6.3%) | 7 (16.3%) | 12 (27.9%) | 24 (55.8%) |
| 外地户籍 | 298 | 5 (14.3%) | 5 (14.3%) | 25 (71.4%) |
| 外地非农 | 120 (6.3%) | 3 (33.3%) | 3 (33.3%) | 3 (33.3%) |
| 外地农业 | 178 (9.3%) | 2 (7.7%) | 2 (7.7%) | 22 (84.6%) |
| 合计 | 1918 | 99 (31.3%) | 131 (41.5%) | 86 (27.2%) |

5. 专业或行业协会的参与

对于专业或行业协会，从其单变量的频次分布情况来看，2016 人不是成员，占 90.2%；220 人是成员，占 9.8%。在参与专业或行业协会的成员中，有 53 人经常参加，占 2.4%；72 人偶尔参加，占 3.2%；95 人从不参加，占 4.2%（见表 6-9）。

表6-9　专业或行业协会的参与情况（N=2236）

| | 不是成员 | 是成员 | | |
| --- | --- | --- | --- | --- |
| | | 经常参加 | 偶尔参加 | 从不参加 |
| 专业或行业协会 | 2016（90.2%） | 53（2.4%） | 72（3.2%） | 95（4.2%） |

在专业或行业协会组织参与情况方面，样本中共有2016人不是成员，其中本地非农户籍者为1586人，占78.7%，本地农业户籍者有130人，占6.4%，外地非农和外地农业户籍者分为有123人和177人，依次占6.1%和8.8%。

样本中共有220人是具有上述组织的成员身份，其中，本地户籍者和外地户籍者分别有187人和33人，分别占85.0%和15.0%。就其参与情况来看，经常参加、偶尔参加与从不参加的占比分别为24.1%、32.7%和43.2%。

在本地户籍且具有成员身份者中，本地非农和本地农业户籍者的分别152人（81.3%）和35人（18.7%）；从他们的参与情况来看，选择经常参加、偶尔参加与从不参加的比例依次为27.3%、34.8%和38.0%。具体来说，在本地非农户籍受访者中，经常参加者有48人，占31.6%，偶尔参加者有57人，占37.5%，从不参加者有47人，占30.9%。本地农业户籍这一数字分别为3（8.6%），8（22.9%）和24（68.6%）。

在外地户籍且具有成员身份者中，外地非农户籍者有6人，占18.2%，外地农业户籍者有27人，占81.8%；他们选择经常参加、偶尔参加与从不参加的比例分别为6.1%、21.2%和72.7%。具体看说，在外地非农户籍成员者中，上述参与情况依次分别为33.3%，16.7%和50.0%；而外地农业户籍成员的这一比例为 0%、22.2% 和 77.8%（见表 6-10）。

表 6-10　户籍身份与专业或行业协会参与情况交互频次（N=2236）

|  | 不是成员 | 是成员 经常参加 | 是成员 偶尔参加 | 是成员 从不参加 |
| --- | --- | --- | --- | --- |
| 本地户籍 | 1716 | 51 (27.3%) | 65 (34.8%) | 71 (38.0%) |
| 本地非农 | 1586 (78.7%) | 48 (31.6%) | 57 (37.5%) | 47 (30.9%) |
| 本地农业 | 130 (6.4%) | 3 (8.6%) | 8 (22.9%) | 24 (68.6%) |
| 外地户籍 | 30 | 2 (6.1%) | 7 (21.2%) | 24 (72.7%) |
| 外地非农 | 123 (6.17%) | 2 (33.3%) | 1 (16.7%) | 3 (50.0%) |
| 外地农业 | 177 (8.8%) | 0 | 6 (22.2%) | 21 (77.8%) |
| 合计 | 2016 | 53 (24.5%) | 72 (32.7%) | 95 (43.2%) |

6. 慈善组织的参与状况

对于慈善组织，从其单变量的频次分布情况来看，1760 人不是成员，占 78.9%；471 人是成员，占 21.1%。在参加慈善组织的人中，有 165 人经常参加，占 7.4%；有 224 人偶尔参加，占 10.0%；有 82 人从不参加，占 3.7%（表 6-11）。

表6-11　　　　　慈善组织的参与状况（N=2231）

| | 不是成员 | 是成员 | | |
|---|---|---|---|---|
| | | 经常参加 | 偶尔参加 | 从不参加 |
| 慈善组织 | 1760（78.9%） | 165（7.4%） | 224（10.0%） | 82（3.7%） |

在慈善组织参与情况方面，样本中共有1760人不是成员，其中本地非农户籍者为1363人，占77.4%，本地农业户籍者有110人，占6.3%，外地非农和外地农业户籍者分为有117人和170人，依次占6.6%和9.7%。

样本中共有471人是具有上述组织的成员身份，其中，本地户籍者和外地户籍分别有425人和46人，分别占90.2%和9.8%。就其参与情况来看，经常参加、偶尔参加与从不参加的占比分别为35.0%、47.3%和17.6%。

在本地户籍且具有成员身份者中，本地非农和本地农业户籍者的分别370人（87.1%）和55人（12.9%）；从他们的参与情况来看，选择经常参加、偶尔参加与从不参加的比例依次为37.6%、48.7%和13.6%。具体来说，在本地非农户籍受访者中，经常参加者有144人，占38.9%，偶尔参加者有188人，占50.8%，从不参加者有38人，占10.3%。本地农业户籍这一数字分别为16（29.1%），19（34.5%）和20（36.4%）。

在外地户籍且具有成员身份者中，外地非农户籍者有13人，占28.3%，外地农业户籍者有33人，占71.7%；他们选择经常参加、偶尔参加与从不参加的比例分别为10.9%、34.8%和54.3%。具体看说，在外地非农户籍成员者中，上述参与情况依次分别为30.8%，38.5%和30.8%；而外地农业户籍成员的这一比例为3.0%、33.3%和63.6%（见表6-12）。

表6-12 户籍身份与慈善组织参与情况交互频次（N=2230）

|  | 不是成员 | 是成员 |  |  |
|---|---|---|---|---|
|  |  | 经常参加 | 偶尔参加 | 从不参加 |
| 本地户籍 | 1473 | 160<br>(37.6%) | 207<br>(48.7%) | 58<br>(13.6%) |
| 本地非农 | 1363<br>(77.4%) | 144<br>(38.9%) | 188<br>(50.8%) | 38<br>(10.3%) |
| 本地农业 | 110<br>(6.3%) | 16<br>(29.1%) | 19<br>(34.5%) | 20<br>(36.4%) |
| 外地户籍 | 287 | 5<br>(10.9%) | 16<br>(34.8%) | 25<br>(54.3%) |
| 外地非农 | 117<br>(6.6%) | 4<br>(30.8%) | 5<br>(38.5%) | 4<br>(30.8%) |
| 外地农业 | 170<br>(9.7%) | 1<br>(3.0%) | 11<br>(33.3%) | 21<br>(63.6%) |
| 合计 | 1760 | 165<br>(35.0%) | 223<br>(47.3%) | 83<br>(17.6%) |

注：本表为删除缺损值之后的统计结果。

### 7. 宗教组织的参与状况

对于宗教组织，从其单变量的频次分布情况来看，2027人不是成员，占90.7%；207人是成员，占9.3%。在参与宗教组织的成员中，35人经常参加，占1.6%；62人偶尔参加，占2.8%；110人从不参加，占4.9%（见表6-13）。

表 6-13　　　　　宗教组织的参与情况（N=2234）

|  | 不是成员 | 是成员 |  |  |
|---|---|---|---|---|
|  |  | 经常参加 | 偶尔参加 | 从不参加 |
| 宗教组织 | 2027（90.7%） | 35（1.6%） | 62（2.8%） | 110（4.9%） |

在宗教组织参与情况方面，样本中共有2027人不是成员，其中本地非农户籍者为1598人，占78.8%，本地农业户籍者有137人，占6.8%，外地非农和外地农业户籍者分为有120人和172人，依次占5.9%和8.5%。

样本中共有207人是具有上述组织的成员身份，其中，本地户籍者有166人，外地户籍者41人，分别占80.2%和19.8%。就其参与情况来看，经常参加、偶尔参加与从不参加的占比分别为16.9%、30.0%和53.1%。

在本地户籍且具有成员身份者中，本地非农和本地农业户籍者的情况分别为134人（80.7%）和32人（19.3%）；从他们的参与情况来看，选择经常参加、偶尔参加与从不参加的比例依次为18.7%、28.9%和52.4%。具体来说，在本地非农户籍受访者中，经常参加者有29人，占21.6%，偶尔参加者有46人，占34.3%，从不参加者有59人，占44.0%。本地农业户籍这一数字分别为2（6.3%）、2（6.3%）和28（87.5%）。

在外地户籍且具有成员身份者中，外地非农户籍者有9人，占22.0%，外地农业户籍者有32人，占78.0%；他们选择经常参加、偶尔参加与从不参加的比例分别为9.8%、34.1%和56.1%。具体看说，在外地非农户籍成员者中，上述参与情况依次为33.3%、44.4%和22.2%；外地农业户籍成员的这一比例为3.1%、31.3%和65.6%（见表6-14）。

表6-14　　户籍身份与宗教组织参与情况交互频次（N=2234）

| | 不是成员 | 是成员 | | |
|---|---|---|---|---|
| | | 经常参加 | 偶尔参加 | 从不参加 |
| 本地户籍 | 1735 | 31<br>(18.7%) | 48<br>(28.9%) | 87<br>(52.4%) |
| 本地非农 | 1598<br>(78.8%) | 29<br>(21.6%) | 46<br>(34.3%) | 59<br>(44.0%) |
| 本地农业 | 137<br>(6.8%) | 2<br>(6.3%) | 2<br>(6.3%) | 28<br>(87.5%) |
| 外地户籍 | 292 | 4<br>(9.8%) | 14<br>(34.1%) | 23<br>(56.1%) |
| 外地非农 | 120<br>(5.9%) | 3<br>(33.3%) | 4<br>(44.4%) | 2<br>(22.2%) |
| 外地农业 | 172<br>(8.5%) | 1<br>(3.1%) | 10<br>(31.3%) | 21<br>(65.6%) |
| 合计 | 2027 | 35<br>(16.9%) | 62<br>(30.0%) | 110<br>(53.1%) |

## 8. 宗族组织参与状况

对于宗族组织，从其单变量的频次分布情况来看，2077人不是成员，占92.9%；158人是成员，占7.1%，其中11人经常参加，占0.5%，26人偶尔参加，占1.2%，121人从不参加，占5.4%（见表6-15）。

表6-15　　宗族组织参与状况（N=2235）

| | 不是成员 | 是成员 | | |
|---|---|---|---|---|
| | | 经常参加 | 偶尔参加 | 从不参加 |
| 宗族组织 | 2077（92.9%） | 11（0.5%） | 26（1.2%） | 121（5.4%） |

在宗族组织参与情况方面,样本中共有 2077 人不是成员,其中本地非农户籍者为 1638 人,占 78.9%,本地农业户籍者有 139 人,占 6.7%,外地非农和外地农业户籍者分为有 123 人和 177 人,依次占 5.9% 和 8.5%。

样本中共有 158 人是具有上述组织的成员身份,其中,本地户籍者和外地户籍分别有 125 人和 33 人,分别占 79.1% 和 20.9%。就其参与情况来看,经常参加、偶尔参加与从不参加的占比分别为 7.0%、16.5% 和 76.6%。

在本地户籍且具有成员身份者中,本地非农和本地农业户籍者的分别 95 人(76.0%)和 30 人(24.0%);从他们的参与情况来看,选择经常参加、偶尔参加与从不参加的比例依次为 8.0%、16.0% 和 76.0%。具体来说,在本地非农户籍受访者中,经常参加者有 9 人,占 9.5%,偶尔参加者有 20 人,占 21.1%,从不参加者有 66 人,占 69.5%。本地农业户籍这一数字分别为 1(3.3%),0(0%)和 29(96.7%)。

在外地户籍且具有成员身份者中,外地非农户籍者有 6 人,占 18.2%,外地农业户籍者有 27 人,占 81.8%;他们选择经常参加、偶尔参加与从不参加的比例分别为 3.0%、18.2% 和 78.8%。具体看说,在外地非农户籍成员者中,上述参与情况依次分别为 16.7%、33.3% 和 50.0%;而外地农业户籍成员的这一比例为 0%、14.8% 和 85.2%(见表 6-16)。

表 6-16　户籍身份与宗族组织参与情况交互频次(N=2235)

|  | 不是成员 | 是成员 |||
| --- | --- | --- | --- | --- |
|  |  | 经常参加 | 偶尔参加 | 从不参加 |
| 本地户籍 | 1777 | 10<br>(8.0%) | 20<br>(16.0%) | 95<br>(76.0%) |

续表

|  | 不是成员 | 是成员 |||
|---|---|---|---|---|
|  |  | 经常参加 | 偶尔参加 | 从不参加 |
| 本地非农 | 1638<br>(78.9%) | 9<br>(9.5%) | 20<br>(21.1%) | 66<br>(69.5%) |
| 本地农业 | 139<br>(6.7%) | 1<br>(3.3%) | 0 | 29<br>(96.7%) |
| 外地户籍 | 30 | 1<br>(3.0%) | 6<br>(18.2%) | 26<br>(78.8%) |
| 外地非农 | 123<br>(5.9%) | 1<br>(16.7%) | 2<br>(33.3%) | 3<br>(50.0%) |
| 外地农业 | 177<br>(8.5%) | 0 | 4<br>(14.8%) | 23<br>(85.2%) |
| 合计 | 2077 | 11<br>(7.0%) | 26<br>(16.5%) | 121<br>(76.6%) |

9. 妇女团体参与状况

对于妇女团体，从其单变量的频次分布情况来看，1913人不是成员，占85.5%；325人是成员，占14.5%，其中123人经常参加，占5.5%，111人偶尔参加，占5.0%，91人从不参加，占4.1%（见表6-17）。

表6-17　　　　妇女团体参与状况（N=2238）

|  | 不是成员 | 是成员 |||
|---|---|---|---|---|
|  |  | 经常参加 | 偶尔参加 | 从不参加 |
| 妇女团体 | 1913<br>(85.5%) | 123 (5.5%) | 111 (5.0%) | 91 (4.1%) |

在妇女团体组织参与情况方面，样本中共有1913人不是成员，其中本地非农户籍者为1498人，占78.3%，本地农业户籍者有116人，占6.1%，外地非农和外地农业户籍者分为

有120人和179人，依次占6.3%和9.4%。

样本中共有324人是具有上述组织的成员身份，其中，本地户籍者和外地户籍分别有289人和35人，分别占89.2%和10.8%。就其参与情况来看，经常参加、偶尔参加与从不参加的占比分别为38.0%、34.0%和28.1%。

在本地户籍且具有成员身份者中，本地非农和本地农业户籍者的分别237人（82.0%）和52人（18.0%）；从他们的参与情况来看，选择经常参加、偶尔参加与从不参加的比例依次为40.8%、36.0%和23.2%。具体来说，在本地非农户籍受访者中，经常参加者有104人，占42.6%，偶尔参加者有92人，占38.8%，从不参加者有44人，占18.6%。本地农业户籍这一数字分别为17（32.7%），12（23.1%）和23（44.2%）。

在外地户籍且具有成员身份者中，外地非农户籍者有9人，占25.7%，外地农业户籍者有26人，占74.3%；他们选择经常参加、偶尔参加与从不参加的比例分别为14.3%、17.1%和68.6%。具体看说，在外地非农户籍成员者中，上述参与情况均为33.3%；而外地农业户籍成员的这一比例为7.7%、11.5%和80.8%（见表6-18）。

表6-18　户籍身份与妇女团体参与情况交互频次（N=2237）

| | 不是成员 | 是成员 | | |
| --- | --- | --- | --- | --- |
| | | 经常参加 | 偶尔参加 | 从不参加 |
| 本地户籍 | 1614 | 118<br>(40.8%) | 104<br>(36.0%) | 67<br>(23.2%) |
| 本地非农 | 1498<br>(78.3%) | 101<br>(42.6%) | 92<br>(38.8%) | 44<br>(18.6%) |

续表

|  | 不是成员 | 是成员 |  |  |
|---|---|---|---|---|
|  |  | 经常参加 | 偶尔参加 | 从不参加 |
| 本地农业 | 116<br>(6.1%) | 17<br>(32.7%) | 12<br>(23.1%) | 23<br>(44.2%) |
| 外地户籍 | 299 | 5<br>(14.3%) | 6<br>(17.1%) | 24<br>(68.6%) |
| 外地非农 | 120<br>(6.3%) | 3<br>(33.3%) | 3<br>(33.3%) | 3<br>(33.3%) |
| 外地农业 | 179<br>(9.4%) | 2<br>(7.7%) | 3<br>(11.5%) | 21<br>(80.8%) |
| 合计 | 1913 | 123<br>(38.0%) | 110<br>(34.0%) | 91<br>(28.1%) |

注：本表为删除缺损值之后的统计结果。

10. 单位组织的活动参与状况

对于单位组织的活动，从其单变量的频次分布情况来看，1172人不是成员，占52.4%；1063人是成员，占47.5%，其中625人经常参加，占28.0%，375人偶尔参加，占16.8%，63人从不参加，占2.8%（见表6-19）。

表6-19　　单位组织的活动参与状况（N=2235）

|  | 不是成员 | 是成员 |  |  |
|---|---|---|---|---|
|  |  | 经常参加 | 偶尔参加 | 从不参加 |
| 单位组织的活动 | 1172<br>(52.4%) | 625（28.0%） | 375（16.8%） | 63（2.8%） |

在单位组织的活动参与情况方面，样本中共有1172人不是成员，其中本地非农户籍者为874人，占74.6%，本地农业户籍者有65人，占5.5%，外地非农和外地农业户籍者分

为有 90 人和 143 人，依次占 7.7% 和 12.2%。

样本中共有 1061 人是具有上述组织的成员身份，其中，本地户籍者有 961 人，外地户籍者 100 人，分别占 90.6% 和 9.4%。就其参与情况来看，经常参加、偶尔参加与从不参加的占比分别为 58.7%、35.3% 和 5.9%。

在本地户籍且具有成员身份者中，本地非农和本地农业户籍者的情况分别为 861 人（89.6%）和 100 人（10.4%）；从他们的参与情况来看，选择经常参加、偶尔参加与从不参加的比例依次为 60.7%、34.4% 和 4.9%。具体来说，在本地非农户籍受访者中，经常参加者有 534 人，占 62.0%，偶尔参加者有 300 人，占 34.8%，从不参加者有 27 人，占 3.1%。本地农业户籍这一数字分别为 49（49.0%）、31（31.0%）和 20（20.0%）。

在外地户籍且具有成员身份者中，外地非农户籍者有 39 人，占 39.0%，外地农业户籍者有 61 人，占 61.0%；他们选择经常参加、偶尔参加与从不参加的比例分别为 40.0%、44.0% 和 16.0%。具体看说，在外地非农户籍成员者中，上述参与情况依次为 56.4%、41.0% 和 2.6%；外地农业户籍成员的这一比例为 29.5%、45.9% 和 24.6%（见表 6-20）。

表 6-20　　户籍身份与单位组织的活动参与情况交互频次（N=2233）

| | 不是成员 | 是成员 | | |
|---|---|---|---|---|
| | | 经常参加 | 偶尔参加 | 从不参加 |
| 本地户籍 | 939 | 583<br>(60.7%) | 331<br>(34.4%) | 47<br>(4.9%) |
| 本地非农 | 874<br>(74.6%) | 534<br>(62.0%) | 300<br>(34.8%) | 27<br>(3.1%) |

续表

|  | 不是成员 | 是成员 |  |  |
|---|---|---|---|---|
|  |  | 经常参加 | 偶尔参加 | 从不参加 |
| 本地农业 | 65 (5.5%) | 49 (49.0%) | 31 (31.0%) | 20 (20.0%) |
| 外地户籍 | 233 | 40 (40.0%) | 44 (44.0%) | 16 (16.0%) |
| 外地非农 | 90 (7.7%) | 22 (56.4%) | 16 (41.0%) | 1 (2.6%) |
| 外地农业 | 143 (12.2%) | 18 (29.5%) | 28 (45.9%) | 15 (24.6%) |
| 合计 | 1172 | 623 (58.7%) | 375 (35.3%) | 63 (5.9%) |

注：本表为删除缺损值之后的统计结果。

11. 参与居、村委会会议和活动状况

对于居、村委会会议和活动，从其单变量的频次分布情况来看，1317 人不是成员，占 59.0%；917 人是成员，占 40.9%，其中 433 人经常参加，占 19.4%，364 人偶尔参加，占 16.3%，120 人从不参加，占 5.4%（见表 6-21）。

表 6-21 居、村委会会议和活动参与情况（N = 2234）

|  | 不是成员 | 是成员 |  |  |
|---|---|---|---|---|
|  |  | 经常参加 | 偶尔参加 | 从不参加 |
| 居、村委会会议和活动 | 1317（59.0%） | 433（19.4%） | 364（16.3%） | 120（5.4%） |

在居、村委会会议和活动参与情况方面，样本中共有 1317 人不是成员，其中本地非农户籍者为 1001 人，占 76.0%，本地农业户籍者有 58 人，占 4.4%，外地非农和外地农业户籍者分为有 100 人和 158 人，依次占 7.6%

和 12.0%。

样本中共有 916 人是具有上述组织的成员身份,其中,本地户籍者有 841 人,外地户籍者 75 人,分别占 91.8% 和 8.2%。就其参与情况来看,经常参加、偶尔参加与从不参加的占比分别为 47.2%、39.7% 和 13.1%。

在本地户籍且具有成员身份者中,本地非农和本地农业户籍者的情况分别为 734 人(87.3%)和 107 人(12.7%);从他们的参与情况来看,选择经常参加、偶尔参加与从不参加的比例依次为 50.2%、39.8% 和 10.0%。具体来说,在本地非农户籍受访者中,经常参加者有 365 人,占 49.7%,偶尔参加者有 295 人,占 40.2%,从不参加者有 74 人,占 10.0%。本地农业户籍这一数字分别为 57(53.3%)、40(37.4%)和 10(9.3%)。

在外地户籍且具有成员身份者中,外地非农户籍者有 29 人,占 38.7%,外地农业户籍者有 46 人,占 61.3%;他们选择经常参加、偶尔参加与从不参加的比例分别为 13.3%、38.7% 和 48.0%。具体看说,在外地非农户籍成员者中,上述参与情况依次为 17.2%、48.3% 和 34.5%;外地农业户籍成员的这一比例为 10.9%、32.6% 和 56.5%(见表 6-22)。

表 6-22　户籍身份与居、村委会会议和活动参与情况交互频次 (N = 2233)

| | 不是成员 | 是成员 | | |
| --- | --- | --- | --- | --- |
| | | 经常参加 | 偶尔参加 | 从不参加 |
| 本地户籍 | 1059 | 422<br>(50.2%) | 335<br>(39.8%) | 84<br>(10.0%) |
| 本地非农 | 1001<br>(76.0%) | 365<br>(49.7%) | 295<br>(40.2%) | 74<br>(10.1%) |

续表

|  | 不是成员 | 是成员 |  |  |
|---|---|---|---|---|
|  |  | 经常参加 | 偶尔参加 | 从不参加 |
| 本地农业 | 58<br>（4.4%） | 57<br>（53.3%） | 40<br>（37.4%） | 10<br>（9.3%） |
| 外地户籍 | 258 | 10<br>（13.3%） | 29<br>（38.7%） | 36<br>（48.0%） |
| 外地非农 | 100<br>（7.6%） | 5<br>（17.2%） | 14<br>（48.3%） | 10<br>（34.5%） |
| 外地农业 | 158<br>（12.0%） | 5<br>（10.9%） | 15<br>（32.6%） | 26<br>（56.5%） |
| 合计 | 1317 | 432<br>（47.2%） | 364<br>（39.7%） | 120<br>（13.1%） |

注：本表为删除缺损值之后的统计结果。

12. 参与小区组织活动状况

对于所在小区组织的活动，从其单变量的频次分布情况来看，1252 人不是成员，占 56.1%；979 人是成员，占 43.9%，其中 425 人经常参加，占 19.0%，425 人偶尔参加，占 19.0%，129 人从不参加，占 5.8%（见表 6-23）。

表 6-23　社会公众的组织/活动参与度（N=2231）

|  | 不是成员 | 是成员 |  |  |
|---|---|---|---|---|
|  |  | 经常参加 | 偶尔参加 | 从不参加 |
| 所在小区组织的活动 | 1252<br>（56.1%） | 425（19.0%） | 425（19.0%） | 129（5.8%） |

在所在小区组织的活动参与情况方面，样本中共有 1252 人不是成员，其中本地非农户籍者为 938 人，占 74.9%，本地农业户籍者有 63 人，占 5.0%，外地非农和外地农业户籍

者分为有96人和155人，依次占7.7%和12.4%。

样本中共有978人是具有上述组织的成员身份，其中，本地户籍者有896人，外地户籍者82人，分别占91.6%和8.4%。就其参与情况来看，经常参加、偶尔参加与从不参加的占比分别为43.4%、43.5%和13.2%。

在本地户籍且具有成员身份者中，本地非农和本地农业户籍者的情况分别为795人（88.7%）和101人（11.3%）；从他们的参与情况来看，选择经常参加、偶尔参加与从不参加的比例依次为46.2%、43.8%和10.0%。具体来说，在本地非农户籍受访者中，经常参加者有370人，占46.5%，偶尔参加者有346人，占43.5%，从不参加者有79人，占9.9%。本地农业户籍这一数字分别为44（43.6%）、46（45.5%）和11（10.9%）。

在外地户籍且具有成员身份者中，外地非农户籍者有33人，占40.2%，外地农业户籍者有49人，占59.8%；他们选择经常参加、偶尔参加与从不参加的比例分别为12.2%、40.2%和47.6%。具体看说，在外地非农户籍成员者中，上述参与情况依次为18.2%、45.5%和36.4%；外地农业户籍成员的这一比例为8.2%、36.7%和55.1%（见表6-24）。

表6-24　户籍身份与所在小区组织的活动参与情况交互频次（N=2230）

| | 不是成员 | 是成员 | | |
|---|---|---|---|---|
| | | 经常参加 | 偶尔参加 | 从不参加 |
| 本地户籍 | 1001 | 414<br>(46.2%) | 392<br>(43.8%) | 90<br>(10.0%) |

续表

|  | 不是成员 | 是成员 |  |  |
|---|---|---|---|---|
|  |  | 经常参加 | 偶尔参加 | 从不参加 |
| 本地非农 | 938<br>(74.9%) | 370<br>(46.5%) | 346<br>(43.5%) | 79<br>(9.9%) |
| 本地农业 | 63<br>(5.0%) | 44<br>(43.6%) | 46<br>(45.5%) | 11<br>(10.9%) |
| 外地户籍 | 251 | 10<br>(12.2%) | 33<br>(40.2%) | 39<br>(47.6%) |
| 外地非农 | 96<br>(7.7%) | 6<br>(18.2%) | 15<br>(45.5%) | 12<br>(36.4%) |
| 外地农业 | 155<br>(12.4%) | 4<br>(8.2%) | 18<br>(36.7%) | 27<br>(55.1%) |
| 合计 | 1252 | 424<br>(43.4%) | 425<br>(43.5%) | 129<br>(13.2%) |

注：本表为删除缺损值之后的统计结果。

## 二 公共事务的关注态度

公共事务与私权利相关，会影响私权利，但又不是私权利。公共事务本质上是公共权利，是公民意识的基本表现形式。而关注和参与公共事务是行使公共权利的一种方式，因此，测量公共事务的关注态度是测量公民意识的重要尺度。测量公共事务的参与意识可以通过围绕着公共事务与社会主体的关系，由远而近进行测量。调查显示，总体而言，社会公众对公共事务的关注度较高，并显现出中间的关注度低，两端的关注度高的特点。即相比较而言，对本区和本市的公共事务关注度相对较低，而对工作单位、居住小区和国家公共事务关注度高。具体情况如下：

表 6-25　　　　　　　　公共事务的关注态度

| | 一点不关心 | 不太关心 | 比较关心 | 非常关心 | 合计 |
|---|---|---|---|---|---|
| 工作单位公共事务 | 137 (6.1%) | 472 (21.1%) | 1351 (60.5%) | 272 (12.2%) | 2232 (100%) |
| 居住小区（村）的公共事务 | 31 (1.4%) | 605 (27.1%) | 1405 (62.9%) | 191 (8.6%) | 2232 (100%) |
| 本区的公共事务 | 39 (1.7%) | 803 (36.0%) | 1243 (55.7%) | 146 (6.5%) | 2231 (100%) |
| 本市的公共事务 | 48 (2.2%) | 803 (36.0%) | 1248 (55.9%) | 133 (6.0%) | 2232 (100%) |
| 国家的方针和政策 | 19 (0.9%) | 344 (15.4%) | 1460 (65.4%) | 409 (18.3%) | 2232 (100%) |

1. 对单位公共事务的关注

对于工作单位公共事务的关注状况，抽样调查显示，在有效样本中，从其单变量的频次分布情况来看，有137人对此表示一点不关心，占6.1%；有472人不太关心，占21.1%；有1351人比较关心，占60.5%；有272人非常关心，占12.2%（见表6-25）。

通过比较沪籍人口和非沪籍人口发现，在样本对工作单位中的公共事务的态度栏中，本市非农1734人，占77.7%；其中95人一点不关心，占5.5%；363人不太关心，占20.9%；1069人比较关心，占61.7%；207人非常关心，占11.9%。本市农业165人，占7.4%；其中21人一点不关心，占12.7%；31人不太关心，占18.8%；94人比较关心，占57.0%；19人非常关心，占11.5%。合计本市户籍人口1899人，占85.1%；其中116人一点不关心，占6.1%；394人不太关心，占20.7%；1163人比较关心，占61.2%；226人非常关心，占 11.9%。外地非农 129 人，占 5.8%；其中 8 人一点不关心，占 6.2%；33 人不太关心，占 25.6%；65 人比较关心，占 50.4%；23 人非常关心，占 17.8%。外地农业 204 人，占 9.1%；其中 13 人一点不关心，占 6.4%；45 人不太关心，占 22.1%；123 人比较关心，占 60.3%；23 人非常关心，占 11.3%。合计外地户籍人口 333 人，占 14.9%；其中 21 人一点不关心，占 6.3%；78 人不太关心，占 23.4%；188 人比较关心，占 56.5%；46 人非常关心，占 13.8%（见表 6-26）。

表 6-26　　户籍身份与对工作单位中的公共事务的态度交互频次（N=2232）

|  | 一点不关心 | 不太关心 | 比较关心 | 非常关心 | 合计 |
| --- | --- | --- | --- | --- | --- |
| 本地户籍 | 116<br>(6.1%) | 394<br>(20.7%) | 1163<br>(61.2%) | 226<br>(11.9%) | 1899<br>(100%) |
| 本地非农 | 95<br>(5.5%) | 363<br>(20.9%) | 1069<br>(61.7%) | 207<br>(11.9%) | 1734<br>(100%) |
| 本地农业 | 21<br>(12.7%) | 31<br>(18.8%) | 94<br>(57.0%) | 19<br>(11.5%) | 165<br>(100%) |
| 外地户籍 | 21<br>(6.3%) | 78<br>(23.4%) | 188<br>(56.5%) | 46<br>(13.8%) | 333<br>(100%) |
| 外地非农 | 8<br>(6.2%) | 33<br>(25.6%) | 65<br>(50.4%) | 23<br>(17.8%) | 129<br>(100%) |
| 外地农业 | 13<br>(6.4%) | 45<br>(22.1%) | 123<br>(60.3%) | 23<br>(11.3%) | 204<br>(100%) |
| 合计 | 137<br>(6.1%) | 472<br>(21.1%) | 1351<br>(60.5%) | 272<br>(12.2%) | 2232<br>(100%) |

2. 对居住小区（村）公共事务的关注

对于居住小区（村）的公共事务的关注状况，抽样调查显示，在有效样本中，从其单变量的频次分布情况来看，有

31人对此表示一点不关心，占1.4%；有605人不太关心，占27.1%；有1405人比较关心，占62.9%；有191人非常关心，占8.6%（见表6-25）。

通过比较沪籍人口和非沪籍人口发现，在样本对居住小区（村）的公共事务的态度栏中，本市非农1734人，占77.7%；其中25人一点不关心，占1.4%；445人不太关心，占25.7%；1103人比较关心，占63.6%；161人非常关心，占9.3%。本市农业165人，占7.4%；其中0人一点不关心；33人不太关心，占20.0%；117人比较关心，占70.9%；15人非常关心，占9.1%。合计本市户籍人口1899人，占85.1%；其中25人一点不关心，占1.3%；478人不太关心，占25.2%；1220人比较关心，占64.2%；176人非常关心，占9.3%。外地非农129人，占5.8%；其中4人一点不关心，占3.1%；43人不太关心，占33.3%；74人比较关心，占57.4%；8人非常关心，占6.2%。外地农业204人，占9.1%；其中2人一点不关心，占1.0%；84人不太关心，占41.2%；111人比较关心，占54.4%；7人非常关心，占3.4%。合计外地户籍人口333人，占14.9%；其中6人一点不关心，占1.8%；127人不太关心，占38.1%；185人比较关心，占55.6%；15人非常关心，占4.5%（见表6-27）。

表6-27　户籍身份与对居住小区（村）的公共事务的态度交互频次（N=2232）

|  | 一点不关心 | 不太关心 | 比较关心 | 非常关心 | 合计 |
|---|---|---|---|---|---|
| 本地户籍 | 25<br>(1.3%) | 478<br>(25.2%) | 1220<br>(64.2%) | 176<br>(9.3%) | 1899<br>(100%) |
| 本地非农 | 25<br>(1.4%) | 445<br>(25.7%) | 1103<br>(63.6%) | 161<br>(9.3%) | 1734<br>(100%) |

续表

|      | 一点不关心 | 不太关心 | 比较关心 | 非常关心 | 合计 |
|------|------|------|------|------|------|
| 本地农业 | 0 | 33<br>(20.0%) | 117<br>(70.9%) | 15<br>(9.1%) | 165<br>(100%) |
| 外地户籍 | 6<br>(1.8%) | 127<br>(38.1%) | 185<br>(55.6%) | 15<br>(4.5%) | 333<br>(100%) |
| 外地非农 | 4<br>(3.1%) | 43<br>(33.3%) | 74<br>(57.4%) | 8<br>(6.2%) | 129<br>(100%) |
| 外地农业 | 2<br>(1.0%) | 84<br>(41.2%) | 111<br>(54.4%) | 7<br>(3.4%) | 204<br>(100%) |
| 合计 | 31<br>(1.4%) | 605<br>(27.1%) | 1405<br>(62.9%) | 191<br>(8.6%) | 2232<br>(100%) |

3. 对本区公共事务的关注

对于本区的公共事务的关注状况，抽样调查显示，在有效样本中，从其单变量的频次分布情况来看，有39人对此表示一点不关心，占1.7%；有803人不太关心，占36.0%；有1243人比较关心，占55.7%；有146人非常关心，占6.5%（见表6-25）。

通过比较沪籍人口和非沪籍人口发现，在样本对本区的公共事务的态度栏中，本市非农1733人，占77.7%；其中25人一点不关心，占1.5%；593人不太关心，占34.2%；990人比较关心，占57.1%；125人非常关心，占7.2%。本市农业165人，占7.4%；其中1人一点不关心，占0.6%；45人不太关心，占27.3%；110人比较关心，占66.7%；9人非常关心，占5.5%。合计本市户籍人口1898人，占85.1%；其中26人一点不关心，占1.4%；638人不太关心，占33.6%；1100人比较关心，占58.0%；134人非常关心，占7.1%。外地非农129人，占5.8%；其中6人一点不关心，占4.7%；64人不太关心，占49.6%；53人比较关心，占41.1%；6人非常关心,占 4.7%。外地农业 204 人,占 9.1%;其中 7 人一点不关心,占 3.4%;101 人不太关心,占 49.6%;90 人比较关心,占 44.1%;6 人非常关心,占 2.9%。合计外地户籍人口 333 人,占 14.9%;其中 13 人一点不关心,占 3.9%;165 人不太关心,占 49.6%;143 人比较关心,占 42.9%;12 人非常关心,占 3.6%(见表 6-28)。

表 6-28 户籍身份与本区的公共事务的态度交互频次(N=2231)

|  | 一点不关心 | 不太关心 | 比较关心 | 非常关心 | 合计 |
| --- | --- | --- | --- | --- | --- |
| 本地户籍 | 26<br>(1.4%) | 638<br>(33.6%) | 1100<br>(58.0%) | 134<br>(7.1%) | 1898<br>(100%) |
| 本地非农 | 25<br>(1.5%) | 593<br>(34.2%) | 990<br>(57.1%) | 125<br>(7.2%) | 1733<br>(100%) |
| 本地农业 | 1<br>(0.6%) | 45<br>(27.3%) | 110<br>(66.7%) | 9<br>(5.5%) | 165<br>(100%) |
| 外地户籍 | 13<br>(3.9%) | 165<br>(49.6%) | 143<br>(42.9%) | 12<br>(3.6%) | 333<br>(100%) |
| 外地非农 | 6<br>(4.7%) | 64<br>(49.6%) | 53<br>(41.1%) | 6<br>(4.7%) | 129<br>(100%) |
| 外地农业 | 7<br>(3.4%) | 101<br>(49.6%) | 90<br>(44.1%) | 6<br>(2.9%) | 204<br>(100%) |
| 合计 | 39<br>(1.7%) | 803<br>(36.0%) | 1243<br>(55.7%) | 146<br>(6.5%) | 2231<br>(100%) |

4. 对本市公共事务的关注

对于本市的公共事务的关注状况,抽样调查显示,在有效样本中,从其单变量的频次分布情况来看,有 48 人对此表示一点不关心,占 2.2%;有 803 人不太关心,占 36.0%;有 1248 人比较关心,占 55.9%;有 133 人非常关心,占 6.0%(见表 6-25)。

通过比较沪籍人口和非沪籍人口发现，在样本对本市的公共事务的态度栏中，本市非农 1734 人，占 77.7%；其中 34 人一点不关心，占 2.0%；603 人不太关心，占 34.8%；994 人比较关心，占 57.3%；103 人非常关心，占 5.9%。本地农业 165 人，占 7.4%；其中 1 人一点不关心，占 0.6%；49 人不太关心，占 29.7%；102 人比较关心，占 61.8%；13 人非常关心，占 7.9%。合计本地户籍人口 1899 人，占 85.1%；其中 35 人一点不关心，占 1.8%；652 人不太关心，占 34.3%；1096 人比较关心，占 57.8%；116 人非常关心，占 6.1%。外地非农 129 人，占 5.8%；其中 6 人一点不关心，占 4.7%；56 人不太关心，占 43.3%；58 人比较关心，占 45.0%；9 人非常关心，占 7.0%。外地农业 204 人，占 9.1%；其中 7 人一点不关心，占 3.4%；95 人不太关心，占 46.6%；94 人比较关心，占 46.1%；8 人非常关心，占 3.9%。合计外地户籍人 333 人，占 14.9%；其中 13 人一点不关心，占 3.9%；151 人不太关心，占 45.4%；152 人比较关心，占 45.6%；17 人非常关心，占 5.1%（见表 6-29）。

表 6-29　户籍身份与本市的公共事务的态度交互频次（N=2232）

|      | 一点不关心 | 不太关心 | 比较关心 | 非常关心 | 合计 |
| --- | --- | --- | --- | --- | --- |
| 本地户籍 | 35<br>(1.8%) | 652<br>(34.3%) | 1096<br>(57.8%) | 116<br>(6.1%) | 1899<br>(100%) |
| 本地非农 | 34<br>(2.0%) | 603<br>(34.8%) | 994<br>(57.3%) | 103<br>(5.9%) | 1734<br>(100%) |
| 本地农业 | 1<br>(0.6%) | 49<br>(29.7%) | 102<br>(61.8%) | 13<br>(7.9%) | 165<br>(100%) |
| 外地户籍 | 13<br>(3.9%) | 151<br>(45.4%) | 152<br>(45.6%) | 17<br>(5.1%) | 333<br>(100%) |

续表

|  | 一点不关心 | 不太关心 | 比较关心 | 非常关心 | 合计 |
|---|---|---|---|---|---|
| 外地非农 | 6<br>(4.7%) | 56<br>(43.3%) | 58<br>(45.0%) | 9<br>(7.0%) | 129<br>(100%) |
| 外地农业 | 7<br>(3.4%) | 95<br>(46.6%) | 94<br>(46.1%) | 8<br>(3.9%) | 204<br>(100%) |
| 合计 | 48<br>(2.2%) | 803<br>(36.0%) | 1248<br>(55.9%) | 133<br>(6.0%) | 2232<br>(100%) |

5. 对国家方针政策的关注

对于国家方针政策的关注状况，抽样调查显示，在有效样本中，从其单变量的频次分布情况来看，有19人对此表示一点不关心，占0.9%；有344人不太关心，占15.4%；有1460人比较关心，占65.4%，比例最高；有409人非常关心，占18.3%（见表6-25）。

通过比较沪籍人口和非沪籍人口发现，在样本对国家方针政策的态度栏中，本市非农1734人，占77.7%；其中13人一点不关心，占0.7%；270人不太关心，占15.6%；1144人比较关心，占66.0%；307人非常关心，占17.7%。本市农业165人，占7.4%；其中2人一点不关心，占1.2%；19人不太关心，占11.5%；98人比较关心，占59.4%；46人非常关心，占27.9%。合计本市户籍人口1899人，占85.1%；其中15人一点不关心，占0.8%；289人不太关心，占15.2%；1242人比较关心，占65.4%；353人非常关心，占18.6%。外地非农129人，占5.8%；其中2人一点不关心，占1.6%；25人不太关心，占19.4%；76人比较关心，占58.9%；26人非常关心，占20.1%。外地农业204人，占9.1%；其中2人一点不关心，占1.0%；30人不太关心，占14.7%；142人比较关心，占 69.6%；30 人非常关心，占 14.7%。合计外地户籍人口 333 人，占 14.9%；其中 4 人一点不关心，占 1.2%；55 人不太关心，占 16.5%；218 人比较关心，占 65.5%；56 人非常关心，占 16.8%（见表 6-30）。

表 6-30　户籍身份与对国家方针政策的态度交互频次（N=2232）

|  | 一点不关心 | 不太关心 | 比较关心 | 非常关心 | 合计 |
| --- | --- | --- | --- | --- | --- |
| 本地户籍 | 15<br>(0.8%) | 289<br>(15.2%) | 1242<br>(65.4%) | 353<br>(18.6%) | 1899<br>(100%) |
| 本地非农 | 13<br>(0.7%) | 270<br>(15.6%) | 1144<br>(66.0%) | 307<br>(17.7%) | 1734<br>(100%) |
| 本地农业 | 2<br>(1.2%) | 19<br>(11.5%) | 98<br>(59.4%) | 46<br>(27.9%) | 165<br>(100%) |
| 外地户籍 | 4<br>(1.2%) | 55<br>(16.5%) | 218<br>(65.5%) | 56<br>(16.8%) | 333<br>(100%) |
| 外地非农 | 2<br>(1.6%) | 25<br>(19.4%) | 76<br>(58.9%) | 26<br>(20.1%) | 129<br>(100%) |
| 外地农业 | 2<br>(1.0%) | 30<br>(14.7%) | 142<br>(69.6%) | 30<br>(14.7%) | 204<br>(100%) |
| 合计 | 19<br>(0.9%) | 344<br>(15.4%) | 1460<br>(65.4%) | 409<br>(18.3%) | 2232<br>(100%) |

## 三　政治参与意识

政治参与意识是公民意识的重要表现方式，也是区别于传统社会的一个重要标准。社会公众的政治参与意识受到自身对政治的理解、自身对政府的影响力、政府对公民表达的关注等诸方面的影响。因此，对政治参与意识的测量可以通过由内而外的方式进行。抽样调查显示，总体而言，社会公众的政治参

与意识较高,但对政治参与是否能影响政府则表现出比较悲观的态度。具体调查数据呈现如下:

1. 社会公众对政府的影响力评价

社会公众对自身能否影响政府的影响力评价,可以通过对"像我这样的人对政府作为没有任何的影响力"这一语句的态度加以测量。抽样调查显示,在有效样本中,从其单变量的频次分布情况来看,有 101 人对此表示非常不同意,占 4.5%;有 531 人不太同意,占 23.8%;有 1229 人比较同意,占 55.1%;有 371 人非常同意,占 16.6%(见表 6-31)。

表 6-31　　　　　　样本对各类判断的态度比例

| | 非常不同意 | 不太同意 | 比较同意 | 非常同意 | 合计 |
|---|---|---|---|---|---|
| 自身对政府的影响力评价 | 101 (4.5%) | 531 (23.8%) | 1229 (55.1%) | 371 (16.6%) | 2232 (100%) |
| 政府对公民态度的关注度 | 62 (2.8%) | 555 (24.9%) | 1236 (55.4%) | 379 (17.0%) | 2232 (100%) |
| 自身对政治的理解能力 | 68 (3.0%) | 557 (25.0%) | 1245 (55.8%) | 361 (16.2%) | 2231 (100%) |
| 参与政治的态度 | 154 (6.9%) | 694 (31.1%) | 1155 (51.7%) | 229 (10.3%) | 2232 (100%) |

通过比较沪籍人口和非沪籍人口发现,在样本对"像我这样的人对政府作为没有任何的影响力"态度栏中,本市非农 1734 人,占 77.7%;其中 88 人表示非常不同意,占 5.1%;435 人表示不太同意,占 25.1%;967 人表示比较同意,占 55.8%;244 人表示非常同意,占 14.1%。本市农业 165 人,占 7.4%;其中 6 人表示非常不同意,占 3.6%;40 人不太同意,占 24.2%;90 人比较同意,占 54.5%;29 人非

常同意，占 17.6%。合计本市户籍人口 1899 人，占 85.1%；其中 94 人非常不同意，占 4.9%；475 人不太同意，占 25.0%；1057 人比较同意，占 55.7%；273 人非常同意，占 14.4%。外地非农 129 人，占 5.8%；其中 5 人非常不同意，占 3.9%；26 人不太同意，占 20.2%；76 人比较同意，占 58.9%；22 人非常同意，占 17.1%。外地农业 204 人，占 9.1%；其中 2 人非常不同意，占 1.0%；30 人不太同意，占 14.7%；96 人比较同意，占 47.1%；76 人非常不同意，占 37.3%。合计外地户籍人口 333 人，占 14.9%；其中 7 人非常不同意，占 2.1%；56 人不太同意，占 16.8%；172 人比较同意，占 51.7%；98 人非常同意，占 29.4%（见表 6-32）。

表 6-32　户籍身份与"像我这样的人对政府作为没有任何的影响力"交互频次（N=2232）

|  | 非常不同意 | 不太同意 | 比较同意 | 非常同意 | 合计 |
|---|---|---|---|---|---|
| 本地户籍 | 94<br>(4.9%) | 475<br>(25.0%) | 1057<br>(55.7) | 273<br>(14.4%) | 1899<br>(100%) |
| 本地非农 | 88<br>(5.1%) | 435<br>(25.1%) | 967<br>(55.8%) | 244<br>(14.1%) | 1734<br>(100%) |
| 本地农业 | 6<br>(3.6%) | 40<br>(24.2%) | 90<br>(54.5%) | 29<br>(17.6%) | 165<br>(100%) |
| 外地户籍 | 7<br>(2.1%) | 56<br>(16.8%) | 172<br>(51.7%) | 98<br>(29.4%) | 333<br>(100%) |
| 外地非农 | 5<br>(3.9%) | 26<br>(20.2%) | 76<br>(58.9%) | 22<br>(17.1%) | 129<br>(100%) |
| 外地农业 | 2<br>(1.0%) | 30<br>(14.7%) | 96<br>(47.1%) | 76<br>(37.3%) | 204<br>(100%) |
| 合计 | 101<br>(4.5%) | 531<br>(23.8%) | 1229<br>(55.1%) | 371<br>(16.6%) | 2232<br>(100%) |

2. 政府对社会公众意见的关注

对社会公众而言，政府是否会在意他的想法，可以通过对"我认为政府官员不会在意像我一样人的想法"这一语句的态度加以测量。抽样调查显示，在有效样本中，从其单变量的频次分布情况来看，有62人对此表示非常不同意，占2.8%；有555人不太同意，占24.9%；有1236人比较同意，占55.4%；有379人非常同意，占17.0%（见表6-31）。

通过比较沪籍人口和非沪籍人口发现，在样本对观点"我认为政府官员不会在意像我一样人的想法"态度栏中，本市非农1734人，占77.7%；其中57人非常不同意，占3.3%；447人不太同意，占25.8%；978人比较同意，占56.4%；252人非常同意，占14.5%。本市农业165人，占7.4%；其中2人非常不同意，占1.2%；45人不太同意，占27.3%；87人比较同意，占52.7%；31人非常同意，占18.8%。合计本地户籍人口1899人，占85.1%；其中59人非常不同意，占3.1%；492人不太同意，占25.9%；1065人比较同意，占56.1%；283人非常同意，占14.9%。外地非农129人，占5.8%；其中3人非常不同意，占2.3%；34人不太同意，占26.4%；70人比较同意，占54.3%；22人非常同意，占17.1%。外地农业204人，占9.1%；其中0人非常不同意；29人不太同意，占14.2%；101人比较同意，占49.5%；74人非常同意，占36.3%。合计外地户籍人口333人，占14.9%；其中3人非常不同意，占0.9%；63人不太同意，占18.9%；171人比较同意，占51.4%；96人非常同意，占28.8%（见表6-33）。

表6-33　　户籍身份与"我认为政府官员不会在意像我一样人的想法"交互频次（N=2232）

|  | 非常不同意 | 不太同意 | 比较同意 | 非常同意 | 合计 |
| --- | --- | --- | --- | --- | --- |
| 本地户籍 | 59<br>(3.1%) | 492<br>(25.9%) | 1065<br>(56.1%) | 283<br>(14.9%) | 1899<br>(100%) |
| 本地非农 | 57<br>(3.3%) | 447<br>(25.8%) | 978<br>(56.4%) | 252<br>(14.5%) | 1734<br>(100%) |
| 本地农业 | 2<br>(1.2%) | 45<br>(27.3%) | 87<br>(52.7%) | 31<br>(18.8%) | 165<br>(100%) |
| 外地户籍 | 3<br>(0.9%) | 63<br>(18.9%) | 171<br>(51.4%) | 96<br>(28.8%) | 333<br>(100%) |
| 外地非农 | 3<br>(2.3%) | 34<br>(26.4%) | 70<br>(54.3%) | 22<br>(17.1%) | 129<br>(100%) |
| 外地农业 | 0 | 29<br>(14.2%) | 101<br>(49.5%) | 74<br>(36.3%) | 204<br>(100%) |
| 合计 | 62<br>(2.8%) | 555<br>(24.9%) | 1236<br>(55.4%) | 379<br>(17.0%) | 2232<br>(100%) |

3. 社会公众对政治的理解能力

社会公众对政治的理解能力，可以通过对"有时，政治太复杂，不是像我一样的人能够明白的"这一语句加以测量。抽样调查显示，在有效样本中，从其单变量的频次分布情况来看，有68人对此表示非常不同意，占3.0%；有557人不太同意，占25.0%；有1245人比较同意，占55.8%；有361人非常同意，占16.2%（见表6-31）。

通过比较沪籍人口和非沪籍人口发现，在样本对观点"有时，政治太复杂，不是像我一样的人能够明白的"态度栏中，本市非农1733人，占77.7%；其中55人非常不同意，占3.2%；455人不太同意，占26.3%；952人比较同意，占54.9%；271人非常同意，占15.6%。本市农业165人，占

7.4%；其中3人非常不同意，占1.8%；38人不太同意，占23.0%；95人比较同意，占57.6%；29人非常同意，占17.6%。合计本市户籍人口1898人，占85.1%；其中58人非常不同意，占3.1%；493人不太同意，占26.0%；1047人比较同意，占55.2%；300人非常同意，占15.8%。外地非农129人，占5.8%；其中7人非常不同意，占5.4%；36人不太同意，占27.9%；75人比较同意，占58.1%；11人非常同意，占8.5%。外地农业204人，占9.1%；其中3人非常不同意，占1.4%；28人不太同意，占13.7%；123人比较同意，占60.3%；50人非常同意，占24.5%。合计外地户籍人口333人，占14.9%；其中10人非常不同意，占3.0%；64人不太同意，占19.2%；198人比较同意，占59.5%；61人非常同意，占18.3%（见表6-34）。

表6-34 户籍身份与"有时，政治太复杂，不是像我一样的人能够明白的"交互频次（N=2231）

|  | 非常不同意 | 不太同意 | 比较同意 | 非常同意 | 合计 |
| --- | --- | --- | --- | --- | --- |
| 本地户籍 | 58<br>(3.1%) | 493<br>(26.0%) | 1047<br>(55.2%) | 300<br>(15.8%) | 1898<br>(100%) |
| 本地非农 | 55<br>(3.2%) | 455<br>(26.3%) | 952<br>(54.9%) | 271<br>(15.6%) | 1733<br>(100%) |
| 本地农业 | 3<br>(1.8%) | 38<br>(23.0%) | 95<br>(57.6%) | 29<br>(17.6%) | 165<br>(100%) |
| 外地户籍 | 10<br>(3.0%) | 64<br>(19.2%) | 198<br>(59.5%) | 61<br>(18.3%) | 333<br>(100%) |
| 外地非农 | 7<br>(5.4%) | 36<br>(27.9%) | 75<br>(58.1%) | 11<br>(8.5%) | 129<br>(100%) |
| 外地农业 | 3<br>(1.4%) | 28<br>(13.7%) | 123<br>(60.3%) | 50<br>(24.5%) | 204<br>(100%) |
| 合计 | 68<br>(3.0%) | 557<br>(25.0%) | 1245<br>(55.8%) | 361<br>(16.2%) | 2231<br>(100%) |

### 4. 政治参与的态度

社会公众对政治参与的态度，可以通过对"如有可能，我会积极参与各种政治活动"这一语句的态度加以测量。抽样调查显示，在有效样本中，从其单变量的频次分布情况来看，有 154 人对此表示非常不同意，占 6.9%；有 694 人不太同意，占 31.1%；有 1155 人比较同意，占 51.7%；有 229 人非常同意，占 10.3%（见表 6-31）。

通过比较沪籍人口和非沪籍人口发现，在样本对观点"如有可能，我会积极参与各种政治活动"态度栏中，本市非农 1734 人，占 77.7%；其中 111 人非常不同意，占 6.4%；529 人不太同意，占 30.5%；905 人比较同意，占 52.2%；189 人非常同意，占 10.9%。本市农业 165 人，占 7.4%；其中 10 人非常不同意，占 6.0%；50 人不太同意，占 30.3%；86 人比较同意，占 52.1%；19 人非常同意，占 11.5%。合计本市户籍人口 1899 人，占 85.1%；其中 121 人非常不同意，占 6.4%；579 人不太同意，占 30.5%；991 人比较同意，占 52.2%；208 人非常同意，占 11.0%。外地非农 129 人，占 5.8%；其中 8 人非常不同意，占 6.2%；50 人不太同意，占 38.8%；69 人比较同意，占 53.5%；2 人非常同意，占 1.6%。外地农业 204 人，占 9.1%；其中 25 人非常不同意，占 12.3%；65 人不太同意，占 31.9%；95 人比较同意，占 46.6%；19 人非常同意，占 9.3%。合计外地户籍人口 333 人，占 14.9%；其中 33 人非常不同意，占 9.9%；115 人不太同意，占 34.5%；164 人比较同意，占 49.2%；21 人非常同意，占 6.3%（见表 6-35）。

表 6-35　户籍身份与"如有可能，我会积极参与各种政治活动"交互频次（N=2232）

|  | 非常不同意 | 不太同意 | 比较同意 | 非常同意 | 合计 |
| --- | --- | --- | --- | --- | --- |
| 本地户籍 | 121<br>（6.4%） | 579<br>（30.5%） | 991<br>（52.2%） | 208<br>（11.0%） | 1899<br>（100%） |
| 本地非农 | 111<br>（6.4%） | 529<br>（30.5%） | 905<br>（52.2%） | 189<br>（10.9%） | 1734<br>（100%） |
| 本地农业 | 10<br>（6.0%） | 50<br>（30.3%） | 86<br>（52.1%） | 19<br>（11.5%） | 165<br>（100%） |
| 外地户籍 | 33<br>（9.9%） | 115<br>（34.5%） | 164<br>（49.2%） | 21<br>（6.3%） | 333<br>（100%） |
| 外地非农 | 8<br>（6.2%） | 50<br>（38.8%） | 69<br>（53.5%） | 2<br>（1.6%） | 129<br>（100%） |
| 外地农业 | 25<br>（12.3%） | 65<br>（31.9%） | 95<br>（46.6%） | 19<br>（9.3%） | 204<br>（100%） |
| 合计 | 154<br>（6.9%） | 694<br>（31.1%） | 1155<br>（51.7%） | 229<br>（10.3%） | 2232<br>（100%） |

## 四　公民行动意识

公民行动意识是公民意识的重要组成部分，其主要是维护良好的社会秩序，与不正常的社会现象进行抵抗的意识。社会中不正常的社会现象尽管看似与自己无关，其实却紧密相连。因此，测量公民行动意识主要围绕着公民是否愿意同不正常的社会现象斗争而展开。抽样调查显示，社会公众的公民行动意识比较高，但有相当部分的社会公众处于摇摆之中。从具体的公民行动意识可以看出，社会公众对与自身利益相关的、环境污染的公民行动意识最高，对于公职人员贪污腐败的则次之，而对单位内部的违法现象的公民行动意识则较弱。具体情况如表 6-36。

表 6-36　　　　　　样本举报或报警情况比例

|  | 会 | 不会 | 视情况而定 | 合计 |
|---|---|---|---|---|
| 公务员或官员贪污腐败 | 917（41.1%） | 580（26.0%） | 735（32.9%） | 2232（100%） |
| 公务员或官员违法乱纪 | 929（41.6%） | 589（26.4%） | 713（32.0%） | 2231（100%） |
| 公务员或官员以权欺压老百姓 | 1147（51.4%） | 487（21.8%） | 597（26.8%） | 2231（100%） |
| 单位领导或同事贪污腐败 | 878（39.4%） | 550（24.7%） | 802（36.0%） | 2230（100%） |
| 单位领导或同事违法乱纪 | 805（36.1%） | 568（25.5%） | 858（38.5%） | 2231（100%） |
| 社会上的违法乱纪现象 | 1051（47.1%） | 453（20.3%） | 726（32.6%） | 2230（100%） |
| 企业或他人正在进行环境污染 | 1333（59.8%） | 330（14.8%） | 568（25.5%） | 2231（100%） |
| 收到疑似诈骗电话 | 1156（51.8%） | 554（24.8%） | 521（23.4%） | 2231（100%） |
| 社会上的你看不惯的现象 | 615（27.6%） | 660（29.6%） | 954（42.8%） | 2229（100%） |

1. 对公职人员贪污腐败的公民行动意识

当问及对"公务员或官员贪污腐败"是否会举报或报警，抽样调查显示，从其单变量的频次分布情况来看，有917人表示会选择举报或报警，占41.1%；有580人表示不会举报或报警，占26.0%；视情况而定的有735人，占32.9%（见表6-36）。

通过比较沪籍人口和非沪籍人口发现，在样本发现公务员或官员贪污腐败时报警情况栏中，本地非农1734人，占77.7%；其中758人表示会报警，占43.7%；409人不会，占23.6%；567人视情况而定，占32.7%。本地农业165人，占

7.4%；其中63人会，占38.2%；51人不会，占30.9%；51人视情况而定，占30.9%。合计本市户籍人口1899人，占85.1%；其中821人表示会，占43.2%；460人不会，占24.2%；618人视情况而定，占32.5%。外地非农129人，占5.8%；其中43人表示会，占33.3%；36人不会，占27.9%；50人视情况而定，占38.8%。外地农业204人，占9.1%；其中53人会，占26.0%；84人不会，占41.2%；67人视情况而定，占32.8%。合计外地户籍人口333人，占14.9%；其中96人会，占28.8%；120人不会，占36.0%；117人视情况而定，占35.1%（见表6-37）。

表6-37　　　　户籍身份与发现公务员或官员贪污腐败时
报警情况交互频次（N=2232）

|  | 会 | 不会 | 视情况而定 | 合计 |
| --- | --- | --- | --- | --- |
| 本地户籍 | 821（43.2%） | 460（24.2%） | 618（32.5%） | 1899（100%） |
| 本地非农 | 758（43.7%） | 409（23.6%） | 567（32.7%） | 1734（100%） |
| 本地农业 | 63（38.2%） | 51（30.9%） | 51（30.9%） | 165（100%） |
| 外地户籍 | 96（28.8%） | 120（36.0%） | 117（35.1%） | 333（100%） |
| 外地非农 | 43（33.3%） | 36（27.9%） | 50（38.8%） | 129（100%） |
| 外地农业 | 53（26.0%） | 84（41.2%） | 67（32.8%） | 204（100%） |
| 合计 | 917（41.1%） | 580（26.0%） | 735（32.9%） | 2232（100%） |

2. 对公职人员违法乱纪的公民行动意识

当问及对"公务员或官员违法乱纪"现象是否会举报或报警时，抽样调查显示，在有效样本中，从其单变量的频次分布情况来看，有 929 人选择会举报或报警，占 41.6%；不会报警或举报的有 589 人，占 26.4%；有 713 人视情况而定，占 32.0%（见表 6-36）。

通过比较沪籍人口和非沪籍人口发现，在样本发现公务员或官员违法乱纪时报警情况栏中，其中本地非农 1733 人，占 77.7%；其中 758 人表示会，占 43.7%；421 人不会，占 24.3%；554 人视情况而定，占 32.0%。本地农业 165 人，占 7.4%；其中 67 人会，占 40.6%；52 人不会，占 31.5%；46 人视情况而定，占 27.9%。合计本市户籍人口 1898 人，占 85.1%；其中 825 人会，占 43.5%；473 人不会，占 24.9%；600 人视情况而定，占 31.6%。外地非农 129 人，占 5.8%；其中 49 人会，占 38.0%；33 人不会，占 25.6%；47 人视情况而定，占 36.4%。外地农业 204 人，占 9.1%；其中 55 人会，占 27.0%；83 人不会，占 40.7%；66 人视情况而定，占 32.4%。合计外地户籍人口 333 人，占 14.9%；其中 104 人表示会，占 31.2%；116 人不会，占 34.8%；113 人视情况而定，占 33.9%（见表 6-38）。

表 6-38　　　户籍身份与发现公务员或官员违法乱纪时报警情况交互频次（N=2231）

|      | 会 | 不会 | 视情况而定 | 合计 |
|------|------|------|------|------|
| 本地户籍 | 825（43.5%） | 473（24.9%） | 600（31.6%） | 1898（100%） |
| 本地非农 | 758（43.7%） | 421（24.3%） | 554（32.0%） | 1733（100%） |
| 本地农业 | 67（40.6%） | 52（31.5%） | 46（27.9%） | 165（100%） |
| 外地户籍 | 104（31.2%） | 116（34.8%） | 113（33.9%） | 333（100%） |

续表

|  | 会 | 不会 | 视情况而定 | 合计 |
|---|---|---|---|---|
| 外地非农 | 49（38.0%） | 33（25.6%） | 47（36.4%） | 129（100%） |
| 外地农业 | 55（27.0%） | 83（40.7%） | 66（32.4%） | 204（100%） |
| 合计 | 929（41.6%） | 589（26.4%） | 713（32.0%） | 2231（100%） |

**3. 对公职人员以权欺民的公民行动意识**

当问及对"公务员或官员以权欺压老百姓"现象是否会选择举报或报警时，抽样调查显示，在有效样本中，从其单变量的频次分布情况来看，有1147人会选择举报或报警，占51.4%；有487人不会选择举报或报警，占21.8%；597人视情况而定，占26.8%（见表6-36）。

通过比较沪籍人口和非沪籍人口发现，在样本发现公务员或官员以权欺压百姓时报警情况栏中，本地非农1733人，占77.7%；其中936人表示会，占54.0%；331人表示不会，占19.1%；466人视情况而定，占26.9%。本地农业165人，占7.4%；其中72人会，占43.6%；50人不会，占30.3%；43人视情况而定，占26.1%。合计本市户籍人口1898人，占85.1%；其中1008人表示会，占53.1%；381人不会，占20.1%；509人视情况而定，占26.8%。外地非农129人，占5.8%；其中62人表示会，占48.1%；30人不会，占23.3%；37人表示视情况而定，占28.7%。外地农业204人，占9.1%；其中77人表示会，占37.7%；76人不会，占37.3%；51人表示视情况而定，占25.0%。合计外地户籍人口333人，占14.9%；其中139人会，占41.7%；106人不会，占31.8%；88人视情况而定，占26.4%（见表6-39）。

表 6-39　　户籍身份与发现公务员或官员以权欺压
百姓时报警情况交互频次（N=2231）

| | 会 | 不会 | 视情况而定 | 合计 |
|---|---|---|---|---|
| 本地户籍 | 1008（53.1%） | 381（20.1%） | 509（26.8%） | 1898（100%） |
| 本地非农 | 936（54.0%） | 331（19.1%） | 466（26.9%） | 1733（100%） |
| 本地农业 | 72（43.6%） | 50（30.3%） | 43（26.1%） | 165（100%） |
| 外地户籍 | 139（41.7%） | 106（31.8%） | 88（26.4%） | 333（100%） |
| 外地非农 | 62（48.1%） | 30（23.3%） | 37（28.7%） | 129（100%） |
| 外地农业 | 77（37.7%） | 76（37.3%） | 51（25.0%） | 204（100%） |
| 合计 | 1147（51.4%） | 487（21.8%） | 597（26.8%） | 2231（100%） |

4. 对单位内违法犯罪现象的公民行动意识

对于单位内违法犯罪现象包括违法乱纪和贪污腐败等问题。当问及对"单位领导或同事贪污腐败"现象是否会选择举报或报警时，抽样调查显示，在有效样本中，从其单变量的频次分布情况来看，有878人会选择报警或举报，占39.4%；有550人选择不会，占24.7%；802人视情况而定，占36.0%。同样当问及对"单位领导或同事违法乱纪"现象是否会选择举报或报警时，从其单变量的频次分布情况来看，有805人会选择报警或举报，占36.1%；有568人不会，占25.5%；858人视情况而定，占38.5%（见表6-36）。

通过比较沪籍人口和非沪籍人口发现，在样本发现单位领导或同事贪污腐败时报警情况栏中，本地非农1732人，占

77.7%；其中 722 人表示会报警，占 41.7%；385 人不会，占 22.2%；625 人视情况而定，占 36.1%。本地农业 165 人，占 7.4%；其中 47 人会，占 28.5%；51 人不会，占 30.9%；67 人视情况而定，占 40.6%。合计本市户籍人口 1897 人，占 85.1%；其中 769 人表示会，占 40.5%；436 人表示不会，占 23.0%；692 人表示视情况而定，占 36.5%。外地非农 129 人，占 5.8%；其中 49 人表示会，占 38.0%；36 人不会，占 27.9%；44 人视情况而定，占 34.1%。外地农业 204 人表示会，占 9.1%；其中 60 人会，占 29.4%；78 人不会，占 38.2%；66 人视情况而定，占 32.4%。合计外地户籍人口 333 人，占 14.9%；其中 109 人会，占 32.8%；114 人不会，占 34.2%；110 人视情况而定，占 33.0%（见表 6-40）。

表 6-40　　　户籍身份与发现单位领导或同事
贪污腐败时报警情况交互频次（N=2230）

|  | 会 | 不会 | 视情况而定 | 合计 |
| --- | --- | --- | --- | --- |
| 本地户籍 | 769（40.5%） | 436（23.0%） | 692（36.5%） | 1897（100%） |
| 本地非农 | 722（41.7%） | 385（22.2%） | 625（36.1%） | 1732（100%） |
| 本地农业 | 47（28.5%） | 51（30.9%） | 67（40.6%） | 165（100%） |
| 外地户籍 | 109（32.8%） | 114（34.2%） | 110（33.0%） | 333（100%） |
| 外地非农 | 49（38.0%） | 36（27.9%） | 44（34.1%） | 129（100%） |
| 外地农业 | 60（29.4%） | 78（38.2%） | 66（32.4%） | 204（100%） |
| 合计 | 878（39.4%） | 550（24.7%） | 802（36.0%） | 2230（100%） |

通过比较沪籍人口和非沪籍人口发现，在样本发现单位领导或同事违法乱纪时报警情况栏中，本地非农 1733 人，占 77.7%；其中 663 人表示会，占 38.3%；408 人不会，占 23.5%；662 人视情况而定，占 38.2%。本地农业 165 人，占 7.4%；其中 44 人表示会，占 26.7%；48 人不会，占 29.1%；73 人视情况而定，占 44.2%。合计本市户籍人口 1898 人，占 85.1%；其中 707 人表示会报警，占 37.2%；456 人表示不会，占 24.0%；735 人视情况而定，占 38.7%。外地非农 129 人，占 5.8%；其中 43 人会，占 33.3%；39 人不会，占 30.2%；47 人视情况而定，占 36.4%。外地农业 204 人，占 9.1%；其中 55 人表示会，占 27.0%；73 人不会，占 35.8%；76 人视情况而定，占 37.3%。合计外地户籍人口 333 人，占 14.9%；其中 98 人会，占 29.4%；112 人不会，占 33.6%；123 人视情况而定，占 36.9%（见表 6-41）。

表 6-41　户籍身份与发现单位领导或同事违法乱纪时报警情况交互频次（N=2231）

|  | 会 | 不会 | 视情况而定 | 合计 |
| --- | --- | --- | --- | --- |
| 本地户籍 | 707（37.2%） | 456（24.0%） | 735（38.7%） | 1898（100%） |
| 本地非农 | 663（38.3%） | 408（23.5%） | 662（38.2%） | 1733（100%） |
| 本地农业 | 44（26.7%） | 48（29.1%） | 73（44.2%） | 165（100%） |
| 外地户籍 | 98（29.4%） | 112（33.6%） | 123（36.9%） | 333（100%） |
| 外地非农 | 43（33.3%） | 39（30.2%） | 47（36.4%） | 129（100%） |
| 外地农业 | 55（27.0%） | 73（35.8%） | 76（37.3%） | 204（100%） |
| 合计 | 805（36.1%） | 568（25.5%） | 858（38.5%） | 2231（100%） |

5. 对社会中不正常现象的公民行动意识

社会中不正常现象既包括违法乱纪，也包括自己认为不正常的社会现象。当问及对"社会上的违法乱纪现象"是否会举报或报警时，调查显示，在有效样本中，从其单变量的频次分布情况来看，有1051人表示会举报或报警，占47.1%；有453人表示不会，占20.3%；有726人视情况而定，占32.6%。当问及对"社会上的你看不惯的现象"是否会举报或报警时，调查显示，在有效样本中，从其单变量的频次分布情况来看，有615人表示会举报或报警，占27.6%；有660人不会，占29.6%；有954人视情况而定，占42.8%（见表6-36）。

通过比较沪籍人口和非沪籍人口发现，在样本发现社会上的违法乱纪现象时报警情况栏中，本地非农1732人，占77.7%；其中827人会报警，占47.8%；324人不会，占18.7%；581人视情况而定，占33.5%。本地农业165人，占7.4%；其中76人会报警，占46.1%；40人不会，占24.2%；49人视情况而定，占29.7%。合计本市户籍人口1897人，占85.1%；其中903人表示会报警，占47.6%；364人不会，占19.2%；630人表示视情况而定，占33.2%。外地非农129人，占5.8%；其中61人表示会，占47.3%；26人不会，占20.2%；42人视情况而定，占32.6%。外地农业204人，占9.1%；其中87人会，占42.6%；63人不会，占30.9%；54人视情况而定，占26.5%。合计外地户籍人口333人，占14.9%；其中148人表示会报警，占44.4%；89人不会，占26.7%；96人视情况而定，占28.8%（见表6-42）。

表 6-42　　　　户籍身份与发现社会上的违法乱纪
　　　　　　　　现象时报警情况交互频次（N=2230）

|  | 会 | 不会 | 视情况而定 | 合计 |
| --- | --- | --- | --- | --- |
| 本地户籍 | 903（47.6%） | 364（19.2%） | 630（33.2%） | 1897（100%） |
| 本地非农 | 827（47.8%） | 324（18.7%） | 581（33.5%） | 1732（100%） |
| 本地农业 | 76（46.1%） | 40（24.2%） | 49（29.7%） | 165（100%） |
| 外地户籍 | 148（44.4%） | 89（26.7%） | 96（28.8%） | 333（100%） |
| 外地非农 | 61（47.3%） | 26（20.2%） | 42（32.6%） | 129（100%） |
| 外地农业 | 87（42.6%） | 63（30.9%） | 54（26.5%） | 204（100%） |
| 合计 | 1051（47.1%） | 453（20.3%） | 726（32.6%） | 2230（100%） |

通过比较沪籍人口和非沪籍人口发现，在样本发现社会上看不惯的现象时报警情况栏中，本地非农 1732 人，占 77.7%；其中 476 人会报警，占 27.5%；508 人不会，占 29.3%；748 人视情况而定，占 43.2%。本地农业 164 人，占 7.4%；其中 38 人会报警，占 23.2%；47 人不会，占 28.7%；79 人视情况而定，占 48.2%。合计本市户籍人口 1896 人，占 85.1%；其中 514 人会报警，占 27.1%；555 人不会，占 29.3%；827 人视情况而定，占 43.6%。外地非农 129 人，占 5.8%；其中 49 人会报警，占 38.0%；32 人不会，占 24.8%；48 人视情况而定，占 37.2%。外地农业 204 人，占 9.1%；其中 52 人表示会报警，占 25.5%；73 人不会，占 35.8%；79 人视情况而定，占 38.7%。合计外地户籍人口 333 人，占 14.9%；其中 101 人会报警，占 30.3%；105 人不会，占 31.5%；127 人视情况而定，占 38.1%（见表 6-43）。

表6-43　　　　户籍身份与发现社会上看不惯的
现象时报警情况交互频次（N=2229）

|  | 会 | 不会 | 视情况而定 | 合计 |
| --- | --- | --- | --- | --- |
| 本地户籍 | 514（27.1%） | 555（29.3%） | 827（43.6%） | 1896（100%） |
| 本地非农 | 476（27.5%） | 508（29.3%） | 748（43.2%） | 1732（100%） |
| 本地农业 | 38（23.2%） | 47（28.7%） | 79（48.2%） | 164（100%） |
| 外地户籍 | 101（30.3%） | 105（31.5%） | 127（38.1%） | 333（100%） |
| 外地非农 | 49（38.0%） | 32（24.8%） | 48（37.2%） | 129（100%） |
| 外地农业 | 52（25.5%） | 73（35.8%） | 79（38.7%） | 204（100%） |
| 合计 | 615（27.6%） | 660（29.6%） | 954（42.8%） | 2229（100%） |

#### 6. 对环境污染时的公民行动意识

当问及"企业或他人正在进行环境污染"时是否会举报或报警，抽样统计显示，在有效样本中，从其单变量的频次分布情况来看，有1333人表示会选择举报或报警，占59.8%；有330人不会，占14.8%；有568人视情况而定，占25.5%（见表6-36）。

通过比较沪籍人口和非沪籍人口发现，在样本发现企业或他人正在进行环境污染时报警情况栏中，本地非农1733人，占77.7%；其中1017人表示会报警，占58.7%；248人不会，占14.3%；468人视情况而定，占27.0%。本地农业165人，占7.4%；其中103人表示会报警，占62.4%；29人不会，占17.6%；33人视情况而定，占20.0%。合计本市户籍人口1898人，占85.1%；其中1120人表示会报警，占59.0%；277人不会，占14.6%；501人视情况而定，占26.4%。外地非农129人，占5.8%；其中82人会，占63.6%；18人不会，占14.0%；29人视情况而定，占22.5%。外地农业204人，占9.1%；其中131人会报警，占64.2%；35人不会，占17.2%；38人视情况而定，占18.6%。合计外地户籍人口333人，占14.9%；其中213人会报警，占64.0%；53人不会，占15.9%；67人视情况而定，占20.1%（见表6-44）。

表6-44 户籍身份与发现企业或他人正在进行环境污染时报警情况交互频次（N=2231）

|  | 会 | 不会 | 视情况而定 | 合计 |
| --- | --- | --- | --- | --- |
| 本地户籍 | 1120（59.0%） | 277（14.6%） | 501（26.4%） | 1898（100%） |
| 本地非农 | 1017（58.7%） | 248（14.3%） | 468（27.0%） | 1733（100%） |
| 本地农业 | 103（62.4%） | 29（17.6%） | 33（20.0%） | 165（100%） |
| 外地户籍 | 213（64.0%） | 53（15.9%） | 67（20.1%） | 333（100%） |
| 外地非农 | 82（63.6%） | 18（14.0%） | 29（22.5%） | 129（100%） |
| 外地农业 | 131（64.2%） | 35（17.2%） | 38（18.6%） | 204（100%） |
| 合计 | 1333（59.8%） | 330（14.8%） | 568（25.5%） | 2231（100%） |

7. 对疑似诈骗电话的公民行动意识

当问及"收到疑似诈骗电话"是否会选择举报或报警时，抽样调查显示，从其单变量的频次分布情况来看，有1156人表示会选择举报或报警，占51.8%；有554人表示不会，占24.8%；而有521人视情况而定，占23.4%（见表6-36）。

通过比较沪籍人口和非沪籍人口发现，在样本收到疑似诈骗电话时报警情况栏中，本地非农1733人，占77.7%；其中890人会报警，占51.4%；432人不会，占24.9%；411人视情况而定，占23.7%。本地农业165人，占7.4%；其中73

人会报警，占44.2%；40人不会，占24.3%；52人视情况而定，占31.5%。合计本市户籍人口1898人，占85.1%；其中963人会报警，占50.7%；472人不会，占24.9%；463人视情况而定，占24.4%。外地非农129人，占5.8%；其中83人会报警，占64.4%；23人不会，占17.8%；23人视情况而定，占17.8%。外地农业204人，占9.1%；其中110人会报警，占53.9%；59人不会，占28.9%；35人视情况而定，占17.2%。合计外地户籍人口333人，占14.9%；其中193人会报警，占58.0%；82人不会，占24.6%；58人视情况而定，占17.4%（见表6-45）。

表6-45　户籍身份与收到疑似诈骗电话时报警情况交互频次（N=2231）

| | 会 | 不会 | 视情况而定 | 合计 |
|---|---|---|---|---|
| 本地户籍 | 963（50.7%） | 472（24.9%） | 463（24.4%） | 1898（100%） |
| 本地非农 | 890（51.4%） | 432（24.9%） | 411（23.7%） | 1733（100%） |
| 本地农业 | 73（44.2%） | 40（24.3%） | 52（31.5%） | 165（100%） |
| 外地户籍 | 193（58.0%） | 82（24.6%） | 58（17.4%） | 333（100%） |
| 外地非农 | 83（64.4%） | 23（17.8%） | 23（17.8%） | 129（100%） |
| 外地农业 | 110（53.9%） | 59（28.9%） | 35（17.2%） | 204（100%） |
| 合计 | 1156（51.8%） | 554（24.8%） | 521（23.4%） | 2231（100%） |

# 第七章

# 政府绩效评价

政府绩效可以概括为政府在管理和服务过程中所取得的成绩和社会效果,也可以表述为社会公众对各项政府工作的满意程度。其大体包括政府透明度、依法行政、政府效率、法治治理、环境治理和社会民生六大方面。政府绩效是社会公众对政府产生信心和信任的基础,也是司法权威的来源和基础。一个基本的假设是,如果社会公众对政府绩效的满意程度越高,那么对法律的评价也越好,对法律越有信心,也越愿意遵守、维护和认同现有法律制度。

## 一 政府透明度

政府透明是衡量现代法治的基本标准和前提之一,也是政府建立社会信任的基础,尤其是在政府重大决策方面更是如此。从当前社会公众对政府重大决策透明度的满意程度来看,总体而言,如果把比较满意和非常满意合并为满意的话,从中央到地方四级政府重大决策的透明度中,社会公众满意度差异不大,都在80%左右。而且表现出满意度递减的现象,即对中央的满意度最高,越到基层满意度越低的特征。

### 1. 中央层面的政府决策透明度

抽样调查显示，从其单变量的频次分布情况来看，在样本对政府绩效的满意度栏中，对于中央政府重大决策透明度，有27人表示非常不满意，占有效样本的1.2%；有279人表示不太满意，占有效样本的12.5%；有1392人比较满意，占有效样本的62.3%；有538人表示非常满意，占有效样本的24.1%。如果把比较满意和非常满意合并为满意的话，那么，社会公众对中央政府重大决策透明度的满意度为86.3%（见表7－1）。

表7－1　社会公众对中央决策透明度的满意状况 （N=2236）

|  | 非常不满意 | 不太满意 | 比较满意 | 非常满意 |
| --- | --- | --- | --- | --- |
| 中央政府重大决策透明度 | 27（1.2%） | 279（12.5%） | 1392（62.3%） | 538（24.1%） |

比较分析上海户籍人口与非上海户籍人口对中央政府透明度的满意状况，可以发现，在样本对中央政府重大决策透明度满意度栏中，在本市户籍1899人中，1170人比较满意，占61.6%；478人非常满意，占25.2%；225人不太满意，占11.8%。在外地户籍333人中，222人比较满意，占66.7%；58人非常满意，占17.4%；52人不太满意，占15.6%。数据表明，不论本市户籍还是外地户籍，大多数人对中央政府重大决策透明度比较满意。但本市户籍认为非常满意的比例比外地户籍高7.8%，认为不太满意的比例比外地户籍低3.8%。

具体而言，本市非农1734人，其中24人非常不满意，占1.4%；215人不太满意，占12.4%；1061人比较满意，占61.2%；434人非常满意，占25.0%。本市农业165人，其中2人非常不满意，占1.2%；10人不太满意，占6.0%；109

人比较满意,占66.1%;44人非常满意,占26.7%。外地非农129人,1人非常不满意,占0.7%;22人不太满意,占17.1%;84人比较满意,占65.1%;22人非常满意,占17.1%。外地农业204人,其中0人非常不满意;30人不太满意,占14.7%;138人比较满意,占67.6%;36人非常满意,占17.7%(见表7-2)。

表7-2 户籍身份与对中央政府重大决策透明度满意度交互频次(N=2232)

|  | 非常不满意 | 不太满意 | 比较满意 | 非常满意 |
| --- | --- | --- | --- | --- |
| 本地户籍 | 26(1.4%) | 225(11.8%) | 1170(61.6%) | 478(25.2%) |
| 本地非农 | 24(1.4%) | 215(12.4%) | 1061(61.2%) | 434(25.0%) |
| 本地农业 | 2(1.2%) | 10(6.0%) | 109(66.1%) | 44(26.7%) |
| 外地户籍 | 1(0.3%) | 52(15.6%) | 222(66.7%) | 58(17.4%) |
| 外地非农 | 1(0.7%) | 22(17.1%) | 84(65.1%) | 22(17.1%) |
| 外地农业 | 0 | 30(14.7%) | 138(67.6%) | 36(17.7%) |
| 合计 | 27(1.2%) | 277(12.4%) | 1392(62.4%) | 536(24.0%) |

注:本表为删除缺损值之后的统计结果。

上述数据也表明,上海户籍人口与非上海户籍人口对中央政府重大决策透明度的满意状况存在一定差异。把比较满意和非常满意合并为满意,非常不满意和不太满意合并为不满意,我们发现,在本市非农人口中,有1495人表示满意,占本市非农人口的86.2%;在本市农业人口中,有153人表示满意,占本市农业人口的92.8%;在外地非农人口中,有106人表示满意,占外地非农人口的82.2%;在外地农业人口中,有174人表示满意,占外地农业人口的85.3%。也就是说,无论是非农人口还是农业人口中，本市人口的满意度都略高于外来人口。而且，不论是本市人口还是外来人口，农业人口的满意度都要高于非农人口。

2. 市政府重大决策透明度

抽样调查显示，从其单变量的频次分布情况来看，在样本对政府绩效的满意度栏中，对于市政府重大决策透明度，有32人表示非常不满意，占有效样本的1.4%；有296人表示不太满意，占有效样本的13.2%；有1376人表示比较满意，占有效样本的61.5%；有532人表示非常满意，占有效样本的23.8%。如果合并比较满意和非常满意，那么社会公众对市政府重大决策透明度的满意度为85.4%，比对中央的满意度低0.9个百分点（见表7-3）。

表7-3　社会公众对市政府重大决策透明度的满意状况（N=2236）

|  | 非常不满意 | 不太满意 | 比较满意 | 非常满意 |
| --- | --- | --- | --- | --- |
| 市政府重大决策透明度 | 32<br>（1.4%） | 296<br>（13.2%） | 1376<br>（61.5%） | 532<br>（23.8%） |

比较分析上海户籍人口与非上海户籍人口对上海市政府透明度的满意状况，可以发现，在样本对市政府重大决策透明度满意度栏中，在本市户籍1899人中，1167人比较满意，占61.5%；467人非常满意，占24.6%；236人不太满意，占12.4%。在外地户籍333人中，209人比较满意，占62.8%；63人非常满意，占18.9%；58人不太满意，占17.4%。数据表明，不论本地户籍还是外地户籍，大多数人对市政府重大决策透明度比较满意。但本市户籍中非常满意的比例比外地户籍高5.7%，不太满意的比例比外地户籍低5.0%。

具体而言，本市非农1734人，其中27人非常不满意，占1.6%；226人不太满意，占13.0%；1052人比较满意，占60.7%；429人非常满意，占24.7%。本市农业165人，其中2人非常不满意，占1.2%；10人不太满意，占6.1%；115人比较满意，占69.7%；38人非常满意，占23.0%。外地非农129人，其中1人非常不满意，占0.8%；25人不太满意，占19.4%；75人比较满意，占58.1%；28人非常满意，占21.7%。外地农业204人，其中2人非常不满意，占1.0%；33人不太满意，占16.2%；134人比较满意，占65.7%；35人非常满意，占17.1%（见表7-4）。

表7-4　　　　户籍身份与对市政府重大决策
透明度满意度交互频次

|  | 非常不满意 | 不太满意 | 比较满意 | 非常满意 |
|---|---|---|---|---|
| 本地户籍 | 29（1.5%） | 236（12.4%） | 1167（61.5%） | 467（24.6%） |
| 本地非农 | 27（1.6%） | 226（13.0%） | 1052（60.7%） | 429（24.7%） |
| 本地农业 | 2（1.2%） | 10（6.1%） | 115（69.7%） | 38（23.0%） |
| 外地户籍 | 3（0.9%） | 58（17.4%） | 209（62.8%） | 63（18.9%） |
| 外地非农 | 1（0.8%） | 25（19.4%） | 75（58.1%） | 28（21.7%） |
| 外地农业 | 2（1.0%） | 33（16.2%） | 134（65.7%） | 35（17.1%） |
| 合计 | 32（1.4%） | 294（13.2%） | 1376（61.6%） | 530（23.7%） |

注：本表为删除缺损值之后的统计结果。

上述数据也表明，上海户籍人口与非上海户籍人口对市政府重大决策透明度的满意状况存在一定差异。把比较满意和非常满意合并为满意，非常不满意和不太满意合并为不满意，我们发现，在本市非农人口中，有1481人表示满意，占本市非农人口的85.4%；在本市农业人口中，有153人表示满意，占本市农业人口的92.7%；在外地非农人口中，有103人表示满意，占外地非农人口的79.8%；在外地农业人口中，有169人表示满意，占外地农业人口的82.8%。也就是说，与对中央政府透明度的满意状况一致，无论是非农人口还是农业人口中，本市人口的满意度都略高于外来人口。而且，无论本市人口还是外来人口，农业人口的满意度都要高于非农人口。

3. 区（县）政府重大决策透明度

抽样调查显示，从其单变量的频次分布情况来看，在样本对政府绩效的满意度栏中，对于区（县）政府重大决策透明度，有37人表示非常不满意，占有效样本的1.7%；有350人表示不太满意，占有效样本的15.7%；有1453人表示比较满意，占有效样本的65.0%；有395人表示非常满意，占有效样本的17.7%。把比较满意和非常满意合并为满意，那么社会公众对上海市区（县）政府重大决策透明度的满意度为82.6%（见表7-5）。

表7-5　　社会公众对区（县）政府重大决策透明度的满意状况（N=2235）

|  | 非常不满意 | 不太满意 | 比较满意 | 非常满意 |
| --- | --- | --- | --- | --- |
| 区（县）政府重大决策透明度 | 37<br>(1.7%) | 350<br>(15.7%) | 1453<br>(65.0%) | 395<br>(17.7%) |

比较分析上海户籍人口与非上海户籍人口对上海市区（县）政府透明度的满意状况，可以发现，在样本对区（县）政府重大决策透明度满意度栏中，本市户籍人口1898人，其中33人非常不满意，占1.7%；269人不太满意，占14.2%；1248人比较满意，占65.8%；348人非常满意，占18.3%。

外地户籍人口333人，其中4人非常不满意，占1.2%；79人不太满意，占23.7%；205人比较满意，占61.6%；45人非常满意，占13.5%。本市户籍和外地户籍中都以比较满意为最高比例，分别为65.8%和61.6%（见表7-6）。

具体而言，本市非农1733人，其中31人非常不满意，占1.8%；258人不太满意，占14.9%；1128人比较满意，占65.1%；316人非常满意，占18.2%。本市农业165人，其中2人非常不满意，占1.2%；11人不太满意，占6.7%；120人比较满意，占72.7%；32人非常满意，占19.4%。外地非农129人，其中1人非常不满意，占0.8%；30人不太满意，占23.2%；74人比较满意，占57.4%；24人非常满意，占18.6%。外地农业204人，其中3人非常不满意，占1.5%；49人不太满意，占24.0%；131人比较满意，占64.2%；21人非常满意，占10.3%（见表7-6）。

表7-6　户籍身份与对区（县）政府重大决策透明度满意度交互频次（N=2231）

|  | 非常不满意 | 不太满意 | 比较满意 | 非常满意 |
| --- | --- | --- | --- | --- |
| 本地户籍 | 33（1.7%） | 269（14.2%） | 1248（65.8%） | 348（18.3%） |
| 本地非农 | 31（1.8%） | 258（14.9%） | 1128（65.1%） | 316（18.2%） |
| 本地农业 | 2（1.2%） | 11（6.7%） | 120（72.7%） | 32（19.4%） |
| 外地户籍 | 4（1.2%） | 79（23.7%） | 205（61.6%） | 45（13.5%） |
| 外地非农 | 1（0.8%） | 30（23.2%） | 74（57.4%） | 24（18.6%） |
| 外地农业 | 3（1.5%） | 49（24.0%） | 131（64.2%） | 21（10.3%） |
| 合计 | 37（1.7%） | 348（15.6%） | 1453（65.1%） | 393（17.6%） |

注：本表为删除缺损值之后的统计结果。

上述数据也表明，上海户籍人口与非上海户籍人口对市政府重大决策透明度的满意状况存在一定差异。把比较满意和非常满意合并为满意，非常不满意和不太满意合并为不满意，我们发现，在本市非农人口中，有 1444 人表示满意，占本市非农人口的 83.3%；在本市农业人口中，有 152 人表示满意，占本市农业人口的 92.1%；在外地非农人口中，有 98 人表示满意，占外地非农人口的 76.0%；在外地农业人口中，有 152 人表示满意，占外地农业人口的 74.5%。也就是说，与对中央政府透明度的满意状况一致，在非农人口中，本市人口的满意度略高于外来人口；在农业人口中，本市人口的满意度也明显高于外来人口。

4. 街道（镇）政府重大决策透明度

抽样调查显示，从其单变量的频次分布情况来看，在样本对政府绩效的满意度栏中，对于街道（镇）政府重大决策透明度，有 34 人表示非常不满意，占有效样本的 1.5%；有 410 人表示不太满意，占有效样本的 18.3%；有 1459 人表示比较满意，占有效样本的 65.3%；有 332 人表示非常满意，占有效样本的 14.9%。把比较满意和非常满意合并为满意，那么社会公众对上海市街道（镇）政府重大决策透明度的满意度为 80.2%（见表 7-7）。

表 7-7　社会公众对街道（镇）政府重大决策透明度的满意状况（N=2235）

|  | 非常不满意 | 不太满意 | 比较满意 | 非常满意 |
| --- | --- | --- | --- | --- |
| 街道（镇）政府重大决策透明度 | 34<br>(1.5%) | 410<br>(18.3%) | 1459<br>(65.3%) | 332<br>(14.9%) |

比较分析上海户籍人口与非上海户籍人口对上海市街道（镇）政府透明度的满意状况，可以发现，在样本对街道（镇）政府重大决策透明度满意度栏中，在本市户籍1898人中，1252人比较满意，占66.0%；327人不太满意，占17.2%；288人非常满意，占15.2%。外地户籍人口333人，其中207人比较满意，占62.2%；81人不太满意，占24.3%；42人非常满意，占12.6%。数据表明，不论本市户籍还是外地户籍，大多数人对街道（镇）政府重大决策透明度表示比较满意，其次是不太满意，接下来是非常满意。但表示不太满意的外地户籍比本市户籍高7.1%。

详细来说，本市非农1733人，其中29人非常不满意，占1.6%；306人不太满意，占17.7%；1143人比较满意，占66.0%；255人非常满意，占14.7%。本市农业165人，其中2人非常不满意，占1.2%；21人不太满意，占12.7%；109人比较满意，占66.1%；33人非常满意，占20.0%。外地非农129人，其中1人非常不满意，占0.8%；32人不太满意，占24.8%；75人比较满意，占58.1%；21人非常满意，占16.3%。外地农业204人，其中2人非常不满意，占1.0%；49人不太满意，占24.0%；132人比较满意，占64.7%；21人非常满意，占10.3%（见表7-8）。

表7-8　　户籍身份与对街道（镇）政府重大决策透明度满意度交互频次（N=2231）

| | 非常不满意 | 不太满意 | 比较满意 | 非常满意 |
|---|---|---|---|---|
| 本地户籍 | 31（1.6%） | 327（17.2%） | 1252（66.0%） | 288（15.2%） |
| 本地非农 | 29（1.6%） | 306（17.7%） | 1143（66.0%） | 255（14.7%） |

续表

|  | 非常不满意 | 不太满意 | 比较满意 | 非常满意 |
|---|---|---|---|---|
| 本地农业 | 2（1.2%） | 21（12.7%） | 109（66.1%） | 33（20.0%） |
| 外地户籍 | 3（0.9%） | 81（24.3%） | 207（62.2%） | 42（12.6%） |
| 外地非农 | 1（0.8%） | 32（24.8%） | 75（58.1%） | 21（16.3%） |
| 外地农业 | 2（1.0%） | 49（24.0%） | 132（64.7%） | 21（10.3%） |
| 合计 | 34（1.5%） | 408（18.3%） | 1459（65.4%） | 330（14.8%） |

注：本表为删除缺损值之后的统计结果。

上述数据也表明，上海户籍人口与非上海户籍人口对街道（镇）政府重大决策透明度的满意状况存在一定差异。把比较满意和非常满意合并为满意，非常不满意和不太满意合并为不满意，我们发现，在本市非农人口中，有1398人表示满意，占本市非农人口的80.7%；在本市农业人口中，有142人表示满意，占本市农业人口的86.1%；在外地非农人口中，有96人表示满意，占外地非农人口的74.4%；在外地农业人口中，有153人表示满意，占外地农业人口的75.0%。也就是说，无论是非农人口还是农业人口中，本市人口的满意度都明显高于外来人口。而且，无论本市人口还是外来人口，农业人口的满意度都要略高于非农人口。

## 二 依法行政

依法行政是法治政府的前提，是法治治理的根本要求。而且，政府的依法行政也可以视为政府的守法。从当前社会公众对政府依法行政的满意程度来看各级政府部门的依法行政状况，可以发现，总体而言，如果把比较满意和非常满意合并为满意的话,从中央到地方四级政府依法行政状况中,社会公众满意度差异不大,都在80%以上,而且表现出满意度递减的现象。即对中央的满意度最高,达89.3%,越到基层其满意度越低。具体状况如下:

1. 中央政府依法行政的满意度

抽样调查显示,从其单变量的频次分布情况来看,在样本对政府绩效的满意度栏中,对于中央政府依法行政,有24人表示非常不满意,占有效样本的1.0%;有215人表示不太满意,占有效样本的9.6%;有1386人表示比较满意,占有效样本的62.0%;有610人表示非常满意,占有效样本的27.3%。如果把比较满意和非常满意合并为满意,那么社会公众对中央依法行政的满意度为89.3%(见表7-9)。

表7-9　　社会公众对中央政府依法行政的满意度(N=2235)

|  | 非常不满意 | 不太满意 | 比较满意 | 非常满意 |
| --- | --- | --- | --- | --- |
| 中央政府依法行政 | 24(1.0%) | 215(9.6%) | 1386(62.0%) | 610(27.3%) |

比较分析上海户籍人口与非上海户籍人口对中央政府依法行政的满意状况,可以发现,在样本对中央政府依法行政满意度栏中,本市户籍人口1898人,其中1188人比较满意,占62.6%;522人非常满意,占27.5%;167人不太满意,占8.8%。外地户籍人口333人,其中198人比较满意,占59.5%;86人非常满意,占25.8%;46人不太满意,占13.8%。数据说明,不论本市户籍还是外地户籍,大多数人对中央政府依法行政表示比较满意,其次是非常满意,接下来是不太满意,且外地户籍表示不太满意的比例高于本市户

籍 5.0%。

具体而言，本市非农 1733 人，占 77.7%；其中 19 人非常不满意，占 1.1%；159 人不太满意，占 9.2%；1076 人比较满意，占 62.1%；479 人非常满意，占 27.6%。本市农业 165 人，占 7.4%；其中 2 人非常不满意，占 1.2%；8 人不太满意，占 4.8%；112 人比较满意，占 67.9%；43 人非常满意，占 26.1%。外地非农 129 人，占 5.8%；其中 0 人非常不满意；16 人不太满意，占 12.4%；80 人比较满意，占 62.0%；33 人非常满意，占 25.6%。外地农业 204 人，占 9.1%；其中 3 人非常不满意，占 1.5%；30 人不太满意，占 14.7%；118 人比较满意，占 57.8%；53 人非常满意，占 26.0%（见表 7–10）。

表 7–10　　　户籍身份与对中央政府依法行政满意度交互频次（N = 2231）

|  | 非常不满意 | 不太满意 | 比较满意 | 非常满意 |
| --- | --- | --- | --- | --- |
| 本地户籍 | 21（1.1%） | 167（8.8%） | 1188（62.6%） | 522（27.5%） |
| 本地非农 | 19（1.1%） | 159（9.2%） | 1076（62.1%） | 479（27.6%） |
| 本地农业 | 2（1.2%） | 8（4.8%） | 112（67.9%） | 43（26.1%） |
| 外地户籍 | 3（0.9%） | 46（13.8%） | 198（59.5%） | 86（25.8%） |
| 外地非农 | 0 | 16（12.4%） | 80（62.0%） | 33（25.6%） |
| 外地农业 | 3（1.5%） | 30（14.7%） | 118（57.8%） | 53（26.0%） |
| 合计 | 24（1.1%） | 213（9.5%） | 1386（62.1%） | 608（27.3%） |

注：本表为删除缺损值之后的统计结果。

上述数据也表明，上海户籍人口与非上海户籍人口对中央政府依法行政的满意状况存在一定差异。把比较满意和非常满意合并为满意，非常不满意和不太满意合并为不满意，我们发现，在本市非农人口中，有 1555 人表示满意，占本市非农人口的 89.7%；在本市农业人口中，有 155 人表示满意，占本市农业人口的 94.0%；在外地非农人口中，有 113 人表示满意，占外地非农人口的 87.6%；在外地农业人口中，有 171 人表示满意，占外地农业人口的 83.8%。也就是说，无论是非农人口还是农业人口中，本市人口的满意度都明显高于外来人口。但需要注意的是，非农人口的满意度差异不大，而农业人口的满意度相差很大，达近 10 个百分点。

2. 市政府依法行政的满意度

抽样调查显示，从其单变量的频次分布情况来看，在样本对政府绩效的满意度栏中，对于市政府依法行政，有 31 人表示非常不满意，占有效样本的 1.4%；有 232 人表示不太满意，占有效样本的 10.4%；有 1481 人表示比较满意，占有效样本的 66.3%；有 491 人表示非常满意，占有效样本的 22.0%。如果把比较满意和非常满意合并为满意，那么社会公众对市政府依法行政的满意度为 88.3%（见表 7-11）。

表 7-11　社会公众对市政府依法行政的满意度（N=2235）

|  | 非常不满意 | 不太满意 | 比较满意 | 非常满意 |
| --- | --- | --- | --- | --- |
| 市政府依法行政 | 31（1.4%） | 232（10.4%） | 1481（66.3%） | 491（22.0%） |

比较分析上海户籍人口与非上海户籍人口对市政府依法行政的满意状况，可以发现，在样本对市政府依法行政满意度栏中，本市户籍人口 1898 人，其中 1262 人比较满意，占 66.5%；434 人非常满意，占 22.9%；175 人不太满意，占 9.2%。外地户籍人口 333 人，其中 217 人比较满意，占

65.2%；57人非常满意，占17.1%；55人不太满意，占16.5%。数据说明，不论本市户籍还是外地户籍，大多数人对市政府依法行政表示比较满意，其次是非常满意，接下来是不太满意，且本市户籍表示非常满意的比例高于外地户籍5.8%，不太满意的比例低于外地户籍7.3%。

具体而言，本市非农1733人，其中24人非常不满意，占1.4%；166人不太满意，占9.6%；1143人比较满意，占66.0%；400人非常满意，占23.0%。本市农业165人，其中3人非常不满意，占1.8%；9人不太满意，占5.5%；119人比较满意，占72.1%；34人非常满意，占20.6%。外地非农129人，其中1人非常不满意，占0.8%；21人不太满意，占16.3%；82人比较满意，占63.6%；25人非常满意，占19.3%。外地农业204人，其中3人非常不满意，占1.4%；34人不太满意，占16.7%；135人比较满意，占66.2%；32人非常满意，占15.7%（见表7-12）。

表7-12 户籍身份与对市政府依法行政满意度交互频次（N=2231）

|  | 非常不满意 | 不太满意 | 比较满意 | 非常满意 |
| --- | --- | --- | --- | --- |
| 本地户籍 | 27（1.4%） | 175（9.2%） | 1262（66.5%） | 434（22.9%） |
| 本地非农 | 24（1.4%） | 166（9.6%） | 1143（66.0%） | 400（23.0%） |
| 本地农业 | 3（1.8%） | 9（5.5%） | 119（72.1%） | 34（20.6%） |
| 外地户籍 | 4（1.2%） | 55（16.5%） | 217（65.2%） | 57（17.1%） |
| 外地非农 | 1（0.8%） | 21（16.3%） | 82（63.6%） | 25（19.3%） |
| 外地农业 | 3（1.4%） | 34（16.7%） | 135（66.2%） | 32（15.7%） |
| 合计 | 31（1.4%） | 230（10.3%） | 1479（66.3%） | 491（22.0%） |

注：本表为删除缺损值之后的统计结果。

上述数据也表明,上海户籍人口与非上海户籍人口对市政府依法行政的满意状况存在一定差异。把比较满意和非常满意合并为满意,非常不满意和不太满意合并为不满意,我们发现,在本市非农人口中,有1543人表示满意,占本市非农人口的89.0%;在本市农业人口中,有153人表示满意,占本市农业人口的92.7%;在外地非农人口中,有107人表示满意,占外地非农人口的82.9%;在外地农业人口中,有167人表示满意,占外地农业人口的81.9%。也就是说,无论是非农人口还是农业人口中,本市人口的满意度都明显高于外来人口。而且,本市人口中,农村户籍的满意度要高于城市户籍;而非本市人口中,城市户籍的满意度要高于农村户籍。

3. 区(县)政府依法行政的满意度

抽样调查显示,从其单变量的频次分布情况来看,在样本对政府绩效的满意度栏中,对于区(县)政府依法行政,28人非常不满意,占1.3%;342人不太满意,占15.3%;1560人比较满意,占69.8%;306人非常满意,占13.7%。如果把比较满意和非常满意合并为满意,那么社会公众对区(县)政府依法行政的满意度为83.5%(见表7-13)。

表7-13 社会公众对区(县)政府依法行政的满意度(N=2236)

|  | 非常不满意 | 不太满意 | 比较满意 | 非常满意 |
| --- | --- | --- | --- | --- |
| 区(县)政府依法行政 | 28 (1.3%) | 342 (15.3%) | 1560 (69.8%) | 306 (13.7%) |

比较分析上海户籍人口与非上海户籍人口对区(县)政府依法行政的满意状况,可以发现,在样本对区(县)政府依法行政满意度栏中,本市户籍人口1899人,1346人比较满

意，占 70.9%；274 人非常满意，占 14.4%；257 人不太满意，占 13.5%。外地户籍人口 333 人，占 17.5%，其中 212 人比较满意，占 63.7%；84 人不太满意，占 25.2%；32 人非常满意，占 9.6%。数据说明，不论本市户籍还是外地户籍，大多数人对中央政府依法行政表示比较满意。本市户籍表示非常满意的比例高于外地户籍 4.8%，表示不太满意的比例低于外地户籍 11.7%。

具体而言，本市非农 1734 人，其中 19 人非常不满意，占 1.1%；246 人不太满意，占 14.2%；1217 人比较满意，占 70.2%；252 人非常满意，占 14.5%。本市农业 165 人，其中 3 人非常不满意，占 1.8%；11 人不太满意，占 6.7%；129 人比较满意，占 78.2%；22 人非常满意，占 13.3%。外地非农 129 人，其中 1 人非常不满意，占 0.8%；31 人不太满意，占 24.0%；81 人比较满意，占 62.8%；16 人非常满意，占 12.4%。外地农业 204 人，其中 4 人非常不满意，占 2.0%；53 人不太满意，占 26.0%；131 人比较满意，占 64.2%；16 人非常满意，占 7.8%（见表 7-14）。

表 7-14 户籍身份与对区（县）政府依法行政满意度交互频次（N=2232）

| | 非常不满意 | 不太满意 | 比较满意 | 非常满意 |
| --- | --- | --- | --- | --- |
| 本地户籍 | 22（1.2%） | 257（13.5%） | 1346（70.9%） | 274（14.4%） |
| 本地非农 | 19（1.1%） | 246（14.2%） | 1217（70.2%） | 252（14.5%） |
| 本地农业 | 3（1.8%） | 11（6.7%） | 129（78.2%） | 22（13.3%） |
| 外地户籍 | 5（1.5%） | 84（25.2%） | 212（63.7%） | 32（9.6%） |
| 外地非农 | 1（0.8%） | 31（24.0%） | 81（62.8%） | 16（12.4%） |

续表

|  | 非常不满意 | 不太满意 | 比较满意 | 非常满意 |
|---|---|---|---|---|
| 外地农业 | 4（2.0%） | 53（26.0%） | 131（64.2%） | 16（7.8%） |
| 合计 | 27（1.2%） | 341（15.3%） | 1558（69.8%） | 306（13.7%） |

注：本表为删除缺损值之后的统计结果。

上述数据也表明，上海户籍人口与非上海户籍人口对区（县）政府依法行政的满意状况存在一定差异。把比较满意和非常满意合并为满意，非常不满意和不太满意合并为不满意，我们发现，在本市非农人口中，有 1469 人表示满意，占本市非农人口的 84.7%；在本市农业人口中，有 151 人表示满意，占本市农业人口的 91.5%；在外地非农人口中，有 97 人表示满意，占外地非农人口的 75.2%；在外地农业人口中，有 147 人表示满意，占外地农业人口的 72.0%。也就是说，无论是非农人口还是农业人口中，本市人口的满意度都明显高于外来人口。而且，本市人口中，农村户籍的满意度要高于城市户籍；而非本市人口中，城市户籍的满意度要高于农村户籍。

4. 街道（镇）政府依法行政的满意度

抽样调查显示，从其单变量的频次分布情况来看，在样本对政府绩效的满意度栏中，对于街道（镇）政府依法行政，有 31 人表示非常不满意，占有效样本的 1.4%；有 402 人表示不太满意，占有效样本的 18.0%；有 1539 人表示比较满意，占有效样本的 68.9%；有 263 人表示非常满意，占有效样本的 11.8%。如果把比较满意和非常满意合并为满意，那么社会公众对街道（镇）政府依法行政的满意度为 80.7%（见表 7-15）。

表7-15　社会公众对街道（镇）政府依法行政的满意度（N=2235）

|  | 非常不满意 | 不太满意 | 比较满意 | 非常满意 |
| --- | --- | --- | --- | --- |
| 街道（镇）政府依法行政 | 31（1.4%） | 402（18.0%） | 1539（68.9%） | 263（11.8%） |

比较分析上海户籍人口与非上海户籍人口对街（镇）政府依法行政的满意状况，可以发现，在样本对街道（镇）政府依法行政满意度栏中，本市户籍人口1898人，其中1329人比较满意，占70.0%；311人不太满意，占16.4%；232人非常满意，占12.2%。外地户籍人口333人，其中209人比较满意，占62.8%；90人不太满意，占27.0%；30人非常满意，占9.0%。数据说明，不论本市户籍还是外地户籍，大多数人对街道（镇）政府依法行政表示比较满意，其次是不太满意，接下来是非常满意，且本市户籍表示不太满意的比例低于外地户籍10.6%，非常满意的比例高于外地户籍3.2%。

具体而言，本市非农1733人，其中25人非常不满意，占1.4%；280人不太满意，占16.2%；1216人比较满意，占70.2%；212人非常满意，占12.2%。本市农业165人，其中1人非常不满意，占0.6%；31人不太满意，占18.8%；其中113人比较满意，占68.5%；20人非常满意，占12.1%。外地非农129人，其中0人非常不满意；33人不太满意，占25.6%；83人比较满意，占64.3%；13人非常满意，占10.1%。外地农业204人，其中4人非常不满意，占2.0%；57人不太满意，占27.9%；126人比较满意，占61.8%；17人非常满意，占8.3%（见表7-16）。

表7-16 户籍身份与对街道（镇）政府依法行政满意度交互频次（N=2231）

|  | 非常不满意 | 不太满意 | 比较满意 | 非常满意 |
|---|---|---|---|---|
| 本地户籍 | 26（1.4%） | 311（16.4%） | 1329（70.0%） | 232（12.2%） |
| 本地非农 | 25（1.4%） | 280（16.2%） | 1216（70.2%） | 212（12.2%） |
| 本地农业 | 1（0.6%） | 31（18.8%） | 113（68.5%） | 20（12.1%） |
| 外地户籍 | 4（1.2%） | 90（27.0%） | 209（62.8%） | 30（9.0%） |
| 外地非农 | 0 | 33（25.6%） | 83（64.3%） | 13（10.1%） |
| 外地农业 | 4（2.0%） | 57（27.9%） | 126（61.8%） | 17（8.3%） |
| 合计 | 30（1.3%） | 401（18.0%） | 1538（68.9%） | 262（11.8%） |

注：本表为删除缺损值之后的统计结果。

上述数据也表明，上海户籍人口与非上海户籍人口对街道（镇）政府依法行政的满意状况存在一定差异。把比较满意和非常满意合并为满意，非常不满意和不太满意合并为不满意，我们发现，在本市非农人口中，有1428人表示满意，占本市非农人口的82.4%；在本市农业人口中，有133人表示满意，占本市农业人口的80.6%；在外地非农人口中，有96人表示满意，占外地非农人口的74.4%；在外地农业人口中，有143人表示满意，占外地农业人口的70.1%。也就是说，无论是非农人口还是农业人口中，本市人口的满意度都明显高于外来人口。而且，与中央、市和区县满意度所不同的是，无论是本市户籍还是非本市户籍，非农人口的满意度要高于农业人口。

## 三 政府效率

政府效率是现代政府的基本价值，也是现代社会、理性化时代的基本要求。从当前社会公众对政府工作效率的满意程度来看各级政府工作效率，可以发现，总体而言，社会公众对政府效率的满意度明显低于对政府透明度和依法行政的满意度。如果把比较满意和非常满意合并为满意的话，从中央到地方四级政府工作效率中，社会公众对中央和市级政府的满意度在80%以上，对区县和街镇政府工作效率的满意度在80%以下。而且满意度表现出递减的现象，即对中央的满意度最高，达86.5%，呈现越到基层其满意度越低的特征。具体状况如下：

1. 中央政府工作效率的满意度

抽样调查显示，从其单变量的频次分布情况来看，在样本对政府绩效的满意度栏中，对于中央政府工作效率，有21人表示非常不满意，占有效样本的0.9%；有279人表示不太满意，占有效样本的12.5%；有1395人表示比较满意，占有效样本的62.4%；有541人表示非常满意，占有效样本的24.2%。如果把比较满意和非常满意合并为满意，那么社会公众对中央政府工作效率的满意度为86.6%（见表7-17）。

表7-17　社会公众对中央政府工作效率的满意度（N=2236）

|  | 非常不满意 | 不太满意 | 比较满意 | 非常满意 |
| --- | --- | --- | --- | --- |
| 中央政府工作效率 | 21<br>(0.9%) | 279<br>(12.5%) | 1395<br>(62.4%) | 541<br>(24.2%) |

比较分析上海户籍人口与非上海户籍人口对中央政府工作效率的满意状况，可以发现，在样本对中央政府工作效率满意度栏中，本市户籍人口1899人，其中1192人比较满意，占62.8%；463人非常满意，占24.4%；226人不太满意，占11.9%。外地户籍人口333人，其中202人比较满意，占

60.7%；77 人非常满意，占 23.1%；52 人不太满意，占 15.6%。数据说明，不论本市户籍还是外地户籍，大多数人对中央政府工作效率表示比较满意，其次是非常满意，接下来是不太满意。

具体而言，本市非农 1734 人，其中 16 人非常不满意，占 0.9%；217 人不太满意，占 12.5%；1075 人比较满意，占 62.0%；426 人非常满意，占 24.6%。本市农业 165 人，其中 2 人非常不满意，占 1.2%；9 人不太满意，占 5.5%；117 人比较满意，占 70.9%；37 人非常满意，占 22.4%。外地非农 129 人，其中 0 人非常不满意；17 人不太满意，占 13.2%；84 人比较满意，占 65.1%；28 人非常满意，占 21.7%。外地农业 204 人，其中 2 人非常不满意，占 1.0%；35 人不太满意，占 17.2%；118 人比较满意，占 57.8%；49 人非常满意，占 24.0%（见表 7-18）。

表 7-18　　户籍身份与对中央政府工作效率满意度交互频次（N=2232）

|  | 非常不满意 | 不太满意 | 比较满意 | 非常满意 |
| --- | --- | --- | --- | --- |
| 本地户籍 | 18（0.9%） | 226（11.9%） | 1192（62.8%） | 463（24.4%） |
| 本地非农 | 16（0.9%） | 217（12.5%） | 1075（62.0%） | 426（24.6%） |
| 本地农业 | 2（1.2%） | 9（5.5%） | 117（70.9%） | 37（22.4%） |
| 外地户籍 | 2（0.6%） | 52（15.6%） | 202（60.7%） | 77（23.1%） |
| 外地非农 | 0 | 17（13.2%） | 84（65.1%） | 28（21.7%） |
| 外地农业 | 2（1.0%） | 35（17.2%） | 118（57.8%） | 49（24.0%） |
| 合计 | 20（0.9%） | 278（12.5%） | 1394（62.4%） | 540（24.2%） |

注：本表为删除缺损值之后的统计结果。

上述数据也表明,上海户籍人口与非上海户籍人口对中央政府工作效率的满意状况存在一定差异。把比较满意和非常满意合并为满意,非常不满意和不太满意合并为不满意,我们发现,在本市非农人口中,有1501人表示满意,占本市非农人口的86.6%;在本市农业人口中,有154人表示满意,占本市农业人口的93.3%;在外地非农人口中,有112人表示满意,占外地非农人口的86.8%;在外地农业人口中,有167人表示满意,占外地农业人口的81.8%。也就是说,上海市户籍人口中,农业人口的满意度明显高于非农人口;而非上海户籍人口中,农业人口的满意度明显低于非农人口。

2. 市政府工作效率的满意度

抽样调查显示,从其单变量的频次分布情况来看,在样本对政府绩效的满意度栏中,对于市政府工作效率,有28人表示非常不满意,占有效样本的1.3%;有306人表示不太满意,占有效样本的13.7%;有1468人表示比较满意,占有效样本的65.7%;有433人表示非常满意,占有效样本的19.4%。如果把比较满意和非常满意合并为满意,那么社会公众对市政府工作效率的满意度为85.1%(见表7-19)。

表7-19 社会公众对市政府工作效率的满意度(N=2235)

|  | 非常不满意 | 不太满意 | 比较满意 | 非常满意 |
| --- | --- | --- | --- | --- |
| 市政府工作效率 | 28（1.3%） | 306（13.7%） | 1468（65.7%） | 433（19.4%） |

比较分析上海户籍人口与非上海户籍人口对市政府工作效率的满意状况,可以发现,在样本对市政府工作效率满意度栏

中，本市户籍人口 1898 人，其中 1268 人比较满意，占 66.8%；369 人非常满意，占 19.4%；237 人不太满意，占 12.5%。外地户籍人口 333 人，其中 198 人比较满意，占 59.5%；68 人不太满意，占 20.4%；64 人非常满意，占 19.2%。数据说明，不论本市户籍还是外地户籍，大多数人对市政府工作效率表示比较满意。本市户籍表示不太满意的比例低于外地户籍 7.9%。

具体而言，本市非农 1733 人，其中 22 人非常不满意，占 1.3%；229 人不太满意，占 13.2%；1141 人比较满意，占 65.8%；341 人非常满意，占 19.7%。本市农业 165 人，其中 2 人非常不满意，占 1.2%；8 人不太满意，占 4.8%；127 人比较满意，占 77.0%；28 人非常满意，占 17.0%。外地非农 129 人，其中 1 人非常不满意，占 0.8%；21 人不太满意，占 16.3%；79 人比较满意，占 61.2%；28 人非常满意，占 21.7%。外地农业 204 人，其中 2 人非常不满意，占 1.0%；47 人不太满意，占 23.0%；119 人比较满意，占 58.3%；36 人非常满意，占 17.7%（见表 7-20）。

表 7-20　　户籍身份与对市政府工作效率满意度交互频次（N=2231）

|  | 非常不满意 | 不太满意 | 比较满意 | 非常满意 |
| --- | --- | --- | --- | --- |
| 本地户籍 | 24（1.3%） | 237（12.5%） | 1268（66.8%） | 369（19.4%） |
| 本地非农 | 22（1.3%） | 229（13.2%） | 1141（65.8%） | 341（19.7%） |
| 本地农业 | 2（1.2%） | 8（4.8%） | 127（77.0%） | 28（17.0%） |
| 外地户籍 | 3（0.9%） | 68（20.4%） | 198（59.5%） | 64（19.2%） |
| 外地非农 | 1（0.8%） | 21（16.3%） | 79（61.2%） | 28（21.7%） |

续表

|      | 非常不满意   | 不太满意     | 比较满意      | 非常满意     |
|------|----------|----------|-----------|----------|
| 外地农业 | 2（1.0%） | 47（23.0%） | 119（58.3%） | 36（17.7%） |
| 合计   | 27（1.2%） | 305（13.7%） | 1466（65.7%） | 433（19.4%） |

注：本表为删除缺损值之后的统计结果。

上述数据也表明，上海户籍人口与非上海户籍人口对市政府工作效率的满意状况存在一定差异。把比较满意和非常满意合并为满意，非常不满意和不太满意合并为不满意，我们发现，在本市非农人口中，有1482人表示满意，占本市非农人口的85.5%；在本市农业人口中，有155人表示满意，占本市农业人口的94.0%；在外地非农人口中，有107人表示满意，占外地非农人口的82.9%；在外地农业人口中，有155人表示满意，占外地农业人口的76.0%。也就是说，上海户籍人口对市政府工作效率的满意度明显高于非上海户籍人口。而且在上海市户籍人口中，农业人口的满意度明显高于非农人口；而非上海户籍人口中，农业人口的满意度明显低于非农人口。

3. 区（县）政府工作效率

抽样调查显示，从其单变量的频次分布情况来看，在样本对政府绩效的满意度栏中，对于区（县）政府工作效率，有29人表示非常不满意，占有效样本的1.3%；有444人表示不太满意，占有效样本的19.9%；有1477人表示比较满意，占有效样本的66.1%；有286人表示非常满意，占有效样本的12.8%。如果把比较满意和非常满意合并为满意，那么社会公众对区（县）政府工作效率的满意度为78.9%（见表7-21）。

表7-21　　　社会公众对区（县）政府工作效率（N=2236）

| | 非常不满意 | 不太满意 | 比较满意 | 非常满意 |
|---|---|---|---|---|
| 区（县）政府工作效率 | 29（1.3%） | 444（19.9%） | 1477（66.1%） | 286（12.8%） |

比较分析上海户籍人口与非上海户籍人口对区（县）政府工作效率的满意状况，可以发现，在样本对区（县）政府工作效率满意度栏中，本市户籍人口1899人，其中1268人比较满意，占66.8%；350人不太满意，占18.4%；256人非常满意，占13.5%。外地户籍人口333人，其中208人比较满意，占62.5%；93人不太满意，占27.9%；29人非常满意，占8.7%。数据说明，不论本市户籍还是外地户籍，大多数人对区（县）政府工作效率表示比较满意，其次是不太满意，接下来是非常满意，且本市户籍表示不太满意的比例低于外地户籍9.5%，非常满意的比例高于外地户籍4.8%。

具体而言，本市非农1734人，其中23人非常不满意，占1.3%；336人不太满意，占19.4%；1141人比较满意，占65.8%；234人非常满意，占13.5%。本市农业165人，其中2人非常不满意，占1.2%；14人不太满意，占8.5%；127人比较满意，占77.0%；22人非常满意，占13.3%。外地非农129人，其中1人非常不满意，占0.8%；31人不太满意，占24.0%；82人比较满意，占63.6%；15人非常满意，占11.6%。外地农业204人，其中2人非常不满意，占1.0%；62人不太满意，占30.4%；126人比较满意，占61.8%；14人非常满意，占6.8%（见表7-22）。

表7-22　　　　户籍身份与对区（县）政府工作
效率满意度交互频次（N = 2232）

|  | 非常不满意 | 不太满意 | 比较满意 | 非常满意 |
| --- | --- | --- | --- | --- |
| 本地户籍 | 25（1.3%） | 350（18.4%） | 1268（66.8%） | 256（13.5%） |
| 本地非农 | 23（1.3%） | 336（19.4%） | 1141（65.8%） | 234（13.5%） |
| 本地农业 | 2（1.2%） | 14（8.5%） | 127（77.0%） | 22（13.3%） |
| 外地户籍 | 3（0.9%） | 93（27.9%） | 208（62.5%） | 29（8.7%） |
| 外地非农 | 1（0.8%） | 31（24.0%） | 82（63.6%） | 15（11.6%） |
| 外地农业 | 2（1.0%） | 62（30.4%） | 126（61.8%） | 14（6.8%） |
| 合计 | 28（1.3%） | 443（19.8%） | 1476（66.1%） | 285（12.8%） |

注：本表为删除缺损值之后的统计结果。

上述数据也表明，上海户籍人口与非上海户籍人口对区（县）政府工作效率的满意状况存在一定差异。把比较满意和非常满意合并为满意，非常不满意和不太满意合并为不满意，我们发现，在本市非农人口中，有1375人表示满意，占本市非农人口的79.3%；在本市农业人口中，有149人表示满意，占本市农业人口的90.3%；在外地非农人口中，有97人表示满意，占外地非农人口的75.2%；在外地农业人口中，有140人表示满意，占外地农业人口的68.6%。也就是说，上海户籍人口对区（县）政府工作效率的满意度明显高于非上海户籍人口。而且在上海市户籍人口中，农业人口的满意度明显高于非农人口；而非上海户籍人口中，农业人口的满意度明显低于非农人口。

4. 街道（镇）政府工作效率的满意度

抽样调查显示，从其单变量的频次分布情况来看，在样本对政府绩效的满意度栏中，对于街道（镇）政府工作效率，有

32 人表示非常不满意，占有效样本的 1.4%；有 525 人表示不太满意，占有效样本的 23.5%；有 1451 人表示比较满意，占有效样本的 65.0%；有 224 人表示非常满意，占有效样本的 10.0%。如果把比较满意和非常满意合并为满意，那么社会公众对街道（镇）政府工作效率的满意度为 75.0%（见表 7-23）。

表 7-23 社会公众对街道（镇）政府工作效率的满意度（N=2232）

|  | 非常不满意 | 不太满意 | 比较满意 | 非常满意 |
| --- | --- | --- | --- | --- |
| 街道（镇）政府工作效率 | 32（1.4%） | 525（23.5%） | 1451（65.0%） | 224（10.0%） |

比较分析上海户籍人口与非上海户籍人口对街道（镇）政府工作效率的满意状况，可以发现，在样本对街道（镇）政府工作效率满意度栏中，本市户籍人口 1896 人，其中 1257 人比较满意，占 66.3%；412 人不太满意，占 21.7%；199 人非常满意，占 10.5%。外地户籍人口 332 人，其中 193 人比较满意，占 58.2%；111 人不太满意，占 33.4%；24 人非常满意，占 7.2%。数据说明，不论本市户籍还是外地户籍，大多数人对街道（镇）政府工作效率表示比较满意，其次是不太满意，接下来是非常满意，且本市户籍表示不太满意的比例低于外地户籍 11.7%，非常满意的比例高于外地户籍 3.3%。

具体而言，本市非农 1732 人，其中 27 人非常不满意，占 1.6%；385 人不太满意，占 22.2%；1140 人比较满意，占 65.8%；180 人非常满意，占 10.4%。本市农业 164 人，其中 1 人非常不满意，占 0.6%；27 人不太满意，占 16.5%；117 人比较满意，占 71.3%；19 人非常满意，占 11.6%。外地非农 129 人，其中 2 人非常不满意，占 1.6%；39 人不太满意，占 30.2%；76 人比较满意，占 58.9%；12 人非常满意，占 9.3%。外地农业 203 人，其中 2 人非常不满意，占 1.0%；72 人不太满意，占 35.5%；117 人比较满意，占 57.6%；12 人非常满意，占 5.9%（见表 7-24）。

表 7-24　　户籍身份与对街道（镇）政府工作效率满意度交互频次（N=2228）

|  | 非常不满意 | 不太满意 | 比较满意 | 非常满意 |
| --- | --- | --- | --- | --- |
| 本地户籍 | 28（1.5%） | 412（21.7%） | 1257（66.3%） | 199（10.5%） |
| 本地非农 | 27（1.6%） | 385（22.2%） | 1140（65.8%） | 180（10.4%） |
| 本地农业 | 1（0.6%） | 27（16.5%） | 117（71.3%） | 19（11.6%） |
| 外地户籍 | 4（1.2%） | 111（33.4%） | 193（58.2%） | 24（7.2%） |
| 外地非农 | 2（1.6%） | 39（30.2%） | 76（58.9%） | 12（9.3%） |
| 外地农业 | 2（1.0%） | 72（35.5%） | 117（57.6%） | 12（5.9%） |
| 合计 | 32（1.4%） | 523（23.5%） | 1450（65.1%） | 223（10.0%） |

注：本表为删除缺损值之后的统计结果。

　　上述数据也表明，上海户籍人口与非上海户籍人口对街道（镇）政府工作效率的满意状况存在一定差异。把比较满意和非常满意合并为满意，非常不满意和不太满意合并为不满意，我们发现，在本市非农人口中，有 1320 人表示满意，占本市非农人口的 76.2%；在本市农业人口中，有 136 人表示满意，占本市农业人口的 82.9%；在外地非农人口中，有 88 人表示满意，占外地非农人口的 68.2%；在外地农业人口中，有 129 人表示满意，占外地农业人口的 63.5%。也就是说，上海户籍人口对街道（镇）政府工作效率的满意度明显高于非上海户籍人口,但总体的满意度都相对较低。而且在上海市户籍人口中,农业人口的满意度明显高于非农人口;而非上海户籍人口中,农业人口的满意度明显低于非农人口。

## 四 法治治理

法治治理也是现代政府绩效的一个重要方面,其涵盖社会治安、法治环境、公民政治权利保护和腐败治理四大方面。社会公众对法治治理满意度可以表征社会对法治发展的信心状况。总体而言,如果把比较满意和非常满意合并为满意的话,社会公众对法治治理的总体满意度相对较低,其中对社会治安、法治环境、公民政治权利保护的满意度为70%左右,而对腐败治理的满意度仅为35.1%。这表明社会公众对腐败治理的信心不足。具体状况如下:

1. 社会治安满意度

从样本对社会治安状况的满意度的频次分布来看,有75人表示非常不满意,占有效样本的3.4%;有541人表示不太满意,占有效样本的24.2%;有1396人表示比较满意,占有效样本的62.5%;有223人表示非常满意,占有效样本的10.0%。如果把比较满意和非常满意合并为满意,那么社会公众对社会治安的满意度为72.5%(见表7-25)。

表7-25 社会公众对治安状况的满意度(N=2235)

|  | 非常不满意 | 不太满意 | 比较满意 | 非常满意 |
| --- | --- | --- | --- | --- |
| 治安状况 | 75(3.4%) | 541(24.2%) | 1396(62.5%) | 223(10.0%) |

比较分析上海户籍人口与非上海户籍人口对社会治安的满意状况,可以发现,在样本对治安状况满意度栏中,上海户籍人口和非上海户籍人口的满意度基本相似,大多数都表示比较满意,分别占61.7%和66.9%;其次为不太满意,分别占24.4%和23.2%;再次为非常满意,分别占10.7%和5.7%。

将各户籍细分来看,本市非农1734人,其中55人非常不满意,占3.2%;418人不太满意,占24.1%;1067人比较满意,占61.5%;194人非常满意,占11.2%。本市农业165人,其中5人非常不满意,占3.0%;45人不太满意,占27.3%;105人比较满意,占63.6%;10人非常满意,占6.1%。合计本市户籍人口1899人,其中60人非常不满意,占3.2%;463人不太满意,占24.4%;1172人比较满意,占61.7%;204人非常满意,占10.7%。外地非农129人,其中4人非常不满意,占3.1%;27人不太满意,占20.9%;89人比较满意,占69.0%;9人非常满意,占7.0%。外地农业203人,其中10人非常不满意,占4.9%;50人不太满意,占24.7%;133人比较满意,占65.5%;10人非常满意,占4.9%。合计外地户籍人口332人,其中14人非常不满意,占4.2%;77人不太满意,占23.2%;222人比较满意,占66.9%;19人非常满意,占5.7%(见表7-26)。

表7-26　　户籍身份与对治安状况满意度交互频次(N=2231)

|  | 非常不满意 | 不太满意 | 比较满意 | 非常满意 |
| --- | --- | --- | --- | --- |
| 本地户籍 | 60(3.2%) | 463(24.4%) | 1172(61.7%) | 204(10.7%) |
| 本地非农 | 55(3.2%) | 418(24.1%) | 1067(61.5%) | 194(11.2%) |

续表

|  | 非常不满意 | 不太满意 | 比较满意 | 非常满意 |
|---|---|---|---|---|
| 本地农业 | 5（3.0%） | 45（27.3%） | 105（63.6%） | 10（6.1%） |
| 外地户籍 | 14（4.2%） | 77（23.2%） | 222（66.9%） | 19（5.7%） |
| 外地非农 | 4（3.1%） | 27（20.9%） | 89（69.0%） | 9（7.0%） |
| 外地农业 | 10（4.9%） | 50（24.7%） | 133（65.5%） | 10（4.9%） |
| 合计 | 74（3.3%） | 540（24.2%） | 1394（62.5%） | 223（10.0%） |

注：本表为删除缺损值之后的统计结果。

上述数据也表明，上海户籍人口与非上海户籍人口对社会治安的满意程度存在一定差异。把比较满意和非常满意合并为满意，非常不满意和不太满意合并为不满意，我们发现，在本市非农人口中，有 1261 人表示满意，占本市非农人口的 72.7%；在本市农业人口中，有 115 人表示满意，占本市农业人口的 69.7%；在外地非农人口中，有 98 人表示满意，占外地非农人口的 76.0%；在外地农业人口中，有 143 人表示满意，占外地农业人口的 70.4%。也就是说，无论是非农人口还是农业人口，非上海户籍人口对社会治安的满意度都要高于上海户籍人口。

2. 法治环境满意度

从样本对法治环境的满意状况来看，有 77 人表示非常不满意，占有效样本的 3.4%；有 588 人表示不太满意，占有效样本的 26.3%；有 1349 人表示比较满意，占有效样本的 60.4%；有 221 人表示非常满意，占有效样本的 9.9%。如果把比较满意和非常满意合并为满意，那么社会公众对法治环境的满意度为 70.3%（见表 7-27）。

表7-27 社会公众对法治环境的满意度（N=2235）

|  | 非常不满意 | 不太满意 | 比较满意 | 非常满意 |
|---|---|---|---|---|
| 法治环境 | 77（3.4%） | 588（26.3%） | 1349（60.4%） | 221（9.9%） |

比较分析上海户籍人口与非上海户籍人口对法治环境的满意状况，可以发现，在样本对法治环境满意度栏中，沪籍人口和非沪籍人口的满意度基本相似，大多持比较满意的态度，分别占61.0%和57.1%；其次是不太满意，分别占25.3%和31.5%；再次为非常满意，分别占10.5%和6.6%。

详细而言，本市非农1733人，其中57人非常不满意，占3.3%；432人不太满意，占24.9%；1055人比较满意，占60.9%；189人非常满意，占10.9%。本市农业165人，其中4人非常不满意，占2.4%；49人不太满意，占29.7%；102人比较满意，占61.8%；10人非常满意，占6.1%。合计本市户籍人口1898人，其中61人非常不满意，占3.2%；481人不太满意，占25.3%；1157人比较满意，占61.0%；199人非常满意，占10.5%。外地非农129人，其中3人非常不满意，占2.3%；33人不太满意，占25.6%；81人比较满意，占62.8%；12人非常满意，占9.3%。外地农业204人，其中13人非常不满意，占6.4%；72人不太满意，占35.3%；109人比较满意，占53.4%；10人非常满意，占4.9%。合计外地户籍人口333人，其中16人非常不满意，占4.8%；105人不太满意，占31.5%；190人比较满意，占57.1%；22人非常满意，占6.6%（见表7-28）。

表7-28　　户籍身份与对法治环境满意度交互频次（N=2231）

|  | 非常不满意 | 不太满意 | 比较满意 | 非常满意 |
|---|---|---|---|---|
| 本地户籍 | 61（3.2%） | 481（25.3%） | 1157（61.0%） | 199（10.5%） |
| 本地非农 | 57（3.3%） | 432（24.9%） | 1055（60.9%） | 189（10.9%） |
| 本地农业 | 4（2.4%） | 49（29.7%） | 102（61.8%） | 10（6.1%） |
| 外地户籍 | 16（4.8%） | 105（31.5%） | 190（57.1%） | 22（6.6%） |
| 外地非农 | 3（2.3%） | 33（25.6%） | 81（62.8%） | 12（9.3%） |
| 外地农业 | 13（6.4%） | 72（35.3%） | 109（53.4%） | 10（4.9%） |
| 合计 | 77（3.4%） | 586（26.3%） | 1347（60.4%） | 221（9.9%） |

注：本表为删除缺损值之后的统计结果。

上述数据也表明，上海户籍人口与非上海户籍人口对法治环境的满意程度存在一定差异。把比较满意和非常满意合并为满意，非常不满意和不太满意合并为不满意，我们发现，在本市非农人口中，有1244人表示满意，占本市非农人口的71.8%；在本市农业人口中，有112人表示满意，占本市农业人口的67.9%；在外地非农人口中，有93人表示满意，占外地非农人口的72.1%；在外地农业人口中，有119人表示满意，占外地农业人口的58.3%。也就是说，无论是上海户籍还是非上海户籍，非农人口对法治环境的满意度都要高于农业人口。

3. 公民政治权利保护满意度

从样本对公民政治权利保护的满意度的频次分布来看，有81人表示非常不满意，占有效样本的3.6%；有531人表示不太满意，占有效样本的23.8%；有1443人表示比较满意，占有效样本的64.6%；有180人表示非常满意，占有效样本的8.1%。如果把比较满意和非常满意合并为满意，那么社会公众对公民政治权利保护的满意度为72.7%（见表7-29）。

表7-29　社会公众对公民政治权利保护满意度（N=2235）

|  | 非常不满意 | 不太满意 | 比较满意 | 非常满意 |
| --- | --- | --- | --- | --- |
| 公民政治权利保护 | 81（3.6%） | 531（23.8%） | 1443（64.6%） | 180（8.1%） |

比较分析上海户籍人口与非上海户籍人口对公民政治权利保护的满意状况，可以发现，在样本对公民政治权利保护满意度栏中，沪籍人口和非沪籍人口中持比较满意态度的比例最高，分别为65.9%和57.2%；其次为不太满意，分别占22.7%和29.2%。

将各户籍细分，本市非农1734人，其中55人非常不满意，占3.2%；400人不太满意，占23.1%；1138人比较满意，占65.6%；141人非常满意，占8.1%。本市农业165人，其中7人非常不满意，占4.2%；32人不太满意，占19.4%；114人比较满意，占69.1%；12人非常满意，占7.3%。合计本市户籍人口1899人，其中62人非常不满意，占3.3%；432人不太满意，占22.7%；1252人比较满意，占65.9%；153人非常满意，占8.1%。外地非农129人，其中7人非常不满意，占5.4%；34人不太满意，占26.4%；72人比较满意，占55.8%；16人非常满意，占12.4%。外地农业203人，其中12人非常不满意，占5.9%；63人不太满意，占31.0%；118人比较满意，占58.2%；10人非常满意，占4.9%。合计外地户籍人口332人，其中19人非常不满意，占5.7%；97人不太满意，占29.2%；190人比较满意，占57.2%；26人非常满意，占7.9%（见表7-30）。

表7-30　　　户籍身份与对公民政治权利保护
　　　　　　　　满意度交互频次（N = 2231）

|  | 非常不满意 | 不太满意 | 比较满意 | 非常满意 |
|---|---|---|---|---|
| 本地户籍 | 62（3.3%） | 432（22.7%） | 1252（65.9%） | 153（8.1%） |
| 本地非农 | 55（3.2%） | 400（23.1%） | 1138（65.6%） | 141（8.1%） |
| 本地农业 | 7（4.2%） | 32（19.4%） | 114（69.1%） | 12（7.3%） |
| 外地户籍 | 19（5.7%） | 97（29.2%） | 190（57.2%） | 26（7.9%） |
| 外地非农 | 7（5.4%） | 34（26.4%） | 72（55.8%） | 16（12.4%） |
| 外地农业 | 12（5.9%） | 63（31.0%） | 118（58.2%） | 10（4.9%） |
| 合计 | 81（3.6%） | 529（23.8%） | 1442（64.6%） | 179（8.0%） |

注：本表为删除缺损值之后的统计结果。

上述数据也表明，上海户籍人口与非上海户籍人口对公民政治权利保护的满意程度存在一定差异。把比较满意和非常满意合并为满意，非常不满意和不太满意合并为不满意，我们发现，在本市非农人口中，有1279人表示满意，占本市非农人口的73.7%；在本市农业人口中，有126人表示满意，占本市农业人口的76.4%；在外地非农人口中，有88人表示满意，占外地非农人口的68.2%；在外地农业人口中，有128人表示满意，占外地农业人口的63.1%。也就是说，无论是非农人口还是农业人口，上海户籍人口对公民政治权利保护的满意度都要高于非上海户籍人口。而且，上海户籍人口中，农业人口的满意度要高于非农人口；而非上海户籍人口中，非农人口的满意度要高于农业人口。

4. 腐败治理满意度

从样本对腐败治理的满意度的频次分布来看，有392人表示非常不满意，占有效样本的 17.6%；有 1053 人表示不太满意，占有效样本的 47.2%；有 736 人表示比较满意，占有效样本的 33.0%；有 50 人表示非常满意，占有效样本的 2.2%。如果把比较满意和非常满意合并为满意，那么社会公众对腐败治理的满意度为 35.2%（见表 7-31）。

表 7-31　　社会公众对腐败治理满意度（N=2231）

|  | 非常不满意 | 不太满意 | 比较满意 | 非常满意 |
| --- | --- | --- | --- | --- |
| 腐败治理 | 392（17.6%） | 1053（47.2%） | 736（33.0%） | 50（2.2%） |

比较分析上海户籍人口与非上海户籍人口对腐败治理的满意状况，可以发现，在样本对腐败治理满意度栏中，本市户籍人口 1898 人，其中 309 人非常不满意，占 16.3%；888 人不太满意，占 46.8%；657 人比较满意，占 34.6%；44 人非常满意，占 2.3%。外地户籍人口 333 人，其中 83 人非常不满意，占 24.9%；165 人不太满意，占 49.5%；79 人比较满意，占 23.7%；6 人非常满意，占 1.8%。数据显示，各类户籍人口中不太满意皆为最高比例。

详细而言，本市非农 1733 人，其中 279 人非常不满意，占 16.1%；813 人不太满意，占 46.9%；599 人比较满意，占 34.6%；42 人非常满意，占 2.4%。本市农业 165 人，其中 30 人非常不满意，占 18.2%；75 人不太满意，占 45.5%；58 人比较满意，占 35.2%；2 人非常满意，占 1.2%。外地非农 129 人，其中 32 人非常不满意，占 24.8%；57 人不太满意，占 44.2%；35 人比较满意，占 27.1%；5 人非常满意，占 3.9%。外地农业 204 人，其中 51 人非常不满意，占 25%；

108人不太满意,占52.9%;44人比较满意,占21.6%;1人非常满意,占0.5%(见表7-32)。

表7-32　户籍身份与对腐败治理满意度交互频次(N=2231)

|  | 非常不满意 | 不太满意 | 比较满意 | 非常满意 |
|---|---|---|---|---|
| 本地户籍 | 309(16.3%) | 888(46.8%) | 657(34.6%) | 44(2.3%) |
| 本地非农 | 279(16.1%) | 813(46.9%) | 599(34.6%) | 42(2.4%) |
| 本地农业 | 30(18.2%) | 75(45.5%) | 58(35.2%) | 2(1.2%) |
| 外地户籍 | 83(24.9%) | 165(49.5%) | 79(23.7%) | 6(1.8%) |
| 外地非农 | 32(24.8%) | 57(44.2%) | 35(27.1%) | 5(3.9%) |
| 外地农业 | 51(25.0%) | 108(52.9%) | 44(21.6%) | 1(0.5%) |
| 合计 | 392(17.6%) | 1053(47.2%) | 736(33.0%) | 50(2.2%) |

上述数据也表明,上海户籍人口与非上海户籍人口对腐败治理的满意程度存在一定差异。把比较满意和非常满意合并为满意,非常不满意和不太满意合并为不满意,我们发现,在本市非农人口中,有641人表示满意,占本市非农人口的37.0%;在本市农业人口中,有60人表示满意,占本市农业人口的36.4%;在外地非农人口中,有40人表示满意,占外地非农人口的31.0%;在外地农业人口中,有45人表示满意,占外地农业人口的22.1%。也就是说,无论是非农人口还是农业人口,上海户籍人口对腐败治理的满意度都要高于非上海户籍人口。而且,上海户籍人口中,农业人口的满意度要高于非农人口;而非上海户籍人口中,非农人口的满意度要高于农业人口。

## 五　环境治理

随着风险社会的来临，环境治理是衡量现代社会中政府绩效的核心指标之一。环境治理的社会效果对政府权威的建立具有举足轻重的作用。从当前社会公众对环境治理的满意程度来看，总体而言，如果把比较满意和非常满意合并为满意的话，社会公众对中央、上海市及区县三级政府环境治理的满意度分别为 75.8%、76.8%、73.6%（见表 7-33，表 7-35，表 7-37）。具体状况如下：

1. 全国环境治理与保护的满意度

抽样调查显示，从其单变量的频次分布情况来看，在样本对政府绩效的满意度栏中，对于我国整体的环境治理和保护情况，有 69 人表示非常不满意，占有效样本的 3.1%；有 474 人表示不太满意，占有效样本的 21.2%；有 1372 人表示比较满意，占有效样本的 61.4%；有 321 人表示非常满意，占有效样本的 14.4%。如果把比较满意和非常满意合并为满意，那么社会公众对全国环境治理与保护的满意度为 75.8%（见表 7-33）。

表 7-33　社会公众对全国环境治理与保护的满意度 （N=2236）

|  | 非常不满意 | 不太满意 | 比较满意 | 非常满意 |
|---|---|---|---|---|
| 我国整体的环境治理和保护情况 | 69<br>(3.1%) | 474<br>(21.2%) | 1372<br>(61.4%) | 321<br>(14.4%) |

比较分析上海户籍人口与非上海户籍人口对全国环境治理

与保护的满意度,可以发现,在样本对我国整体的环境治理和保护状况满意度栏中,沪籍人口和非沪籍人口态度基本相似,比较满意的占绝大多数,分别占 61.9% 和 58.6%;其次为不太满意,分别占 20.7% 和 24.0%。

详细而言,本市非农 1734 人,其中 51 非常不满意,占 2.9%;363 人不太满意,占 20.9%;1069 人比较满意,占 61.7%;251 人非常满意,占 14.5%。本市农业 165 人,其中 3 人非常不满意,占 1.8%;30 人不太满意,占 18.2%;107 人比较满意,占 64.8%;25 人非常满意,占 15.2%。合计本市户籍人口 1899 人,其中 54 人非常不满意,占 2.8%;393 人不太满意,占 20.7%;1176 人比较满意,占 61.9%;276 人非常满意,占 14.6%。外地非农 129 人,其中 4 人非常不满意,占 3.1%;25 人不太满意,占 19.4%;83 人比较满意,占 64.3%;17 人非常满意,占 13.2%。外地农业 204 人,其中 10 人非常不满意,占 4.9%;55 人不太满意,占 27.0%;112 人比较满意,占 54.9%;27 人非常满意,占 13.2%。合计外地户籍人口 333 人,其中 14 人非常不满意,占 4.2%;80 人不太满意,占 24.0%;195 人比较满意,占 58.6%;44 人非常满意,占 13.2%(见表 7 – 34)。

表 7 – 34　　户籍身份与对我国整体的环境治理和保护状况满意度交互频次(N = 2232)

|  | 非常不满意 | 不太满意 | 比较满意 | 非常满意 |
| --- | --- | --- | --- | --- |
| 本地户籍 | 54(2.8%) | 393(20.7%) | 1176(61.9%) | 276(14.6%) |
| 本地非农 | 51(2.9%) | 363(20.9%) | 1069(61.7%) | 251(14.5%) |
| 本地农业 | 3(1.8%) | 30(18.2%) | 107(64.8%) | 25(15.2%) |

续表

|  | 非常不满意 | 不太满意 | 比较满意 | 非常满意 |
| --- | --- | --- | --- | --- |
| 外地户籍 | 14（4.2%） | 80（24.0%） | 195（58.6%） | 44（13.2%） |
| 外地非农 | 4（3.1%） | 25（19.4%） | 83（64.3%） | 17（13.2%） |
| 外地农业 | 10（4.9%） | 55（27.0%） | 112（54.9%） | 27（13.2%） |
| 合计 | 68（3.1%） | 473（21.2%） | 1371（61.4%） | 320（14.3%） |

注：本表为删除缺损值之后的统计结果。

上述数据也表明，上海户籍人口与非上海户籍人口对我国整体的环境治理和保护状况满意度存在一定差异。把比较满意和非常满意合并为满意，非常不满意和不太满意合并为不满意，我们发现，在本市非农人口中，有1320人表示满意，占本市非农人口的76.2%；在本市农业人口中，有132人表示满意，占本市农业人口的80.0%；在外地非农人口中，有100人表示满意，占外地非农人口的77.5%；在外地农业人口中，有139人表示满意，占外地农业人口的68.1%。也就是说，上海户籍人口中，农业人口对我国整体的环境治理和保护状况的满意度要高于非农人口；而非上海户籍人口中，非农人口的满意度要高于农业人口。

2. 对本市环境治理和保护的满意度

抽样调查显示，从其单变量的频次分布情况来看，在样本对政府绩效的满意度栏中，对于本市的环境治理和保护情况，有53人表示非常不满意，占有效样本的2.4%；有467人表示不太满意，占有效样本的20.9%；有1426人表示比较满意，占有效样本的63.8%；有290人表示非常满意，占有效样本的13.0%。如果把比较满意和非常满意合并为满意，那么社会公众对本市环境治理与保护的满意度为76.8%

(见表 7-35)。

表 7-35 社会公众对本市环境治理和保护的满意度（N=2236）

|  | 非常不满意 | 不太满意 | 比较满意 | 非常满意 |
| --- | --- | --- | --- | --- |
| 本市的环境治理和保护情况 | 53 (2.4%) | 467 (20.9%) | 1426 (63.8%) | 290 (13.0%) |

比较分析上海户籍人口与非上海户籍人口对本市环境治理和保护的满意度，可以发现，在样本对本市的环境治理和保护状况满意度栏中，沪籍人口和非沪籍人口态度基本相似，比较满意皆占最高比例，分别为 64.1% 和 62.2%；其次为不太满意，分别为 20.3% 和 24.0%；再次为非常满意，分别为 13.3% 和 10.8%。

按照农业与非农细分来看，本市非农 1734 人，其中 39 人非常不满意，占 2.3%；359 人不太满意，占 20.7%；1103 人比较满意，占 63.6%；233 人非常满意，占 13.4%。本市农业 165 人，其中 3 人非常不满意，占 1.8%；27 人不太满意，占 16.4%；115 人比较满意，占 69.7%；20 人非常满意，占 12.1%。合计本市户籍人口 1899 人，其中 42 人非常不满意，占 2.3%；386 人不太满意，占 20.3%；1218 人比较满意，占 64.1%；253 人非常满意，占 13.3%。外地非农 129 人，其中 5 人非常不满意，占 3.9%；26 人不太满意，占 20.1%；84 人比较满意，占 65.1%；14 人非常满意，占 10.9%。外地农业 204 人，其中 5 人非常不满意，占 2.4%；54 人不太满意，占 26.5%；123 人比较满意，占 60.3%；22 人非常满意，占 10.8%。合计外地户籍人口 333 人，其中 10 人非常不满意，占 3.0%；80 人不太满意，占 24.0%；207 人比较满意，占 62.2%；36 人非常满意，占 10.8%（见表 7-36）。

表 7-36　　户籍身份与对本市的环境治理和保护状况满意度交互频次（N=2232）

|  | 非常不满意 | 不太满意 | 比较满意 | 非常满意 |
| --- | --- | --- | --- | --- |
| 本地户籍 | 42（2.3%） | 386（20.3%） | 1218（64.1%） | 253（13.3%） |
| 本地非农 | 39（2.3%） | 359（20.7%） | 1103（63.6%） | 233（13.4%） |
| 本地农业 | 3（1.8%） | 27（16.4%） | 115（69.7%） | 20（12.1%） |
| 外地户籍 | 10（3.0%） | 80（24.0%） | 207（62.2%） | 36（10.8%） |
| 外地非农 | 5（3.9%） | 26（20.1%） | 84（65.1%） | 14（10.9%） |
| 外地农业 | 5（2.4%） | 54（26.5%） | 123（60.3%） | 22（10.8%） |
| 合计 | 52（2.4%） | 466（20.9%） | 1425（63.8%） | 289（12.9%） |

注：本表为删除缺损值之后的统计结果。

上述数据也表明，上海户籍人口与非上海户籍人口对本市环境治理和保护状况满意度存在一定差异。把比较满意和非常满意合并为满意，非常不满意和不太满意合并为不满意，我们发现，在本市非农人口中，有 1336 人表示满意，占本市非农人口的 77.0%；在本市农业人口中，有 135 人表示满意，占本市农业人口的 81.8%；在外地非农人口中，有 98 人表示满意，占外地非农人口的 76.0%；在外地农业人口中，有 145 人表示满意，占外地农业人口的 71.1%。也就是说，无论是非农人口还是农业人口，上海户籍人口对本市环境治理和保护状况的满意度都要高于非上海户籍人口。而且，上海户籍人口中，农业人口对本市环境治理和保护状况的满意度要高于非农人口；而非上海户籍人口中，非农人口的满意度要高于农业人口。

3. 本区（县）环境治理和保护的满意度

抽样调查显示，从其单变量的频次分布情况来看，在样本对政府绩效的满意度栏中，对于本区（县）的环境治理和保护情况，有 63 人表示非常不满意，占有效样本的 2.8%；有 527 人表示不太满意，占有效样本的 23.6%；有 1410 人表示比较满意，占有效样本的 63.2%；有 232 人表示非常满意，占有效样本的 10.4%。如果把比较满意和非常满意合并为满意，那么社会公众对全国环境治理与保护的满意度为 73.6%（见表 7 - 37）。

表 7 - 37　　社会公众对本区（县）环境治理和保护的满意度（N = 2232）

|  | 非常不满意 | 不太满意 | 比较满意 | 非常满意 |
|---|---|---|---|---|
| 本区（县）的环境治理和保护情况 | 63<br>（2.8%） | 527<br>（23.6%） | 1410<br>（63.2%） | 232<br>（10.4%） |

比较分析上海户籍人口与非上海户籍人口对本区（县）环境治理和保护的满意度，可以发现，在样本对本区（县）的环境治理和保护状况满意度栏中，沪籍人口和非沪籍人口态度基本相似，比较满意的占最高比例，分别为 64.1% 和 58.3%；其次为不太满意，分别占 23.0% 和 26.6%；再次为非常满意，分别占 10.3% 和 10.9%。

详细而言，本市非农 1732 人，其中 45 人非常不满意，占 2.6%；400 人不太满意，占 23.1%；1107 人比较满意，占 63.9%；180 人非常满意，占 10.4%。本市农业 165 人，其中

4 人非常不满意，占 2.4%；37 人不太满意，占 22.4%；109 人比较满意，占 66.1%；15 人非常满意，占 9.1%。合计本市户籍人口 1897 人，其中 49 人非常不满意，占 2.6%；437 人不太满意，占 23.0%；1216 人比较满意，占 64.1%；195 人非常满意，占 10.3%。外地非农 128 人，其中 4 人非常不满意，占 3.1%；29 人不太满意，占 22.7%；79 人比较满意，占 61.7%；16 人非常满意，占 12.5%。外地农业 203 人，其中 10 人非常不满意，占 4.9%；59 人不太满意，占 29.0%；114 人比较满意，占 56.2%；20 人非常满意，占 9.9%。合计外地户籍人口 332 人，其中 14 人非常不满意，占 4.2%；88 人不太满意，占 26.6%；193 人比较满意，占 58.3%；36 人非常满意，占 10.9%（见表 7-38）。

表 7-38　户籍身份与对本区（县）的环境治理和保护状况满意度交互频次（N=2228）

|  | 非常不满意 | 不太满意 | 比较满意 | 非常满意 |
| --- | --- | --- | --- | --- |
| 本地户籍 | 49（2.6%） | 437（23.0%） | 1216（64.1%） | 195（10.3%） |
| 本地非农 | 45（2.6%） | 400（23.1%） | 1107（63.9%） | 180（10.4%） |
| 本地农业 | 4（2.4%） | 37（22.4%） | 109（66.1%） | 15（9.1%） |
| 外地户籍 | 14（4.2%） | 88（26.6%） | 193（58.3%） | 36（10.9%） |
| 外地非农 | 4（3.1%） | 29（22.7%） | 79（61.7%） | 16（12.5%） |
| 外地农业 | 10（4.9%） | 59（29.0%） | 114（56.2%） | 20（9.9%） |
| 合计 | 63（2.8%） | 525（23.6%） | 1409（63.2%） | 231（10.4%） |

注：本表为删除缺损值之后的统计结果。

上述数据也表明，上海户籍人口与非上海户籍人口对本市环境治理和保护状况满意度存在一定差异。把比较满意和非常满意合并为满意，非常不满意和不太满意合并为不满意，我们发现，在本市非农人口中，有1287人表示满意，占本市非农人口的74.3%；在本市农业人口中，有124人表示满意，占本市农业人口的75.2%；在外地非农人口中，有95人表示满意，占外地非农人口的74.2%；在外地农业人口中，有134人表示满意，占外地农业人口的66.1%。也就是说，无论是非农人口还是农业人口，上海户籍人口对本区（县）环境治理和保护状况的满意度都要高于非上海户籍人口。而且，上海户籍人口中，农业人口对本区（县）环境治理和保护状况的满意度要高于非农人口；而非上海户籍人口中，非农人口的满意度要高于农业人口。

## 六 社会民生

社会民生是政府的基本职能，是国家稳定和发展的基础，也是建设民主法治的前提。社会民生的范畴非常广泛，大体包括政府促进经济健康发展与贫富调控、促进民众收入的增长与物价控制、发展教育与促进就业、改善住房、医疗和社会保障等九个方面。从当前社会公众对政府发展社会民生的满意程度来看，总体而言，社会公众对社会民生的满意度相对较低，而且，其满意度还表现出对保障性的社会民生满意度较高，而对调控性社会民生满意度比较低的特征。其中满意度最高的是社会保障，其满意度为66.9%；最低的为物价控制，其满意度只有16.2%。具体状况如下：

1. 贫富调控满意度

抽样调查显示，从其单变量的频次分布情况来看，在样本对政府绩效的满意度栏中,对于贫富差距改善情况,有531人表示非常不满意,占有效样本的23.8%;有1153人表示不太满意,占有效样本的51.6%;有495人表示比较满意,占有效样本的22.1%;有56人表示非常满意,占有效样本的2.5%。如果把比较满意和非常满意合并为满意,那么社会公众对贫富调控的满意度为24.6%(见表7-39)。

表7-39　社会公众对贫富调控的满意度(N=2235)

|  | 非常不满意 | 不太满意 | 比较满意 | 非常满意 |
| --- | --- | --- | --- | --- |
| 贫富差距改善情况 | 531(23.8%) | 1153(51.6%) | 495(22.1%) | 56(2.5%) |

比较分析上海户籍人口与非上海户籍人口对贫富调控的满意状况,可以发现,在样本对贫富差距改善情况满意度栏中,上海市户籍人口1898人,其中425人非常不满意,占22.4%;988人不太满意,占52.1%;439人比较满意,占23.1%;46人非常满意,占2.4%。外地户籍人口333人,其中105人非常不满意,占31.5%;163人不太满意,占49.0%;56人比较满意,占16.8%;9人非常满意,占2.7%。数据表明,各户籍都以不太满意为最高比例,外地户籍非常不满意的比例要高于本市户籍人口比例9.1%。

详细而言,本市非农1733人,其中381人非常不满意,占22.0%;904人不太满意,占52.2%;406人比较满意,占23.4%;42人非常满意,占2.4%。本市农业165人,其中44人非常不满意,占26.7%;84人不太满意,占50.9%;33人比较满意,占20.0%;4人非常满意,占2.4%。外地非农

129 人，其中 28 人非常不满意，占 21.7%；65 人不太满意，占 50.4%；29 人比较满意，占 22.5%；7 人非常满意，占 5.4%。外地农业 204 人，其中 77 人非常不满意，占 37.7%；98 人不太满意，占 48.0%；27 人比较满意，占 13.3%；2 人非常满意，占 1.0%（见表 7-40）。

表 7-40　　　　户籍身份与对贫富差距改善
情况满意度交互频次（N=2231）

|  | 非常不满意 | 不太满意 | 比较满意 | 非常满意 |
| --- | --- | --- | --- | --- |
| 本地户籍 | 425（22.4%） | 988（52.1%） | 439（23.1%） | 46（2.4%） |
| 本地非农 | 381（22.0%） | 904（52.2%） | 406（23.4%） | 42（2.4%） |
| 本地农业 | 44（26.7%） | 84（50.9%） | 33（20.0%） | 4（2.4%） |
| 外地户籍 | 105（31.5%） | 163（49.0%） | 56（16.8%） | 9（2.7%） |
| 外地非农 | 28（21.7%） | 65（50.4%） | 29（22.5%） | 7（5.4%） |
| 外地农业 | 77（37.7%） | 98（48.0%） | 27（13.3%） | 2（1.0%） |
| 合计 | 530（23.8%） | 1151（51.6%） | 495（22.1%） | 55（2.5%） |

注：本表为删除缺损值之后的统计结果。

上述数据也表明，上海户籍人口与非上海户籍人口对贫富调控的满意度存在一定差异。把比较满意和非常满意合并为满意，非常不满意和不太满意合并为不满意，我们发现，在本市非农人口中，有 448 人表示满意，占本市非农人口的 25.8%；在本市农业人口中，有 37 人表示满意，占本市农业人口的 22.4%；在外地非农人口中，有 36 人表示满意，占外地非农人口的 27.9%；在外地农业人口中，有 29 人表示满意，占外地农业人口的 14.3%。也就是说，无论是上海户籍还是非上海户籍，非农人口对贫富调控的满意度都要高于农业人口。而且，在非农人口中，非上海户籍的满意度要高于上海户籍；而农业人口中，上海户籍的满意度要高于非上海户籍。

2. 居民住房状况的满意度

抽样调查显示，从其单变量的频次分布情况来看，在样本对政府绩效的满意度栏中，对于居民住房状况，有369人表示非常不满意，占有效样本的16.5%；有1130人表示不太满意，占有效样本的50.5%；有678人表示比较满意，占有效样本的30.3%；有59人表示非常满意，占有效样本的2.6%。如果把比较满意和非常满意合并为满意，那么社会公众对居民住房状况的满意度为32.9%（见表7-41）。

表7-41　社会公众对居民住房状况的满意度（N=2236）

| | 非常不满意 | 不太满意 | 比较满意 | 非常满意 |
|---|---|---|---|---|
| 居民住房状况 | 369（16.5%） | 1130（50.5%） | 678（30.3%） | 59（2.6%） |

比较分析上海户籍人口与非上海户籍人口对居民住房状况的满意度，可以发现，在样本对居民住房状况满意度栏中，本市户籍人口1899人，其中289人非常不满意，占15.2%；964人不太满意，占50.8%；595人比较满意，占31.3%；51人非常满意，占2.7%。外地户籍人口333人，其中79人非常不满意，占23.7%；164人不太满意，占49.3%；82人比较满意，占24.6%；8非常满意，占2.4%。户籍人口和非户籍人口中不太满意都占最高比例，分别为50.8%和49.3%；其次为比较满意，分别为31.3%和24.6%；再次为非常不满意，分别占15.2%和23.7%。但本市户籍人口比较满意的比例高于外地户籍比例6.7%，非常不满意的比例低于外地户籍

比例 8.5%。

详细而言，本市非农 1734 人，其中 267 人非常不满意，占 15.4%；889 人不太满意，占 51.3%；530 人比较满意，占 30.5%；48 人非常满意，占 2.8%。本市农业 165 人，其中 22 人非常不满意，占 13.3%；75 人不太满意，占 45.5%；65 人比较满意，占 39.4%；3 人非常满意，占 1.8%。外地非农 129 人，其中 23 人非常不满意，占 17.8%；63 人不太满意，占 48.9%；39 人比较满意，占 30.2%；4 人非常满意，占 3.1%。外地农业 204 人，其中 56 人非常不满意，占 27.5%；101 人不太满意，占 49.5%；43 人比较满意，占 21.0%；4 人非常满意，占 2.0%（见表 7-42）。

表 7-42　户籍身份与对居民住房状况满意度交互频次（N=2232）

|  | 非常不满意 | 不太满意 | 比较满意 | 非常满意 |
| --- | --- | --- | --- | --- |
| 本地户籍 | 289（15.2%） | 964（50.8%） | 595（31.3%） | 51（2.7%） |
| 本地非农 | 267（15.4%） | 889（51.3%） | 530（30.5%） | 48（2.8%） |
| 本地农业 | 22（13.3%） | 75（45.5%） | 65（39.4%） | 3（1.8%） |
| 外地户籍 | 79（23.7%） | 164（49.3%） | 82（24.6%） | 8（2.4%） |
| 外地非农 | 23（17.8%） | 63（48.9%） | 39（30.2%） | 4（3.1%） |
| 外地农业 | 56（27.5%） | 101（49.5%） | 43（21.0%） | 4（2.0%） |
| 合计 | 368（16.5%） | 1128（50.5%） | 677（30.4%） | 59（2.6%） |

注：本表为删除缺损值之后的统计结果。

上述数据也表明，上海户籍人口与非上海户籍人口对居民住房的满意度存在一定差异。把比较满意和非常满意合并为满意，非常不满意和不太满意合并为不满意，我们发现，在本市非农人口中，有 578 人表示满意，占本市非农人口的 33.3%；

在本市农业人口中,有 68 人表示满意,占本市农业人口的 41.2%;在外地非农人口中,有 43 人表示满意,占外地非农人口的 33.3%;在外地农业人口中,有 47 人表示满意,占外地农业人口的 23.0%。也就是说,无论是非农人口还是农业人口,上海户籍人口对居民住房满意度要高于非上海户籍人口。而且,在上海户籍人口中,农业人口的满意度要高于非农人口;在非上海户籍人口中,非农人口的满意度要高于农业人口。

3. 居民医疗状况满意度

抽样调查显示,从其单变量的频次分布情况来看,在样本对政府绩效的满意度栏中,对于居民医疗状况,有 227 人表示非常不满意,占有效样本的 10.2%;有 982 人表示不太满意,占有效样本的 44.0%;有 963 人表示比较满意,占有效样本的 43.1%;有 61 人表示非常满意,占有效样本的 2.7%。如果把比较满意和非常满意合并为满意,那么社会公众对居民医疗状况的满意度为 45.8%(见表 7-43)。

表 7-43　　社会公众对居民医疗状况的满意度(N=2233)

|  | 非常不满意 | 不太满意 | 比较满意 | 非常满意 |
| --- | --- | --- | --- | --- |
| 居民医疗状况 | 227 (10.2%) | 982 (44.0%) | 963 (43.1%) | 61 (2.7%) |

比较分析上海户籍人口与非上海户籍人口对居民医疗状况的满意度,可以发现,在样本对居民医疗状况满意度栏中,合计本市户籍人口 1896 人,其中 184 人非常不满意,占 9.7%;819 人不太满意,占 43.2%;841 比较满意,占 44.4%;52 人非常满意,占 2.7%。外地户籍人口 333 人;其中 42 人非常

不满意，占 12.6%；162 人不太满意，占 48.7%；120 人比较满意，占 36.0%；9 人非常满意，占 2.7%。本市户籍比较满意的比例最高，不太满意次之；而外地户籍中不太满意比例最高，比较满意次之。

详细而言，本市非农 1731 人，其中 170 人非常不满意，占 9.8%；747 人不太满意，占 43.2%；764 人比较满意，占 44.1%；50 人非常满意，占 2.9%。本市农业 165 人，其中 14 人非常不满意，占 8.5%；72 人不太满意，占 43.6%；77 人比较满意，占 46.7%；2 人非常满意，占 1.2%。外地非农 129 人，其中 16 人非常不满意，占 12.4%；54 人不太满意，占 41.9%；54 人比较满意，占 41.9%；5 人非常满意，占 3.8%。外地农业 204 人，其中 26 人非常不满意，占 12.7%；108 人不太满意，占 52.9%；66 人比较满意，占 32.4%；4 人非常满意，占 2.0%（见表 7-44）。

表 7-44　户籍身份与对居民医疗状况满意度交互频次（N=2229）

|  | 非常不满意 | 不太满意 | 比较满意 | 非常满意 |
| --- | --- | --- | --- | --- |
| 本地户籍 | 184（9.7%） | 819（43.2%） | 841（44.4%） | 52（2.7%） |
| 本地非农 | 170（9.8%） | 747（43.2%） | 764（44.1%） | 50（2.9%） |
| 本地农业 | 14（8.5%） | 72（43.6%） | 77（46.7%） | 2（1.2%） |
| 外地户籍 | 42（12.6%） | 162（48.7%） | 120（36.0%） | 9（2.7%） |
| 外地非农 | 16（12.4%） | 54（41.9%） | 54（41.9%） | 5（3.8%） |
| 外地农业 | 26（12.7%） | 108（52.9%） | 66（32.4%） | 4（2.0%） |
| 合计 | 226（10.2%） | 981（44.0%） | 961（43.1%） | 61（2.7%） |

注：本表为删除缺损值之后的统计结果。

上述数据也表明，上海户籍人口与非上海户籍人口对居民医疗的满意度存在一定差异。把比较满意和非常满意合并为满意，非常不满意和不太满意合并为不满意，我们发现，在本市非农人口中，有814人表示满意，占本市非农人口的47.0%；在本市农业人口中，有79人表示满意，占本市农业人口的47.9%；在外地非农人口中，有59人表示满意，占外地非农人口的45.7%；在外地农业人口中，有70人表示满意，占外地农业人口的34.4%。也就是说，无论是非农人口还是农业人口，上海户籍人口对居民医疗满意度要高于非上海户籍人口。而且，在上海户籍人口中，农业人口的满意度要略高于非农人口；在非上海户籍人口中，非农人口的满意度要明显高于农业人口。

4. 经济健康发展满意度

抽样调查显示，从其单变量的频次分布情况来看，在样本对政府绩效的满意度栏中，对于经济健康发展，有164人表示非常不满意，占有效样本的7.3%；有727人表示不太满意，占有效样本的32.6%；有1257人表示比较满意，占有效样本的56.3%；有85人表示非常满意，占有效样本的3.8%。如果把比较满意和非常满意合并为满意，那么社会公众对经济健康发展的满意度为60.1%（见表7-45）。

表7-45　　社会公众对经济健康发展的满意度（N=2233）

|  | 非常不满意 | 不太满意 | 比较满意 | 非常满意 |
| --- | --- | --- | --- | --- |
| 经济健康发展 | 164（7.3%） | 727（32.6%） | 1257（56.3%） | 85（3.8%） |

比较分析上海户籍人口与非上海户籍人口对经济健康发展

情况的满意度,可以发现,在样本对经济健康发展情况满意度栏中,本地户籍人口 1896 人,其中 125 人非常不满意,占 6.6%;581 人不太满意,占 30.6%;1116 人比较满意,占 58.9%;74 人非常满意,占 3.9%。外地户籍人口 333 人,其中 39 人非常不满意,占 11.7%;143 人不太满意,占 43.0%;140 人比较满意,占 42.0%;11 人非常满意,占 3.3%。本市户籍人口中,比较满意的比例最高,不太满意次之;而外地户籍人口中,不太满意比例最高,比较满意次之。

详细而言,本市非农 1731 人,其中 110 人非常不满意,占 6.4%;537 人不太满意,占 31.0%;1014 人比较满意,占 58.6%;70 人非常满意,占 4.0%。本市农业 165 人,其中 15 人非常不满意,占 9.1%;44 人不太满意,占 26.7%;102 人比较满意,占 61.8%;4 人非常满意,占 2.4%。外地非农 129 人,其中 15 人非常不满意,占 11.6%;48 人不太满意,占 37.2%;59 人比较满意,占 45.8%;7 人非常满意,占 5.4%。外地农业 204 人,其中 24 人非常不满意,占 11.7%;95 人不太满意,占 46.6%;81 人比较满意,占 39.7%;4 人非常满意,占 2.0%(见表 7-46)。

表 7-46　　户籍身份与对经济健康发展情况满意度交互频次 (N=2229)

|  | 非常不满意 | 不太满意 | 比较满意 | 非常满意 |
| --- | --- | --- | --- | --- |
| 本地户籍 | 125 (6.6%) | 581 (30.6%) | 1116 (58.9%) | 74 (3.9%) |
| 本地非农 | 110 (6.4%) | 537 (31.0%) | 1014 (58.6%) | 70 (4.0%) |
| 本地农业 | 15 (9.1%) | 44 (26.7%) | 102 (61.8%) | 4 (2.4%) |

续表

|  | 非常不满意 | 不太满意 | 比较满意 | 非常满意 |
| --- | --- | --- | --- | --- |
| 外地户籍 | 39（11.7%） | 143（43.0%） | 140（42.0%） | 11（3.3%） |
| 外地非农 | 15（11.6%） | 48（37.2%） | 59（45.8%） | 7（5.4%） |
| 外地农业 | 24（11.7%） | 95（46.6%） | 81（39.7%） | 4（2.0%） |
| 合计 | 164（7.4%） | 724（32.5%） | 1256（56.3%） | 85（3.8%） |

注：本表为删除缺损值之后的统计结果。

上述数据也表明，上海户籍人口与非上海户籍人口对经济健康发展的满意度存在一定差异。把比较满意和非常满意合并为满意，非常不满意和不太满意合并为不满意，我们发现，在本市非农人口中，有1084人表示满意，占本市非农人口的62.6%；在本市农业人口中，有106人表示满意，占本市农业人口的64.2%；在外地非农人口中，有66人表示满意，占外地非农人口的51.2%；在外地农业人口中，有85人表示满意，占外地农业人口的41.7%。也就是说，无论是非农人口还是农业人口，上海户籍人口对经济健康发展情况满意度要高于非上海户籍人口。而且，在上海户籍人口中，农业人口的满意度要略高于非农人口；在非上海户籍人口中，非农人口的满意度却明显高于农业人口。

5. 物价控制满意度

抽样调查显示，从其单变量的频次分布情况来看，在样本对政府绩效的满意度栏中，对于物价的控制，有751人表示非常不满意，占有效样本的33.6%；有1122人表示不太满意，占有效样本的50.2%；有333人表示比较满意，占有效样本的14.9%；有30人表示非常满意，占有效样本的1.3%。如果把比较满意和非常满意合并为满意，那么社会公众对物价控制的满意度为 16.2%（见表 7-47）。

表 7-47　　社会公众对物价控制的满意度（N=2236）

|  | 非常不满意 | 不太满意 | 比较满意 | 非常满意 |
| --- | --- | --- | --- | --- |
| 物价的控制 | 751（33.6%） | 1122（50.2%） | 333（14.9%） | 30（1.3%） |

比较分析上海户籍人口与非上海户籍人口对物价控制的满意度，可以发现，在样本对物价的控制情况满意度栏中，本地户籍人口 1899 人，其中 604 人非常不满意，占 31.8%；977 人不太满意，占 51.4%；292 人比较满意，占 15.4%；26 人非常满意，占 1.4%。外地户籍人口 333 人，其中 145 人非常不满意，占 43.6%；143 人不太满意，占 42.9%；41 人比较满意，占 12.3%；4 人非常满意，占 1.2%。本市户籍人口中，不太满意的比例最高，非常不满意次之；而外地户籍人口中，非常不满意比例最高，不太满意次之。

详细而言，本市非农 1734 人，其中 539 人非常不满意，占 31.1%；905 人不太满意，占 52.2%；266 人比较满意，占 15.3%；24 人非常满意，占 1.4%。本市农业 165 人，其中 65 人非常不满意，占 39.4%；72 人不太满意，占 43.6%；26 人比较满意，占 15.8%；2 人非常满意，占 1.2%。外地非农 129 人，其中 44 人非常不满意，占 34.1%；64 人不太满意，占 49.6%；18 人比较满意，占 14.0%；3 人非常满意，占 2.3%。外地农业 204 人，其中 101 人非常不满意，占 49.5%；79 人不太满意，占 38.7%；23 人比较满意，占 11.3%；1 人非常满意，占 0.5%（见表 7-48）。

表 7-48　　　　户籍身份与对物价的控制情况
满意度交互频次（N=2232）

|  | 非常不满意 | 不太满意 | 比较满意 | 非常满意 |
| --- | --- | --- | --- | --- |
| 本地户籍 | 604（31.8%） | 977（51.4%） | 292（15.4%） | 26（1.4%） |
| 本地非农 | 539（31.1%） | 905（52.2%） | 266（15.3%） | 24（1.4%） |
| 本地农业 | 65（39.4%） | 72（43.6%） | 26（15.8%） | 2（1.2%） |
| 外地户籍 | 145（43.6%） | 143（42.9%） | 41（12.3%） | 4（1.2%） |
| 外地非农 | 44（34.1%） | 64（49.6%） | 18（14.0%） | 3（2.3%） |
| 外地农业 | 101（49.5%） | 79（38.7%） | 23（11.3%） | 1（0.5%） |
| 合计 | 749（33.6%） | 1120（50.2%） | 333（14.9%） | 30（1.3%） |

注：本表为删除缺损值之后的统计结果。

上述数据也表明，上海户籍人口与非上海户籍人口对物价控制的满意度存在一定差异。把比较满意和非常满意合并为满意，把非常不满意和不太满意合并为不满意，我们发现，在本市非农人口中，有 290 人表示满意，占本市非农人口的 16.7%；在本市农业人口中，有 28 人表示满意，占本市农业人口的 17.0%；在外地非农人口中，有 21 人表示满意，占外地非农人口的 16.3%；在外地农业人口中，有 24 人表示满意，占外地农业人口的 11.8%。也就是说，无论是非农人口还是农业人口，上海户籍人口对物价控制的满意度要高于非上海户籍人口。而且，在上海户籍人口中，农业人口的满意度要略高于非农人口；在非上海户籍人口中，非农人口的满意度却明显高于农业人口。

6. 教育发展和投入满意度

抽样调查显示，从其单变量的频次分布情况来看，在样本对政府绩效的满意度栏中，对于教育发展和投入，有 178 人表示非常不满意,占有效样本的 8.0%;有 592 人表示不太满意,占有效样本的 26.5%;有 1305 人表示比较满意,占有效样本的 58.4%;有 158 人表示非常满意,占有效样本的 7.1%。如果把比较满意和非常满意合并为满意,那么社会公众对教育发展和投入的满意度为 65.5%(见表 7-49)。

表 7-49　社会公众对教育发展和投入情况的满意度 (N=2233)

|  | 非常不满意 | 不太满意 | 比较满意 | 非常满意 |
| --- | --- | --- | --- | --- |
| 教育发展和投入 | 178（8.0%） | 592（26.5%） | 1305（58.4%） | 158（7.1%） |

比较分析上海户籍人口与非上海户籍人口对教育发展与投入的满意度,可以发现,在样本对教育发展和投入情况满意度栏中,本市户籍人口 1896 人,其中 139 人非常不满意,占 7.3%;493 人不太满意,占 26.0%;1129 人比较满意,占 59.6%;135 人非常满意,占 7.1%。外地户籍人口 333 人;其中 38 人非常不满意,占 11.4%;98 人不太满意,占 29.4%;175 人比较满意,占 52.6%;22 人非常满意,占 6.6%。本市户籍和外地户籍人口中比例最高的都为比较满意,分别占 59.6% 和 52.6%;不太满意次之,分别为 26.0% 和 29.4%。

详细而言,本市非农 1731 人,其中 119 人非常不满意,占 6.9%;462 人不太满意,占 26.7%;1022 人比较满意,占 59.0%;128 人非常满意,占 7.4%。本市农业 165 人,其中 20 人非常不满意,占 12.1%;31 人不太满意,占 18.8%;107 人比较满意,占 64.9%;7 人非常满意,占 4.2%。外地非农 129 人,其中 11 人非常不满意,占 8.5%;34 人不太满意，占 26.4%；72 人比较满意，占 55.8%；12 人非常满意，占 9.3%。外地农业 204 人，其中 27 人非常不满意，占 13.2%；64 人不太满意，占 31.4%；103 人比较满意，占 50.5%；10 人非常满意，占 4.9%（见表 7-50）。

表 7-50　　户籍身份与对教育发展和投入情况
满意度交互频次（N=2229）

|  | 非常不满意 | 不太满意 | 比较满意 | 非常满意 |
| --- | --- | --- | --- | --- |
| 本地户籍 | 139（7.3%） | 493（26.0%） | 1129（59.6%） | 135（7.1%） |
| 本地非农 | 119（6.9%） | 462（26.7%） | 1022（59.0%） | 128（7.4%） |
| 本地农业 | 20（12.1%） | 31（18.8%） | 107（64.9%） | 7（4.2%） |
| 外地户籍 | 38（11.4%） | 98（29.4%） | 175（52.6%） | 22（6.6%） |
| 外地非农 | 11（8.5%） | 34（26.4%） | 72（55.8%） | 12（9.3%） |
| 外地农业 | 27（13.2%） | 64（31.4%） | 103（50.5%） | 10（4.9%） |
| 合计 | 177（7.9%） | 591（26.5%） | 1304（58.5%） | 157（7.1%） |

注：本表为删除缺损值之后的统计结果。

上述数据也表明，上海户籍人口与非上海户籍人口对教育发展和投入情况的满意度存在一定差异。把比较满意和非常满意合并为满意，非常不满意和不太满意合并为不满意，我们发现，在本市非农人口中，有 1150 人表示满意，占本市非农人口的 66.4%；在本市农业人口中，有 114 人表示满意，占本市农业人口的 69.1%；在外地非农人口中，有 84 人表示满意，占外地非农人口的 65.1%；在外地农业人口中，有 113 人表示满意，占外地农业人口的 55.4%。也就是说，无论是非农人口还是农业人口，上海户籍人口对教育发展和投入情况的满意度要高于非上海户籍人口。而且，在上海户籍人口中，农业人口的满意度要略高于非农人口；在非上海户籍人口中，非农人口的满意度却明显高于农业人口。

7. 社会保障满意度

抽样调查显示，从其单变量的频次分布情况来看，在样本对政府绩效的满意度栏中，对于社会保障，有123人表示非常不满意，占有效样本的5.5%；有613人表示不太满意，占有效样本的27.4%；有1397人表示比较满意，占有效样本的62.5%；有101人表示非常满意，占有效样本的4.5%。如果把比较满意和非常满意合并为满意，那么社会公众对社会保障的满意度为67.0%（见表7-51）。

表7-51　　社会公众对社会保障的满意度（N=2234）

|  | 非常不满意 | 不太满意 | 比较满意 | 非常满意 |
| --- | --- | --- | --- | --- |
| 社会保障 | 123（5.5%） | 613（27.4%） | 1397（62.5%） | 101（4.5%） |

比较分析上海户籍人口与非上海户籍人口对社会保障的满意度，可以发现，在样本对社会保障情况满意度栏中，本市户籍人口1897人，其中96人非常不满意，占5.1%；513人不太满意，占27.0%；1199人比较满意，占63.2%；89人非常满意，占4.7%。外地户籍人口333人，其中26人非常不满意，占7.8%；99人不太满意，占29.7%；196人比较满意，占58.9%；12人非常满意，占3.6%。本市户籍人口和外地户籍人口中比例最高的皆为比较满意，分别为63.2%和58.9%；其次为不太满意，分别占27.0%和29.7%。

详细而言，本市非农1732人，其中86人非常不满意，占5.0%；470人不太满意，占27.1%；1094人比较满意，占

63.2%；82 人非常满意，占 4.7%。本市农业 165 人，其中 10 人非常不满意，占 6.1%；43 人不太满意，占 26.1%；105 人比较满意，占 63.6%；7 人非常满意，占 4.2%。外地非农 129 人，其中 11 人非常不满意，占 8.5%；36 人不太满意，占 27.9%；76 人比较满意，占 58.9%；6 人非常满意，占 4.7%。外地农业 204 人，其中 15 人非常不满意，占 7.4%；63 人不太满意，占 30.9%；120 人比较满意，占 58.8%；6 人非常满意，占 2.9%（见表 7-52）。

表 7-52　户籍身份与对社会保障情况满意度交互频次（N=2230）

|  | 非常不满意 | 不太满意 | 比较满意 | 非常满意 |
| --- | --- | --- | --- | --- |
| 本地户籍 | 96（5.1%） | 513（27.0%） | 1199（63.2%） | 89（4.7%） |
| 本地非农 | 86（5.0%） | 470（27.1%） | 1094（63.2%） | 82（4.7%） |
| 本地农业 | 10（6.1%） | 43（26.1%） | 105（63.6%） | 7（4.2%） |
| 外地户籍 | 26（7.8%） | 99（29.7%） | 196（58.9%） | 12（3.6%） |
| 外地非农 | 11（8.5%） | 36（27.9%） | 76（58.9%） | 6（4.7%） |
| 外地农业 | 15（7.4%） | 63（30.9%） | 120（58.8%） | 6（2.9%） |
| 合计 | 122（5.5%） | 612（27.4%） | 1395（62.6%） | 101（4.5%） |

注：本表为删除缺损值之后的统计结果。

上述数据也表明，上海户籍人口与非上海户籍人口对社会保障的满意度存在一定差异。把比较满意和非常满意合并为满意，非常不满意和不太满意合并为不满意，我们发现，在本市非农人口中，有 1176 人表示满意，占本市非农人口的 67.9%；在本市农业人口中，有 112 人表示满意，占本市农业人口的 67.8%；在外地非农人口中，有 82 人表示满意，占外地非农人口的 63.6%；在外地农业人口中，有 126 人表示满意，占外地农业人口的 61.7%。也就是说，无论是非农人口还是农业人口，上海户籍人口对社会保障的满意度要高于非上海户籍人口。

8. 提高收入水平满意度

抽样调查显示，从其单变量的频次分布情况来看，在样本对政府绩效的满意度栏中，对于提高民众收入水平，有 217 人表示非常不满意，占有效样本的 9.7%；有 988 人表示不太满意，占有效样本的 44.2%；有 969 人表示比较满意，占有效样本的 43.3%；有 62 人表示非常满意，占有效样本的 2.8%。如果把比较满意和非常满意合并为满意，那么社会公众对提高民众收入水平的满意度为 46.1%（见表 7-53）。

表 7-53　社会公众对提高收入水平的满意度（N=2236）

|  | 非常不满意 | 不太满意 | 比较满意 | 非常满意 |
| --- | --- | --- | --- | --- |
| 提高民众收入水平 | 217（9.7%） | 988（44.2%） | 969（43.3%） | 62（2.8%） |

比较分析上海户籍人口与非上海户籍人口对提高民众收入水平的满意度，可以发现，在样本对提高民众收入水平情况满意度栏中，本市户籍人口 1899 人，其中 171 人非常不满意，占 9.0%；821 人不太满意，占 43.2%；853 人比较满意，占 44.9%；54 人非常满意，占 2.9%。外地户籍人口 333 人，其中 45 人非常不满意，占 13.6%；166 人不太满意，占 49.8%；114 人比较满意，占 34.2%；8 人非常满意，占 2.4%。数据说明，本市户籍对提高民众收入水平情况大多比较满意或不太满意，其次为非常不满意。外地户籍大多则表示不太满意，其

次比较满意,接下来是非常不满意。且本市户籍在非常不满意的比例上,低于外地户籍4.6%;在不太满意比例上,低于外地户籍6.6%;在比较满意比例上,高于外地户籍10.7%。

详细而言,本市非农1734人,其中160人非常不满意,占9.2%;744人不太满意,占42.9%;779人比较满意,占44.9%;51人非常满意,占3.0%。本市农业165人,其中11人非常不满意,占6.7%;77人不太满意,占46.7%;74人比较满意,占44.8%;3人非常满意,占1.8%。外地非农129人,其中19人非常不满意,占14.7%;53人不太满意,占41.1%;51人比较满意,占39.5%;6人非常满意,占4.7%。外地农业204人,其中26人非常不满意,占12.7%;113人不太满意,占55.4%;63人比较满意,占30.9%;2人非常满意,占1.0%(见表7-54)。

表7-54 户籍身份与对提高民众收入水平情况满意度交互频次(N=2232)

|      | 非常不满意 | 不太满意 | 比较满意 | 非常满意 |
| --- | --- | --- | --- | --- |
| 本地户籍 | 171(9.0%) | 821(43.2%) | 853(44.9%) | 54(2.9%) |
| 本地非农 | 160(9.2%) | 744(42.9%) | 779(44.9%) | 51(3.0%) |
| 本地农业 | 11(6.7%) | 77(46.7%) | 74(44.8%) | 3(1.8%) |
| 外地户籍 | 45(13.6%) | 166(49.8%) | 114(34.2%) | 8(2.4%) |
| 外地非农 | 19(14.7%) | 53(41.1%) | 51(39.5%) | 6(4.7%) |
| 外地农业 | 26(12.7%) | 113(55.4%) | 63(30.9%) | 2(1.0%) |
| 合计 | 216(9.7%) | 987(44.2%) | 967(43.3%) | 62(2.8%) |

注:本表为删除缺损值之后的统计结果。

上述数据也表明,上海户籍人口与非上海户籍人口对提高民众收入水平的满意度存在一定差异。把比较满意和非常满意合并为满意,非常不满意和不太满意合并为不满意,我们发现,在本市非农人口中,有830人表示满意,占本市非农人口的47.9%;在本市农业人口中,有77人表示满意,占本市农业人口的46.6%;在外地非农人口中,有57人表示满意,占外地非农人口的44.2%;在外地农业人口中,有65人表示满意,占外地农业人口的31.9%。也就是说,无论是非农人口还是农业人口,上海户籍人口对提高民众收入水平的满意度要高于非上海户籍人口。而且,无论是上海户籍还是非上海户籍,非农人口的满意度都要高于农业人口。

9. 促进就业满意度

抽样调查显示,从其单变量的频次分布情况来看,在样本对政府绩效的满意度栏中,对于促进就业,有138人表示非常不满意,占有效样本的6.2%;有764人表示不太满意,占有效样本的34.2%;有1248人表示比较满意,占有效样本的55.8%;有85人表示非常满意,占有效样本的3.8%。如果把比较满意和非常满意合并为满意,那么社会公众对促进就业的满意度为59.6%(见表7-55)。

表7-55　　社会公众对促进就业满意度(N=2235)

|  | 非常不满意 | 不太满意 | 比较满意 | 非常满意 |
| --- | --- | --- | --- | --- |
| 促进就业 | 138 (6.2%) | 764 (34.2%) | 1248 (55.8%) | 85 (3.8%) |

比较分析上海户籍人口与非上海户籍人口对促进就业情况的满意度,可以发现,在样本对促进就业情况满意度栏中,本

市户籍人口1898人，其中107人非常不满意，占5.6%；635人不太满意，占33.5%；1086人比较满意，占57.2%；70人非常满意，占3.7%。外地户籍人口333人，其中31人非常不满意，占9.3%；128人不太满意，占38.4%；159人比较满意，占47.8%；15人非常满意，占4.5%。数据说明，不论本市户籍还是外地户籍，大多数人对促进就业情况表示比较满意，其次是不太满意，接下来是非常不满意，且本市户籍表示不太满意的比例低于外地户籍4.9%，非常不满意的比例低于外地户籍3.7%。

详细而言，本市非农1734人，其中99人非常不满意，占5.7%；582人不太满意，占33.6%；989人比较满意，占57.0%；64人非常满意，占3.7%。本市农业164人，其中8人非常不满意，占4.9%；53人不太满意，占32.3%；97人比较满意，占59.1%；6人非常满意，占3.7%。外地非农129人，其中13人非常不满意，占10.1%；49人不太满意，占38.0%；60人比较满意，占46.5%；7人非常满意，占5.4%。外地农业204人，其中18人非常不满意，占8.8%；79人不太满意，占38.7%；99人比较满意，占48.6%；8人非常满意，占3.9%（见表7-56）。

表7-56　户籍身份与对促进就业情况满意度交互频次（N=2231）

|  | 非常不满意 | 不太满意 | 比较满意 | 非常满意 |
| --- | --- | --- | --- | --- |
| 本地户籍 | 107（5.6%） | 635（33.5%） | 1086（57.2%） | 70（3.7%） |
| 本地非农 | 99（5.7%） | 582（33.6%） | 989（57.0%） | 64（3.7%） |
| 本地农业 | 8（4.9%） | 53（32.3%） | 97（59.1%） | 6（3.7%） |
| 外地户籍 | 31（9.3%） | 128（38.4%） | 159（47.8%） | 15（4.5%） |

续表

|  | 非常不满意 | 不太满意 | 比较满意 | 非常满意 |
|---|---|---|---|---|
| 外地非农 | 13（10.1%） | 49（38.0%） | 60（46.5%） | 7（5.4%） |
| 外地农业 | 18（8.8%） | 79（38.7%） | 99（48.6%） | 8（3.9%） |
| 合计 | 138（6.2%） | 763（34.2%） | 1245（55.8%） | 85（3.8%） |

注：本表为删除缺损值之后的统计结果。

上述数据也表明，上海户籍人口与非上海户籍人口对促进就业的满意度存在一定差异。把比较满意和非常满意合并为满意，非常不满意和不太满意合并为不满意，我们发现，在本市非农人口中，有1053人表示满意，占本市非农人口的60.7%；在本市农业人口中，有103人表示满意，占本市农业人口的62.8%；在外地非农人口中，有67人表示满意，占外地非农人口的51.9%；在外地农业人口中，有107人表示满意，占外地农业人口的52.5%。也就是说，无论是非农人口还是农业人口，上海户籍人口对促进就业的满意度要高于非上海户籍人口。而且，无论是上海户籍还是非上海户籍，农业人口的满意度都要高于非农业人口。

# 第八章

# 法律信任

法律信任是指社会公众对法律系统的信任态度，法律系统不仅包括法律制度，也包括法律人及其法律机构。法律信任本质上属于法律观念与法律意识的范畴，对社会公众而言，其在很大程度上决定了社会公众的法律行为取向；对推进法治发展而言，其是形塑现代法律权威的基础。而且，法律信任与社会信任具有紧密的关系，社会信任度越高，法律信任度也就越高，反之亦然。因此，我们不仅要测量社会公众的法律信任状况，也要测量当前社会公众的社会信任度。

## 一　社会信任

社会信任主要测量社会公众对社会的总体信任、对社会中的经常打交道的人的信任和对一些主要的、与社会公众法律行为关系比较密切的社会机构的信任状况。

1. 总体信任

抽样调查显示，社会公众对社会的总体信任度尚可，其中认为"大多数人是不可信任的"只有215人，占有效样本的9.7%；认为"大多数人是可信任的"有1647人，占有效样本的 74.2%；认为"说不清"的有 357 人，占 16.1%（见表 8-1）。

表 8-1　　　　社会公众对当前中国社会整体信任
　　　　　　　状况认知比例（N=2219）

| 信任状况 | 大多数人是不可信任的 | 大多数人是可信任的 | 说不清 |
| --- | --- | --- | --- |
| 频次（百分比） | 215（9.7%） | 1647（74.2%） | 357（16.1%） |

具体到不同户籍人口对社会整体信任的状况，抽样调查显示，在样本对中国社会整体信任状况态度栏中，本地非农 1724 人，占 77.7%；其中 138 人认为大多数人是不可信任的，占 8.0%；1305 人认为大多数人是可信任的，占 75.7%；281 人说不清，占 16.3%。本地农业 164 人，占 7.4%；24 人认为大多数人是不可信任的，占 14.6%；116 人认为大多数人是可信任的，占 70.7%；24 人说不清，占 14.7%。合计本市户籍人口 1888 人，占 85.1%；其中 162 人认为大多数人是不可信任的，占 8.6%；1421 人认为大多数人是可信任的，占 75.2%；305 人说不清，占 16.2%。外地非农 128 人，占 5.8%；其中 10 人认为大多数人是不可信任的，占 7.8%；94 人认为大多数人是可信任的，占 73.4%；24 人说不清，占 18.8%。外地农业 203 人，占 9.1%；其中 43 人认为大多数人是不可信任的，占 21.2%；132 人认为大多数人是可信任的，占 65.0%；28 人说不清，占 13.8%。合计外地户籍人口 331 人，占 14.9%；其中 53 人认为大多数人是不可信任的，占 16.0%；226 人认为大多数人是可信任的，占 68.3%；52 人说不清，占 15.7%（见表 8-2）。

表 8-2　　户籍身份与中国社会整体信任状况态度交互频次（N=2219）

|  | 大多数人是不可信任的 | 大多数人是可信任的 | 说不清 | 合计 |
| --- | --- | --- | --- | --- |
| 本地户籍 | 162（8.6%） | 1421（75.2%） | 305（16.2%） | 1888（100%） |
| 本地非农 | 138（8.0%） | 1305（75.7%） | 281（16.3%） | 1724（100%） |
| 本地农业 | 24（14.6%） | 116（70.7%） | 24（14.7%） | 164（100%） |
| 外地户籍 | 53（16.0%） | 226（68.3%） | 52（15.7%） | 331（100%） |
| 外地非农 | 10（7.8%） | 94（73.4%） | 24（18.8%） | 128（100%） |
| 外地农业 | 43（21.2%） | 132（65.0%） | 28（13.8%） | 203（100%） |
| 合计 | 215（9.7%） | 1647（74.2%） | 357（16.1%） | 2219（100%） |

注：本表为删除缺损值之后的统计结果。

上述数据表明，上海户籍人口与非上海户籍人口对中国社会整体信任状况态度存在一定差异。在本市非农人口中，有1305人认为大多数人是可信任的，占本市非农人口的75.7%；在本市农业人口中，有116人认为大多数人是可信任的，占本市农业人口的70.7%；在外地非农人口中，有94人认为大多数人是可信任的，占外地非农人口的73.4%；在外地农业人口中，有132人认为大多数人是可信任的，占外地农业人口的65.0%。也就是说，无论是上海户籍还是非上海户籍，非农人口的社会信任度都要高于农业人口。

2. 人际信任

抽样调查显示，总体而言，社会公众的人际信任度表现明显的差序格局，即按照与自己关系的亲疏远近形成的信任度递减，与自己关系越密切的人信任度越高，与自己关系越远的人信任度越低。如果把非常信任和比较信任合并为信任，把非常不信任和比较不信任合并为不信任，社会公众对家庭成员的信

任度高达 99.3%,而对第一次见面的人的信任度只有 11.4%。具体的人际信任状况如下:

(1) 社会公众对家庭成员的信任度

抽样调查显示,从其单变量的频次分布情况来看,在样本对他人信任程度栏中,对于家庭成员的信任度,有 1707 人表示非常信任,占有效样本的 76.3%;有 515 人表示比较信任,占有效样本的 23.0%;有 8 人表示不太信任,占有效样本的 0.4%;有 0 人表示非常不信任;有 6 人说不清,占有效样本的 0.3%(见表 8-3)。

表 8-3　　社会公众的人际信任状况(N=2236)

| | 非常信任 | 比较信任 | 不太信任 | 非常不信任 | 说不清 | 合计 |
|---|---|---|---|---|---|---|
| 家庭成员 | 1707 (76.3%) | 515 (23.0%) | 8 (0.4%) | 0 | 6 (0.3%) | 2236 (100%) |
| 直系亲属 | 1340 (59.9%) | 855 (38.2%) | 26 (1.2%) | 0 | 15 (0.7%) | 2236 (100%) |
| 其他亲属 | 652 (29.2%) | 1335 (59.8%) | 158 (7.1%) | 3 (0.1%) | 85 (3.8%) | 2233 (100%) |
| 邻居 | 201 (9.0%) | 1509 (67.5%) | 316 (14.1%) | 9 (0.4%) | 200 (9.0%) | 2235 (100%) |
| 一般熟人 | 98 (4.4%) | 1358 (60.7%) | 565 (25.3%) | 11 (0.5%) | 204 (9.1%) | 2236 (100%) |
| 一般朋友 | 88 (3.9%) | 1275 (57.0%) | 606 (27.1%) | 27 (1.3%) | 239 (10.7%) | 2235 (100%) |
| 亲密朋友 | 951 (42.6%) | 1174 (52.6%) | 57 (2.5%) | 14 (0.6%) | 37 (1.7%) | 2233 (100%) |
| 第一次见面的人 | 28 (1.3%) | 226 (10.1%) | 1066 (47.8%) | 512 (22.9%) | 400 (17.9%) | 2232 (100%) |
| 单位同事 | 227 (10.2%) | 1448 (64.8%) | 299 (13.3%) | 5 (0.2%) | 257 (11.5%) | 2236 (100%) |

比较分析上海户籍人口与非上海户籍人口对家庭成员的信

任状况，可以发现，在样本对家庭成员信任程度栏中，本地非农1734人，占77.7%；其中1330人非常信任，占76.8%；391人比较信任，占22.5%；7人不太信任，占0.4%；0人非常不信任；6人说不清，占0.3%。本地农业165人，占7.4%；132人非常信任，占80.0%；32人比较信任，占19.4%；1人不太信任，占0.6%；0人非常不信任；0人说不清。合计本市户籍人口1899，占85.1%；其中1462人非常信任，占77.0%；423人比较信任，占22.3%；8人不太信任，占0.4%；0人非常不信任；6人说不清，占0.3%。外地非农129人，占5.8%；其中89人非常信任，占69.0%；40人比较信任，占31.0%；0人不太信任；0人非常不信任；0人说不清。外地农业204人，占9.1%；其中155人非常信任，占76.0%；49人比较信任，占24.0%；0人不太信任；0人非常不信任；0人说不清。合计外地户籍人口333人，占14.9%；其中244人非常信任，占73.3%；89人比较信任，占26.7%；0人不太信任；0人非常不信任；0人说不清（见表8-4）。

表8-4　户籍身份与对家庭成员信任程度交互频次（N=2232）

|      | 非常信任 | 比较信任 | 不太信任 | 非常不信任 | 说不清 | 合计 |
| --- | --- | --- | --- | --- | --- | --- |
| 本地户籍 | 1462（77.0%） | 423（22.3%） | 8（0.4%） | 0 | 6（0.3%） | 1899（100%） |
| 本地非农 | 1330（76.8%） | 391（22.5%） | 7（0.4%） | 0 | 6（0.3%） | 1734（100%） |
| 本地农业 | 132（80.0%） | 32（19.4%） | 1（0.6%） | 0 | 0 | 165（100%） |
| 外地户籍 | 244（73.3%） | 89（26.7%） | 0 | 0 | 0 | 333（100%） |
| 外地非农 | 89（69.0%） | 40（31.0%） | 0 | 0 | 0 | 129（100%） |

续表

|  | 非常信任 | 比较信任 | 不太信任 | 非常不信任 | 说不清 | 合计 |
|---|---|---|---|---|---|---|
| 外地农业 | 155（76.0%） | 49（24.0%） | 0 | 0 | 0 | 204（100%） |
| 合计 | 1706（76.4%） | 512（22.9%） | 8（0.4%） | 0 | 6（0.3%） | 2232（100%） |

注：本表为删除缺损值之后的统计结果。

(2) 社会公众对直系亲属的信任度

抽样调查显示，从其单变量的频次分布情况来看，对于直系亲属的信任状况，有1340人表示非常信任，占有效样本的59.9%；有855人表示比较信任，占有效样本的38.2%；有26人表示不太信任，占有效样本的1.2%；有0人非常不信任；有15人表示说不清，占有效样本的0.7%（见表8-3）。

比较分析上海户籍人口与非上海户籍人口对直系亲属的信任状况，可以发现，在对直系亲属信任程度栏中，本地非农1734人，占77.7%；其中1035人非常信任，占59.7%；664人比较信任，占38.3%；22人不太信任，占1.3%；0人非常不信任；13人说不清，占0.7%。本地农业165人，占7.4%；其中97人非常信任，占58.8%；67人比较信任，占40.6%；1人不太信任，占0.6%；0人非常不信任；0人说不清。合计本市户籍人口1899人，占85.1%；其中1132人非常信任，占59.6%；731人比较信任，占38.5%；23人不太信任，占1.2%；0人非常不信任；13人说不清，占0.7%。外地非农129人，占5.8%；其中85人非常信任，占65.9%；43人比较信任，占43.3%；1人不太信任，占0.8%；0人非常不信任；0人说不清。外地农业204人，占9.1%；其中122人非常信任，占59.8%；78人比较信任，占38.2%；2人不太信任，占 1.0%；0 人非常不信任；2 人说不清，占 1.0%。合计外地户籍人口 333 人，占 14.9%；其中 207 人非常信任，占 62.2%；121 人比较信任，占 36.3%；3 人不太信任，占 0.9%；0 人非常不信任；2 人说不清，占 0.6%（见表 8-5）。

表 8-5　户籍身份与对直系亲属信任程度交互频次（N=2232）

|  | 非常信任 | 比较信任 | 不太信任 | 非常不信任 | 说不清 | 合计 |
|---|---|---|---|---|---|---|
| 本地户籍 | 1132 (59.6%) | 731 (38.5%) | 23 (1.2%) | 0 | 13 (0.7%) | 1899 (100%) |
| 本地非农 | 1035 (59.7%) | 664 (38.3%) | 22 (1.3%) | 0 | 13 (0.7%) | 1734 (100%) |
| 本地农业 | 97 (58.8%) | 67 (40.6%) | 1 (0.6%) | 0 | 0 | 165 (100%) |
| 外地户籍 | 207 (62.2%) | 121 (36.3%) | 3 (0.9%) | 0 | 2 (0.6%) | 333 (100%) |
| 外地非农 | 85 (65.9%) | 43 (43.3%) | 1 (0.8%) | 0 | 0 | 129 (100%) |
| 外地农业 | 122 (59.8%) | 78 (38.2%) | 2 (1.0%) | 0 | 2 (1.0%) | 204 (100%) |
| 合计 | 1339 (60.0%) | 852 (38.2%) | 26 (1.2%) | 0 | 15 (0.7%) | 2232 (100%) |

注：本表为删除缺损值之后的统计结果。

（3）社会公众对其他亲属的信任度

抽样调查显示，从其单变量的频次分布情况来看，对于其他亲属的信任度，有 652 人表示非常信任，占有效样本的 29.2%；有 1335 人表示比较信任，占有效样本的 59.8%；有 158 人表示不太信任，占有效样本的 7.1%；有 3 人表示非常不信任，占有效样本的 0.1%；有 85 人表示说不清，占有效样本的 3.8%（见表 8-3）。

比较分析上海户籍人口与非上海户籍人口对其他亲属的信

任状况，可以发现，在样本对其他亲属信任程度栏中，本地非农 1732 人，占 77.7%；其中 504 人非常信任，占 29.1%；1029 人比较信任，占 59.4%；125 人不太信任，占 7.2%；2 人非常信任，占 0.1%；72 人说不清，占 4.2%。本地农业 164 人，占 7.4%；其中 52 人非常信任，占 31.7%；97 人比较信任，占 59.1%；10 人不太信任，占 6.1%；1 人非常不信任，占 0.6%；4 人说不清，占 2.4%。合计本市户籍人口 1896 人，占 85.1%；其中 556 人非常信任，占 29.3%；1126 人比较信任，占 59.4%；135 人不太信任，占 7.1%；3 人非常不信任，占 0.2%；76 人说不清，占 4.0%。外地非农 129 人，占 5.8%；其中 40 人非常信任，占 31.0%；81 人比较信任，占 62.8%；5 人不太信任，占 3.9%；0 人非常不信任；3 人说不清，占 2.3%。外地农业 204 人，占 9.2%；其中 56 人非常信任，占 27.5%；124 人比较信任，占 60.8%；18 人不太信任，占 8.8%；0 人非常不信任；6 人说不清，占 2.9%。合计外地户籍人口 333 人，占 15.0%；其中 96 人非常信任，占 28.8%；205 人比较信任，占 61.6%；23 人不太信任，占 6.9%；0 人非常不信任；9 人说不清，占 2.7%（见表 8-6）。

表 8-6　户籍身份与对其他亲属信任程度交互频次（N = 2229）

| | 非常信任 | 比较信任 | 不太信任 | 非常不信任 | 说不清 | 合计 |
|---|---|---|---|---|---|---|
| 本地户籍 | 556 (29.3%) | 1126 (59.4%) | 135 (7.1%) | 3 (0.2%) | 76 (4.0%) | 1896 (100%) |
| 本地非农 | 504 (29.1%) | 1029 (59.4%) | 125 (7.2%) | 2 (0.1%) | 72 (4.2%) | 1732 (100%) |
| 本地农业 | 52 (31.7%) | 97 (59.1%) | 10 (6.1%) | 1 (0.6%) | 4 (2.4%) | 164 (100%) |

续表

|  | 非常信任 | 比较信任 | 不太信任 | 非常不信任 | 说不清 | 合计 |
|---|---|---|---|---|---|---|
| 外地户籍 | 96<br>(28.8%) | 205<br>(61.6%) | 23<br>(6.9%) | 0 | 9<br>(2.7%) | 333<br>(100%) |
| 外地非农 | 40<br>(31.0%) | 81<br>(62.8%) | 5<br>(3.9%) | 0 | 3<br>(2.3%) | 129<br>(100%) |
| 外地农业 | 56<br>(27.5%) | 124<br>(60.8%) | 18<br>(8.8%) | 0 | 6<br>(2.9%) | 204<br>(100%) |
| 合计 | 652<br>(29.3%) | 1331<br>(59.7%) | 158<br>(7.1%) | 3<br>(0.1%) | 85<br>(3.8%) | 2229<br>(100%) |

注：本表为删除缺损值之后的统计结果。

(4) 社会公众对邻居的信任度

抽样调查显示，从其单变量的频次分布情况来看，对于邻居的信任状况，有 201 人表示非常信任，占有效样本的 9.0%；有 1509 人表示比较信任，占有效样本的 67.5%；有 316 人表示不太信任，占有效样本的 14.1%；有 9 人表示非常不信任，占有效样本的 0.4%；有 200 人表示说不清，占有效样本的 9.0%（见表 8-3）。

比较分析上海户籍人口与非上海户籍人口对邻居的信任状况，可以发现，在样本对邻居信任程度栏中，本地非农 1733 人，占 77.7%；其中 152 人非常信任，占 8.8%；1172 人比较信任，占 67.7%；241 人不太信任，占 13.9%；6 人非常不信任，占 0.3%；162 人说不清，占 9.3%。本地农业 165 人，占 7.4%；其中 21 人非常信任，占 12.7%；110 人比较信任，占 66.7%；21 人不太信任，占 12.7%；1 人非常不信任，占 0.6%；12 人说不清，占 7.3%。合计本市户籍人口 1898 人，占 85.1%；其中 173 人非常信任，占 9.1%；1282 人比较信任,占 67.5%;262 人不太信任,占 13.8%;7 人非常不信任,占 0.4%;174 人说不清,占 9.2%。外地非农 129 人,占 5.8%;其中 11 人非常信任,占 8.5%;92 人比较信任,占 71.3%;11 人不太信任,占 8.5%;1 人非常不信任,占 0.8%;14 人说不清,占 10.9%。外地农业 204 人,占 9.1%;其中 17 人非常信任,占 8.3%;132 人比较信任,占 64.7%;42 不太信任,占 20.6%;1 人非常不信任,占 0.5%;12 人说不清,占 5.9%。合计外地户籍人口 333 人,占 14.9%;其中 28 人非常信任,占 8.4%;224 人比较信任,占 67.3%;53 人不太信任,占 15.9%;2 人非常不信任,占 0.6%;26 人说不清,占 7.8%(见表 8-7)。

表 8-7　户籍身份与对邻居信任程度交互频次(N=2231)

| | 非常信任 | 比较信任 | 不太信任 | 非常不信任 | 说不清 | 合计 |
|---|---|---|---|---|---|---|
| 本地户籍 | 173 (9.1%) | 1282 (67.5%) | 262 (13.8%) | 7 (0.4%) | 174 (9.2%) | 1898 (100%) |
| 本地非农 | 152 (8.8%) | 1172 (67.7%) | 241 (13.9%) | 6 (0.3%) | 162 (9.3%) | 1733 (100%) |
| 本地农业 | 21 (12.7%) | 110 (66.7%) | 21 (12.7%) | 1 (0.6%) | 12 (7.3%) | 165 (100%) |
| 外地户籍 | 28 (8.4%) | 224 (67.3%) | 53 (15.9%) | 2 (0.6%) | 26 (7.8%) | 333 (100%) |
| 外地非农 | 11 (8.5%) | 92 (71.3%) | 11 (8.5%) | 1 (0.8%) | 14 (10.9%) | 129 (100%) |
| 外地农业 | 17 (8.3%) | 132 (64.7%) | 42 (20.6%) | 1 (0.5%) | 12 (5.9%) | 204 (100%) |
| 合计 | 201 (9.0%) | 1506 (67.5%) | 315 (14.1%) | 9 (0.4%) | 200 (9.0%) | 2231 (100%) |

注:本表为删除缺损值之后的统计结果。

(5) 社会公众对一般熟人的信任度

抽样调查显示,从其单变量的频次分布情况来看,对于一般熟人,有 98 人表示非常信任,占有效样本的 4.4%;有 1358 人表示比较信任,占有效样本的 60.7%;有 565 人表示不太信任,占有效样本的 25.3%;有 11 人表示非常不信任,占有效样本的 0.5%;有 204 人表示说不清,占有效样本的 9.1%(见表 8-3)。

比较分析上海户籍人口与非上海户籍人口对一般熟人的信任状况,可以发现,在样本对一般熟人信任程度栏中,本地非农 1734 人,占 77.7%;其中 76 人非常信任,占 4.3%;1064 人比较信任,占 61.4%;421 人不太信任,占 24.3%;8 人非常不信任,占 0.5%;167 人说不清,占 9.6%。本地农业 165 人,占 7.4%;其中 4 人非常信任,占 3.6%;109 人比较信任,占 66.1%;39 人不太信任,占 23.6%;0 人非常不信任;11 人说不清,占 6.7%。合计本市户籍人口 1899 人,占 85.1%;其中 80 人非常信任,占 4.2%;1173 人比较信任,占 61.8%;460 人不太信任,占 24.2%;8 人非常不信任,占 0.4%;178 人说不清,占 9.4%。外地非农 129 人,占 5.8%;其中 12 人非常信任,占 4.7%;74 人比较信任,占 57.4%;36 人不太信任,占 27.9%;1 人非常不信任,占 0.8%;12 人说不清,占 9.3%。外地农业 204 人,占 9.1%;其中 8 人非常信任,占 5.9%;110 人比较信任,占 53.9%;66 人不太信任,占 32.4%;2 人非常不信任,占 1.0%;14 人说不清,占 6.9%。合计外地户籍人口 333 人,占 14.9%;其中 18 人非常信任,占 5.4%;184 人比较信任,占 55.3%;102 人不太信任,占 30.6%;3 人非常不信任,占 0.9%;26 人说不清,占 7.8%(见表 8-8)。

表8-8　　户籍身份与对一般熟人信任程度交互频次（N=2232）

| | 非常信任 | 比较信任 | 不太信任 | 非常不信任 | 说不清 | 合计 |
|---|---|---|---|---|---|---|
| 本地户籍 | 80<br>(4.2%) | 1173<br>(61.8%) | 460<br>(24.2%) | 8<br>(0.4%) | 178<br>(9.4%) | 1899<br>(100%) |
| 本地非农 | 76<br>(4.3%) | 1064<br>(61.4%) | 421<br>(24.3%) | 8<br>(0.5%) | 167<br>(9.6%) | 1734<br>(100%) |
| 本地农业 | 4<br>(3.6%) | 109<br>(66.1%) | 39<br>(23.6%) | 0 | 11<br>(6.7%) | 165<br>(100%) |
| 外地户籍 | 18<br>(5.4%) | 184<br>(55.3%) | 102<br>(30.6%) | 3<br>(0.9%) | 26<br>(7.8%) | 333<br>(100%) |
| 外地非农 | 12<br>(4.7%) | 74<br>(57.4%) | 36<br>(27.9%) | 1<br>(0.8%) | 12<br>(9.3%) | 129<br>(100%) |
| 外地农业 | 8<br>(5.9%) | 110<br>(53.9%) | 66<br>(32.4%) | 2<br>(1.0%) | 14<br>(6.9%) | 204<br>(100%) |
| 合计 | 98<br>(4.4%) | 1357<br>(60.8%) | 562<br>(25.2%) | 11<br>(0.5%) | 204<br>(9.1%) | 2232<br>(100%) |

注：本表为删除缺损值之后的统计结果。

（6）社会公众对一般朋友的信任度

抽样调查显示，从其单变量的频次分布情况来看，对于一般朋友，有88人表示非常信任，占有效样本的3.9%；有1275人表示比较信任，占有效样本的57.0%；有606人表示不太信任，占有效样本的27.1%；有27人表示非常不信任，占有效样本的1.3%；有239人表示说不清，占有效样本的10.7%（见表8-3）。

比较分析上海户籍人口与非上海户籍人口对一般朋友的信任状况，可以发现，在样本对一般朋友信任程度栏中，本地非农1734人，占77.7%；其中66人非常信任，占3.8%；1007人比较信任，占58.1%；450人不太信任，占26.0%；15人非常不信任，占0.9%；196人说不清，占11.3%。本地农业165人，占7.4%；其中4人非常信任，占2.4%；107人比较信任，占 64.8%；38 人不太信任，占 23.0%；2 人非常不信任，占 1.2%；14 人说不清，占 8.5%。合计本市户籍人口 1899 人，占 85.1%；其中 70 人非常信任，占 3.7%；1114 人比较信任，占 58.7%；488 人不太信任，占 25.7%；17 人非常不信任，占 0.9%；210 人说不清，占 11.1%。外地非农 128 人，占 5.7%；其中 4 人非常信任，占 3.1%；68 人比较信任，占 53.1%；38 人不太信任，占 29.7%；1 人非常不信任，占 0.8%；17 人说不清，占 13.3%。外地农业 204 人，占 9.1%；其中 14 人非常信任，占 6.9%；92 人比较信任，占 45.1%；77 人不太信任，占 37.7%；9 人非常不信任，占 4.4%；12 人说不清，占 5.9%。合计外地户籍人口 332 人，占 14.9%；其中 18 人非常信任，占 5.4%；160 人比较信任，占 48.2%；115 人不太信任，占 34.6%；10 人非常不信任，占 3.0%；29 人说不清，占 8.7%（见表 8-9）。

表 8-9　户籍身份与对一般朋友信任程度交互频次（N=2231）

| | 非常信任 | 比较信任 | 不太信任 | 非常不信任 | 说不清 | 合计 |
|---|---|---|---|---|---|---|
| 本地户籍 | 70 (3.7%) | 1114 (58.7%) | 488 (25.7%) | 17 (0.9%) | 210 (11.1%) | 1899 (100%) |
| 本地非农 | 66 (3.8%) | 1007 (58.1%) | 450 (26.0%) | 15 (0.9%) | 196 (11.3%) | 1734 (100%) |
| 本地农业 | 4 (2.4%) | 107 (64.8%) | 38 (23.0%) | 2 (1.2%) | 14 (8.5%) | 165 (100%) |
| 外地户籍 | 18 (5.4%) | 160 (48.2%) | 115 (34.6%) | 10 (3.0%) | 29 (8.7%) | 332 (100%) |
| 外地非农 | 4 (3.1%) | 68 (53.1%) | 38 (29.7%) | 1 (0.8%) | 17 (13.3%) | 128 (100%) |
| 外地农业 | 14 (6.9%) | 92 (45.1%) | 77 (37.7%) | 9 (4.4%) | 12 (5.9%) | 204 (100%) |
| 合计 | 88 (3.9%) | 1274 (57.1%) | 603 (27.0%) | 27 (1.2%) | 239 (10.7%) | 2231 (100%) |

注：本表为删除缺损值之后的统计结果。

(7) 社会公众对亲密朋友的信任度

抽样调查显示，从其单变量的频次分布情况来看，对于亲密朋友，有 951 人表示非常信任，占有效样本的 42.6%；有 1174 人表示比较信任，占有效样本的 52.6%；有 57 人表示不太信任，占有效样本的 2.5%；有 14 人表示非常不信任，占有效样本的 0.6%；有 37 人表示说不清，占有效样本的 1.7%（见表 8-3）。

比较分析上海户籍人口与非上海户籍人口对亲密朋友的信任状况，可以发现，在样本对亲密朋友信任程度栏中，本地非农 1732 人，占 77.7%；其中 742 人非常信任，占 42.8%；903 人比较信任，占 52.1%；47 人不太信任，占 2.7%；9 人非常不信任，占 0.5%；31 人说不清，占 1.8%。本地农业 165 人，占 7.4%；其中 75 人非常信任，45.5%；85 人比较信任，占 51.5%；3 人不太信任，占 1.8%；1 人非常不信任，占 0.6%；1 人说不清，占 0.6%。合计本市户籍人口 1897 人，占 85.1%；其中 817 非常信任，占 43.1%；988 人比较信任，占 52.1%；50 人不太信任，占 2.6%；10 人非常不信任，占 0.5%；32 人说不清，占 1.7%。外地非农 128 人，占 5.7%；其中 45 人非常信任，占 35.2%；77 人比较信任，占 60.2%；2 人不太信任，占 1.6%；3 人非常不信任，占 2.3%；1 人说不清，占 0.8%。外地农业 204 人，占 9.2%；其中 89 人非常信任，占 43.6%；105 人比较信任，占 51.5%；5 人不太信任，占 2.5%；1 人非常不信任，占 0.5%；4 人说不清，占 2.0%。合计外地户籍人口 332 人，占 14.9%；其中 134 人非常信任，占 40.4%；182 人比较信任，占 54.8%；7 人不太信任，占 2.1%；4 人非常不信任，占 1.2%；5 人说不清，占 1.5%（见表 8-10）。

表 8-10　户籍身份与对亲密朋友信任程度交互频次（N=2229）

| | 非常信任 | 比较信任 | 不太信任 | 非常不信任 | 说不清 | 合计 |
|---|---|---|---|---|---|---|
| 本地户籍 | 817<br>(43.1%) | 988<br>(52.1%) | 50<br>(2.6%) | 10<br>(0.5%) | 32<br>(1.7%) | 1897<br>(100%) |
| 本地非农 | 742<br>(42.8%) | 903<br>(52.1%) | 47<br>(2.7%) | 9<br>(0.5%) | 31<br>(1.8%) | 1732<br>(100%) |
| 本地农业 | 75<br>(45.5%) | 85<br>(51.5%) | 3<br>(1.8%) | 1<br>(0.6%) | 1<br>(0.6%) | 165<br>(100%) |
| 外地户籍 | 134<br>(40.4%) | 182<br>(54.8%) | 7<br>(2.1%) | 4<br>(1.2%) | 5<br>(1.5%) | 332<br>(100%) |
| 外地非农 | 45<br>(35.2%) | 77<br>(60.2%) | 2<br>(1.6%) | 3<br>(2.3%) | 1<br>(0.8%) | 128<br>(100%) |
| 外地农业 | 89<br>(43.6%) | 105<br>(51.5%) | 5<br>(2.5%) | 1<br>(0.5%) | 4<br>(2.0%) | 204<br>(100%) |
| 合计 | 951<br>(42.7%) | 1170<br>(52.5%) | 57<br>(2.6%) | 14<br>(0.6%) | 37<br>(1.7%) | 2229<br>(100%) |

（8）社会公众对第一次见面的人的信任度

抽样调查显示，从其单变量的频次分布情况来看，对于第一次见面的人，有28人表示非常信任，占有效样本的1.3%；有226人表示比较信任，占有效样本的10.1%；有1066人表示不太信任，占有效样本的47.8%；有512人表示非常不信任，占有效样本的22.9%；有400人表示说不清，占有效样本的17.9%（见表8-3）。

比较分析上海户籍人口与非上海户籍人口对第一次见面的人的信任状况，可以发现，在样本对第一次见面的人信任程度栏中，本地非农1731人，占77.7%；其中23人非常信任，占1.3%；176人比较信任，占10.2%；856人不太信任，占49.5%；362人非常不信任，占20.9%；314人说不清，占

18.1%。本地农业 165 人，占 7.4%；其中 1 人非常信任，占 0.6%；15 人比较信任，占 9.1%；70 人不太信任，占 42.4%；40 人非常不信任，占 24.2%；39 人说不清，占 23.6%。合计本地户籍人口 1896 人，占 85.1%；其中 24 人非常信任，占 1.3%；191 人比较信任，占 10.1%；926 人不太信任，占 48.8%；402 人非常不信任，占 21.2%；353 人说不清，占 18.6%。外地非农 129 人，占 5.8%；其中 2 人非常信任，占 1.6%；17 人比较信任，占 13.2%；47 人不太信任，占 36.4%；43 人非常不信任，占 33.3%；20 人说不清，占 15.5%。外地农业 203 人，占 9.1%；其中 2 人非常信任，占 1.0%；18 人比较信任，占 8.9%；91 人不太信任，占 44.8%；66 人非常不信任，占 32.5%；26 人说不清，占 12.8%。合计外地户籍人口 332 人，占 14.9%；其中 4 人非常信任，占 1.2%；35 人比较信任，占 10.5%；138 人不太信任，占 41.6%；109 人非常不信任，占 32.8%；46 人说不清，占 13.9%（见表 8-11）。

表 8-11　户籍身份与对第一次见面的人信任程度交互频次（N=2228）

| | 非常信任 | 比较信任 | 不太信任 | 非常不信任 | 说不清 | 合计 |
|---|---|---|---|---|---|---|
| 本地户籍 | 24 (1.3%) | 191 (10.1%) | 926 (48.8%) | 402 (21.2%) | 353 (18.6%) | 1896 (100%) |
| 本地非农 | 23 (1.3%) | 176 (10.2%) | 856 (49.5%) | 362 (20.9%) | 314 (18.1%) | 1731 (100%) |
| 本地农业 | 1 (0.6%) | 15 (9.1%) | 70 (42.4%) | 40 (24.2%) | 39 (23.6%) | 165 (100%) |
| 外地户籍 | 4 (1.2%) | 35 (10.5%) | 138 (41.6%) | 109 (32.8%) | 46 (13.9%) | 332 (100%) |

续表

|  | 非常信任 | 比较信任 | 不太信任 | 非常不信任 | 说不清 | 合计 |
|---|---|---|---|---|---|---|
| 外地非农 | 2 (1.6%) | 17 (13.2%) | 47 (36.4%) | 43 (33.3%) | 20 (15.5%) | 129 (100%) |
| 外地农业 | 2 (1.0%) | 18 (8.9%) | 91 (44.8%) | 66 (32.5%) | 26 (12.8%) | 203 (100%) |
| 合计 | 28 (1.3%) | 226 (10.1%) | 1064 (47.8%) | 511 (22.9%) | 399 (17.9%) | 2228 (100%) |

注：本表为删除缺损值之后的统计结果。

（9）社会公众对单位同事的信任度

对于单位同事的信任状况，从其单变量的频次分布情况来看，抽样调查显示，有227人表示非常信任，占有效样本的10.2%；有1448人表示比较信任，占有效样本的64.8%；有299人表示不太信任，占有效样本的13.3%；有5人表示非常不信任，占有效样本的0.2%；有257人表示说不清，占有效样本的11.5%（见表8－3）。

比较分析上海户籍人口与非上海户籍人口对单位同事的信任状况，可以发现，在样本对单位同事信任程度栏中，本地非农1734人，占77.7%；其中173人非常信任，占10.0%；1160人比较信任，占66.9%；206人不太信任，占11.9%；3人非常不信任，占0.2%；192人说不清，占11.1%。本地农业165人，占7.4%；其中15人非常信任，占9.1%；114人比较信任，占69.1%；21人不太信任，占12.7%；1人非常不信任，占0.6%；14人说不清，占8.5%。合计本市户籍人口1899人，占85.1%；其中188人非常信任，占9.9%；1274人比较信任，占67.1%；227人不太信任，占12.0%；4人非常不信任，占0.2%；206人说不清，占10.8%。外地非农129人，占5.8%；其中12人非常信任，占9.3%；79人比较信任，占 61.2%；18 人不太信任，占 14.0%；0 人非常不信任；20 人说不清，占 15.5%。外地农业 204 人，占 9.1%；其中 27 人非常信任，占 13.2%；93 人比较信任，占 45.6%；53 人不太信任，占 26.0%；1 人非常不信任，占 0.5%；30 人说不清，占 14.7%。合计外地户籍人口 333 人，占 14.9%；其中 39 人非常信任，占 11.7%；172 人比较信任，占 51.7%；71 人不太信任，占 21.3%；1 人非常不信任，占 0.3%；50 人说不清，占 15.0%（见表 8 - 12）。

表 8 - 12　户籍身份与对单位同事信任程度交互频次（N = 2232）

| | 非常信任 | 比较信任 | 不太信任 | 非常不信任 | 说不清 | 合计 |
|---|---|---|---|---|---|---|
| 本地户籍 | 188 (9.9%) | 1274 (67.1%) | 227 (12.0%) | 4 (0.2%) | 206 (10.8%) | 1899 (100%) |
| 本地非农 | 173 (10.0%) | 1160 (66.9%) | 206 (11.9%) | 3 (0.2%) | 192 (11.1%) | 1734 (100%) |
| 本地农业 | 15 (9.1%) | 114 (69.1%) | 21 (12.7%) | 1 (0.6%) | 14 (8.5%) | 165 (100%) |
| 外地户籍 | 39 (11.7%) | 172 (51.7%) | 71 (21.3%) | 1 (0.3%) | 50 (15.0%) | 333 (100%) |
| 外地非农 | 12 (9.3%) | 79 (61.2%) | 18 (14.0%) | 0 | 20 (15.5%) | 129 (100%) |
| 外地农业 | 27 (13.2%) | 93 (45.6%) | 53 (26.0%) | 1 (0.5%) | 30 (14.7%) | 204 (100%) |
| 合计 | 227 (10.2%) | 1446 (64.8%) | 298 (13.4%) | 5 (0.2%) | 256 (11.5%) | 2232 (100%) |

3. 社会机构信任

（1）社会公众对消协的信任度

对于消费者协会的信任状况，从其单变量的频次分布情况来看，抽样调查显示，有 277 人表示非常信任，占有效样本的 12.4%；有 1263 人表示比较信任，占有效样本的 56.7%；有 378 人表示不太信任，占有效样本的 17.0%；有 56 人表示非常不信任，占有效样本的 2.5%；有 255 人表示说不清，占有效样本的 11.4%（见表 8 – 13）。

表 8 – 13　　社会公众对消协的信任度（N = 2229）

|  | 非常信任 | 比较信任 | 不太信任 | 非常不信任 | 说不清 | 合计 |
|---|---|---|---|---|---|---|
| 消费者协会 | 277 (12.4%) | 1263 (56.7%) | 378 (17.0%) | 56 (2.5%) | 255 (11.4%) | 2229 (100%) |

比较分析上海户籍人口与非上海户籍人口对消协的信任状况，可以发现，在样本对消费者协会信任程度栏中，本地非农 1731 人，占 77.7%；其中 229 人非常信任，占 13.2%；1006 人比较信任，占 58.1%；276 人不太信任，占 15.9%；38 人非常不信任，占 2.2%；182 人说不清，占 10.5%。本地农业 165 人，占 7.4%；其中 14 人非常信任，占 8.5%；99 人比较信任，占 60.0%；27 人不太信任，占 16.4%；2 人非常不信任，占 1.2%；23 人说不清，占 13.9%。合计本市户籍人口 1896 人，占 85.1%；其中 243 人非常信任，占 12.8%；1105 人比较信任，占 58.3%；303 人不太信任，占 16.0%；40 人非常不信任，占 2.1%；205 人说不清，占 10.8%。外地非农 129 人，占 5.8%；其中 19 人非常信任，占 14.7%；66 人比较信任，占 51.2%；19 人不太信任，占 14.7%；5 人非常不信任，占 3.9%；20 人说不清，占 15.5%。外地农业 204 人，占 9.2%；其中 15 人非常信任，占 7.4%；92 人比较信任，占 45.1%；56 人不太信任，占 27.5%；11 人非常不信任，占

5.4%；30 人说不清，占 14.7%。合计外地户籍人口 333 人，占 14.9%；其中 34 人非常信任，占 10.2%；158 人比较信任，占 47.4%；75 人不太信任，占 22.5%；16 人非常不信任，占 4.8%；50 人说不清，占 15.0%（见表 8-14）。

表 8-14　户籍身份与对消费者协会信任程度交互频次（N=2229）

|  | 非常信任 | 比较信任 | 不太信任 | 非常不信任 | 说不清 | 合计 |
| --- | --- | --- | --- | --- | --- | --- |
| 本地户籍 | 243（12.8%） | 1105（58.3%） | 303（16.0%） | 40（2.1%） | 205（10.8%） | 1896（100%） |
| 本地非农 | 229（13.2%） | 1006（58.1%） | 276（15.9%） | 38（2.2%） | 182（10.5%） | 1731（100%） |
| 本地农业 | 14（8.5%） | 99（60.0%） | 27（16.4%） | 2（1.2%） | 23（13.9%） | 165（100%） |
| 外地户籍 | 34（10.2%） | 158（47.4%） | 75（22.5%） | 16（4.8%） | 50（15.0%） | 333（100%） |
| 外地非农 | 19（14.7%） | 66（51.2%） | 19（14.7%） | 5（3.9%） | 20（15.5%） | 129（100%） |
| 外地农业 | 15（7.4%） | 92（45.1%） | 56（27.5%） | 11（5.4%） | 30（14.7%） | 204（100%） |
| 合计 | 277（12.4%） | 1263（56.7%） | 378（17.0%） | 56（2.5%） | 255（11.4%） | 2229（100%） |

（2）社会公众对律协的信任度

对于律师协会的信任状况，从其单变量的频次分布情况来看，抽样调查显示，有 296 人表示非常信任，占有效样本的 13.3%；有 1260 人表示比较信任，占有效样本的 56.5%；有 365 人表示不太信任，占有效样本的 16.4%；有 26 人表示非常不信任，占有效样本的 1.2%；有 283 人表示说不清，占有效样本的 12.7%（见表 8-15）。

表8-15　　社会公众对律协的信任度（N=2230）

| | 非常信任 | 比较信任 | 不太信任 | 非常不信任 | 说不清 | 合计 |
|---|---|---|---|---|---|---|
| 律师协会 | 296（13.3%） | 1260（56.5%） | 365（16.4%） | 26（1.2%） | 283（12.7%） | 2230（100%） |

比较分析上海户籍人口与非上海户籍人口对律协的信任状况，可以发现，样本对律师协会信任程度栏中，本地非农1733人，占77.7%；其中245人非常信任，占14.1%；990人比较信任，占57.1%；276人不太信任，占15.9%；20人非常不信任，占1.2%；202人说不清，占11.7%。本地农业164人，占7.4%；其中17人非常信任，占10.4%；99人比较信任，占60.4%；27人不太信任，占16.5%；1人非常不信任，占0.6%；20人说不清，占2.2%。合计本市户籍人口1897人，占85.1%；其中262人非常信任，占13.8%；1089人比较信任，占57.4%；303人不太信任，占16.0%；21人非常不信任，占1.1%；224人说不清，占11.8%。外地非农129人，占5.8%；其中15人非常信任，占11.6%；75人比较信任，占58.1%；17人不太信任，占13.2%；2人非常不信任，占1.6%；20人说不清，占15.5%。外地农业204人，占9.1%；其中19人非常信任，占9.3%；96人比较信任，占47.1%；47人不太信任，占23.0%；3人非常不信任，占1.5%；39人说不清，占19.1%。合计外地户籍人口333人，占14.9%；其中34人非常信任，占10.2%；171人比较信任，占51.4%；64人不太信任，占19.2%；5人非常不信任，占1.5%；59人说不清，占17.7%（见表8-16）。

表8-16　户籍身份与对律师协会信任程度交互频次（N=2230）

| | 非常信任 | 比较信任 | 不太信任 | 非常不信任 | 说不清 | 合计 |
|---|---|---|---|---|---|---|
| 本地户籍 | 262<br>(13.8%) | 1089<br>(57.4%) | 303<br>(16.0%) | 21<br>(1.1%) | 224<br>(11.8%) | 1897<br>(100%) |
| 本地非农 | 245<br>(14.1%) | 990<br>(57.1%) | 276<br>(15.9%) | 20<br>(1.2%) | 202<br>(11.7%) | 1733<br>(100%) |
| 本地农业 | 17<br>(10.4%) | 99<br>(60.4%) | 27<br>(16.5%) | 1<br>(0.6%) | 20<br>(12.2%) | 164<br>(100%) |
| 外地户籍 | 34<br>(10.2%) | 171<br>(51.4%) | 64<br>(19.2%) | 5<br>(1.5%) | 59<br>(17.7%) | 333<br>(100%) |
| 外地非农 | 15<br>(11.6%) | 75<br>(58.1%) | 17<br>(13.2%) | 2<br>(1.6%) | 20<br>(15.5%) | 129<br>(100%) |
| 外地农业 | 19<br>(9.3%) | 96<br>(47.1%) | 47<br>(23.0%) | 3<br>(1.5%) | 39<br>(19.1%) | 204<br>(100%) |
| 合计 | 296<br>(13.3%) | 1260<br>(56.5%) | 365<br>(16.4%) | 26<br>(1.2%) | 283<br>(12.7%) | 2230<br>(100%) |

（3）社会公众对报纸杂志的信任度

对于报纸杂志的信任状况，从其单变量的频次分布情况来看，抽样调查显示，有295人表示非常信任，占有效样本的13.2%；有1173人表示比较信任，占有效样本的52.6%；有513人表示不太信任，占有效样本的23.0%；有42人表示非常不信任，占有效样本的1.9%；有209人表示说不清，占有效样本的9.4%（见表8-17）。

表8-17　社会公众对报纸杂志的信任度（N=2232）

| | 非常信任 | 比较信任 | 不太信任 | 非常不信任 | 说不清 | 合计 |
|---|---|---|---|---|---|---|
| 报纸杂志 | 295<br>(13.2%) | 1173<br>(52.6%) | 513<br>(23.0%) | 42<br>(1.9%) | 209<br>(9.4%) | 2232<br>(100%) |

比较分析上海户籍人口与非上海户籍人口对报纸杂志的信任状况,可以发现,在样本对报纸杂志信任程度栏中,本地非农1734人,占77.7%;其中232人非常信任,占13.4%;922人比较信任,占53.2%;398人不太信任,占23.0%;31人非常不信任,占1.8%;151人说不清,占8.7%。本地农业165人,占7.4%;其中16人非常信任,占9.7%;85人比较信任,占51.5%;36人不太信任,占21.8%;3人非常不信任,占1.8%;25人说不清,占15.2%。合计本市户籍人口1899人,占85.1%;其中248人非常信任,占13.1%;1007人比较信任,占53.0%;434人不太信任,占22.9%;34人非常不信任,占1.8%;176人说不清,占9.3%。外地非农129人,占5.8%;其中20人非常信任,占15.5%;70人比较信任,占54.3%;25人不太信任,占19.4%;2人非常不信任,占1.6%;12人说不清,占9.3%。外地农业204人,占9.1%;其中27人非常信任,占13.2%;96人比较信任,占47.1%;54人不太信任,占26.5%;6人非常不信任,占2.9%;21人说不清,占10.3%。合计外地户籍人口333人,占14.9%;其中47人非常信任,占14.1%;166人比较信任,占49.8%;79人不太信任,占23.7%;8人非常不信任,占2.4%;33人说不清,占9.9%(见表8-18)。

表8-18　户籍身份与对报纸杂志信任程度交互频次(N=2232)

|  | 非常信任 | 比较信任 | 不太信任 | 非常不信任 | 说不清 | 合计 |
| --- | --- | --- | --- | --- | --- | --- |
| 本地户籍 | 248<br>(13.1%) | 1007<br>(53.0%) | 434<br>(22.9%) | 34<br>(1.8%) | 176<br>(9.3%) | 1899<br>(100%) |
| 本地非农 | 232<br>(13.4%) | 922<br>(53.2%) | 398<br>(23.0%) | 31<br>(1.8%) | 151<br>(8.7%) | 1734<br>(100%) |

续表

|  | 非常信任 | 比较信任 | 不太信任 | 非常不信任 | 说不清 | 合计 |
|---|---|---|---|---|---|---|
| 本地农业 | 16 (9.7%) | 85 (51.5%) | 36 (21.8%) | 3 (1.8%) | 25 (15.2%) | 165 (100%) |
| 外地户籍 | 47 (14.1%) | 166 (49.8%) | 79 (23.7%) | 8 (2.4%) | 33 (9.9%) | 333 (100%) |
| 外地非农 | 20 (15.5%) | 70 (54.3%) | 25 (19.4%) | 2 (1.6%) | 12 (9.3%) | 129 (100%) |
| 外地农业 | 27 (13.2%) | 96 (47.1%) | 54 (26.5%) | 6 (2.9%) | 21 (10.3%) | 204 (100%) |
| 合计 | 295 (13.2%) | 1173 (52.6%) | 513 (23.0%) | 42 (1.9%) | 209 (9.4%) | 2232 (100%) |

（4）社会公众对电视台的信任度

对于电视台的信任状况，从其单变量的频次分布情况来看，抽样调查显示，有445人表示非常信任，占有效样本的19.9%；有1370人表示比较信任，占有效样本的61.4%；有298人表示不太信任，占有效样本的13.4%；有21人表示非常不信任，占有效样本的0.9%；有98人表示说不清，占有效样本的4.4%（见表8-19）。

表8-19　社会公众对电视台的信任度（N=2232）

|  | 非常信任 | 比较信任 | 不太信任 | 非常不信任 | 说不清 | 合计 |
|---|---|---|---|---|---|---|
| 电视台 | 445 (19.9%) | 1370 (61.4%) | 298 (13.4%) | 21 (0.9%) | 98 (4.4%) | 2232 (100%) |

比较分析上海户籍人口与非上海户籍人口对电视台的信任状况，可以发现，在样本对电视台信任程度栏中，本地非农1734人，占77.7%；其中346人非常信任，占20.0%；1054

人比较信任，占60.8%；240人不太信任，占13.8%；17人非常不信任，占1.0%；77人说不清，占4.4%。本地农业165人，占7.4%；其中30人非常信任，占18.2%；113人比较信任，占68.5%；15人不太信任，占9.1%；1人非常不信任，占0.6%；6人说不清，占3.6%。合计本市户籍人口1899人，占85.1%；其中376人非常信任，占19.8%；1167人比较信任，占61.5%；255人不太信任，占13.4%；18人非常不信任，占0.9%；83人说不清，占4.4%。外地非农129人，占5.8%；其中24人非常信任，占18.6%；84人比较信任，占65.1%；15人不太信任，占11.6%；1人非常不信任，占0.8%；5人说不清，占3.9%。外地农业204人，占9.1%；其中45人非常信任，占22.1%；119人比较信任，占58.3%；28人不太信任，占13.7%；2人不非常信任，占1.0%；10人说不清，占4.9%。合计外地户籍人口333人，占14.9%；其中69人非常信任，占20.7%；203人比较信任，占61.0%；43人不太信任，占12.9%；3人非常不信任，占0.9%；15人说不清，占4.5%（见表8-20）。

表8-20　户籍身份与对电视台信任程度交互频次（N=2232）

|  | 非常信任 | 比较信任 | 不太信任 | 非常不信任 | 说不清 | 合计 |
| --- | --- | --- | --- | --- | --- | --- |
| 本地户籍 | 376 (19.8%) | 1167 (61.5%) | 255 (13.4%) | 18 (0.9%) | 83 (4.4%) | 1899 (100%) |
| 本地非农 | 346 (20.0%) | 1054 (60.8%) | 240 (13.8%) | 17 (1.0%) | 77 (4.4%) | 1734 (100%) |
| 本地农业 | 30 (18.2%) | 113 (68.5%) | 15 (9.1%) | 1 (0.6%) | 6 (3.6%) | 165 (100%) |
| 外地户籍 | 69 (20.7%) | 203 (61.0%) | 43 (12.9%) | 3 (0.9%) | 15 (4.5%) | 333 (100%) |

续表

|   | 非常信任 | 比较信任 | 不太信任 | 非常不信任 | 说不清 | 合计 |
|---|---|---|---|---|---|---|
| 外地非农 | 24 (18.6%) | 84 (65.1%) | 15 (11.6%) | 1 (0.8%) | 5 (3.9%) | 129 (100%) |
| 外地农业 | 45 (22.1%) | 119 (58.3%) | 28 (13.7%) | 2 (1.0%) | 10 (4.9%) | 204 (100%) |
| 合计 | 445 (19.9%) | 1370 (61.4%) | 298 (13.4%) | 21 (0.9%) | 98 (4.4%) | 2232 (100%) |

## 二 法律人信任

法律人信任主要测量社会公众对各种法律职业角色的信任状况。一般而言，法律人指法律共同体中的法律职业群体，包括法官、检察官、警察、律师和法学家五大类，其中前三类属于体制内法律职业，后两种属于体制外法律职业。抽样调查显示，如果把比较信任和非常信任合并为信任的话，总体而言，社会公众对法律人的信任度较高，都在70%以上。其中，对法官的信任度为78.6%，对检察官的信任度为79.8%，对警察的信任度为78.5%，对律师的信任度为75.6%，对法学家的信任度为73.1%（见表8-21）。但一个比较明显的特征是，社会公众对体制内法律人的信任度要高于体制外法律人。具体信任状况如下：

表8-21 社会公众对法律人的信任状况

|   | 非常信任 | 比较信任 | 不太信任 | 非常不信任 | 说不清 | 合计 |
|---|---|---|---|---|---|---|
| 法官 | 407 (18.2%) | 1350 (60.4%) | 192 (8.6%) | 29 (1.3%) | 257 (11.5%) | 2235 (100%) |
| 检察官 | 448 (20.0%) | 1336 (59.8%) | 176 (7.9%) | 24 (1.1%) | 251 (11.2%) | 2235 (100%) |

续表

|  | 非常信任 | 比较信任 | 不太信任 | 非常不信任 | 说不清 | 合计 |
|---|---|---|---|---|---|---|
| 警察 | 456 (20.4%) | 1300 (58.1%) | 248 (11.1%) | 27 (1.2%) | 205 (9.2%) | 2236 (100%) |
| 律师 | 342 (15.3%) | 1348 (60.3%) | 220 (9.8%) | 31 (1.4%) | 293 (13.1%) | 2234 (100%) |
| 法学家 | 328 (14.7%) | 1306 (58.4%) | 248 (11.1%) | 25 (1.1%) | 329 (14.7%) | 2236 (100%) |

1. 社会公众对法官的信任度

对于法官的信任度，从其单变量的频次分布情况来看，抽样调查显示，有407人表示非常信任，占有效样本的18.2%；有1350人表示比较信任，占有效样本的60.4%；有192人表示不太信任，占有效样本的8.6%；有29人表示非常不信任，占有效样本的1.3%；有257人表示说不清，占有效样本的11.5%（见表8-21）。

比较分析上海户籍人口与非上海户籍人口对法官的信任状况，可以发现，在样本对法官信任程度栏中，本地非农1734人，占77.7%；其中328人非常信任，占18.9%；1040人比较信任，占60.0%；146人不太信任，占8.4%；23人非常不信任，占1.3%；197人说不清，占11.4%。本地农业165人，占7.4%；其中25人非常信任，占15.2%；104人比较信任，占63.0%；18人不太信任，占10.9%；2人非常不信任，占1.2%；16人说不清，占9.7%。合计本市户籍人口1899人，占85.1%；其中353人非常信任，占18.6%；1144人比较信任，占60.2%；164人不太信任，占8.6%；25人非常不信任，占1.3%；213人说不清，占11.2%。外地非农128人，占5.7%；其中23人非常信任，占18.0%；72人比较信任，占 56.2%；11 人不太信任，占 8.6%；2 人非常不信任，占 1.6%；20 人说不清，占 15.6%。外地农业 204 人，占 9.1%；其中 31 人非常信任，占 15.2%；132 人比较信任，占 64.7%；17 人不太信任，占 8.3%；1 人非常不信任，占 0.5%；23 人说不清，占 11.3%。合计外地户籍人口 332 人，占 14.9%；其中 54 人非常信任，占 16.3%；204 人比较信任，占 61.4%；28 人不太信任，占 8.4%；3 人非常不信任，占 0.9%；43 人说不清，占 13.0%（见表 8-22）。

表 8-22　户籍身份与对法官信任程度交互频次（N=2231）

|  | 非常信任 | 比较信任 | 不太信任 | 非常不信任 | 说不清 | 合计 |
| --- | --- | --- | --- | --- | --- | --- |
| 本地户籍 | 353 (18.6%) | 1144 (60.2%) | 164 (8.6%) | 25 (1.3%) | 213 (11.2%) | 1899 (100%) |
| 本地非农 | 328 (18.9%) | 1040 (60.0%) | 146 (8.4%) | 23 (1.3%) | 197 (11.4%) | 1734 (100%) |
| 本地农业 | 25 (15.2%) | 104 (63.0%) | 18 (10.9%) | 2 (1.2%) | 16 (9.7%) | 165 (100%) |
| 外地户籍 | 54 (16.3%) | 204 (61.4%) | 28 (8.4%) | 3 (0.9%) | 43 (13.0%) | 332 (100%) |
| 外地非农 | 23 (18.0%) | 72 (56.2%) | 11 (8.6%) | 2 (1.6%) | 20 (15.6%) | 128 (100%) |
| 外地农业 | 31 (15.2%) | 132 (64.7%) | 17 (8.3%) | 1 (0.5%) | 23 (11.3%) | 204 (100%) |
| 合计 | 407 (18.2%) | 1348 (60.4%) | 192 (8.6%) | 28 (1.3%) | 256 (11.5%) | 2231 (100%) |

注：本表为删除缺损值之后的统计结果。

上述数据也表明，上海户籍人口与非上海户籍人口对法官的信任状况存在一定差异。把比较信任和非常信任合并为信任，非常不信任和不太信任合并为不信任，我们发现，在本市非农人口中，有 1368 人表示信任，占本市非农人口的

78.9%;在本市农业人口中,有129人表示信任,占本市农业人口的78.2%;在外地非农人口中,有95人表示信任,占外地非农人口的74.2%;在外地农业人口中,有163人表示信任,占外地农业人口的79.9%。也就是说,上海户籍人口中,非农人口对法官的信任度要高于农业人口,但差异并不是很大。而非上海户籍人口中,农业人口对法官的信任度明显高于非农人口。

2. 社会公众对检察官的信任度

对于检察官的信任状况,从其单变量的频次分布情况来看,抽样调查显示,有448人表示非常信任,占有效样本的20.0%;有1336人表示比较信任,占有效样本的59.8%;有176人表示不太信任,占有效样本的7.9%;有24人表示非常不信任,占有效样本的1.1%;有251人表示说不清,占有效样本的11.2%（见表8-21）。

比较分析上海户籍人口与非上海户籍人口对检察官的信任状况,可以发现,在样本对检察官信任程度栏中,本地非农1733人,占77.7%;其中363人非常信任,占20.9%;1027人比较信任,占59.3%;133人不太信任,占7.7%;18人非常不信任,占1.0%;192人说不清,占11.1%。本地农业165人,占7.4%;其中29人非常信任,占17.6%;103人比较信任,占62.4%;15人不太信任,占9.1%;2人非常不信任,占1.2%;16人说不清,占9.7%。合计本市户籍人口1898人,占85.1%;其中392人非常信任,占20.7%;1130人比较信任,占59.5%;148人不太信任,占7.8%;20人非常不信任,占1.1%;208人说不清,占11.0%。外地非农129人,占5.8%;其中21人非常信任,占16.3%;77人比较信任,占59.7%;9人不太信任,占7.0%;2人非常不信任，占1.6%；20人说不清，占15.5%。外地农业204人，占9.1%；其中35人非常信任，占17.2%；127人比较信任，占62.3%；19人不太信任，占9.3%；1人非常不信任，占0.5%；22人说不清，占10.8%。合计外地户籍人口333人，占14.9%；其中56人非常信任，占16.8%；204人比较信任，占61.3%；28人不太信任，占8.4%；3人非常不信任，占0.9%；42人说不清，占12.6%（见表8-23）。

表8-23　户籍身份与对检察官信任程度交互频次（N=2231）

|  | 非常信任 | 比较信任 | 不太信任 | 非常不信任 | 说不清 | 合计 |
| --- | --- | --- | --- | --- | --- | --- |
| 本地户籍 | 392（20.7%） | 1130（59.5%） | 148（7.8%） | 20（1.1%） | 208（11.0%） | 1898（100%） |
| 本地非农 | 363（20.9%） | 1027（59.3%） | 133（7.7%） | 18（1.0%） | 192（11.1%） | 1733（100%） |
| 本地农业 | 29（17.6%） | 103（62.4%） | 15（9.1%） | 2（1.2%） | 16（9.7%） | 165（100%） |
| 外地户籍 | 56（16.8%） | 204（61.3%） | 28（8.4%） | 3（0.9%） | 42（12.6%） | 333（100%） |
| 外地非农 | 21（16.3%） | 77（59.7%） | 9（7.0%） | 2（1.6%） | 20（15.5%） | 129（100%） |
| 外地农业 | 35（17.2%） | 127（62.3%） | 19（9.3%） | 1（0.5%） | 22（10.8%） | 204（100%） |
| 合计 | 448（20.1%） | 1334（59.8%） | 176（7.9%） | 23（1.0%） | 250（11.2%） | 2231（100%） |

注：本表为删除缺损值之后的统计结果。

上述数据也表明，上海户籍人口与非上海户籍人口对检察官的信任状况存在一定差异。把比较信任和非常信任合并为信任，非常不信任和不太信任合并为不信任，我们发现，在本市非农人口中，有1390人表示信任，占本市非农人口的80.2%；在本市农业人口中，有132人表示信任，占本市农业人口的80.0%；在外地非农人口中，有98人表示信任，占外地非农人口的76.0%；在外地农业人口中，有162人表示信任，占外地农业人口的79.5%。也就是说，不管是农业人口还是非农人口，上海户籍人口对检察官的信任度都要高于非上海户籍人口。

3. 社会公众对警察的信任度

对于警察的信任状况，从其单变量的频次分布情况来看，抽样调查显示，有456人表示非常信任，占有效样本的20.4%；有1300人表示比较信任，占有效样本的58.1%；有248人表示不太信任，占有效样本的11.1%；有27人表示非常不信任，占有效样本的1.2%；有205人表示说不清，占有效样本的9.2%（见表8-21）。

比较分析上海户籍人口与非上海户籍人口对警察的信任状况，可以发现，在样本对警察信任程度栏中，本地非农1734人，占77.7%；其中360人非常信任，占20.8%；1011人比较信任，占58.3%；178人不太信任，占10.3%；21人非常不信任，占1.2%；164人说不清，占9.5%。本地农业165人，占7.4%；其中30人非常信任，占18.2%；103人比较信任，占62.4%；23人不太信任，占13.9%；2人非常不信任，占1.2%；7人说不清，占4.2%。合计本市户籍人口1899人，占85.1%；其中390人非常信任，占20.5%；1114人比较信任，占58.7%；201人不太信任，占10.6%；23人非常不信任，占1.2%；171人说不清，占9.0%。外地非农129人，占5.8%；其中26人非常信任，占20.2%；73人比较信任，占56.6%；13人不太信任，占10.1%；2人非常不信任，占1.6%；15人说不清，占11.6%。外地农业204人，占9.1%；其中40人非常信任，占19.6%；111人比较信任，占54.4%；

34 人不太信任，占 16.7%；1 人非常不信任，占 0.5%；18 人说不清，占 8.8%。合计外地户籍人口 333 人，占 14.9%；其中 66 人非常信任，占 19.8%；184 人比较信任，占 55.3%；47 人不太信任，占 14.1%；3 人非常不信任，占 0.9%；33 人说不清，占 9.9%（见表 8-24）。

表 8-24　　户籍身份与对警察信任程度交互频次（N=2232）

|  | 非常信任 | 比较信任 | 不太信任 | 非常不信任 | 说不清 | 合计 |
| --- | --- | --- | --- | --- | --- | --- |
| 本地户籍 | 390 (20.5%) | 1114 (58.7%) | 201 (10.6%) | 23 (1.2%) | 171 (9.0%) | 1899 (100%) |
| 本地非农 | 360 (20.8%) | 1011 (58.3%) | 178 (10.3%) | 21 (1.2%) | 164 (9.5%) | 1734 (100%) |
| 本地农业 | 30 (18.2%) | 103 (62.4%) | 23 (13.9%) | 2 (1.2%) | 7 (4.2%) | 165 (100%) |
| 外地户籍 | 66 (19.8%) | 184 (55.3%) | 47 (14.1%) | 3 (0.9%) | 33 (9.9%) | 333 (100%) |
| 外地非农 | 26 (20.2%) | 73 (56.6%) | 13 (10.1%) | 2 (1.6%) | 15 (11.6%) | 129 (100%) |
| 外地农业 | 40 (19.6%) | 111 (54.4%) | 34 (16.7%) | 1 (0.5%) | 18 (8.8%) | 204 (100%) |
| 合计 | 456 (20.4%) | 1298 (58.2%) | 248 (11.1%) | 26 (1.2%) | 204 (9.1%) | 2232 (100%) |

注：本表为删除缺损值之后的统计结果。

上述数据也表明，上海户籍人口与非上海户籍人口对警察的信任状况存在一定差异。把比较信任和非常信任合并为信任，非常不信任和不太信任合并为不信任，我们发现，在本市非农人口中，有 1371 人表示信任，占本市非农人口的 79.1%；在本市农业人口中，有 133 人表示信任，占本市农业人口的 80.6%；在外地非农人口中，有 99 人表示信任，占外地非农人口的 76.8%；在外地农业人口中，有 151 人表示信任,占外地农业人口的74.0%。也就是说,不管是农业人口还是非农人口,上海户籍人口对警察的信任度都要高于非上海户籍人口。

4. 社会公众对律师的信任度

对于律师的信任状况,抽样调查显示,从其单变量的频次分布情况来看,有342人表示非常信任,占有效样本的15.3%;有1348人表示比较信任,占有效样本的60.3%;有220人表示不太信任,占有效样本的9.8%;有31人表示非常不信任,占有效样本的1.4%;有293人表示说不清,占有效样本的13.1%（见表8-21）。

比较分析上海户籍人口与非上海户籍人口对律师的信任状况,可以发现,在样本对律师信任程度栏中,本地非农1733人,占77.7%;其中272人非常信任,占15.7%;1038人比较信任,占59.9%;174人不太信任,占10.0%;23人非常不信任,占1.4%;226人说不清,占13.0%。本地农业165人,占7.4%;其中26人非常信任,占15.8%;95人比较信任,占57.5%;19人不太信任,占11.5%;4人非常不信任,占2.4%;21人说不清,占12.7%。合计本市户籍人口1898人,占85.1%;其中298人非常信任,占15.7%;1133人比较信任,占59.7%;193人不太信任,占10.2%;27人非常不信任,占1.4%;247人说不清,占13.0%。外地非农129人,占5.8%;其中14人非常信任,占10.9%;84人比较信任,占65.1%;10人不太信任,占7.8%;1人非常不信任,占0.8%;20人说不清,占15.5%。外地农业203人,占9.1%;其中29人非常信任,占14.3%;130人比较信任,占64.0%;16人不太信任,占7.9%;3人非常不信任,占1.5%;25人说不清,占12.3%。合计外地户籍人口332人,占 14.9%；其中 43 人非常信任，占 13.0%；214 人比较信任，占 64.5%；26 人不太信任，占 7.8%；4 人非常不信任，占 1.2%；45 人说不清，占 13.6%（见表 8-25）。

表 8-25　户籍身份与对律师信任程度交互频次（N=2230）

|  | 非常信任 | 比较信任 | 不太信任 | 非常不信任 | 说不清 | 合计 |
| --- | --- | --- | --- | --- | --- | --- |
| 本地户籍 | 298<br>(15.7%) | 1133<br>(59.7%) | 193<br>(10.2%) | 27<br>(1.4%) | 247<br>(13.0%) | 1898<br>(100%) |
| 本地非农 | 272<br>(15.7%) | 1038<br>(59.9%) | 174<br>(10.0%) | 23<br>(1.4%) | 226<br>(13.0%) | 1733<br>(100%) |
| 本地农业 | 26<br>(15.8%) | 95<br>(57.5%) | 19<br>(11.5%) | 4<br>(2.4%) | 21<br>(12.7%) | 165<br>(100%) |
| 外地户籍 | 43<br>(13.0%) | 214<br>(64.5%) | 26<br>(7.8%) | 4<br>(1.2%) | 45<br>(13.6%) | 332<br>(100%) |
| 外地非农 | 14<br>(10.9%) | 84<br>(65.1%) | 10<br>(7.8%) | 1<br>(0.8%) | 20<br>(15.5%) | 129<br>(100%) |
| 外地农业 | 29<br>(14.3%) | 130<br>(64.0%) | 16<br>(7.9%) | 3<br>(1.5%) | 25<br>(12.3%) | 203<br>(100%) |
| 合计 | 341<br>(15.3%) | 1347<br>(60.4%) | 219<br>(9.8%) | 31<br>(1.4%) | 292<br>(13.1%) | 2230<br>(100%) |

注：本表为删除缺损值之后的统计结果。

上述数据也表明，上海户籍人口与非上海户籍人口对律师的信任状况存在一定差异。把比较信任和非常信任合并为信任，非常不信任和不太信任合并为不信任，我们发现，在本市非农人口中，有 1310 人表示信任，占本市非农人口的 75.6%；在本市农业人口中，有 121 人表示信任，占本市农业人口的 73.3%；在外地非农人口中，有 98 人表示信任，占外地非农人口的 76.0%；在外地农业人口中，有 159 人表示信任，占外地农业人口的 78.3%。也就是说，不管是农业人口还是非农人口，非上海户籍人口对律师的信任度都要高于上海户籍人口。

### 5. 社会公众对法学家的信任度

对于法学家的信任状况，抽样调查显示，从其单变量的频次分布情况来看，有 328 人表示非常信任，占有效样本的 14.7%；有 1306 人表示比较信任，占有效样本的 58.4%；有 248 人表示不太信任，占有效样本的 11.1%；有 25 人表示非常不信任，占有效样本的 1.1%；有 329 人表示说不清，占有效样本的 14.7%（见表 8-21）。

比较分析上海户籍人口与非上海户籍人口对法学家的信任状况，可以发现，在样本对法学家信任程度栏中，本地非农 1734 人，占 77.7%；其中 260 人非常信任，占 15.0%；1024 人比较信任，占 59.1%；179 人不太信任，占 10.3%；21 人非常不信任，占 1.2%；250 人说不清，占 14.4%。本地农业 165 人，占 7.4%；其中 22 人非常信任，占 13.3%；92 人比较信任，占 55.8%；22 人不太信任，占 13.3%；2 人非常不信任，占 1.2%；27 人说不清，占 16.4%。合计本市户籍人口 1899 人，占 85.1%；其中 282 人非常信任，占 14.8%；1116 人比较信任，占 58.8%；201 人不太信任，占 10.6%；23 人非常不信任，占 1.2%；277 人说不清，占 14.6%。外地非农 129 人，占 5.8%；其中 14 人非常信任，占 10.8%；88 人比较信任，占 68.2%；9 人不太信任，占 7.0%；1 人非常不信任，占 0.8%；17 人说不清，占 13.2%。外地农业 204 人，占 9.1%；其中 32 人非常信任，占 15.7%；100 人比较信任，占 49.0%；37 人不太信任，占 18.1%；1 人非常不信任，占 0.5%；34 人说不清，占 16.7%。合计外地户籍人口 333 人，占 14.9%；其中 46 人非常信任，占 13.8%；188 人比较信任，占 56.5%；46 人不太信任，占 13.8%；2 人非常不信任，占 0.6%；51 人说不清，占 15.3%（见表 8-26）。

表8-26　户籍身份与对法学家信任程度交互频次（N=2232）

| | 非常信任 | 比较信任 | 不太信任 | 非常不信任 | 说不清 | 合计 |
|---|---|---|---|---|---|---|
| 本地户籍 | 282 (14.8%) | 1116 (58.8%) | 201 (10.6%) | 23 (1.2%) | 277 (14.6%) | 1899 (100%) |
| 本地非农 | 260 (15.0%) | 1024 (59.1%) | 179 (10.3%) | 21 (1.2%) | 250 (14.4%) | 1734 (100%) |
| 本地农业 | 22 (13.3%) | 92 (55.8%) | 22 (13.3%) | 2 (1.2%) | 27 (16.4%) | 165 (100%) |
| 外地户籍 | 46 (13.8%) | 188 (56.5%) | 46 (13.8%) | 2 (0.6%) | 51 (15.3%) | 333 (100%) |
| 外地非农 | 14 (10.8%) | 88 (68.2%) | 9 (7.0%) | 1 (0.8%) | 17 (13.2%) | 129 (100%) |
| 外地农业 | 32 (15.7%) | 100 (49.0%) | 37 (18.1%) | 1 (0.5%) | 34 (16.7%) | 204 (100%) |
| 合计 | 328 (14.7%) | 1304 (58.4%) | 247 (11.1%) | 25 (1.1%) | 328 (14.7%) | 2232 (100%) |

上述数据也表明，上海户籍人口与非上海户籍人口对法学家的信任状况存在一定差异。把比较信任和非常信任合并为信任，非常不信任和不太信任合并为不信任，我们发现，在本市非农人口中，有1284人表示信任，占本市非农人口的74.1%；在本市农业人口中，有114人表示信任，占本市农业人口的69.1%；在外地非农人口中，有102人表示信任，占外地非农人口的79.0%；在外地农业人口中，有132人表示信任，占外地农业人口的64.7%。也就是说，不管是上海户籍还是非上海户籍，非农人口对法学家的信任度都要高于农业人口。

## 三　司法机构信任

司法机构信任主要测量的是社会公众对司法机构的信任状况。在我国，司法机构主要是指法院和检察院，所以司法机构信任的测量也围绕着法院和检察院而展开。如果把比较信任和非常信任合并为信任的话，总体而言，社会公众对司法机构的信任度较高，都在85%以上。与此同时，社会公众对司法机构的信任度大体呈现信任递减现象。即司法机构层级越高，社会公众对其的信任度也越高。具体信任状况的数据呈现如下：

1. 社会公众对法院的信任度

（1）社会公众对最高人民法院的信任度

对于最高人民法院的信任状况，抽样调查显示，有792人表示非常信任，占有效样本的35.5%；有1257人表示比较信任，占有效样本的56.3%；有62人表示不太信任，占有效样本的2.8%；有11人表示非常不信任，占有效样本的0.5%；有110人表示说不清，占有效样本的4.9%（见表8-27）。

表8-27　　社会公众对最高人民法院的信任度（N=2232）

|  | 非常信任 | 比较信任 | 不太信任 | 非常不信任 | 说不清 | 合计 |
| --- | --- | --- | --- | --- | --- | --- |
| 最高人民法院 | 792 (35.5%) | 1257 (56.3%) | 62 (2.8%) | 11 (0.5%) | 110 (4.9%) | 2232 (100%) |

比较分析上海户籍人口与非上海户籍人口对最高人民法院的信任状况，可以发现，在样本对最高人民法院信任程度栏中，本地非农1734人，占77.7%；其中640人非常信任，占36.9%；953人比较信任，占55.0%；48人不太信任，占2.8%；8人非常不信任，占0.5%；85人说不清，占4.9%。本地农业165人，占7.4%；其中51人非常信任，占30.9%；102人比较信任，占61.8%；2人不太信任，占1.2%；1人非常不信任，占0.6%；9人说不清，占5.5%。合计本市户籍人口1899人，占85.1%；其中691人非常信任，占

36.4%；1055 人比较信任，占 55.6%；50 人不太信任，占 2.6%；9 人非常不信任，占 0.5%；94 人说不清，占 4.9%。外地非农 129 人，占 5.8%；其中 33 人非常信任，占 25.6%；82 人比较信任，占 63.6%；4 人不太信任，占 3.1%；1 人非常不信任，占 0.8%；9 人说不清，占 7.0%。外地农业 204 人，占 9.1%；其中 68 人非常信任，占 33.3%；120 人比较信任，占 58.8%；8 人不太信任，占 3.9%；1 人非常不信任，占 0.5%；7 人说不清，占 3.4%（见表 8-28）。

表 8-28　户籍身份与对最高人民法院信任程度交互频次（N=2232）

|  | 非常信任 | 比较信任 | 不太信任 | 非常不信任 | 说不清 | 合计 |
| --- | --- | --- | --- | --- | --- | --- |
| 本地户籍 | 691 (36.4%) | 1055 (55.6%) | 50 (2.6%) | 9 (0.5%) | 94 (4.9%) | 1899 (100%) |
| 本地非农 | 640 (36.9%) | 953 (55.0%) | 48 (2.8%) | 8 (0.5%) | 85 (4.9%) | 1734 (100%) |
| 本地农业 | 51 (30.9%) | 102 (61.8%) | 2 (1.2%) | 1 (0.6%) | 9 (5.5%) | 165 (100%) |
| 外地户籍 | 101 (30.3%) | 202 (60.7%) | 12 (3.6%) | 2 (0.6%) | 16 (4.8%) | 333 (100%) |
| 外地非农 | 33 (25.6%) | 82 (63.6%) | 4 (3.1%) | 1 (0.8%) | 9 (7.0%) | 129 (100%) |
| 外地农业 | 68 (33.3%) | 120 (58.8%) | 8 (3.9%) | 1 (0.5%) | 7 (3.4%) | 204 (100%) |
| 合计 | 792 (35.5%) | 1257 (56.3%) | 62 (2.8%) | 11 (0.5%) | 110 (4.9%) | 2232 (100%) |

上述数据也表明，上海户籍人口与非上海户籍人口对最高人民法院的信任状况存在一定差异。把比较信任和非常信任合并为信任，非常不信任和不太信任合并为不信任，我们发现，在本市非农人口中，有 1593 人表示信任，占本市非农人口的 91.9%；在本市农业人口中，有 153 人表示信任，占本市农业人口的 92.7%；

在外地非农人口中,有 115 人表示信任,占外地非农人口的 89.2%;在外地农业人口中,有 188 人表示信任,占外地农业人口的 92.1%。也就是说,不管是上海户籍还是非上海户籍,农业人口对最高人民法院的信任度都要高于非农业人口。

(2)社会公众对市高院的信任度

对于上海市高级人民法院的信任状况,抽样调查显示,有 799 人表示非常信任,占有效样本的 35.8%;有 1260 人表示比较信任,占有效样本的 56.5%;有 65 人表示不太信任,占有效样本的 2.9%;有 9 人表示非常不信任,占有效样本的 0.4%;有 99 人表示说不清,占有效样本的 4.4%(见表 8-29)。

表 8-29　　社会公众对市高院的信任度(N=2232)

|  | 非常信任 | 比较信任 | 不太信任 | 非常不信任 | 说不清 | 合计 |
|---|---|---|---|---|---|---|
| 市高院 | 799 (35.8%) | 1260 (56.5%) | 65 (2.9%) | 9 (0.4%) | 99 (4.4%) | 2232 (100%) |

比较分析上海户籍人口与非上海户籍人口对市高级人民法院的信任状况,可以发现,在样本对上海市高级人民法院信任程度栏中,本地非农 1734 人,占 77.8%;其中 624 人非常信任,占 36.0%;975 人比较信任,占 56.2%;56 人不太信任,占 3.2%;6 人非常不信任,占 0.3%;73 人说不清,占 4.2%。本地农业 165 人,占 7.4%;其中 48 人非常信任,占 29.1%;106 人比较信任,占 64.2%;3 人不太信任,占 1.8%;0 人非常不信任;8 人说不清,占 4.8%。合计本地户籍人口 1899 人,占 85.1%;其中 672 人非常信任,占 35.4%;1081 人比较信任,占 56.9%;59 人不太信任,占 3.1%;6 人非常不信任,占 0.3%;81 人说不清,占 4.3%。

外地非农 129 人，占 5.8%；50 人非常信任，占 38.1%；68 人比较信任，占 52.7%；1 人不太信任，占 0.8%；1 人非常不信任，占 0.8%；9 人说不清，占 7.0%。外地农业 204 人，占 9.1%；77 人非常信任，占 37.7%；111 人比较信任，占 54.4%；5 人不太信任，占 2.5%；2 人非常不信任，占 1.0%；9 人说不清，占 4.4%。合计外地户籍人口 333 人，占 14.9%；其中 127 人非常信任，占 38.1%；179 人比较信任，占 53.8%；6 人不太信任，占 1.8%；3 人非常不信任，占 0.9%；18 人说不清，占 5.4%。

表 8-30　户籍身份与对市高院信任程度交互频次（N=2232）

|  | 非常信任 | 比较信任 | 不太信任 | 非常不信任 | 说不清 | 合计 |
| --- | --- | --- | --- | --- | --- | --- |
| 本地户籍 | 672<br>(35.4%) | 1081<br>(56.9%) | 59<br>(3.1%) | 6<br>(0.3%) | 81<br>(4.3%) | 1899<br>(100%) |
| 本地非农 | 624<br>(36.0%) | 975<br>(56.2%) | 56<br>(3.2%) | 6<br>(0.3%) | 73<br>(4.2%) | 1734<br>(100%) |
| 本地农业 | 48<br>(29.1%) | 106<br>(64.2%) | 3<br>(1.8%) | 0 | 8<br>(4.8%) | 165<br>(100%) |
| 外地户籍 | 127<br>(38.1%) | 179<br>(53.8%) | 6<br>(1.8%) | 3<br>(0.9%) | 18<br>(5.4%) | 333<br>(100%) |
| 外地非农 | 50<br>(38.8%) | 68<br>(52.7%) | 1<br>(0.8%) | 1<br>(0.8%) | 9<br>(7.0%) | 129<br>(100%) |
| 外地农业 | 77<br>(37.7%) | 111<br>(54.4%) | 5<br>(2.5%) | 2<br>(1.0%) | 9<br>(4.4%) | 204<br>(100%) |
| 合计 | 799<br>(35.8%) | 1260<br>(56.5%) | 65<br>(2.9%) | 9<br>(0.4%) | 99<br>(4.4%) | 2232<br>(100%) |

上述数据也表明，上海户籍人口与非上海户籍人口对市高院的信任状况存在一定差异。把比较信任和非常信任合并为信任，非常不信任和不太信任合并为不信任，我们发现，在本市非农人口中，有 1599 人表示信任，占本市非农人口的

92.2%；在本市农业人口中，有154人表示信任，占本市农业人口的93.3%；在外地非农人口中，有118人表示信任，占外地非农人口的91.5%；在外地农业人口中，有188人表示信任，占外地农业人口的92.1%。也就是说，不管是上海户籍还是非上海户籍，农业人口对上海市高院的信任度都要高于非农业人口。

（3）社会公众对市中级人民法院的信任度

对于上海市中级人民法院的信任状况，有675人表示非常信任，占有效样本的30.3%；1371人比较信任，占有效样本的61.5%；71人不太信任，占有效样本的3.2%；10人非常不信任，占有效样本的0.4%；104人说不清，占有效样本的4.7%（见表8-31）。

表8-31　社会公众对市中级人民法院的信任度（N=2231）

|  | 非常信任 | 比较信任 | 不太信任 | 非常不信任 | 说不清 | 合计 |
| --- | --- | --- | --- | --- | --- | --- |
| 市中院 | 675(30.3%) | 1371(61.5%) | 71(3.2%) | 10(0.4%) | 104(4.7%) | 2231(100%) |

比较分析上海户籍人口与非上海户籍人口对中级人民法院的信任状况，可以发现，在样本对上海市中级人民法院信任程度栏中，本地非农1733人，占77.7%；其中535人非常信任，占30.9%；1051人比较信任，占60.6%；61人不太信任，占3.5%；7人非常不信任，占0.4%；79人说不清，占4.6%。本地农业165人，占7.4%；其中42人非常信任，占25.5%；112人比较信任，占67.9%；3人不太信任，占1.8%；0人非常不信任；8人说不清，占4.8%。合计本市户籍人口1898人，占85.1%；其中577人非常信任，占30.4%；1163人比

较信任，占 61.3%；64 人不太信任，占 3.4%；7 人非常不信任，占 0.4%；87 人说不清，占 4.6%。外地非农 129 人，占 5.8%；其中 37 人非常信任，占 28.7%；81 人比较信任，占 62.8%；1 人不太信任，占 0.8%；1 人非常不信任，占 0.8%；9 人说不清，占 7.0%。外地农业 204 人，占 9.1%；其中 61 人非常信任，占 29.9%；127 人比较信任，占 62.3%；6 人不太信任，占 2.9%；2 人非常不信任，占 1.0%；8 人说不清，占 3.9%。合计外地户籍人口 333 人，占 14.9%；其中 98 人非常信任，占 29.4%；208 人比较信任，占 62.5%；7 人不太信任，占 2.1%；3 人非常不信任，占 0.9%；17 人说不清，占 5.1%（见表 8-32）。

表 8-32　　户籍身份与对上海市中级人民法院信任程度交互频次（N=2231）

|  | 非常信任 | 比较信任 | 不太信任 | 非常不信任 | 说不清 | 合计 |
| --- | --- | --- | --- | --- | --- | --- |
| 本地户籍 | 577 (30.4%) | 1163 (61.3%) | 64 (3.4%) | 7 (0.4%) | 87 (4.6%) | 1898 (100%) |
| 本地非农 | 535 (30.9%) | 1051 (60.6%) | 61 (3.5%) | 7 (0.4%) | 79 (4.6%) | 1733 (100%) |
| 本地农业 | 42 (25.5%) | 112 (67.9%) | 3 (1.8%) | 0 | 8 (4.8%) | 165 (100%) |
| 外地户籍 | 98 (29.4%) | 208 (62.5%) | 7 (2.1%) | 3 (0.9%) | 17 (5.1%) | 333 (100%) |
| 外地非农 | 37 (28.7%) | 81 (62.8%) | 1 (0.8%) | 1 (0.8%) | 9 (7.0%) | 129 (100%) |
| 外地农业 | 61 (29.9%) | 127 (62.3%) | 6 (2.9%) | 2 (1.0%) | 8 (3.9%) | 204 (100%) |
| 合计 | 675 (30.3%) | 1371 (61.5%) | 71 (3.2%) | 10 (0.4%) | 104 (4.7%) | 2231 (100%) |

上述数据也表明，上海户籍人口与非上海户籍人口对市中

级人民法院的信任状况存在一定差异。把比较信任和非常信任合并为信任,非常不信任和不太信任合并为不信任,我们发现,在本市非农人口中,有1586人表示信任,占本市非农人口的91.5%;在本市农业人口中,有154人表示信任,占本市农业人口的93.3%;在外地非农人口中,有118人表示信任,占外地非农人口的91.5%;在外地农业人口中,有188人表示信任,占外地农业人口的92.2%。也就是说,不管是上海户籍还是非上海户籍,农业人口对上海市中级人民法院的信任度都要高于非农业人口。

（4）社会公众对区（县）人民法院的信任度

对于区（县）法院的信任状况,有454人表示非常信任,占有效样本的20.3%;有1465人表示比较信任,占有效样本的65.7%;有175人表示不太信任,占有效样本的7.8%;有11人表示非常不信任,占有效样本的0.5%;有126人表示说不清,占有效样本的5.6%（见表8-33）。

表8-33　社会公众对区（县）人民法院的信任度（N=2231）

|  | 非常信任 | 比较信任 | 不太信任 | 非常<br>不信任 | 说不清 | 合计 |
|---|---|---|---|---|---|---|
| 区（县）法院 | 454<br>(20.3%) | 1465<br>(65.7%) | 175<br>(7.8%) | 11<br>(0.5%) | 126<br>(5.6%) | 2231<br>(100%) |

比较分析上海户籍人口与非上海户籍人口对区（县）人民法院的信任状况,可以发现,在样本对区（县）法院信任程度栏中,本地非农1733人,占77.7%;其中368人非常信任,占21.2%;1124人比较信任,占64.9%;132人不太信任,占7.6%;8人非常不信任,占0.5%;101人说不清,占5.8%。本地农业165人,占7.4%;其中30人非常信任,占

18.2%；114人比较信任，占69.1%；11人不太信任，占6.7%；1人非常不信任，占0.6%；9人说不清，占5.5%。合计本市户籍人口1898人，占85.1%；其中398人非常信任，占21.0%；1238人比较信任，占65.2%；143人不太信任，占7.5%；9人非常不信任，占0.5%；110人说不清，占5.8%。外地非农129人，占5.8%；其中25人非常信任，占19.4%；87人比较信任，占67.4%；10人不太信任，占7.8%；1人非常不信任，占0.8%；6人说不清，占4.7%。外地农业204人，占9.1%；其中31人非常信任，占15.2%；140人比较信任，占68.6%；22人不太信任，占10.8%；1人非常不信任，占0.5%；10人说不清，占4.9%。合计外地户籍人口333人，占14.9%；其中56人非常信任，占16.8%；227人比较信任，占68.2%；32人不太信任，占9.6%；2人非常不信任，占0.6%；16人说不清，占4.8%（见表8-34）。

表8-34　户籍身份与对区（县）人民法院信任程度交互频次（N=2231）

|  | 非常信任 | 比较信任 | 不太信任 | 非常不信任 | 说不清 | 合计 |
| --- | --- | --- | --- | --- | --- | --- |
| 本地户籍 | 398（21.0%） | 1238（65.2%） | 143（7.5%） | 9（0.5%） | 110（5.8%） | 1898（100%） |
| 本地非农 | 368（21.2%） | 1124（64.9%） | 132（7.6%） | 8（0.5%） | 101（5.8%） | 1733（100%） |
| 本地农业 | 30（18.2%） | 114（69.1%） | 11（6.7%） | 1（0.6%） | 9（5.5%） | 165（100%） |
| 外地户籍 | 56（16.8%） | 227（68.2%） | 32（9.6%） | 2（0.6%） | 16（4.8%） | 333（100%） |

续表

|  | 非常信任 | 比较信任 | 不太信任 | 非常不信任 | 说不清 | 合计 |
|---|---|---|---|---|---|---|
| 外地非农 | 25<br>(19.4%) | 87<br>(67.4%) | 10<br>(7.8%) | 1<br>(0.8%) | 6<br>(4.7%) | 129<br>(100%) |
| 外地农业 | 31<br>(15.2%) | 140<br>(68.6%) | 22<br>(10.8%) | 1<br>(0.5%) | 10<br>(4.9%) | 204<br>(100%) |
| 合计 | 454<br>(20.3%) | 1465<br>(65.7%) | 175<br>(7.8%) | 11<br>(0.5%) | 126<br>(5.6%) | 2231<br>(100%) |

上述数据也表明，上海户籍人口与非上海户籍人口对市区（县）人民法院的信任状况存在一定差异。把比较信任和非常信任合并为信任，非常不信任和不太信任合并为不信任，我们发现，在本市非农人口中，有1492人表示信任，占本市非农人口的86.1%；在本市农业人口中，有144人表示信任，占本市农业人口的87.3%；在外地非农人口中，有112人表示信任，占外地非农人口的86.8%；在外地农业人口中，有171人表示信任，占外地农业人口的83.8%。也就是说，上海户籍人口中，农业人口对区（县）法院的信任度要高于非农人口。而在非上海户籍人口中，非农业人口的信任度则要高于农业人口。

2. 社会公众对检察院的信任度

（1）社会公众对最高人民检察院的信任度

对于最高人民检察院的信任状况，抽样调查显示，有808人表示非常信任，占有效样本的36.2%；有1240人表示比较信任，占有效样本的55.6%；有67人表示不太信任，占有效样本的3.0%；有11人表示非常不信任，占有效样本的0.5%；有104人说不清，占有效样本的4.7%（见表8-35）。

表8-35 社会公众对最高人民检察院的信任度（N=2230）

| | 非常信任 | 比较信任 | 不太信任 | 非常不信任 | 说不清 | 合计 |
|---|---|---|---|---|---|---|
| 最高人民检察院 | 808 (36.2%) | 1240 (55.6%) | 67 (3.0%) | 11 (0.5%) | 104 (4.7%) | 2230 (100%) |

比较分析上海户籍人口与非上海户籍人口对最高人民检察院的信任状况，可以发现，在样本对最高人民检察院信任程度栏中，本地非农1732人，占77.7%；其中643人非常信任，占37.1%；950人比较信任，占54.8%；52人不太信任，占3.0%；8人非常不信任，占0.5%；79人说不清，占4.6%。本地农业165人，占7.4%；其中55人非常信任，占33.3%；98人比较信任，占59.4%；2人不太信任，占1.2%；1人非常不信任，占0.6%；9人说不清，占5.5%。合计本市户籍人口1897人，占85.1%；其中698人非常信任，占36.8%；1048人比较信任，占55.2%；54人不太信任，占2.8%；9人非常不信任，占0.5%；88人说不清，占4.6%。外地非农129人，占5.8%；其中36人非常信任，占27.9%；79人比较信任，占61.2%；4人不太信任，占3.1%；1人非常不信任，占0.8%；9人说不清，占7.0%。外地农业204人，占9.1%；其中74人非常信任，占36.3%；113人比较信任，占55.4%；9人不太信任，占4.4%；1人非常不信任，占0.5%；7人说不清，占3.4%。合计外地户籍人口333人，占14.9%；其中110人非常信任，占33.0%；192人比较信任，占57.7%；13人不太信任，占3.9%；2人非常不信任，占0.6%；16人说不清，占4.8%（见表8-36）。

表 8-36　　　户籍身份与对最高人民检察院信任程度交互频次（N=2230）

| | 非常信任 | 比较信任 | 不太信任 | 非常不信任 | 说不清 | 合计 |
|---|---|---|---|---|---|---|
| 本地户籍 | 698 (36.8%) | 1048 (55.2%) | 54 (2.8%) | 9 (0.5%) | 88 (4.6%) | 1897 (100%) |
| 本地非农 | 643 (37.1%) | 950 (54.8%) | 52 (3.0%) | 8 (0.5%) | 79 (4.6%) | 1732 (100%) |
| 本地农业 | 55 (33.3%) | 98 (59.4%) | 2 (1.2%) | 1 (0.6%) | 9 (5.5%) | 165 (100%) |
| 外地户籍 | 110 (33.0%) | 192 (57.7%) | 13 (3.9%) | 2 (0.6%) | 16 (4.8%) | 333 (100%) |
| 外地非农 | 36 (27.9%) | 79 (61.2%) | 4 (3.1%) | 1 (0.8%) | 9 (7.0%) | 129 (100%) |
| 外地农业 | 74 (36.3%) | 113 (55.4%) | 9 (4.4%) | 1 (0.5%) | 7 (3.4%) | 204 (100%) |
| 合计 | 808 (36.2%) | 1240 (55.6%) | 67 (3.0%) | 11 (0.5%) | 104 (4.7%) | 2230 (100%) |

上述数据也表明，上海户籍人口与非上海户籍人口对最高人民检察院的信任状况存在一定差异。把比较信任和非常信任合并为信任，非常不信任和不太信任合并为不信任，我们发现，在本市非农人口中，有1593人表示信任，占本市非农人口的91.9%；在本市农业人口中，有153人表示信任，占本市农业人口的92.7%；在外地非农人口中，有115人表示信任，占外地非农人口的89.1%；在外地农业人口中，有187人表示信任，占外地农业人口的91.7%。也就是说，无论是非农人口还是农业人口，上海户籍人口对最高人民检察院的信任度都要高于非上海户籍人口。而且，无论是上海户籍还是非上海户籍，农业人口对最高人民检察院的信任度要高于非农人口。

(2) 社会公众对上海市人民检察院的信任度

对于上海市人民检察院的信任状况,有 742 人表示非常信任,占有效样本的 33.2%;有 1312 人表示比较信任,占有效样本的 58.8%;有 72 人表示不太信任,占有效样本的 3.2%;有 8 人表示非常不信任,占有效样本的 0.4%;有 98 人表示说不清,占有效样本的 4.4%(见表 8-37)。

表 8-37　　社会公众对上海市人民检察院的信任度（N=2232）

|  | 非常信任 | 比较信任 | 不太信任 | 非常<br>不信任 | 说不清 | 合计 |
| --- | --- | --- | --- | --- | --- | --- |
| 市人民<br>检察院 | 742<br>(33.2%) | 1312<br>(58.8%) | 72<br>(3.2%) | 8<br>(0.4%) | 98<br>(4.4%) | 2232<br>(100%) |

比较分析上海户籍人口与非上海户籍人口对上海市人民检察院的信任状况,可以发现,在样本对上海市人民检察院信任程度栏中,本地非农 1734 人,占 77.7%;其中 591 人非常信任,占 34.1%;1004 人比较信任,占 58.0%;56 人不太信任,占 3.2%;7 人非常不信任,占 0.4%;76 人说不清,占 4.4%。本地农业 165 人,占 7.4%;其中 45 人非常信任,占 27.3%;110 人比较信任,占 66.7%;3 人不太信任,占 1.8%;0 人非常不信任;7 人说不清,占 4.2%。合计本市户籍人口 1899 人,占 85.1%;其中 636 人非常信任,占 33.5%;1114 人比较信任,占 58.7%;59 人不太信任,占 3.1%;7 人非常不信任,占 0.4%;83 人说不清,占 4.4%。外地非农 129 人,占 5.8%;其中 38 人非常信任,占 29.5%;78 人比较信任,占 60.5%;6 人不太信任,占 4.7%;0 人非常不信任;7 人说不清,占 5.4%。外地农业 204 人,占 9.1%;其中 68 人非常信任,占 33.3%;120 人比较信任,占

58.8%；7人不太信任，占 3.4%；1人非常不信任，占 0.5%；8人说不清，占 3.9%。合计外地户籍人口 333 人，占 14.9%；其中 106 人非常信任，占 31.8%；198 人比较信任，占 59.5%；13 人不太信任，占 3.9%；1 人非常不信任，占 0.3%；15 人说不清，占 4.5%（见表 8-38）。

表 8-38　　户籍身份与对上海市人民检察院信任程度交互频次（N=2232）

| | 非常信任 | 比较信任 | 不太信任 | 非常不信任 | 说不清 | 合计 |
|---|---|---|---|---|---|---|
| 本地户籍 | 636 (33.5%) | 1114 (58.7%) | 59 (3.1%) | 7 (0.4%) | 83 (4.4%) | 1899 (100%) |
| 本地非农 | 591 (34.1%) | 1004 (58.0%) | 56 (3.2%) | 7 (0.4%) | 76 (4.4%) | 1734 (100%) |
| 本地农业 | 45 (27.3%) | 110 (66.7%) | 3 (1.8%) | 0 | 7 (4.2%) | 165 (100%) |
| 外地户籍 | 106 (31.8%) | 198 (59.5%) | 13 (3.9%) | 1 (0.3%) | 15 (4.5%) | 333 (100%) |
| 外地非农 | 38 (29.5%) | 78 (60.5%) | 6 (4.7%) | 0 | 7 (5.4%) | 129 (100%) |
| 外地农业 | 68 (33.3%) | 120 (58.8%) | 7 (3.4%) | 1 (0.5%) | 8 (3.9%) | 204 (100%) |
| 合计 | 742 (33.2%) | 1312 (58.8%) | 72 (3.2%) | 8 (0.4%) | 98 (4.4%) | 2232 (100%) |

上述数据也表明，上海户籍人口与非上海户籍人口对上海市人民检察院的信任状况存在一定差异。把比较信任和非常信任合并为信任，非常不信任和不太信任合并为不信任，我们发现，在本市非农人口中，有 1595 人表示信任，占本市非农人口的 92.1%；在本市农业人口中，有 155 人表示信任，占本

市农业人口的94.0%；在外地非农人口中，有116人表示信任，占外地非农人口的90.0%；在外地农业人口中，有188人表示信任，占外地农业人口的92.1%。也就是说，无论是上海户籍还是非上海户籍，农业人口对上海市人民检察院的信任度要高于非农人口。

（3）社会公众对上海市人民检察院分院的信任度

对于上海市检察院（一、二分院）的信任状况，抽样调查显示，有682人表示非常信任，占有效样本的30.6%；有1356人表示比较信任，占有效样本的60.8%；有78人表示不太信任，占有效样本的3.5%；有11人表示非常不信任，占有效样本的0.5%；有102人表示说不清，占有效样本的4.6%（见表8-39）。

表8-39 社会公众对上海市人民检察院分院的信任度（N=2229）

|  | 非常信任 | 比较信任 | 不太信任 | 非常不信任 | 说不清 | 合计 |
| --- | --- | --- | --- | --- | --- | --- |
| 市检察院分院 | 682<br>(30.6%) | 1356<br>(60.8%) | 78<br>(3.5%) | 11<br>(0.5%) | 102<br>(4.6%) | 2229<br>(100%) |

比较分析上海户籍人口与非上海户籍人口对上海市人民检察院分院的信任状况，可以发现，在样本对上海市人民检察院分院的信任程度栏中，本地非农1732人，占77.7%；其中543人非常信任，占31.4%；1038人比较信任，占59.9%；63人不太信任，占3.6%；9人非常不信任，占0.5%；79人说不清，占4.6%。本地农业165人，占7.4%；其中45人非常信任，占27.3%；109人比较信任，占66.1%；3人不太信任，占1.8%；0人非常不信任；8人说不清，占4.8%。合计本市户籍人口1897人，占85.1%；其中588人非常信任，占

31.0%；1147 人比较信任，占 60.5%；66 人不太信任，占 3.5%；9 人非常不信任，占 0.5%；87 人说不清，占 4.6%。外地非农 128 人，占 5.7%；其中 36 人非常信任，占 28.1%；81 人比较信任，占 63.3%；5 人不太信任，占 3.9%；0 人非常不信任；6 人说不清，占 4.7%。外地农业 204 人，占 9.2%；其中 58 人非常信任，占 28.4%；128 人比较信任，占 62.7%；7 人不太信任，占 3.4%；2 人非常不信任，占 1.1%；9 人说不清，占 4.4%。合计外地户籍人口 332 人，占 14.9%；其中 94 人非常信任，占 28.3%；209 人比较信任，占 63.0%；12 人不太信任，占 3.6%；2 人比较信任，占 0.6%；15 人说不清，占 4.5%（见表 8-40）。

表 8-40　　户籍身份与对上海市人民检察院分院的信任程度交互频次（N=2229）

| | 非常信任 | 比较信任 | 不太信任 | 非常不信任 | 说不清 | 合计 |
|---|---|---|---|---|---|---|
| 本地户籍 | 588 (31.0%) | 1147 (60.5%) | 66 (3.5%) | 9 (0.5%) | 87 (4.6%) | 1897 (100%) |
| 本地非农 | 543 (31.4%) | 1038 (59.9%) | 63 (3.6%) | 9 (0.5%) | 79 (4.6%) | 1732 (100%) |
| 本地农业 | 45 (27.3%) | 109 (66.1%) | 3 (1.8%) | 0 | 8 (4.8%) | 165 (100%) |
| 外地户籍 | 94 (28.3%) | 209 (63.0%) | 12 (3.6%) | 2 (0.6%) | 15 (4.5%) | 332 (100%) |
| 外地非农 | 36 (28.1%) | 81 (63.3%) | 5 (3.9%) | 0 | 6 (4.7%) | 128 (100%) |
| 外地农业 | 58 (28.4%) | 128 (62.7%) | 7 (3.4%) | 2 (1.1%) | 9 (4.4%) | 204 (100%) |
| 合计 | 682 (30.6%) | 1356 (60.8%) | 78 (3.5%) | 11 (0.5%) | 102 (4.6%) | 2229 (100%) |

上述数据也表明，上海户籍人口与非上海户籍人口对上海

市人民检察院分院的信任状况存在一定差异。把比较信任和非常信任合并为信任，非常不信任和不太信任合并为不信任，我们发现，在本市非农人口中，有1581人表示信任，占本市非农人口的91.3%；在本市农业人口中，有154人表示信任，占本市农业人口的93.4%；在外地非农人口中，有117人表示信任，占外地非农人口的91.4%；在外地农业人口中，有186人表示信任，占外地农业人口的91.1%。也就是说，上海户籍人口中，农业人口对上海市人民检察院分院的信任度要明显高于非农人口。而在非上海户籍人口中，非农人口对上海市人民检察院分院的信任度要略高于农业人口。

（4）社会公众对上海市区（县）人民检察院的信任度

对于上海市区（县）检察院的信任状况，抽样调查显示，有433人表示非常信任，占有效样本的19.4%；有1489人表示比较信任，占有效样本的66.7%；有169人表示不太信任，占有效样本的7.6%；有10人表示非常不信任，占有效样本的0.4%；有131人表示说不清，占有效样本的5.9%（见表8-41）。

表8-41　社会公众对上海市区（县）人民检察院的信任度（N=2232）

| | 非常信任 | 比较信任 | 不太信任 | 非常不信任 | 说不清 | 合计 |
|---|---|---|---|---|---|---|
| 区县人民检察院 | 433 (19.4%) | 1489 (66.7%) | 169 (7.6%) | 10 (0.4%) | 131 (5.9%) | 2232 (100%) |

比较分析上海户籍人口与非上海户籍人口对上海市区（县）人民检察院的信任状况，可以发现，在样本对区（县）人民检察院信任程度栏中，本地非农1734人，占77.7%；其中349人非常信任，占20.1%；1145人比较信任，占66.0%；

128人不太信任，占7.4%；7人非常不信任，占0.4%；105人说不清，占6.1%。本地农业165人，占7.4%；其中29人非常信任，占17.6%；116人比较信任，占70.3%；9人不太信任，占5.5%；1人非常不信任，占0.6%；10人说不清，占6.1%。合计本市户籍人口1899人，占85.1%；其中378人非常信任，占19.9%；1261人比较信任，占66.4%；137人不太信任，占7.2%；8人非常不信任，占0.4%；115人说不清，占6.1%。外地非农129人，占5.8%；其中26人非常信任，占20.2%；88人比较信任，占68.2%；8人不太信任，占6.2%；1人非常不信任，占0.8%；6人说不清，占4.7%。外地农业204人，占9.1%；其中29人非常信任，占14.2%；140人比较信任，占68.6%；24人不太信任，占11.8%；1人非常不信任，占0.5%；10人说不清，占4.9%。合计外地户籍人口333人，占14.9%；其中55人非常信任，占16.5%；228人比较信任，占68.5%；32人不太信任，占9.6%；2人非常不信任，占0.6%；16人说不清，占4.8%（见表8-42）。

表8-42 户籍身份与对区（县）人民检察院信任程度交互频次（N=2232）

|      | 非常信任 | 比较信任 | 不太信任 | 非常不信任 | 说不清 | 合计 |
| --- | --- | --- | --- | --- | --- | --- |
| 本地户籍 | 378<br>(19.9%) | 1261<br>(66.4%) | 137<br>(7.2%) | 8<br>(0.4%) | 115<br>(6.1%) | 1899<br>(100%) |
| 本地非农 | 349<br>(20.1%) | 1145<br>(66.0%) | 128<br>(7.4%) | 7<br>(0.4%) | 105<br>(6.1%) | 1734<br>(100%) |
| 本地农业 | 29<br>(17.6%) | 116<br>(70.3%) | 9<br>(5.5%) | 1<br>(0.6%) | 10<br>(6.1%) | 165<br>(100%) |
| 外地户籍 | 55<br>(16.5%) | 228<br>(68.5%) | 32<br>(9.6%) | 2<br>(0.6%) | 16<br>(4.8%) | 333<br>(100%) |

续表

|  | 非常信任 | 比较信任 | 不太信任 | 非常不信任 | 说不清 | 合计 |
|---|---|---|---|---|---|---|
| 外地非农 | 26 (20.2%) | 88 (68.2%) | 8 (6.2%) | 1 (0.8%) | 6 (4.7%) | 129 (100%) |
| 外地农业 | 29 (14.2%) | 140 (68.6%) | 24 (11.8%) | 1 (0.5%) | 10 (4.9%) | 204 (100%) |
| 合计 | 433 (19.4%) | 1489 (66.7%) | 169 (7.6%) | 10 (0.4%) | 131 (5.9%) | 2232 (100%) |

上述数据也表明，上海户籍人口与非上海户籍人口对上海市区（县）人民检察院的信任状况存在一定差异。把比较信任和非常信任合并为信任，非常不信任和不太信任合并为不信任，我们发现，在本市非农人口中，有1494人表示信任，占本市非农人口的86.1%；在本市农业人口中，有145人表示信任，占本市农业人口的87.9%；在外地非农人口中，有114人表示信任，占外地非农人口的88.4%；在外地农业人口中，有169人表示信任，占外地农业人口的82.8%。也就是说，上海户籍人口中，农业人口对上海市区（县）人民检察院的信任度要高于非农人口。而在非上海户籍人口中，非农人口对上海市区（县）人民检察院的信任度要高于农业人口。

## 四 警察机构信任

警察机构信任度主要是测量社会公众对各级公安部门的信任状况。如果把比较信任和非常信任合并为信任的话，总体而言，社会公众对警察机构的信任度较高，都在80%以上。与司法机构信任一样，社会公众对警察机构的信任度最高的是上海市公安局，达到93.3%；其次才是公安部，信任度为

92.3%（见表 8 - 43）。而且上海市公众对本市各级公安机构的信任度呈现信任递减现象。即警察机构的层级越高，社会公众对其的信任度也越高。具体信任状况的数据呈现如下：

表 8 - 43　　　　社会公众对警察机构的信任度

|  | 非常信任 | 比较信任 | 不太信任 | 非常不信任 | 说不清 | 合计 |
| --- | --- | --- | --- | --- | --- | --- |
| 公安部 | 819<br>(36.6%) | 1244<br>(55.7%) | 74<br>(3.3%) | 18<br>(0.8%) | 80<br>(3.6%) | 2235<br>(100%) |
| 市公安局 | 750<br>(33.5%) | 1335<br>(59.7%) | 68<br>(3.0%) | 18<br>(0.8%) | 65<br>(2.9%) | 2236<br>(100%) |
| 区（县）公安局 | 501<br>(22.4%) | 1468<br>(65.7%) | 170<br>(7.6%) | 19<br>(0.9%) | 77<br>(3.4%) | 2235<br>(100%) |
| 基层派出所 | 336<br>(15.0%) | 1463<br>(65.5%) | 305<br>(13.7%) | 29<br>(1.3%) | 101<br>(4.5%) | 2234<br>(100%) |

1. 社会公众对公安部的信任度

对于公安部的信任状况，抽样调查显示，从其单变量的频次分布情况来看，有 819 人表示非常信任，占有效样本的 36.6%；有 1244 人表示比较信任，占有效样本的 55.7%；有 74 人表示不太信任，占有效样本的 3.3%；有 18 人表示非常不信任，占有效样本的 0.8%；有 80 人表示说不清，占有效样本的 3.6%。如果把比较信任和非常信任合并为信任的话，那么社会公众对公安部的信任度为 92.3%（见表 8 - 43）。

比较分析上海户籍人口与非上海户籍人口对公安部的信任状况，可以发现，在样本对国家公安部信任程度栏中，本地非农 1733 人，占 77.7%；其中 642 人非常信任，占 37.0%；952 人比较信任，占 55.0%；59 人不太信任，占 3.4%；16 人非常不信任，占 0.9%；64 人说不清，占 3.7%。本地农业 165 人，占 7.4%；其中 49 人非常信任，占 29.7%；110 人比较信任，占 66.7%；0 人不太信任；1 人非常不信任，占 0.6%；5 人说不清，占 3.0%。合计本市户籍人口 1898 人，占 85.1%；其中 691 人非常信任，占 36.4%；1062 人比较信任，占 56.0%；59 人不太信任，占 3.1%；17 人非常不信任，占 0.9%；69 人说不清，占 3.6%。外地非农 129 人，占 5.8%；其中 47 人非常信任，占 36.4%；73 人比较信任，占 56.6%；5 人不太信任，占 3.9%；0 人非常不信任；4 人说不清，占 3.1%。外地农业 204 人，占 9.1%；其中 80 人非常信任，占 39.2%；108 人比较信任，占 53.0%；8 人不太信任，占 3.9%；1 人非常不信任，占 0.5%；7 人说不清，占 3.4%。合计外地户籍人口 333 人，占 14.9%；其中 127 人非常信任，占 38.1%；181 人比较信任，占 54.4%；13 人不太信任，占 3.9%；1 人非常不信任，占 0.3%；11 人说不清，占 3.3%（见表 8-44）。

表 8-44　户籍身份与对公安部信任程度交互频次（N=2231）

|  | 非常信任 | 比较信任 | 不太信任 | 非常不信任 | 说不清 | 合计 |
| --- | --- | --- | --- | --- | --- | --- |
| 本地户籍 | 691<br>(36.4%) | 1062<br>(56.0%) | 59<br>(3.1%) | 17<br>(0.9%) | 69<br>(3.6%) | 1898<br>(100%) |
| 本地非农 | 642<br>(37.0%) | 952<br>(55.0%) | 59<br>(3.4%) | 16<br>(0.9%) | 64<br>(3.7%) | 1733<br>(100%) |
| 本地农业 | 49<br>(29.7%) | 110<br>(66.7%) | 0 | 1<br>(0.6%) | 5<br>(3.0%) | 165<br>(100%) |
| 外地户籍 | 127<br>(38.1%) | 181<br>(54.4%) | 13<br>(3.9%) | 1<br>(0.3%) | 11<br>(3.3%) | 333<br>(100%) |
| 外地非农 | 47<br>(36.4%) | 73<br>(56.6%) | 5<br>(3.9%) | 0 | 4<br>(3.1%) | 129<br>(100%) |
| 外地农业 | 80<br>(39.2%) | 108<br>(53.0%) | 8<br>(3.9%) | 1<br>(0.5%) | 7<br>(3.4%) | 204<br>(100%) |
| 合计 | 818<br>(36.7%) | 1243<br>(55.7%) | 72<br>(3.2%) | 18<br>(0.8%) | 80<br>(3.6%) | 2231<br>(100%) |

注：本表为删除缺损值之后的统计结果。

上述数据也表明，上海户籍人口与非上海户籍人口对公安部的信任状况存在一定差异。把比较信任和非常信任合并为信任，非常不信任和不太信任合并为不信任，我们发现，在本市非农人口中，有1594人表示信任，占本市非农人口的92.0%；在本市农业人口中，有159人表示信任，占本市农业人口的96.4%；在外地非农人口中，有120人表示信任，占外地非农人口的93.0%；在外地农业人口中，有188人表示信任，占外地农业人口的92.2%。也就是说，上海户籍人口中，农业人口对公安部的信任度要明显高于非农人口。而在非上海户籍人口中，非农人口对公安部的信任度要高于农业人口。

2. 社会公众对市公安局的信任度

对于上海市公安局的信任状况，抽样调查显示，从其单变量的频次分布情况来看，有750人表示非常信任，占有效样本的33.5%；有1335人表示比较信任，占有效样本的59.7%；有68人表示不太信任，占有效样本的3.0%；有18人表示非常不信任，占有效样本的0.8%；有65人表示说不清，占有效样本的2.9%。如果把比较信任和非常信任合并为信任的话，那么社会公众对上海市公安局的信任度为93.2%（见表8-43）。

比较分析上海户籍人口与非上海户籍人口对市公安局的信任状况，可以发现，在样本对上海市公安局信任程度栏中，本地非农1734人，占77.7%；其中597人非常信任，占34.5%；1022人比较信任，占58.9%；51人不太信任，占2.9%；14人非常不信任，占0.8%；50人说不清，占2.9%。本地农业165人，占7.4%；其中46人非常信任，占27.9%；110人比较信任，占66.7%；3人不太信任，占1.8%；2人非常不信任，占1.2%；4人说不清，占2.4%。合计本市户籍人口1899人，占85.1%；其中643人非常信任，占

33.9%；1132 人比较信任，占 59.6%；54 人不太信任，占 2.8%；16 人非常不信任，占 0.8%；54 人说不清，占 2.9%。外地非农 129 人，占 5.8%；其中 43 非常信任，占 33.3%；76 人比较信任，占 58.9%；3 人不太信任，占 2.3%；0 人非常不信任；7 人说不清，占 5.5%。外地农业 204 人，占 9.1%；其中 63 人非常信任，占 30.9%；126 人比较信任，占 61.7%；9 人不太信任，占 4.4%；2 人非常不信任，占 1.0%；4 人说不清，占 2.0%。合计外地户籍人口 333 人，占 14.9%；其中 106 人非常信任，占 31.8%；202 人比较信任，占 60.7%；12 人不太信任，占 3.6%；2 人非常不信任，占 0.6%；11 人说不清，占 3.3%（见表 8-45）。

表 8-45　　户籍身份与对上海市公安局信任程度交互频次（N=2232）

|  | 非常信任 | 比较信任 | 不太信任 | 非常不信任 | 说不清 | 合计 |
| --- | --- | --- | --- | --- | --- | --- |
| 本地户籍 | 643<br>(33.9%) | 1132<br>(59.6%) | 54<br>(2.8%) | 16<br>(0.8%) | 54<br>(2.9%) | 1899<br>(100%) |
| 本地非农 | 597<br>(34.5%) | 1022<br>(58.9%) | 51<br>(2.9%) | 14<br>(0.8%) | 50<br>(2.9%) | 1734<br>(100%) |
| 本地农业 | 46<br>(27.9%) | 110<br>(66.7%) | 3<br>(1.8%) | 2<br>(1.2%) | 4<br>(2.4%) | 165<br>(100%) |
| 外地户籍 | 106<br>(31.8%) | 202<br>(60.7%) | 12<br>(3.6%) | 2<br>(0.6%) | 11<br>(3.3%) | 333<br>(100%) |
| 外地非农 | 43<br>(33.3%) | 76<br>(58.9%) | 3<br>(2.3%) | 0 | 7<br>(5.5%) | 129<br>(100%) |
| 外地农业 | 63<br>(30.9%) | 126<br>(61.7%) | 9<br>(4.4%) | 2<br>(1.0%) | 4<br>(2.0%) | 204<br>(100%) |
| 合计 | 749<br>(33.6%) | 1334<br>(59.7%) | 66<br>(3.0%) | 18<br>(0.8%) | 65<br>(2.9%) | 2232<br>(100%) |

注：本表为删除缺损值之后的统计结果。

上述数据也表明，上海户籍人口与非上海户籍人口对市公安局的信任状况存在一定差异。把比较信任和非常信任合并为信任，非常不信任和不太信任合并为不信任，我们发现，在本市非农人口中，有1619人表示信任，占本市非农人口的93.4%；在本市农业人口中，有156人表示信任，占本市农业人口的94.6%；在外地非农人口中，有119人表示信任，占外地非农人口的92.2%；在外地农业人口中，有189人表示信任，占外地农业人口的92.6%。也就是说，无论是农业人口还是非农人口，上海户籍人口对上海市公安局的信任度都要高于非上海户籍人口。而且，无论是上海户籍还是非上海户籍，农业人口对上海市公安局的信任度都要高于非农人口。

3. 社会公众对区（县）公安局的信任度

对于区（县）公安局的信任状况，抽样调查显示，从其单变量的频次分布情况来看，有501人表示非常信任，占有效样本的22.4%；有1468人表示比较信任，占有效样本的65.7%；有170人表示不太信任，占有效样本的7.6%；有19人表示非常不信任，占有效样本的0.9%；有77人表示说不清，占有效样本的3.4%。如果把比较信任和非常信任合并为信任的话，那么社会公众对区（县）公安局的信任度为88.1%（见表8-43）。

比较分析上海户籍人口与非上海户籍人口对上海市区（县）公安局的信任状况，可以发现，在样本对区（县）公安局信任程度栏中，本地非农1733人，占77.7%；其中410人非常信任，占23.7%；1122人比较信任，占64.7%；127人不太信任，占7.3%；12人非常不信任，占0.7%；62人说不清，占3.6%。本地农业165人，占7.4%；其中28人非常信任，占17.0%；125人比较信任，占75.7%；10人不太信任，占6.1%；2人非常不信任，占1.2%；0人说不清。合计本市户籍人口 1898 人，占 85.1%；其中 438 人非常信任，占 23.1%；1247 人比较信任，占 65.7%；137 人不太信任，占 7.2%；14 人非常不信任，占 0.7%；62 人说不清，占 3.3%。外地非农 129 人，占 5.8%；其中 29 人非常信任，占 22.5%；83 人比较信任，占 64.3%；9 人不太信任，占 7.0%；0 人非常不信任；8 人说不清，占 6.2%。外地农业 204 人，占 9.1%；其中 34 人非常信任，占 16.7%；136 人比较信任，占 66.7%；22 人不太信任，占 10.8%；5 人非常不信任，占 2.4%；7 人说不清，占 3.4%。合计外地户籍人口 333 人，占 14.9%；其中 63 人非常信任，占 18.9%；219 人比较信任，占 65.8%；31 人不太信任，占 9.3%；5 人非常不信任，占 1.5%；15 人说不清，占 4.5%（见表 8-46）。

表 8-46　户籍身份与对区（县）公安局信任程度交互频次（N=2231）

|  | 非常信任 | 比较信任 | 不太信任 | 非常不信任 | 说不清 | 合计 |
| --- | --- | --- | --- | --- | --- | --- |
| 本地户籍 | 438<br>(23.1%) | 1247<br>(65.7%) | 137<br>(7.2%) | 14<br>(0.7%) | 62<br>(3.3%) | 1898<br>(100%) |
| 本地非农 | 410<br>(23.7%) | 1122<br>(64.7%) | 127<br>(7.3%) | 12<br>(0.7%) | 62<br>(3.6%) | 1733<br>(100%) |
| 本地农业 | 28<br>(17.0%) | 125<br>(75.7%) | 10<br>(6.1%) | 2<br>(1.2%) | 0 | 165<br>(100%) |
| 外地户籍 | 63<br>(18.9%) | 219<br>(65.8%) | 31<br>(9.3%) | 5<br>(1.5%) | 15<br>(4.5%) | 333<br>(100%) |
| 外地非农 | 29<br>(22.5%) | 83<br>(64.3%) | 9<br>(7.0%) | 0 | 8<br>(6.2%) | 129<br>(100%) |
| 外地农业 | 34<br>(16.7%) | 136<br>(66.7%) | 22<br>(10.8%) | 5<br>(2.4%) | 7<br>(3.4%) | 204<br>(100%) |
| 合计 | 501<br>(22.4%) | 1466<br>(65.7%) | 168<br>(7.5%) | 19<br>(0.9%) | 77<br>(3.5%) | 2231<br>(100%) |

注：本表为删除缺损值之后的统计结果。

上述数据也表明,上海户籍人口与非上海户籍人口对上海市区(县)公安局的信任状况存在一定差异。把比较信任和非常信任合并为信任,非常不信任和不太信任合并为不信任,我们发现,在本市非农人口中,有1532人表示信任,占本市非农人口的88.4%;在本市农业人口中,有153人表示信任,占本市农业人口的92.7%;在外地非农人口中,有112人表示信任,占外地非农人口的86.8%;在外地农业人口中,有170人表示信任,占外地农业人口的83.4%。也就是说,上海户籍人口中,农业人口对本市区(县)公安局的信任度要高于非农人口。而在非上海户籍人口中,非农人口对上海市区(县)公安局的信任度要高于农业人口。

4. 社会公众对基层派出所的信任度

对于基层派出所的信任状况,抽样调查显示,从其单变量的频次分布情况来看,有336人表示非常信任,占有效样本的15.0%;有1463人表示比较信任,占有效样本的65.5%;有305人表示不太信任,占有效样本的13.7%;有29人表示非常不信任,占有效样本的1.3%;有101人表示说不清,占有效样本的4.5%。如果把比较信任和非常信任合并为信任的话,那么社会公众对基层派出所的信任度为80.5%(见表8-43)。

比较分析上海户籍人口与非上海户籍人口对上海市基层派出所的信任状况,可以发现,在样本对基层派出所信任程度栏中,本地非农1732人,占77.7%;其中271人非常信任,占15.6%;1131人比较信任,占65.3%;229人不太信任,占13.2%;24人非常不信任,占1.4%;77人说不清,占4.5%。本地农业165人,占7.4%;其中22人非常信任,占13.4%;119人比较信任,占72.1%;17人不太信任,占10.3%;1人非常不信任,占0.6%;6人说不清,占3.6%。

合计本市户籍人口1897人，占85.1%；其中293人非常信任，占15.4%；1250人比较信任，占65.9%；246人不太信任，占13.0%；25人非常不信任，占1.3%；83人说不清，占4.4%。外地非农129人，占5.8%；其中22人非常信任，占17.0%；78人比较信任，占60.5%；18人不太信任，占14.0%；0人非常不信任；11人说不清，占8.5%。外地农业204人，占9.1%；其中21人非常信任，占10.3%；131人比较信任，占64.2%；41人不太信任，占20.1%；4人非常不信任，占2.0%；7人说不清，占3.4%。合计外地户籍人口333人，占14.9%；其中43人非常信任，占12.9%；209人比较信任，占62.8%；59人不太信任，占17.7%；4人非常不信任，占1.2%；18人说不清，占5.4%（见表8-47）。

表8-47　户籍身份与对基层派出所信任程度交互频次（N=2230）

|  | 非常信任 | 比较信任 | 不太信任 | 非常不信任 | 说不清 | 合计 |
|---|---|---|---|---|---|---|
| 本地户籍 | 293<br>(15.4%) | 1250<br>(65.9%) | 246<br>(13.0%) | 25<br>(1.3%) | 83<br>(4.4%) | 1897<br>(100%) |
| 本地非农 | 271<br>(15.6%) | 1131<br>(65.3%) | 229<br>(13.2%) | 24<br>(1.4%) | 77<br>(4.5%) | 1732<br>(100%) |
| 本地农业 | 22<br>(13.4%) | 119<br>(72.1%) | 17<br>(10.3%) | 1<br>(0.6%) | 6<br>(3.6%) | 165<br>(100%) |
| 外地户籍 | 43<br>(12.9%) | 209<br>(62.8%) | 59<br>(17.7%) | 4<br>(1.2%) | 18<br>(5.4%) | 333<br>(100%) |
| 外地非农 | 22<br>(17.0%) | 78<br>(60.5%) | 18<br>(14.0%) | 0 | 11<br>(8.5%) | 129<br>(100%) |
| 外地农业 | 21<br>(10.3%) | 131<br>(64.2%) | 41<br>(20.1%) | 4<br>(2.0%) | 7<br>(3.4%) | 204<br>(100%) |
| 合计 | 336<br>(15.1%) | 1459<br>(65.4%) | 305<br>(13.7%) | 29<br>(1.3%) | 101<br>(4.5%) | 2230<br>(100%) |

注：本表为删除缺损值之后的统计结果。

上述数据也表明，上海户籍人口与非上海户籍人口对上海市基层派出所的信任状况存在一定差异。把比较信任和非常信任合并为信任，非常不信任和不太信任合并为不信任，我们发现，在本市非农人口中，有 1402 人表示信任，占本市非农人口的 80.9%；在本市农业人口中，有 141 人表示信任，占本市农业人口的 85.5%；在外地非农人口中，有 100 人表示信任，占外地非农人口的 77.5%；在外地农业人口中，有 152 人表示信任，占外地农业人口的 74.5%。也就是说，无论是农业人口还是非农人口，上海户籍人口对上海市基层派出所的信任度都要高于非上海户籍人口。

## 五 政府机构信任

对政府机构信任度的测量主要是通过社会公众对各级政府部门的信任状况进行。如果把比较信任和非常信任合并为信任的话，总体而言，社会公众对政府机构的信任度较高，都在 80% 以上。而且社会公众对各级政府机构的信任度呈现信任递减现象。即政府机构的层级越高，社会公众对其的信任度也越高。具体信任状况的数据呈现如下：

表 8-48　　　　社会公众对政府机构的信任度

|  | 非常信任 | 比较信任 | 不太信任 | 非常不信任 | 说不清 | 合计 |
| --- | --- | --- | --- | --- | --- | --- |
| 中央政府 | 1017<br>(45.5%) | 1082<br>(48.4%) | 61<br>(2.7%) | 9<br>(0.4%) | 65<br>(2.9%) | 2234<br>(100%) |
| 上海市政府 | 817<br>(36.6%) | 1257<br>(56.2%) | 95<br>(4.3%) | 10<br>(0.4%) | 56<br>(2.5%) | 2235<br>(100%) |
| 区（县）政府 | 428<br>(19.2%) | 1517<br>(67.9%) | 183<br>(8.2%) | 9<br>(0.4%) | 97<br>(4.3%) | 2234<br>(100%) |
| 所在的街道或镇政府 | 372<br>(16.6%) | 1429<br>(63.9%) | 315<br>(14.1%) | 22<br>(1.0%) | 98<br>(4.4%) | 2236<br>(100%) |

1. 社会公众对中央政府机构的信任度

对于中央政府机构的信任状况,抽样调查显示,从其单变量的频次分布情况来看,有1017人表示非常信任,占有效样本的45.5%;有1082人比较信任,占有效样本的48.4%;有61人不太信任,占有效样本的2.7%;有9人非常不信任,占有效样本的0.4%;有65人说不清,占有效样本的2.9%。如果把比较信任和非常信任合并为信任的话,那么社会公众对中央政府机构的信任度为93.9%(见表8-48)。

比较分析上海户籍人口与非上海户籍人口对中央政府机构的信任状况,可以发现,在样本对中央政府信任程度栏中,本地非农1734人,占77.8%;其中780人非常信任,占45.0%;849人比较信任,占49.0%;50人不太信任,占2.9%;7人非常不信任,占0.4%;48人说不清,占2.7%。本地农业163人,占7.3%;其中80人非常信任,占49.1%;77人比较信任,占47.2%;3人不太信任,占1.8%;0人非常不信任;3人说不清,占1.8%。合计本市户籍人口1898人,占85.1%;其中860人非常信任,占45.3%;926人比较信任,占48.8%;53人不太信任,占2.8%;7人非常不信任,占0.4%;51人说不清,占2.7%。外地非农129人,占5.8%;其中61人非常信任,占47.3%;58人比较信任,占45.0%;3人不太信任,占2.3%;1人非常不信任,占0.8%;6人说不清,占4.6%。外地农业204人,占9.1%;其中95人非常信任,占46.6%;97人比较信任,占47.5%;3人不太信任,占1.5%;1人非常不信任,占0.5%;8人说不清,占3.9%。合计外地户籍人口333人,占14.9%;其中156人非常信任,占46.8%;155人比较信任,占46.6%;6人不太信任,占1.8%;2人非常不信任,占0.6%;14人说

298 上篇 数据报告

不清,占 4.2%(见表 8-49)。

表 8-49 户籍身份与对中央政府信任程度交互频次(N=2230)

| | 非常信任 | 比较信任 | 不太信任 | 非常不信任 | 说不清 | 合计 |
|---|---|---|---|---|---|---|
| 本地户籍 | 860 (45.3%) | 926 (48.8%) | 53 (2.8%) | 7 (0.4%) | 51 (2.7%) | 1898 (100%) |
| 本地非农 | 780 (45.0%) | 849 (49.1%) | 50 (2.9%) | 7 (0.4%) | 48 (2.7%) | 1734 (100%) |
| 本地农业 | 80 (49.1%) | 77 (47.2%) | 3 (1.8%) | 0 | 3 (1.8%) | 163 (100%) |
| 外地户籍 | 156 (46.8%) | 155 (46.6%) | 6 (1.8%) | 2 (0.6%) | 14 (4.2%) | 333 (100%) |
| 外地非农 | 61 (47.3%) | 58 (45.0%) | 3 (2.3%) | 1 (0.8%) | 6 (4.6%) | 129 (100%) |
| 外地农业 | 95 (46.6%) | 97 (47.5%) | 3 (1.5%) | 1 (0.5%) | 8 (3.9%) | 204 (100%) |
| 合计 | 1016 (45.6%) | 1081 (48.5%) | 59 (2.6%) | 9 (0.4%) | 65 (2.9%) | 2230 (100%) |

注:本表为删除缺损值之后的统计结果。

上述数据也表明,上海户籍人口与非上海户籍人口对中央政府机构的信任状况存在一定差异。把比较信任和非常信任合并为信任,非常不信任和不太信任合并为不信任,我们发现,在本市非农人口中,有 1629 人表示信任,占本市非农人口的 94.0%;在本市农业人口中,有 157 人表示信任,占本市农业人口的 96.3%;在外地非农人口中,有 119 人表示信任,占外地非农人口的 92.3%;在外地农业人口中,有 192 人表示信任,占外地农业人口的 94.1%。也就是说,无论是上海户籍还是非上海户籍,农业人口对中央政府机构的信任度都要高于非农人口。

## 2. 社会公众对市政府的信任度

对于上海市政府机构的信任状况，抽样调查显示，从其单变量的频次分布情况来看，有 817 人表示非常信任，占有效样本的 36.6%；有 1257 人表示比较信任，占有效样本的 56.2%；有 95 人表示不太信任，占有效样本的 4.3%；有 10 人表示非常不信任，占有效样本的 0.4%；有 56 人表示说不清，占有效样本的 2.5%。如果把比较信任和非常信任合并为信任的话，那么社会公众对上海市政府机构的信任度为 92.8%（见表 8-48）。

比较分析上海户籍人口与非上海户籍人口对上海市政府机构的信任状况，可以发现，在样本对上海市政府信任程度栏中，本地非农 1733 人，占 77.7%；其中 642 人非常信任，占 37.0%；960 人比较信任，占 55.4%；81 人不太信任，占 4.7%；7 人非常不信任，占 0.4%；43 人说不清，占 2.5%。本地农业 165 人，占 7.4%；其中 57 人非常信任，占 34.6%；102 人比较信任，占 61.8%；3 人不太信任，占 1.8%；1 人非常不信任，占 0.6%；2 人说不清，占 1.2%。合计本市户籍人口 1898 人，占 85.1%；其中 699 人非常信任，占 36.8%；1062 人比较信任，占 56.0%；84 人不太信任，占 4.4%；8 人非常不信任，占 0.4%；45 人说不清，占 2.4%。外地非农 129 人，占 5.8%；其中 46 人非常信任，占 35.7%；75 人比较信任，占 58.1%；3 人不太信任，占 2.3%；1 人非常不信任，占 0.8%；4 人说不清，占 3.1%。外地农业 204 人，占 9.1%；其中 71 人非常信任，占 34.8%；119 人比较信任，占 58.3%；6 人不太信任，占 14.9%；1 人非常不信任，占 0.5%；7 人说不清，占 3.4%。合计外地户籍人口 333 人，占 14.9%；其中 117 人非常信任，占 35.1%；194 人比较信任,占58.3%;9人不太信任,占2.7%;2人非常不信任,占0.6%;11人说不清,占3.3%(见表8-50)。

表8-50 户籍身份与对上海市政府信任程度交互频次(N=2231)

|  | 非常信任 | 比较信任 | 不太信任 | 非常不信任 | 说不清 | 合计 |
| --- | --- | --- | --- | --- | --- | --- |
| 本地户籍 | 699 (36.8%) | 1062 (56.0%) | 84 (4.4%) | 8 (0.4%) | 45 (2.4%) | 1898 (100%) |
| 本地非农 | 642 (37.0%) | 960 (55.4%) | 81 (4.7%) | 7 (0.4%) | 43 (2.5%) | 1733 (100%) |
| 本地农业 | 57 (34.6%) | 102 (61.8%) | 3 (1.8%) | 1 (0.6%) | 2 (1.2%) | 165 (100%) |
| 外地户籍 | 117 (35.1%) | 194 (58.3%) | 9 (2.7%) | 2 (0.6%) | 11 (3.3%) | 333 (100%) |
| 外地非农 | 46 (35.7%) | 75 (58.1%) | 3 (2.3%) | 1 (0.8%) | 4 (3.1%) | 129 (100%) |
| 外地农业 | 71 (34.8%) | 119 (58.3%) | 6 (2.9%) | 1 (0.5%) | 7 (3.4%) | 204 (100%) |
| 合计 | 816 (36.6%) | 1256 (56.3%) | 93 (4.2%) | 10 (0.4%) | 56 (2.5%) | 2231 (100%) |

注:本表为删除缺损值之后的统计结果。

上述数据也表明,上海户籍人口与非上海户籍人口对上海市政府机构的信任状况存在一定差异。把比较信任和非常信任合并为信任,非常不信任和不太信任合并为不信任,我们发现,在本市非农人口中,有1602人表示信任,占本市非农人口的92.4%;在本市农业人口中,有159人表示信任,占本市农业人口的96.4%;在外地非农人口中,有121人表示信任,占外地非农人口的93.8%;在外地农业人口中,有190人表示信任,占外地农业人口的93.1%。也就是说,上海户籍人口中，农业人口对上海市政府机构的信任度明显高于非农人口。而非上海户籍人口中，非农人口对上海市政府机构的信任度则略高于农业人口。

3. 社会公众对区（县）政府的信任度

对于上海市区（县）政府机构的信任状况，抽样调查显示，从其单变量的频次分布情况来看，有428人表示非常信任，占有效样本的19.2%；有1517人表示比较信任，占有效样本的67.9%；有183人表示不信任，占有效样本的8.2%；有9人非常表示不信任，占有效样本的0.4%；有97人表示说不清，占有效样本的4.3%。如果把比较信任和非常信任合并为信任的话，那么社会公众对上海市区（县）政府机构的信任度为87.1%（见表8-48）。

比较分析上海户籍人口与非上海户籍人口对上海市区（县）政府机构的信任状况，可以发现，在样本对区（县）政府信任程度栏中，本地非农1732人，占77.7%；其中353人非常信任，占20.4%；1158人比较信任，占66.8%；138人不太信任，占8.0%；8人非常不信任，占0.5%；75人说不清，占4.3%。本地农业165人，占16.4%；其中27人非常信任，占16.4%；122人比较信任，占73.9%；10人不太信任，占6.1%；0人非常不信任；6人说不清，占3.6%。合计本市户籍人口1897人，占85.1%；其中380人非常信任，占20.0%；1280人比较信任，占67.5%；148人不太信任，占7.8%；8人非常不信任，占0.4%；81人说不清，占4.3%。外地非农129人，占5.8%；其中22人非常信任，占17.0%；90人比较信任，占69.8%；11人不太信任，占8.5%；0人非常不信任；6人说不清，占4.7%。外地农业204人，占9.1%；其中26人非常信任，占12.7%；144人比较信任，占

70.6%；23 人不太信任，占 11.3%；1 人非常不信任，占 0.5%；10 人说不清，占 4.9%。合计外地户籍人口 333 人，占 14.9%；其中 48 人非常信任，占 14.4%；234 人比较信任，占 70.3%；34 人不太信任，占 10.2%；1 人非常不信任，占 0.3%；16 人说不清，占 4.8%（见表 8-51）。

表 8-51　　　户籍身份与对区（县）政府信任
程度交互频次（N=2230）

| | 非常信任 | 比较信任 | 不太信任 | 非常不信任 | 说不清 | 合计 |
|---|---|---|---|---|---|---|
| 本地户籍 | 380 (20.0%) | 1280 (67.5%) | 148 (7.8%) | 8 (0.4%) | 81 (4.3%) | 1897 (100%) |
| 本地非农 | 353 (20.4%) | 1158 (66.8%) | 138 (8.0%) | 8 (0.5%) | 75 (4.3%) | 1732 (100%) |
| 本地农业 | 27 (16.4%) | 122 (73.9%) | 10 (6.1%) | 0 | 6 (3.6%) | 165 (100%) |
| 外地户籍 | 48 (14.4%) | 234 (70.3%) | 34 (10.2%) | 1 (0.3%) | 16 (4.8%) | 333 (100%) |
| 外地非农 | 22 (17.0%) | 90 (69.8%) | 11 (8.5%) | 0 | 6 (4.7%) | 129 (100%) |
| 外地农业 | 26 (12.7%) | 144 (70.6%) | 23 (11.3%) | 1 (0.5%) | 10 (4.9%) | 204 (100%) |
| 合计 | 428 (19.2%) | 1514 (67.9%) | 182 (8.2%) | 9 (0.4%) | 97 (4.3%) | 2230 (100%) |

注：本表为删除缺损值之后的统计结果。

上述数据也表明，上海户籍人口与非上海户籍人口对上海市区（县）政府机构的信任状况存在一定差异。把比较信任和非常信任合并为信任，非常不信任和不太信任合并为不信任，我们发现，在本市非农人口中，有 1511 人表示信任，占本市非农人口的87.2%；在本市农业人口中，有149人表示信任，占本市农业人口的90.3%；在外地非农人口中，有112人表示信任，占外地非农人口的86.8%；在外地农业人口中，有170人表示信任，占外地农业人口的83.3%。也就是说，无论是农业人口还是非农人口，上海户籍人口对上海市区（县）政府机构的信任度高于非上海户籍人口。

4. 社会公众对乡镇街道的信任度

对于所在的街道或镇政府的信任状况，抽样调查显示，从其单变量的频次分布情况来看，有372人表示非常信任，占有效样本的16.6%；有1429人表示比较信任，占有效样本的63.9%；有315人表示不太信任，占有效样本的14.1%；有22人表示非常不信任，占有效样本的1.0%；有98人表示说不清，占有效样本的4.4%。如果把比较信任和非常信任合并为信任的话，那么社会公众对乡镇街道的信任度为80.5%（见表8-48）。

比较分析上海户籍人口与非上海户籍人口对上海市乡镇街道机构的信任状况，可以发现，在样本对街道或镇政府信任程度栏中，本地非农1734人，占77.7%；其中318人非常信任，占18.3%；1083人比较信任，占62.5%；241人不太信任，占13.9%；16人非常不信任，占0.9%；76人说不清，占4.4%。本地农业165人，占7.4%；其中19人非常信任，占11.5%；120人比较信任，占72.7%；20人不太信任，占12.1%；2人非常不信任，占1.2%；4人说不清，占2.5%。合计本市户籍人口1899人，占85.1%；其中337人非常信任，占17.8%；1203人比较信任，占63.4%；261人不太信任，占13.7%；18人非常不信任，占0.9%；80人说不清，占4.2%。外地非农129人，占5.8%；其中16人非常信任，占

12.4%;86人比较信任,占66.7%;其中19人不太信任,占14.7%;0人非常不信任;8人说不清,占6.2%。外地农业204人,占9.1%;其中19人非常信任,占9.3%;137人比较信任,占67.2%;35人不太信任,占17.2%;4人非常不信任,占1.9%;9人说不清,占4.4%。合计外地户籍人口333人,占14.9%;其中35人非常信任,占10.5%;223人比较信任,占67.0%;54人不太信任,占16.2%;4人非常不信任,占1.2%;17人说不清,占5.1%(见表8-52)。

表8-52　　户籍身份与对街道或镇政府信任程度交互频次(N=2230)

| | 非常信任 | 比较信任 | 不太信任 | 非常不信任 | 说不清 | 合计 |
|---|---|---|---|---|---|---|
| 本地户籍 | 337 (17.8%) | 1203 (63.4%) | 261 (13.7%) | 18 (0.9%) | 80 (4.2%) | 1899 (100%) |
| 本地非农 | 318 (18.3%) | 1083 (62.5%) | 241 (13.9%) | 16 (0.9%) | 76 (4.4%) | 1734 (100%) |
| 本地农业 | 19 (11.5%) | 120 (72.7%) | 20 (12.1%) | 2 (1.2%) | 4 (2.5%) | 165 (100%) |
| 外地户籍 | 35 (10.5%) | 223 (67.0%) | 54 (16.2%) | 4 (1.2%) | 17 (5.1%) | 333 (100%) |
| 外地非农 | 16 (12.4%) | 86 (66.7%) | 19 (14.7%) | 0 | 8 (6.2%) | 129 (100%) |
| 外地农业 | 19 (9.3%) | 137 (67.2%) | 35 (17.2%) | 4 (1.9%) | 9 (4.4%) | 204 (100%) |
| 合计 | 372 (16.7%) | 1426 (63.9%) | 315 (14.1%) | 22 (1.0%) | 97 (4.3%) | 2230 (100%) |

注:本表为删除缺损值之后的统计结果。

上述数据也表明,上海户籍人口与非上海户籍人口对上海市乡镇街道机构的信任状况存在一定差异。把比较信任和非常信任合并为信任，非常不信任和不太信任合并为不信任，我们发现，在本市非农人口中，有1401人表示信任，占本市非农人口的80.8%；在本市农业人口中，有139人表示信任，占本市农业人口的84.2%；在外地非农人口中，有102人表示信任，占外地非农人口的79.1%；在外地农业人口中，有156人表示信任，占外地农业人口的76.5%。也就是说，无论是农业人口还是非农人口，上海户籍人口对上海市乡镇街道的信任度高于非上海户籍人口。

## 六　人大机构信任

抽样调查显示，总体而言，社会公众对人大机构的信任度较高，都在88%以上。而且，与对政府机构的信任状况一样，社会公众对各级人大机构的信任度呈现信任递减现象。即人大机构的层级越高，社会公众对其的信任度也越高。具体信任状况的数据呈现如下：

1. 社会公众对全国人大的信任度

对于全国人大的信任状况，抽样调查显示，从其单变量的频次分布情况来看，有857人表示非常信任，占有效样本的38.3%；有1200人表示比较信任，占有效样本的53.7%；有64人表示不太信任，占有效样本的2.9%；有12人表示非常不信任，占有效样本的0.5%；有103人表示说不清，占有效样本的4.6%。如果把比较信任和非常信任合并为信任的话，那么社会公众对全国人大的信任度为92.0%（见表8－53）。

表 8-53  社会公众对人大的信任度

|  | 非常信任 | 比较信任 | 不太信任 | 非常不信任 | 说不清 | 合计 |
|---|---|---|---|---|---|---|
| 全国人大 | 857<br>(38.3%) | 1200<br>(53.7%) | 64<br>(2.9%) | 12<br>(0.5%) | 103<br>(4.6%) | 2236<br>(100%) |
| 上海市人大 | 779<br>(34.8%) | 1272<br>(56.9%) | 71<br>(3.2%) | 12<br>(0.5%) | 102<br>(4.6%) | 2236<br>(100%) |
| 区（县）人大 | 543<br>(24.3%) | 1448<br>(64.8%) | 125<br>(5.6%) | 12<br>(0.5%) | 108<br>(4.8%) | 2236<br>(100%) |

比较分析上海户籍人口与非上海户籍人口对全国人大的信任状况，可以发现，在样本对全国人大信任程度栏中，本地非农1734人，占77.7%；其中664人非常信任，占38.3%；941人比较信任，占54.3%；52人不太信任，占3.0%；11人非常不信任，占0.6%；66人说不清，占3.8%。本地农业165人，占7.4%；其中73人非常信任，占44.2%；83人比较信任，占50.3%；2人不太信任，占1.2%；0人非常不信任；7人说不清，占4.3%。合计本市户籍人口1899人，占85.1%；其中737人非常信任，占38.8%；1024人比较信任，占53.9%；54人不太信任，占2.8%；11人非常不信任，占0.6%；73人说不清，占3.9%。外地非农129人，占5.8%；其中41人非常信任，占31.8%；73人比较信任，占56.6%；3人不太信任，占2.3%；0人非常不信任；12人说不清，占9.3%。外地农业204人，占9.1%；其中78人非常信任，占38.2%；102人比较信任，占50.0%；5人不太信任，占2.5%；1人非常不信任，占0.5%；18人说不清，占8.8%。合计外地户籍333人，占14.9%；其中119人非常信任，占35.7%；175人比较信任，占52.6%；8人不太信任，占

2.4%；1人非常不信任，占0.3%；30人说不清，占9.0%（见表8-54）。

表8-54　户籍身份与对全国人大信任程度交互频次（N=2232）

| | 非常信任 | 比较信任 | 不太信任 | 非常不信任 | 说不清 | 合计 |
|---|---|---|---|---|---|---|
| 本地户籍 | 737（38.8%） | 1024（53.9%） | 54（2.8%） | 11（0.6%） | 73（3.9%） | 1899（100%） |
| 本地非农 | 664（38.3%） | 941（54.3%） | 52（3.0%） | 11（0.6%） | 66（3.8%） | 1734（100%） |
| 本地农业 | 73（44.2%） | 83（50.3%） | 2（1.2%） | 0 | 7（4.3%） | 165（100%） |
| 外地户籍 | 119（35.7%） | 175（52.6%） | 8（2.4%） | 1（0.3%） | 30（9.0%） | 333（100%） |
| 外地非农 | 41（31.8%） | 73（56.6%） | 3（2.3%） | 0 | 12（9.3%） | 129（100%） |
| 外地农业 | 78（38.2%） | 102（50.0%） | 5（2.5%） | 1（0.5%） | 18（8.8%） | 204（100%） |
| 合计 | 856（38.4%） | 1199（53.7%） | 62（2.8%） | 12（0.5%） | 103（4.6%） | 2232（100%） |

注：本表为删除缺损值之后的统计结果。

上述数据也表明，上海户籍人口与非上海户籍人口对全国人大的信任状况存在一定差异。把比较信任和非常信任合并为信任，非常不信任和不太信任合并为不信任，我们发现，在本市非农人口中，有1605人表示信任，占本市非农人口的92.6%；在本市农业人口中，有156人表示信任，占本市农业人口的94.5%；在外地非农人口中，有114人表示信任，占外地非农人口的88.4%；在外地农业人口中，有180人表示信任，占外地农业人口的88.2%。也就是说，无论是农业人口还是非农人口，上海户籍人口对全国人大的信任度都明显高于非上海户籍人口。

## 2. 社会公众对上海市人大的信任度

对于上海市人大的信任状况，抽样调查显示，从其单变量的频次分布情况来看，有779人表示非常信任，占有效样本的34.8%；有1272人表示比较信任，占有效样本的56.9%；有71人表示不太信任，占有效样本的3.2%；有12人表示非常不信任，占有效样本的0.5%；有102人表示说不清，占有效样本的4.6%。如果把比较信任和非常信任合并为信任的话，那么社会公众对上海市人大的信任度为91.7%（见表8-53）。

比较分析上海户籍人口与非上海户籍人口对上海市人大的信任状况，可以发现，在样本对上海市人大信任程度栏中，本地非农1734人，占77.7%；其中615人非常信任，占35.5%；988人比较信任，占56.9%；54人不太信任，占3.1%；10人非常不信任，占0.6%；67人说不清，占3.8%。本地农业165人，占7.4%；其中65人非常信任，占39.4%；90人比较信任，占54.6%；2人不太信任，占1.2%；0人非常不信任；8人说不清，占4.8%。合计本市户籍人口1899人，占85.1%；其中680人非常信任，占35.8%；1078人比较信任，占56.8%；56人不太信任，占2.9%；10人非常不信任，占0.5%；75人说不清，占4.0%。外地非农129人，占5.8%；其中40人非常信任，占31.0%；74人比较信任，占57.4%；6人不太信任，占4.6%；0人非常不信任；9人说不清，占7.0%。外地农业204人，占9.1%；其中58人非常信任，占28.4%；119人比较信任，占58.4%；7人不太信任，占3.4%；2人非常不信任，占1.0%；18人说不清，占8.8%。合计外地户籍人口333人，占14.9%；其中98人非常信任，占29.4%；193人比较信任，占58.0%；13人不太信任，占 3.9%；2 人非常不信任，占 0.6%；27 人说不清，占 8.1%（见表 8-55）。

表 8-55　户籍身份与对上海市人大信任程度交互频次（N=2232）

| | 非常信任 | 比较信任 | 不太信任 | 非常不信任 | 说不清 | 合计 |
|---|---|---|---|---|---|---|
| 本地户籍 | 680 (35.8%) | 1078 (56.8%) | 56 (2.9%) | 10 (0.5%) | 75 (4.0%) | 1899 (100%) |
| 本地非农 | 615 (35.5%) | 988 (56.9%) | 54 (3.1%) | 10 (0.6%) | 67 (3.8%) | 1734 (100%) |
| 本地农业 | 65 (39.4%) | 90 (54.6%) | 2 (1.2%) | 0 | 8 (4.8%) | 165 (100%) |
| 外地户籍 | 98 (29.4%) | 193 (58.0%) | 13 (3.9%) | 2 (0.6%) | 27 (8.1%) | 333 (100%) |
| 外地非农 | 40 (31.0%) | 74 (57.4%) | 6 (4.6%) | 0 | 9 (7.0%) | 129 (100%) |
| 外地农业 | 58 (28.4%) | 119 (58.4%) | 7 (3.4%) | 2 (1.0%) | 18 (8.8%) | 204 (100%) |
| 合计 | 778 (34.9%) | 1271 (56.9%) | 69 (3.1%) | 12 (0.5%) | 102 (4.6%) | 2232 (100%) |

注：本表为删除缺损值之后的统计结果。

上述数据也表明，上海户籍人口与非上海户籍人口对上海市人大的信任状况存在一定差异。把比较信任和非常信任合并为信任，非常不信任和不太信任合并为不信任，我们发现，在本市非农人口中，有 1603 人表示信任，占本市非农人口的 92.4%；在本市农业人口中，有 155 人表示信任，占本市农业人口的 94.0%；在外地非农人口中，有 114 人表示信任，占外地非农人口的 88.4%；在外地农业人口中，有 177 人表示信任，占外地农业人口的 86.8%。也就是说，无论是农业人口还是非农人口，上海户籍人口对上海市人大的信任度都明显高于非上海户籍人口。

### 3. 社会公众对区（县）人大的信任度

对于上海市区（县）人大的信任状况，抽样调查显示，从其单变量的频次分布情况来看，有543人表示非常信任，占有效样本的24.3%；有1448人表示比较信任，占有效样本的64.8%；有125人表示不太信任，占有效样本的5.6%；有12人表示非常不信任，占有效样本的0.5%；有108人表示说不清，占有效样本的4.8%。如果把比较信任和非常信任合并为信任的话，那么社会公众对上海市区（县）人大的信任度为89.1%（见表8-53）。

比较分析上海户籍人口与非上海户籍人口对上海市区（县）人大的信任状况，可以发现，在样本对区（县）人大信任程度栏中，本地非农1734人，占77.7%；其中440人非常信任，占25.4%；1113人比较信任，占64.2%；95人不太信任，占5.5%；11人非常不信任，占0.6%；75人说不清，占4.3%。本地农业165人，占7.4%；其中34人非常信任，占20.6%；119人比较信任，占72.2%；6人不太信任，占3.6%；0人非常不信任；6人说不清，占3.6%。合计本市户籍人口1899人，占85.1%；其中474人非常信任，占25.0%；1232人比较信任，占64.9%；101人不太信任，占5.3%；11人非常不信任，占0.5%；81人说不清，占4.3%。外地非农129人，占5.8%；其中30人非常信任，占23.2%；86人比较信任，占66.7%；5人不太信任，占3.9%；0人非常不信任；8人说不清，占6.2%。外地农业204人，占9.1%；其中39人非常信任，占19.1%；128人比较信任，占62.8%；17人不太信任，占8.3%；1人非常不信任，占0.5%；19人说不清，占9.3%。合计外地户籍人口333人，占14.9%；其中69人非常信任，占20.7%；214人比较信任，占 64.3%；22 人不太信任，占 6.6%；1 人非常不信任，占 0.3%；27 人说不清，占 8.1%（见表 8-56）。

表 8-56 户籍身份与对区（县）人大信任程度交互频次（N=2232）

| | 非常信任 | 比较信任 | 不太信任 | 非常不信任 | 说不清 | 合计 |
|---|---|---|---|---|---|---|
| 本地户籍 | 474 (25.0%) | 1232 (64.9%) | 101 (5.3%) | 11 (0.5%) | 81 (4.3%) | 1899 (100%) |
| 本地非农 | 440 (25.4%) | 1113 (64.2%) | 95 (5.5%) | 11 (0.6%) | 75 (4.3%) | 1734 (100%) |
| 本地农业 | 34 (20.6%) | 119 (72.2%) | 6 (3.6%) | 0 | 6 (3.6%) | 165 (100%) |
| 外地户籍 | 69 (20.7%) | 214 (64.3%) | 22 (6.6%) | 1 (0.3%) | 27 (8.1%) | 333 (100%) |
| 外地非农 | 30 (23.2%) | 86 (66.7%) | 5 (3.9%) | 0 | 8 (6.2%) | 129 (100%) |
| 外地农业 | 39 (19.1%) | 128 (62.8%) | 17 (8.3%) | 1 (0.5%) | 19 (9.3%) | 204 (100%) |
| 合计 | 543 (24.3%) | 1446 (64.8%) | 123 (5.5%) | 12 (0.5%) | 108 (4.8%) | 2232 (100%) |

注：本表为删除缺损值之后的统计结果。

上述数据也表明，上海户籍人口与非上海户籍人口对上海市区（县）人大的信任状况存在一定差异。把比较信任和非常信任合并为信任，非常不信任和不太信任合并为不信任，我们发现，在本市非农人口中，有1553人表示信任，占本市非农人口的89.6%；在本市农业人口中，有153人表示信任，占本市农业人口的92.8%；在外地非农人口中，有116人表示信任，占外地非农人口的89.9%；在外地农业人口中，有167人表示信任，占外地农业人口的81.9%。也就是说，无论是农业人口还是非农人口，上海户籍人口对上海市区（县）人大的信任度都明显高于非上海户籍人口。

# 第九章

# 法律行为取向

法律行为取向是当社会公众面临法律问题时,可能采取的行动方式。法律行为取向是一种虚拟的法律行为,本质上反映的还是法律意识。我们通过社会主体纠纷与矛盾的解决途径来测量法律行为取向,其目的在于测量社会公众在与不同社会主体发生纠纷和矛盾时,可能选择救济途径的基本态度,从而有助于对纠纷与社会矛盾进行充分了解和宏观管理。为此,我们根据调查对象的社会关系的亲疏远近,大致把纠纷与社会矛盾类型区分为家庭类、亲友近邻类、同学同事类、陌生人类和单位类五种。

## 一 家庭类纠纷的法律行为取向

对家庭类纠纷与矛盾的法律行为取向测量,我们虚拟了五种比较常见的法律纠纷与矛盾类型,包括子女姓名权、家庭个人隐私、家庭暴力、家庭财产和夫妻离婚等问题,以观察社会公众对这些纠纷与矛盾的行为取向。从抽样调查的结果看,总体而言,尽管在家庭纠纷中,依然体现出希望以忍让的方式加以解决的行为取向。但在涉及重大权益争议时,比如家庭暴力、家庭财产和离婚等,更倾向于通过公权部门加以解决。另

外需要注意的是,单位作为一种纠纷解决方式,在现代社会的家庭纠纷中,已经基本淡出历史舞台。具体分析如下:

1. 对子女姓名权纠纷的行为取向

当问及"与您的配偶因子女的姓名权发生纠纷"可能采取的行为时,在有效样本中,从其单变量的频次分布情况来看,有53人表示会找政府部门,占2.0%;255人选择法院,占9.7%;3人选择检察院,占0.1%;37人选择公安,占1.4%;10人选择上访,占0.4%;205人选择居/村委会,占7.8%;52人选择非政府性权益组织,占2.0%;10人选择单位,占0.4%;810人选择亲戚,占30.8%;250人选择朋友,占9.5%;447人选择忍忍就算了,占17.0%;500人选择其他方式,占19.0%(见表9-1)。

表9-1　　　　　　家庭纠纷的法律行为取向

| | 政府 | 法院 | 检察院 | 公安 | 上访 | 居/村委会 | 非政府性权益组织 | 单位 | 亲戚 | 朋友 | 忍忍就算了 | 其他方式 | 合计 |
|---|---|---|---|---|---|---|---|---|---|---|---|---|---|
| 子女姓名权 | 53 (2.0%) | 255 (9.7%) | 3 (0.1%) | 37 (1.4%) | 10 (0.4%) | 205 (7.8%) | 52 (2.0%) | 10 (0.4%) | 810 (30.8%) | 250 (9.5%) | 447 (17.0%) | 500 (19.0%) | 2632 (100%) |
| 隐私权 | 29 (1.1%) | 191 (7.5%) | 6 (0.2%) | 103 (4.0%) | 15 (0.6%) | 144 (5.7%) | 84 (3.3%) | 18 (0.7%) | 738 (29.0%) | 247 (9.7%) | 498 (19.6%) | 471 (18.5%) | 2544 (100%) |
| 家庭暴力 | 61 (2.2%) | 390 (14.1%) | 19 (0.7%) | 766 (27.7%) | 41 (1.5%) | 414 (15.0%) | 100 (3.6%) | 32 (1.2%) | 409 (14.8%) | 135 (4.9%) | 133 (4.8%) | 261 (9.5%) | 2761 (100%) |
| 家产 | 55 (2.1%) | 1173 (44.3%) | 36 (1.4%) | 157 (5.9%) | 30 (1.1%) | 179 (6.8%) | 88 (3.3%) | 8 (0.3%) | 530 (20.0%) | 115 (4.3%) | 78 (2.9%) | 200 (7.6%) | 2649 (100%) |
| 离婚 | 56 (2.1%) | 1324 (49.1%) | 29 (1.1%) | 101 (3.7%) | 10 (0.4%) | 223 (8.3%) | 201 (7.5%) | 22 (0.8%) | 372 (13.8%) | 118 (4.4%) | 103 (3.8%) | 137 (5.1%) | 2696 (100%) |

通过户籍比较可以发现，在样本因配偶子女姓名权发生纠纷时解决途径栏中，本地非农中有 40 人选择政府，占 2.0%；217 人选择法院，占 10.7%；2 人选择检察院，占 0.1%；24 人选择公安，占 1.2%；8 人选择上访，占 0.4%；181 人选择居/村委会，占 9.0%；35 人选择非政府权益组织，占 1.7%；6 人选择单位，占 0.3%；587 人求助于亲戚，占 29.1%；173 人求助于朋友，占 8.6%；369 人选择忍忍就算了，占 18.3%；377 人选择其他方式，占 18.6%。本地农业中 4 人选择政府，占 2.1%；10 人选择法院，占 5.3%；0 人选择检察院；3 人选择公安，占 1.6%；1 人选择上访，占 0.5%；8 人选择居/村委会，占 4.2%；4 人选择非政府权益组织，占 2.1%；1 人选择单位，占 0.5%；72 人选择亲戚，占 37.7%；14 人选择朋友，占 7.3%；22 人选择忍忍就算了，占 11.5%；52 人选择其他方式，占 27.2%。合计本市户籍人口中 44 人选择政府，占 2.0%；227 人选择法院，占 10.3%；2 人选择检察院，占 0.1%；27 人选择公安，占 1.2%；9 人选择上访，占 0.4%；189 人选择居/村委会，占 8.5%；39 人选择非政府权益组织，占 1.8%；7 人选择单位，占 0.3%；659 人选择亲戚，占 29.8%；187 人选择朋友，占 8.5%；391 人选择忍忍就算了，占 17.7%；429 人选择其他方式，占 19.4%。外地非农中 6 人选择政府，占 3.6%；13 人选择法院，占 7.7%；0 人选择检察院；7 人选择公安，占 4.1%；1 人选择上访，占 0.6%；7 人选择居/村委会，占 4.1%；3 人选择非政府权益组织，占 1.8%；2 人选择单位，占 1.2%；49 人选择亲戚，占 29.0%；24 人选择朋友，占 14.2%；26 人选择忍忍就算了，占 15.4%；31 人选择其他方式，占 18.3%。外地农业中

3人选择政府，占1.2%；15人选择法院，占6.1%；1人选择检察院，占0.4%；3人选择公安，占1.2%；0人选择上访；9人选择居/村委会，占3.6%；10人选择非政府权益组织，占4.0%；1人选择单位，占0.4%；101人选择亲戚，占40.8%；38人选择朋友，占15.3%；29人选择忍忍就算了，占11.7%；38人选择其他方式，占15.3%。合计外地户籍人口中9人选择政府，占2.2%；28人选择法院，占6.7%；1人选择检察院，占0.2%；10人选择公安，占2.4%；1人选择上访，占0.2%；16人选择居/村委会，占3.8%；13人选择非政府权益组织，占3.1%；3人选择单位，占0.7%；150人选择亲戚，占36.0%；62人选择朋友，占14.9%；55人选择忍忍就算了，占13.2%；69人选择其他方式，占16.6%（见表9-2）。

表9-2　　户籍身份与因配偶子女姓名权发生纠纷时解决途径交互频次

| | 政府 | 法院 | 检察院 | 公安 | 上访 | 居/村委会 | 非政府性权益组织 | 单位 | 亲戚 | 朋友 | 忍忍就算了 | 其他方式 | |
|---|---|---|---|---|---|---|---|---|---|---|---|---|---|
| 本地户籍 | 44 (2.0%) | 227 (10.3%) | 2 (0.1%) | 27 (1.2%) | 9 (0.4%) | 189 (8.5%) | 39 (1.8%) | 7 (0.3%) | 659 (29.8%) | 187 (8.5%) | 391 (17.7%) | 429 (19.4%) | 2210 (100%) |
| 本地非农 | 40 (2.0%) | 217 (10.7%) | 2 (0.1%) | 24 (1.2%) | 8 (0.4%) | 181 (9.0%) | 35 (1.7%) | 6 (0.3%) | 587 (29.1%) | 173 (8.6%) | 369 (18.3%) | 377 (18.6%) | 2019 (100%) |
| 本地农业 | 4 (2.1%) | 10 (5.3%) | 0 | 3 (1.6%) | 1 (0.5%) | 8 (4.2%) | 4 (2.1%) | 1 (0.5%) | 72 (37.7%) | 14 (7.3%) | 22 (11.5%) | 52 (27.2%) | 191 (100%) |

续表

| | 政府 | 法院 | 检察院 | 公安 | 上访 | 居/村委会 | 非政府性权益组织 | 单位 | 亲戚 | 朋友 | 忍忍就算了 | 其他方式 |
|---|---|---|---|---|---|---|---|---|---|---|---|---|
| 外地户籍 | 9 (2.2%) | 28 (6.7%) | 1 (0.2%) | 10 (2.4%) | 1 (0.2%) | 16 (3.8%) | 13 (3.1%) | 3 (0.7%) | 150 (36.0%) | 62 (14.9%) | 55 (13.2%) | 69 (16.6%) | 417 (100%) |
| 外地非农 | 6 (3.6%) | 13 (7.7%) | 0 | 7 (4.1%) | 1 (0.6%) | 7 (4.1%) | 3 (1.8%) | 2 (1.2%) | 49 (29.0%) | 24 (14.2%) | 26 (15.4%) | 31 (18.3%) | 169 (100%) |
| 外地农业 | 3 (1.2%) | 15 (6.1%) | 1 (0.4%) | 3 (1.2%) | 0 | 9 (3.6%) | 10 (4.0%) | 1 (0.4%) | 101 (40.8%) | 38 (15.3%) | 29 (11.7%) | 38 (15.3%) | 248 (100%) |
| 合计 | 53 (2.0%) | 255 (9.7%) | 3 (0.1%) | 37 (1.4%) | 10 (0.4%) | 205 (7.8%) | 52 (2.0%) | 10 (0.4%) | 809 (30.8%) | 249 (9.5%) | 446 (17.0%) | 498 (18.9%) | 2627 (100%) |

注：①本表为删除缺损值之后的统计结果；②本题为多选题。

## 2. 对家庭成员隐私权纠纷的行为取向

当问及"当您的家人侵犯您的个人隐私"可能采取的行为时，在有效样本中，从其单变量的频次分布情况来看，有29人表示会选择政府部门，占1.1%；191人选择法院，占7.5%；6人选择检察院，占0.2%；103人选择公安，占4.0%；15人选择上访，占0.6%；144人选择居/村委会，占5.7%；84人选择非政府性权益组织，占3.3%；18人选择单位，占0.7%；738人选择亲戚，占29.0%；247人选择朋友，占9.7%；498人选择忍忍就算了，占19.6%；471人选择其他方式，占18.5%（见表9-1）。

通过户籍比较可以发现，在当家人侵犯个人隐私时解决途径栏中，本地非农中24人选择政府，占1.2%；170人选择法院，占8.7%；5人选择检察院，占0.3%；76人选择公安，占 3.9%；14 人选择上访，占 0.7%；122 人选择居/村委会，占 6.3%；69 人选择非政府权益组织，占 3.5%；14 人选择单位，占 0.7%；535 人选择亲戚，占 27.5%；161 人选择朋友，占 8.3%；396 人选择忍忍就算了，占 20.4%；359 人选择其他方式，占 18.5%。本地农业中 1 人选政府，占 0.5%；3 人选择法院，占 1.6%；1 人选择检察院，占 0.5%；7 人选择公安，占 3.8%；0 人选择上访；8 人选择居/村委会，占 4.3%；7 人选择非政府权益组织，占 3.8%；1 人选择单位，占 0.5%；69 人选择亲戚，占 36.9%；15 人选择朋友，占 8.0%；32 人选择忍忍就算了，占 17.1%；43 选择其他方式，占 23.0%。合计本市户籍人口中 25 人选择政府，占 1.2%；173 人选择法院，占 8.1；6 人选择检察院，占 0.3%；83 人选择公安，占 3.9%；14 人选择上访，占 0.7%；130 人选择居/村委会，占 6.1%；76 人选择非政府权益组织，占 3.6%；15 人选择单位，占 0.7%；604 人选择亲戚，占 28.3%；176 人选择朋友，占 8.2%；428 人选择忍忍就算了，占 20.0%；402 人选择其他方式，占 18.9%。外地非农 3 人选择政府，占 1.9%；11 人选择法院，占 6.8%；0 人选择检察院；12 人选择公安，占 7.4%；1 人选择上访，占 0.6%；8 人选择居/村委会，占 4.9%；2 人选择非政府权益组织，占 1.2%；0 人选择单位；40 人选择亲戚，占 24.7%；27 人选择朋友，占 16.7%；25 人选择忍忍就算了，占 15.4%；33 人选择其他方式，占 20.4%。外地农业中 1 人选择政府，占 0.4%；7 人选择法院，占 2.9%；0 人选择检察院；8 人选择公安，占 3.3%；0 人选择上访；6 人选择居/村委会，占 2.4%；6 人选择非政府权益组织，占 2.4%；3 人选择单位，占 1.2%；93 人选择亲戚，占 38.0%；43 人选择朋友，占

17.5%；44人选择忍忍就算了，占18.0%；34人选择其他方式，占13.9%。合计外地户籍人口中4人选择政府，占1.0%；18人选择法院，占4.4%；0人选择检察院；20人选择公安，占4.9%；1人选择上访，占0.2%；14人选择居/村委会，占3.4%；8人选择非政府权益组织，占2.0%；3人选择单位，占0.7%；133人选择亲戚，占32.7%；70人选择朋友，占17.2%；69人选择忍忍就算了，占17.0%；67人选择其他方式，占16.5%（见表9-3）。

表9-3 户籍身份与当家人侵犯个人隐私时解决途径交互频次

|  | 政府 | 法院 | 检察院 | 公安 | 上访 | 居/村委会 | 非政府性权益组织 | 单位 | 亲戚 | 朋友 | 忍忍就算了 | 其他方式 | 合计 |
|---|---|---|---|---|---|---|---|---|---|---|---|---|---|
| 本地户籍 | 25 (1.2%) | 173 (8.1%) | 6 (0.3%) | 83 (3.9%) | 14 (0.7%) | 130 (6.1%) | 76 (3.6%) | 15 (0.7%) | 604 (28.3%) | 176 (8.2%) | 428 (20.0%) | 402 (18.9%) | 2132 (100%) |
| 本地非农 | 24 (1.2%) | 170 (8.7%) | 5 (0.3%) | 76 (3.9%) | 14 (0.7%) | 122 (6.3%) | 69 (3.5%) | 14 (0.7%) | 535 (27.5%) | 161 (8.3%) | 396 (20.4%) | 359 (18.5%) | 1945 (100%) |
| 本地农业 | 1 (0.5%) | 3 (1.6%) | 1 (0.5%) | 7 (3.8%) | 0 | 8 (4.3%) | 7 (3.8%) | 1 (0.5%) | 69 (36.9%) | 15 (8.0%) | 32 (17.1%) | 43 (23.0%) | 187 (100%) |
| 外地户籍 | 4 (1.0%) | 18 (4.4%) | 0 | 20 (4.9%) | 1 (0.2%) | 14 (3.4%) | 8 (2.0%) | 3 (0.7%) | 133 (32.7%) | 70 (17.2%) | 69 (17.0%) | 67 (16.5%) | 407 (100%) |
| 外地非农 | 3 (1.9%) | 11 (6.8%) | 0 | 12 (7.4%) | 1 (0.6%) | 8 (4.9%) | 2 (1.2%) | 0 | 40 (24.7%) | 27 (16.7%) | 25 (15.4%) | 33 (20.4%) | 162 (100%) |

续表

| | 政府 | 法院 | 检察院 | 公安 | 上访 | 居/村委会 | 非政府性权益组织 | 单位 | 亲戚 | 朋友 | 忍忍就算了 | 其他方式 | 合计 |
|---|---|---|---|---|---|---|---|---|---|---|---|---|---|
| 外地农业 | 1 (0.4%) | 7 (2.9%) | 0 | 8 (3.3%) | 0 | 6 (2.4%) | 6 (2.4%) | 3 (1.2%) | 93 (38.0%) | 43 (17.5%) | 44 (18.0%) | 34 (13.9%) | 245 (100%) |
| 合计 | 29 (1.1%) | 191 (7.5%) | 6 (0.2%) | 103 (4.1%) | 15 (0.6%) | 144 (5.7%) | 84 (3.3%) | 18 (0.7%) | 737 (29.0%) | 246 (9.7%) | 497 (19.6%) | 469 (18.5%) | 2539 (100%) |

注：①本表为删除缺损值之后的统计结果；②本题为多选题。

### 3. 对家庭暴力的行为取向

当问及"当您的家人对您实施家庭暴力时"可能采取的行为方式，在有效样本中，从其单变量的频次分布情况来看，有 61 人表示会选择政府部门，占 2.2%；390 人选择法院，占 14.1%；19 人选择检察院，占 0.7%；766 人选择公安，占 27.7%；41 人选择上访，占 1.5%；414 人选择居/村委会，占 15.0%；100 人选择非政府性权益组织，占 3.6%；32 人选择单位，占 1.2%；409 人选择亲戚，占 14.8%；135 人选择朋友，占 4.9%；133 人选择忍忍就算了，占 4.8%；261 人选择其他方式，占 9.5%（见表 9-1）。

比较不同户籍的状况可以发现，在样本当遭受家庭暴力时解决途径栏中，本地非农中有 48 人选择政府，占 2.3%；317 人选择法院，占 15.1%；15 人选择检察院，占 0.7%；613 人选择公安，占 29.2%；32 人选择上访，占 1.5%；319 人选择居/村委会，占 15.2%；76 人选择非政府权益组织，占 3.6%；24 人选择单位，占 1.1%；271 人选择亲戚，占 12.9%；85 人选择朋友，占 4.1%；99 人选择忍忍就算了，占 4.7%；202 人选择其他方式，占 9.6%。本地农业中 3 人选择政府，占 1.5%；19 人选择法院，占 9.4%；1 人选择检察院，占 0.5%；49 人选择公安，占 24.1%；4 人选择上访，占 2.0%；42 人选择居/村委会，占 20.7%；8 人选择非政府权益组织，占 3.9%；2 人选择单位，占 1.0%；38 人选择亲戚，占 18.7%；12 人选择朋友，占 5.9%；11 人选择忍忍就算了，占 5.4%；14 人选择其他方式，占 6.9%。合计本市户籍人口中 51 人选择政府，占 2.2%；336 人选择法院，占 14.6%；16 人选择检察院，占 0.7%；662 人选择公安，占 28.7%；36 人选择上访，占 1.6%；361 人选择居/村委会，占 15.7%；84 人选择非政府权益组织，占 3.6%；26 人选择单位，占 1.1%；309 人选择亲戚，占 13.4%；97 人选择朋友，占 4.2%；110 人选择忍忍就算了，占 4.8%；216 人选择其他方式，占 9.4%。外地非农中 8 人选择政府，占 4.3%；27 人选择法院，占 14.8%；1 人选择检察院，占 0.5%；47 人选择公安，占 25.7%；3 人选择上访，占 1.6%；25 人选择居/村委会，占 13.7%；6 人选择非政府权益组织，占 3.3%；0 人选择单位；24 人选择亲戚，占 13.1%；12 人选择朋友，占 6.6%；14 人选择忍忍就算了，占 7.7%；16 人选择其他方式，占 8.7%。外地农业中有 2 人选择政府，占 0.8%；27 人选择法院，占 10.0%；2 人选择检察院，占 0.8%；57 人选择公安，占 21.2%；2 人选择上访，占 0.8%；28 人选择居/村委会，占 10.4%；10 人选择非政府权益组织，占 3.7%；6 人选择单位，占 2.2%；74 人选择亲戚，占 27.5%；25 人选择朋友，占 9.3%；9 人选择忍忍就算了，占 3.3%；27 人选择其他方式，占 10.0%。合计外地户籍人口中 10 人选择政府，占 2.2%；54 人选择法院，占 12.0%；

3人选择检察院,占0.7%;104人选择公安,占23.0%;5人选择上访,占1.1%;53人选择居/村委会,占11.7%;16人选择非政府权益组织,占3.5%;6人选择单位,占1.3%;98人选择亲戚,占21.7%;37人选择朋友,占8.2%;23人选择忍忍就算了,占5.1%;43人选择其他方式,占9.5%(见表9-4)。

表9-4 户籍身份与当遭受家庭暴力时解决途径交互频次

| | 政府 | 法院 | 检察院 | 公安 | 上访 | 居/村委会 | 非政府性权益组织 | 单位 | 亲戚 | 朋友 | 忍忍就算了 | 其他方式 | 合计 |
|---|---|---|---|---|---|---|---|---|---|---|---|---|---|
| 本地户籍 | 51 (2.2%) | 336 (14.6%) | 16 (0.7%) | 662 (28.7%) | 36 (1.6%) | 361 (15.7%) | 84 (3.6%) | 26 (1.1%) | 309 (13.4%) | 97 (4.2%) | 110 (4.8%) | 216 (9.4%) | 2304 (100%) |
| 本地非农 | 48 (2.3%) | 317 (15.1%) | 15 (0.7%) | 613 (29.2%) | 32 (1.5%) | 319 (15.2%) | 76 (3.6%) | 24 (1.1%) | 271 (12.9%) | 85 (4.1%) | 99 (4.7%) | 202 (9.6%) | 2101 (100%) |
| 本地农业 | 3 (1.5%) | 19 (9.4%) | 1 (0.5%) | 49 (24.1%) | 4 (2.0%) | 42 (20.7%) | 8 (3.9%) | 2 (1.0%) | 38 (18.7%) | 12 (5.9%) | 11 (5.4%) | 14 (6.9%) | 203 (100%) |
| 外地户籍 | 10 (2.2%) | 54 (12.0%) | 3 (0.7%) | 104 (23.0%) | 5 (1.1%) | 53 (11.7%) | 16 (3.5%) | 6 (1.3%) | 98 (21.7%) | 37 (8.2%) | 23 (5.1%) | 43 (9.5%) | 452 (100%) |
| 外地非农 | 8 (4.3%) | 27 (14.8%) | 1 (0.5%) | 47 (25.7%) | 3 (1.6%) | 25 (13.7%) | 6 (3.3%) | 0 | 24 (13.1%) | 12 (6.6%) | 14 (7.7%) | 16 (8.7%) | 183 (100%) |
| 外地农业 | 2 (0.8%) | 27 (10.0%) | 2 (0.8%) | 57 (21.2%) | 2 (0.8%) | 28 (10.4%) | 10 (3.7%) | 6 (2.2%) | 74 (27.5%) | 25 (9.3%) | 9 (3.3%) | 27 (10.0%) | 269 (100%) |

续表

| | 政府 | 法院 | 检察院 | 公安 | 上访 | 居/村委会 | 非政府性权益组织 | 单位 | 亲戚 | 朋友 | 忍忍就算了 | 其他方式 | 合计 |
|---|---|---|---|---|---|---|---|---|---|---|---|---|---|
| 合计 | 61 (2.2%) | 390 (14.2%) | 19 (0.7%) | 766 (27.8%) | 41 (1.5%) | 414 (15.0%) | 100 (3.6%) | 32 (1.2%) | 407 (14.8%) | 134 (4.8%) | 133 (4.8%) | 259 (9.4%) | 2756 (100%) |

注：①本表为删除缺损值之后的统计结果；②本题为多选题。

**4. 对夫妻财产纠纷的行为取向**

当问及"当您与您的家人因财产分配纠纷"可能采取的行为方式，在有效样本中，从其单变量的频次分布情况来看，有55人表示会选择政府部门，占2.1%；1173人选择法院，占44.3%；36人选择检察院，占1.4%；157人选择公安，占5.9%；30人选择上访，占1.1%；179人选择居/村委会，占6.8%；88人选择非政府权益组织，占3.3%；8人选择单位，占0.3%；530人选择亲戚，占20.0%；115人选择朋友，占4.3%；78人选择忍忍就算了，占2.9%；200人选择其他方式，占7.6%（见表9-1）。

比较不同户籍的状况可以发现，在样本与家人因财产分配发生纠纷时解决途径栏中，本地非农中有41人选择政府，占2.0%；897人选择法院，占44.6%；29人选择检察院，占1.5%；121人选择公安，占6.0%；28人选择上访，占1.4%；144人选择居/村委会，占7.2%；72人选择非政府权益组织，占3.6%；5人选择单位，占0.2%；368人选择亲戚，占18.3%；73人选择朋友，占3.6%；61人选择忍忍就算了，占3.0%；173人选择其他方式，占8.6%。本地农业中有3人选择政府，占1.6%；91人选择法院，占46.2%；1

人选择检察院，占0.5%；4人选择公安，占2.0%；1人选择上访，占0.5%；15人选择居/村委会，占7.6%；1人选择非政府权益组织，占0.5%；1人选择单位，占0.5%；54人选择亲戚，占27.4%；10人选择朋友，占5.1%；5人选择忍忍就算了，占2.5%；11人选择其他方式，占5.6%。合计本市户籍人口中有44人选择政府，占2.0%；988人选择法院，占44.7%；30人选择检察院，占1.4%；125人选择公安，占5.7%；29人选择上访，占1.3%；159人选择居/村委会，占7.2%；73人选择非政府权益组织，占3.3%；6人选择单位，占0.3%；422人选择亲戚，占19.1%；83人选择朋友，占3.7%；66人选择忍忍就算了，占3.0%；184人选择其他方式，占8.3%。外地非农中有9人选择政府，占5.3%；76人选择法院，占44.7%；2人选择检察院，占1.2%；20人选择公安，占11.7%；1人选择上访，占0.6%；10人选择居/村委会，占5.9%；2人选择非政府权益组织，占1.2%；0人选择单位；27人选择亲戚，占15.9%；12人选择朋友，占7.1%；6人选择忍忍就算了，占3.5%；5人选择其他方式，占2.9%。外地农业中2人选择政府，占0.8%；109人选择法院，占41.1%；4人选择检察院，占1.5%；12人选择公安，占4.5%；0人选择上访；10人选择居/村委会，占3.8%；13人选择非政府权益组织，占4.9%；2人选择单位，占0.8%；79人选择亲戚，占29.8%；19人选择朋友，占7.1%；5人选择忍忍就算了，占1.9%；10人选择其他方式，占3.8%。合计外地户籍人口中11人选择政府，占2.5%；185人选择法院，占42.6%；6人选择检察院，占1.4%；32人选择公安，占7.4%；1人选择上访，占0.2%；20人选择居/村委会，占4.6%；15人选择非政府权益组织，占3.4%；2人选择单位，占 0.5%；106 人选择亲戚，占 24.4%；31 人选择朋友，占 7.1%；11 人选择忍忍就算了，占 2.5%；15 人选择其他方式，占 3.4%（见表 9-5）。

表 9-5　　户籍身份与当与家人因财产分配发生纠纷时解决途径交互频次

|  | 政府 | 法院 | 检察院 | 公安 | 上访 | 居/村委会 | 非政府性权益组织 | 单位 | 亲戚 | 朋友 | 忍忍就算了 | 其他方式 | 合计 |
|---|---|---|---|---|---|---|---|---|---|---|---|---|---|
| 本地户籍 | 44 (2.0%) | 988 (44.7%) | 30 (1.4%) | 125 (5.7%) | 29 (1.3%) | 159 (7.2%) | 73 (3.3%) | 6 (0.3%) | 422 (19.1%) | 83 (3.7%) | 66 (3.0%) | 184 (8.3%) | 2209 (100%) |
| 本地非农 | 41 (2.0%) | 897 (44.6%) | 29 (1.5%) | 121 (6.0%) | 28 (1.4%) | 144 (7.2%) | 72 (3.6%) | 5 (0.2%) | 368 (18.3%) | 73 (3.6%) | 61 (3.0%) | 173 (8.6%) | 2012 (100%) |
| 本地农业 | 3 (1.6%) | 91 (46.2%) | 1 (0.5%) | 4 (2.0%) | 1 (0.5%) | 15 (7.6%) | 1 (0.5%) | 1 (0.5%) | 54 (27.4%) | 10 (5.1%) | 5 (2.5%) | 11 (5.6%) | 197 (100%) |
| 外地户籍 | 11 (2.5%) | 185 (42.6%) | 6 (1.4%) | 32 (7.4%) | 1 (0.2%) | 20 (4.6%) | 15 (3.4%) | 2 (0.5%) | 106 (24.4%) | 31 (7.1%) | 11 (2.5%) | 15 (3.4%) | 435 (100%) |
| 外地非农 | 9 (5.3%) | 76 (44.7%) | 2 (1.2%) | 20 (11.7%) | 1 (0.6%) | 10 (5.9%) | 2 (1.2%) | 0 | 27 (15.9%) | 12 (7.1%) | 6 (3.5%) | 5 (2.9%) | 170 (100%) |
| 外地农业 | 2 (0.8%) | 109 (41.1%) | 4 (1.5%) | 12 (4.5%) | 0 | 10 (3.8%) | 13 (4.9%) | 2 (0.8%) | 79 (29.8%) | 19 (7.1%) | 5 (1.9%) | 10 (3.8%) | 265 (100%) |
| 合计 | 55 (2.1%) | 1173 (44.4%) | 36 (1.4%) | 157 (5.9%) | 30 (1.1%) | 179 (6.8%) | 88 (3.3%) | 8 (0.3%) | 528 (20.0%) | 114 (4.3%) | 77 (2.9%) | 199 (7.5%) | 2644 (100%) |

注：①本表为删除缺损值之后的统计结果；②本题为多选题。

### 5. 离婚的行为取向

当问及"当夫妻发生离婚矛盾时"可能采取的行为方式，在有效样本中，从其单变量的频次分布情况来看，有 56 人表示会选择政府部门，占2.1%；1324人选择法院，占49.1%；29人选择检察院，占1.1%；101人选择公安，占3.7%；10人选择上访，占0.4%；223人选择居/村委会，占8.3%；201人选择非政府权益组织，占7.5%；22人选择单位，占0.8%；372人选择亲戚，占13.8%；118人选择朋友，占4.4%；103人选择忍忍就算了，占3.8%；137人选择其他方式，占5.1%（见表9-1）。

比较不同户籍的状况可以发现，在样本当夫妻离婚发生矛盾时解决途径栏中，本地非农中有52人选择政府，占2.5%；1004人选择法院，占49.0%；24人选择检察院，占1.2%；81人选择公安，占3.9%；9人选择上访，占0.4%；178人选择居/村委会，占8.7%；168人选择非政府权益组织，占8.2%；19人选择单位，占0.9%；249人选择亲戚，占12.1%；82人选择朋友，占4.0%；78人选择忍忍就算了，占3.8%；108人选择其他方式，占5.3%。本地农业中2人选择政府，占1.0%；100人选择法院，占49.7%；2人选择检察院，占1.0%；2人选择公安，占1.0%；0人选择上访；21人选择居/村委会，占10.4%；11人选择非政府权益组织，占5.5%；1人选择单位，占0.5%；40人选择亲戚，占19.9%；5人选择朋友，占2.5%；7人选择忍忍就算了，占3.5%；10人选择其他方式，占5.0%。合计本市户籍人口中有54人选择政府，占2.4%；1104人选择法院，占49.0%；26人选择检察院，占1.2%；83人选择公安，占3.7%；9人选择上访，占0.4%；199人选择居/村委会，占8.8%；179人选择非政府权益组织，占7.9%；20人选择单位，占0.9%；289人选择亲戚，占12.8%；87人选择朋友，占3.9%；85人选择忍忍就算了，占3.8%；118人选择其他方式，占5.2%。外地非农中有 1 人选择政府，占 0.6%；74 人选择法院，占 42.6%；2 人选择检察院，占 1.1%；12 人选择公安，占 6.9%；1 人选择上访，占 0.6%；15 人选择居/村委会，占 8.6%；12 人选择非政府权益组织，占 6.9%；1 人选择单位，占 0.6%；23 人选择亲戚，占 13.2%；14 人选择朋友，占 8.0%；14 人选择忍忍就算了，占 8.0%；5 人选择其他方式，占 2.9%。外地农业中 1 人选择政府，占 0.4%；145 人选择法院，占 55.1%；1 人选择检察院，占 0.4%；6 人选择公安，占 2.3%；0 人选择上访；9 人选择居/村委会，占 3.4%；10 人选择非政府权益组织，占 3.8%；1 人选择单位，占 0.4%；59 人选择亲戚，占 22.4%；16 人选择朋友，占 6.1%；3 人选择忍忍就算了，占 1.1%；12 人选择其他方式，占 4.6%。合计外地户籍人口中 2 人选择政府，占 0.5%；219 人选择法院，占 50.1%；3 人选择检察院，占 0.7%；18 人选择公安，占 4.1%；1 人选择上访，占 0.2%；24 人选择居/村委会，占 5.5%；22 人选择非政府权益组织，占 5.0%；2 人选择单位，占 0.5%；82 人选择亲戚，占 18.7%；30 人选择朋友，占 6.9%；17 人选择忍忍就算了，占 3.9%；17 人选择其他方式，占 3.9%（见表 9-6）。

表 9-6　户籍身份与当夫妻离婚发生矛盾时解决途径交互频次

| | 政府 | 法院 | 检察院 | 公安 | 上访 | 居/村委会 | 非政府性权益组织 | 单位 | 亲戚 | 朋友 | 忍忍就算了 | 其他方式 | 合计 |
|---|---|---|---|---|---|---|---|---|---|---|---|---|---|
| 本地户籍 | 54 (2.4%) | 1104 (49.0%) | 26 (1.2%) | 83 (3.7%) | 9 (0.4%) | 199 (8.8%) | 179 (7.9%) | 20 (0.9%) | 289 (12.8%) | 87 (3.9%) | 85 (3.8%) | 118 (5.2%) | 2253 (100%) |

续表

|  | 政府 | 法院 | 检察院 | 公安 | 上访 | 居/村委会 | 非政府性权益组织 | 单位 | 亲戚 | 朋友 | 忍忍就算了 | 其他方式 | 合计 |
|---|---|---|---|---|---|---|---|---|---|---|---|---|---|
| 本地非农 | 52 (2.5%) | 1004 (49.0%) | 24 (1.2%) | 81 (3.9%) | 9 (0.4%) | 178 (8.7%) | 168 (8.2%) | 19 (0.9%) | 249 (12.1%) | 82 (4.0%) | 78 (3.8%) | 108 (5.3%) | 2052 (100%) |
| 本地农业 | 2 (1.0%) | 100 (49.7%) | 2 (1.0%) | 2 (1.0%) | 0 | 21 (10.4%) | 11 (5.5%) | 1 (0.5%) | 40 (19.9%) | 5 (2.5%) | 7 (3.5%) | 10 (5.0%) | 201 (100%) |
| 外地户籍 | 2 (0.5%) | 219 (50.1%) | 3 (0.7%) | 18 (4.1%) | 1 (0.2%) | 24 (5.5%) | 22 (5.0%) | 2 (0.5%) | 82 (18.7%) | 30 (6.9%) | 17 (3.9%) | 17 (3.9%) | 437 (100%) |
| 外地非农 | 1 (0.6%) | 74 (42.6%) | 2 (1.1%) | 12 (6.9%) | 1 (0.6%) | 15 (8.6%) | 12 (6.9%) | 1 (0.6%) | 23 (13.2%) | 14 (8.0%) | 14 (8.0%) | 5 (2.9%) | 174 (100%) |
| 外地农业 | 1 (0.4%) | 145 (55.1%) | 1 (0.4%) | 6 (2.3%) | 0 | 9 (3.4%) | 10 (3.8%) | 1 (0.4%) | 59 (22.4%) | 16 (6.1%) | 3 (1.1%) | 12 (4.6%) | 263 (100%) |
| 合计 | 56 (2.1%) | 1323 (49.1%) | 29 (1.1%) | 101 (3.8%) | 10 (0.4%) | 223 (8.3%) | 201 (7.5%) | 22 (0.8%) | 371 (13.8%) | 117 (4.3%) | 102 (3.8%) | 135 (5.0%) | 2690 (100%) |

注：①本表为删除缺损值之后的统计结果；②本题为多选题。

## 二 亲友近邻类纠纷的法律行为取向

亲友、近邻属于熟人社会的重要类型，因此测量他们之间的法律纠纷与矛盾，可以大致反映熟人纠纷的法律行为取向。尤其应该注意的是，在当前社会逐步从熟人转为陌生人的时候，社会公众与近邻产生纠纷后的法律行为取向当是一个值得关注的问题。抽样调查显示，亲属之间的债务倾向于通过法院解决，邻里纠纷则明显表现为依托于居委和村委，而朋友纠纷

的解决则依赖于朋友。具体状况如下:

1. 亲属纠纷的行为取向

当问及"当您与您的亲属发生债务纠纷时"可能采取何种法律行为,从其单变量的频次分布情况来看,有68人表示会选择政府,占2.6%;1035人选择法院,占39.0%;32人选择检察院,占1.2%;191人选择公安,占7.2%;27人选择上访,占1.0%;132人选择居/村委会,占5.0%;88人选择非政府权益组织,占3.3%;10人选择单位,占0.4%;671人选择亲戚,占25.3%;108人选择朋友,占4.1%;63人选择忍忍就算了,占2.4%;231人选择其他方式,占8.7%(见表9-7)。

表9-7　　　亲友近邻类纠纷的法律行为取向

| | 政府 | 法院 | 检察院 | 公安 | 上访 | 居/村委会 | 非政府性权益组织 | 单位 | 亲戚 | 朋友 | 忍忍就算了 | 其他方式 | 合计 |
|---|---|---|---|---|---|---|---|---|---|---|---|---|---|
| 亲属债务 | 68 (2.6%) | 1035 (39.0%) | 32 (1.2%) | 191 (7.2%) | 27 (1.0%) | 132 (5.0%) | 88 (3.3%) | 10 (0.4%) | 671 (25.3%) | 108 (4.1%) | 63 (2.4%) | 231 (8.7%) | 2656 (100%) |
| 邻里矛盾 | 51 (2.0%) | 151 (5.8%) | 8 (0.3%) | 217 (8.4%) | 29 (1.1%) | 1661 (64.0%) | 67 (2.6%) | 11 (0.4%) | 66 (2.5%) | 101 (3.9%) | 131 (5.0%) | 104 (4.0%) | 2597 (100%) |
| 朋友纠纷 | 55 (2.2%) | 194 (7.7%) | 16 (0.6%) | 197 (7.8%) | 20 (0.8%) | 168 (6.7%) | 65 (2.6%) | 38 (1.5%) | 88 (3.5%) | 1115 (44.4%) | 314 (12.5%) | 243 (9.7%) | 2513 (100%) |

通过户籍比较发现,在样本与亲属发生债务纠纷时解决途径栏中,本地非农中有51人选择政府,占2.5%;806人选择法院,占40.3%;25人选择检察院,占1.2%;153人选择公

第九章 法律行为取向 329

安，占 7.7%；22 人选择上访，占 1.1%；102 人选择居/村委会，占 5.1%；71 人选择非政府权益组织，占 3.5%；6 人选择单位，占 0.3%；471 人选择亲戚，占 23.6%；63 人选择朋友，占 3.1%；46 人选择忍忍就算了，占 2.3%；185 人选择其他方式，占 9.3%。本地农业中有 5 人选政府，占 2.5%；82 人选择法院，占 41.7%；2 人选择检察院，占 1.0%；6 人选择公安，占 3.0%；2 人选择上访，占 1.0%；11 人选择居/村委会，占 5.6%；2 人选择非政府权益组织，占 1.0%；2 人选择单位，占 1.0%；56 人选择亲戚，占 28.4%；9 人选择朋友，占 4.6%；8 人选择忍忍就算了，占 4.1%；12 人选择其他方式，占 6.1%。合计本市户籍人口中 56 人选择政府，占 2.5%；888 人选择法院，占 40.4%；27 人选择检察院，占 1.2%；159 人选择公安，占 7.2%；24 人选择上访，占 1.1%；113 人选择居/村委会，占 5.1%；73 人选择非政府权益组织，占 3.3%；8 人选择单位，占 0.4%；527 人选择亲戚，占 24.0%；72 人选择朋友，占 3.3%；54 人选择忍忍就算了，占 2.5%；197 人选择其他方式，占 9.0%。外地非农中 11 人选择政府，占 5.8%；57 人选择法院，占 30.1%；3 人选择检察院，占 1.6%；21 人选择公安，占 11.1%；2 人选择上访，占 1.1%；9 人选择居/村委会，占 4.8%；8 人选择非政府权益组织，占 4.2%；0 人选择单位；43 人选择亲戚，占 22.8%；14 人选择朋友，占 7.4%；6 人选择忍忍就算了，占 3.2%；15 人选择其他方式，占 7.9%。外地农业中 1 人选择政府，占 0.4%；90 人选择法院，占 34.1%；2 人选择检察院，占 0.8%；11 人选择公安，占 4.1%；1 人选择上访，占 0.4%；10 人选择居/村委会，占 3.8%；7 人选择非政府权益组织，占 2.7%；2 人选择单位，占 0.8%；99 人选择亲戚，占 37.5%；21 人选择朋友，占 7.9%；3 人选择忍忍就算了，占 1.1%；17 人选择其他方式，占 6.4%。合计外地户籍人口中 12 人选择政府，占 2.6%；147 人选择法院，占 32.5%；5 人选择检察院，占 1.1%；32 人选择公安，占 7.1%；3 人选择上访，占 0.7%；19 人选择居/村委会，占 4.2%；15 人选择非政府权益组织，占 3.3%；2 人选择单位，占 0.4%；142 人选择亲戚，占 31.3%；35 人选择朋友，占 7.7%；9 人选择忍忍就算了，占 2.0%；32 人选择其他方式，占 7.1%（见表 9-8）。

表 9-8　户籍身份与当与亲属发生债务纠纷时解决途径交互频次

|  | 政府 | 法院 | 检察院 | 公安 | 上访 | 居/村委会 | 非政府性权益组织 | 单位 | 亲戚 | 朋友 | 忍忍就算了 | 其他方式 | 合计 |
|---|---|---|---|---|---|---|---|---|---|---|---|---|---|
| 本地户籍 | 56 (2.5%) | 888 (40.4%) | 27 (1.2%) | 159 (7.2%) | 24 (1.1%) | 113 (5.1%) | 73 (3.3%) | 8 (0.4%) | 527 (24.0%) | 72 (3.3%) | 54 (2.5%) | 197 (9.0%) | 2198 (100%) |
| 本地非农 | 51 (2.5%) | 806 (40.3%) | 25 (1.2%) | 153 (7.7%) | 22 (1.1%) | 102 (5.1%) | 71 (3.5%) | 6 (0.3%) | 471 (23.6%) | 63 (3.1%) | 46 (2.3%) | 185 (9.3%) | 2001 (100%) |
| 本地农业 | 5 (2.5%) | 82 (41.7%) | 2 (1.0%) | 6 (3.0%) | 2 (1.0%) | 11 (5.6%) | 2 (1.0%) | 2 (1.0%) | 56 (28.4%) | 9 (4.6%) | 8 (4.1%) | 12 (6.1%) | 197 (100%) |
| 外地户籍 | 12 (2.6%) | 147 (32.5%) | 5 (1.1%) | 32 (7.1%) | 3 (0.7%) | 19 (4.2%) | 15 (3.3%) | 2 (0.4%) | 142 (31.3%) | 35 (7.7%) | 9 (2.0%) | 32 (7.1%) | 453 (100%) |
| 外地非农 | 11 (5.8%) | 57 (30.1%) | 3 (1.6%) | 21 (11.1%) | 2 (1.1%) | 9 (4.8%) | 8 (4.2%) | 0 | 43 (22.8%) | 14 (7.4%) | 6 (3.2%) | 15 (7.9%) | 189 (100%) |
| 外地农业 | 1 (0.4%) | 90 (34.1%) | 2 (0.8%) | 11 (4.1%) | 1 (0.4%) | 10 (3.8%) | 7 (2.7%) | 2 (0.8%) | 99 (37.5%) | 21 (7.9%) | 3 (1.1%) | 17 (6.4%) | 264 (100%) |

续表

| | 政府 | 法院 | 检察院 | 公安 | 上访 | 居/村委会 | 非政府性权益组织 | 单位 | 亲戚 | 朋友 | 忍忍就算了 | 其他方式 | 合计 |
|---|---|---|---|---|---|---|---|---|---|---|---|---|---|
| 合计 | 68 (2.6%) | 1035 (39.0%) | 32 (1.2%) | 191 (7.2%) | 27 (1.0%) | 132 (5.0%) | 88 (3.3%) | 10 (0.4%) | 669 (25.2%) | 107 (4.0%) | 63 (2.4%) | 229 (8.7%) | 2651 (100%) |

注：①本表为删除缺损值之后的统计结果；②本题为多选题。

## 2. 邻里纠纷的行为取向

当问及"当您与您的邻居发生纠纷矛盾时"可能采取何种救济手段时，从其单变量的频次分布情况来看，有51人表示会选择政府部门，占2.0%；151人选择法院，占5.8%；8人选择检察院，占0.3%；217人选择公安，占8.4%；29人选择上访，占1.1%；1661人选择居/村委会，占64.0%；67人选择非政府性权益组织，占2.6%；11人选择单位，占0.4%；66人选择亲戚，占2.5%；101人选择朋友，占3.9%；131人选择忍忍就算了，占5.0%；104人选择其他方式，占4.0%（见表9-7）。

通过户籍比较发现，在样本与邻居发生纠纷时解决途径栏中，本地非农中有36人选择政府，占1.8%；110人选择法院，占5.5%；6人选择检察院，占0.3%；180人选择公安，占9.1%；22人选择上访，占1.1%；1283人选择居/村委会，占64.8%；50人选择非政府权益组织，占2.5%；10人选择单位，占0.5%；38人选择亲戚，占1.9%；71人选择朋友，占3.6%；90人选择忍忍就算了，占4.5%；86人选择其他方式，占4.4%。本地农业中有6人选择政府，占3.2%；7人选择法院，占3.7%；0人选择检察院；4人选择公安，占

2.1%；2人选择上访，占1.1%；132人选择居/村委会，占70.2%；3人选择非政府权益组织，占1.6%；0人选择单位；7人选择亲戚，占3.7%；9人选择朋友，占4.8%；14人选择忍忍就算了，占7.5%；4人选择其他方式，占2.1%。合计本市户籍人口中有42人选择政府，占1.9%；117人选择法院，占5.4%；6人选择检察院，占0.3%；184人选择公安，占8.5%；24人选择上访，占1.1%；1415人选择居/村委会，占65.2%；53人选择非政府权益组织，占2.4%；10人选择单位，占0.5%；45人选择亲戚，占2.1%；80人选择朋友，占3.7%；104人选择忍忍就算了，占4.8%；90人选择其他方式，占4.1%。外地非农中有4人选择政府，占2.4%；11人选择法院，占6.5%；1人选择检察院，占0.6%；13人选择公安，占7.7%；5人选择上访，占3.0%；94人选择居/村委会，占56.0%；6人选择非政府权益组织，占3.6%；1人选择单位，占0.6%；9人选择亲戚，占5.4%；11人选择朋友，占6.5%；10人选择忍忍就算了，占6.0%；3人选择其他方式，占1.7%。外地农业中5人选择政府，占2.0%；23人选择法院，占9.1%；1人选择检察院，占0.4%；20人选择公安，占7.9%；0人选择上访；150人选择居/村委会，占59.1%；8人选择非政府权益组织，占3.1%；0人选择单位；11人选择亲戚，占4.3%；10人选择朋友，占3.9%；15人选择忍忍就算了，占5.9%；11人选择其他方式，占4.3%。合计外地户籍人口中有9人选择政府，占2.1%；34人选择法院，占8.1%；2人选择检察院，占0.5%；33人选择公安，占7.8%；5人选择上访，占1.2%；244人选择居/村委会，占57.8%；14人选择非政府权益组织，占3.3%；1人选择单位，占0.2%；20人选择亲戚，占4.8%；21选择朋友，占

5.0%；25人选择忍忍就算了，占5.9%；14人选择其他方式，占3.3%（见表9-9）。

表9-9　户籍身份与当与发生邻居纠纷时解决途径交互频次

| | 政府 | 法院 | 检察院 | 公安 | 上访 | 居/村委会 | 非政府性权益组织 | 单位 | 亲戚 | 朋友 | 忍忍就算了 | 其他方式 | 合计 |
|---|---|---|---|---|---|---|---|---|---|---|---|---|---|
| 本地户籍 | 42 (1.9%) | 117 (5.4%) | 6 (0.3%) | 184 (8.5%) | 24 (1.1%) | 1415 (65.2%) | 53 (2.4%) | 10 (0.5%) | 45 (2.1%) | 80 (3.7%) | 104 (4.8%) | 90 (4.1%) | 2170 |
| 本地非农 | 36 (1.8%) | 110 (5.5%) | 6 (0.3%) | 180 (9.1%) | 22 (1.1%) | 1283 (64.8%) | 50 (2.5%) | 10 (0.5%) | 38 (1.9%) | 71 (3.6%) | 90 (4.5%) | 86 (4.4%) | 1982 |
| 本地农业 | 6 (3.2%) | 7 (3.7%) | 0 | 4 (2.1%) | 2 (1.1%) | 132 (70.2%) | 3 (1.6%) | 0 | 7 (3.7%) | 9 (4.8%) | 14 (7.5%) | 4 (2.1%) | 188 |
| 外地户籍 | 9 (2.1%) | 34 (8.1%) | 2 (0.5%) | 33 (7.8%) | 5 (1.2%) | 244 (57.8%) | 14 (3.3%) | 1 (0.2%) | 20 (4.8%) | 21 (5.0%) | 25 (5.9%) | 14 (3.3%) | 422 |
| 外地非农 | 4 (2.4%) | 11 (6.5%) | 1 (0.6%) | 13 (7.7%) | 5 (3.0%) | 94 (56.0%) | 6 (3.6%) | 1 (0.6%) | 9 (5.4%) | 11 (6.5%) | 10 (6.0%) | 3 (1.7%) | 168 |
| 外地农业 | 5 (2.0%) | 23 (9.1%) | 1 (0.4%) | 20 (7.9%) | 0 | 150 (59.1%) | 8 (3.1%) | 0 | 11 (4.3%) | 10 (3.9%) | 15 (5.9%) | 11 (4.3%) | 254 |
| 合计 | 51 (2.0%) | 151 (5.8%) | 8 (0.3%) | 217 (8.4%) | 29 (1.1%) | 1659 (64.0%) | 67 (2.6%) | 11 (0.4%) | 65 (2.5%) | 101 (3.9%) | 129 (5.0%) | 104 (4.0%) | 2592 |

注：①本表为删除缺损值之后的统计结果；②本题为多选题。

**3. 朋友纠纷的行为取向**

当问及"当您与您的朋友发生纠纷矛盾时"可能采取何种法律行为，从其单变量的频次分布情况来看，55人选择政府部门，占2.2%；194人选择法院，占7.7%；16人选择检察院，占0.6%；197人选择公安，占7.8%；20人选择上访，占

0.8%；168人选择居/村委会，占6.7%；65人选择非政府权益组织，占2.6%；38人选择单位，占1.5%；88人选择亲戚，占3.5%；1115人选择朋友，占44.4%；314人选择忍忍就算了，占12.5%；243人选择其他方式，占9.7%（见表9-7）。

通过户籍比较发现，在样本与朋友发生纠纷时解决途径栏中，本地非农中有36人选择政府，占1.9%；159人选择法院，占8.2%；14人选择检察院，占0.7%；156人选择公安，占8.0%；16人选择上访，占0.8%；141人选择居/村委会，占7.3%；51人选择非政府权益组织，占2.6%；33人选择单位，占1.7%；62人选择亲戚，占3.2%；848人选择朋友，占43.7%；230人选择忍忍就算了，占11.8%；196人选择其他方式，占10.1%。本地农业中有6人选择政府，占3.3%；7人选择法院，占3.9%；0人选择检察院；7人选择公安，占3.9%；1人选择上访，占0.5%；15人选择居/村委会，占8.3%；0人选择非政府权益组织；1人选择单位，占0.5%；7人选择亲戚，占3.9%；93人选择朋友，占51.4%；29人选择忍忍就算了，占16.0%；15人选择其他方式，占8.3%。合计本市户籍人口中42人选择政府，占2.0%；166人选择法院，占7.8%；14人选择检察院，占0.7%；163人选择公安，占7.7%；17人选择上访，占0.8%；156人选择居/村委会，占7.3%；51人选择非政府权益组织，占2.4%；34人选择单位，占1.6%；69人选择亲戚，占3.3%；941人选择朋友，占44.3%；259人选择忍忍就算了，占12.2%；211人选择其他方式，占9.9%。外地非农中有7人选择政府，占4.6%；10人选择法院，占6.6%；1人选择检察院，占0.7%；15人选择公安，占9.9%；2人选择上访，占1.3%；6人选择居/村委会，占3.9%；8人选择非政府权益组织，占5.3%；0人

第九章 法律行为取向 335

选择单位；10人选择亲戚，占6.6%；63人选择朋友，占41.4%；16人选择忍忍就算了，占10.5%；14人选择其他方式，占9.2%。外地农业中有6人选择政府，占2.6%；18人选择法院，占7.7%；1人选择检察院，占0.4%；19人选择公安，占8.1%；1人选择上访，占0.4%；6人选择居/村委会，占2.6%；6人选择非政府权益组织，占2.6%；4人选择单位，占1.7%；9人选择亲戚，占3.8%；111人选择朋友，占47.4%；36人选择忍忍就算了，占15.4%；17人选择其他方式，占7.3%。合计外地户籍人口中13人选择政府，占3.4%；28人选择法院，占7.3%；2人选择检察院，占0.5%；34人选择公安，占8.8%；3人选择上访，占0.8%；12人选择居/村委会，占3.1%；14人选择非政府权益组织，占3.6%；4人选择单位，占1.0%；19人选择亲戚，占4.9%；174人选择朋友，占45.1%；52人选择忍忍就算了，占13.5%；31人选择其他方式，占8.0%（见表9-10）。

表9-10　户籍身份与当与朋友发生纠纷时解决途径交互频次

|  | 政府 | 法院 | 检察院 | 公安 | 上访 | 居/村委会 | 非政府性权益组织 | 单位 | 亲戚 | 朋友 | 忍忍就算了 | 其他方式 | 合计 |
|---|---|---|---|---|---|---|---|---|---|---|---|---|---|
| 本地户籍 | 42 (2.0%) | 166 (7.8%) | 14 (0.7%) | 163 (7.7%) | 17 (0.8%) | 156 (7.3%) | 51 (2.4%) | 34 (1.6%) | 69 (3.3%) | 941 (44.3%) | 259 (12.2%) | 211 (9.9%) | 2123 (100%) |
| 本地非农 | 36 (1.9%) | 159 (8.2%) | 14 (0.7%) | 156 (8.0%) | 16 (0.8%) | 141 (7.3%) | 51 (2.6%) | 33 (1.7%) | 62 (3.2%) | 848 (43.7%) | 230 (11.8%) | 196 (10.1%) | 1942 (100%) |
| 本地农业 | 6 (3.3%) | 7 (3.9%) | 0 | 7 (3.9%) | 1 (0.5%) | 15 (8.3%) | 0 | 1 (0.5%) | 7 (3.9%) | 93 (51.4%) | 29 (16.0%) | 15 (8.3%) | 181 (100%) |

续表

| | 政府 | 法院 | 检察院 | 公安 | 上访 | 居/村委会 | 非政府性权益组织 | 单位 | 亲戚 | 朋友 | 忍忍就算了 | 其他方式 | 合计 |
|---|---|---|---|---|---|---|---|---|---|---|---|---|---|
| 外地户籍 | 13 (3.4%) | 28 (7.3%) | 2 (0.5%) | 34 (8.8%) | 3 (0.8%) | 12 (3.1%) | 14 (3.6%) | 4 (1.0%) | 19 (4.9%) | 174 (45.1%) | 52 (13.5%) | 31 (8.0%) | 386 (100%) |
| 外地非农 | 7 (4.6%) | 10 (6.6%) | 1 (0.7%) | 15 (9.9%) | 2 (1.3%) | 6 (3.9%) | 8 (5.3%) | 0 | 10 (6.6%) | 63 (41.4%) | 16 (10.5%) | 14 (9.2%) | 152 (100%) |
| 外地农业 | 6 (2.6%) | 18 (7.7%) | 1 (0.4%) | 19 (8.1%) | 1 (0.4%) | 6 (2.6%) | 6 (2.6%) | 4 (1.7%) | 9 (3.8%) | 111 (47.4%) | 36 (15.4%) | 17 (7.3%) | 234 (100%) |
| 合计 | 55 (2.2%) | 194 (7.7%) | 16 (0.6%) | 197 (7.9%) | 20 (0.8%) | 168 (6.7%) | 65 (2.6%) | 38 (1.5%) | 88 (3.5%) | 1115 (44.4%) | 311 (12.4%) | 242 (9.7%) | 2509 (100%) |

注：①本表为删除缺损值之后的统计结果；②本题为多选题。

## 三 对同学、同事类纠纷的法律行为取向

同学关系和同事关系也是熟人社会中的一种，但与家人、亲友有所不同。对同学、同事之间出现纠纷矛盾后可能采取法律行为的测量发现，总体而言，同学之间和同事之间的纠纷矛盾都不希望通过官方的渠道解决。其中，同学间的纠纷比较倾向于通过朋友的沟通解决或直接采取忍让的方式，而同事之间的纠纷则更侧重于通过单位和朋友加以解决。具体情况如下：

1. 同学间纠纷的法律行为取向

当问及"当您与您的同学发生纠纷矛盾时"可能会采取何种行为，在有效样本中，从其单变量的频次分布情况来看，有56人表示会选择政府部门，占2.3%；190人选择法院，占7.7%；13人选择检察院，占0.5%；149人选择公安，占

6.0%；21人选择上访，占0.8%；71人选择居/村委会，占2.9%；73人选择非政府权益组织，占3.0%；56人选择单位，占2.3%；70人选择亲戚，占2.8%；873人选择朋友，占35.3%；440人选择忍忍就算了，占17.8%；460人选择其他方式，占18.6%（见表9-11）。

表9-11　同学、同事间纠纷的法律行为取向

| | 政府 | 法院 | 检察院 | 公安 | 上访 | 居/村委会 | 非政府性权益组织 | 单位 | 亲戚 | 朋友 | 忍忍就算了 | 其他方式 | 合计 |
|---|---|---|---|---|---|---|---|---|---|---|---|---|---|
| 同学纠纷 | 56 (2.3%) | 190 (7.7%) | 13 (0.5%) | 149 (6.0%) | 21 (0.8%) | 71 (2.9%) | 73 (3.0%) | 56 (2.3%) | 70 (2.8%) | 873 (35.3%) | 440 (17.8%) | 460 (18.6%) | 2472 (100%) |
| 同事纠纷 | 59 (2.3%) | 154 (6.0%) | 13 (0.5%) | 127 (5.0%) | 27 (1.1%) | 87 (3.4%) | 60 (2.3%) | 984 (38.4%) | 46 (1.8%) | 478 (18.7%) | 285 (11.1%) | 241 (9.4%) | 2561 (100%) |

比较户籍状况也可以发现，在样本与同学发生纠纷时解决途径栏中，本地非农中有39人选择政府，占2.0%；150人选择法院，占7.9%；11人选择检察院，占0.6%；120人选择公安，占6.3%；18人选择上访，占0.9%；59人选择居/村委会，占3.1%；58人选择非政府权益组织，占3.1%；43人选择单位，占2.3%；52人选择亲戚，占2.7%；648人选择朋友，占34.0%；343人选择忍忍就算了，占18.0%；364人选择其他方式，占19.1%。本地农业中3人选择政府，占1.7%；7人选法院，占4.0%；0人选检察院；5人选公安，占2.8%；1人选择上访，占0.6%；8人选择居/村委会，占4.5%；0人选择非政府权益组织；4人选单位，占

2.3%；3人选择亲戚，占1.7%；80人选择朋友，占45.2%；33人选择忍忍就算了，占18.6%；33人选择其他方式，占18.6%。合计本市户籍人口2082人，其中42人选择政府，占2.0%；157人选择法院，占7.5%；11人选择检察院，占0.5%；125人选择公安，占6.0%；19人选择上访，占0.9%；67人选择居/村委会，占3.2%；58人选择非政府权益组织，占2.8%；47人选择单位，占2.3%；55人选择亲戚，占2.6%；728人选择朋友，占35.0%；376人选择忍忍就算了，占18.1%；397人选择其他方式，占19.1%。外地非农中8人选择政府，占5.2%；14人选择法院，占9.2%；0人选择检察院；15人选择公安，占9.8%；1人选择上访，占0.7%；1人选择居/村委会，占0.7%；8人选择非政府权益组织，占5.2%；4人选择单位，占2.6%；7人选择亲戚，占4.6%；48人选择朋友，占31.3%；25人选择忍忍就算了，占16.3%；22人选择其他方式，占14.4%。外地农业中有6人选择政府，占2.6%；19人选择法院，占8.2%；2人选检察院，占0.9%；9人选择公安，占3.9%；1人选择上访，占0.4%；3人选择居/村委会，占1.3%；7人选择非政府权益组织，占3.0%；5人选择单位，占2.1%；8人选择亲戚，占3.4%；97人选择朋友，占41.6%；36人选择忍忍就算了，占15.4%；40人选择其他方式，占17.2%。合计外地户籍人口386人，其中有14人选择政府，占3.6%；33人选择法院，占8.5%；2人选择检察院，占0.5%；24人选择公安，占6.2%；2人选择上访，占0.5%；4人选择居/村委会，占1.1%；15人选择非政府权益组织，占3.9%；9人选择单位，占2.3%；15人选择亲戚，占3.9%；145人选择朋友，占37.6%；61人选择忍忍就算了，占15.8%；62人选择其他方式，占16.1%（见表

第九章 法律行为取向　339

9-12)。

表9-12　户籍身份与当与同学发生纠纷时解决途径交互频次

| | 政府 | 法院 | 检察院 | 公安 | 上访 | 居/村委会 | 非政府性权益组织 | 单位 | 亲戚 | 朋友 | 忍忍就算了 | 其他方式 | 合计 |
|---|---|---|---|---|---|---|---|---|---|---|---|---|---|
| 本地户籍 | 42 (2.0%) | 157 (7.5%) | 11 (0.5%) | 125 (6.0%) | 19 (0.9%) | 67 (3.2%) | 58 (2.8%) | 47 (2.3%) | 55 (2.6%) | 728 (35.0%) | 376 (18.1%) | 397 (19.1%) | 2082 (100%) |
| 本地非农 | 39 (2.0%) | 150 (7.9%) | 11 (0.6%) | 120 (6.3%) | 18 (0.9%) | 59 (3.1%) | 58 (3.1%) | 43 (2.3%) | 52 (2.7%) | 648 (34.0%) | 343 (18.0%) | 364 (19.1%) | 1905 (100%) |
| 本地农业 | 3 (1.7%) | 7 (4.0%) | 0 | 5 (2.8%) | 1 (0.6%) | 8 (4.5%) | 0 | 4 (2.3%) | 3 (1.7%) | 80 (45.2%) | 33 (18.6%) | 33 (18.6%) | 177 (100%) |
| 外地户籍 | 14 (3.6%) | 33 (8.5%) | 2 (0.5%) | 24 (6.2%) | 2 (0.5%) | 4 (1.1%) | 15 (3.9%) | 9 (2.3%) | 15 (3.9%) | 145 (37.6%) | 61 (15.8%) | 62 (16.1%) | 386 (100%) |
| 外地非农 | 8 (5.2%) | 14 (9.2%) | 0 | 15 (9.8%) | 1 (0.7%) | 1 (0.7%) | 8 (5.2%) | 4 (2.6%) | 7 (4.6%) | 48 (31.3%) | 25 (16.3%) | 22 (14.4%) | 153 (100%) |
| 外地农业 | 6 (2.6%) | 19 (8.2%) | 2 (0.9%) | 9 (3.9%) | 1 (0.4%) | 3 (1.3%) | 7 (3.0%) | 5 (2.1%) | 8 (3.4%) | 97 (41.6%) | 36 (15.4%) | 40 (17.2%) | 233 (100%) |
| 合计 | 56 (2.3%) | 190 (7.7%) | 13 (0.5%) | 149 (6.0%) | 21 (0.8%) | 71 (2.9%) | 73 (3.0%) | 56 (2.3%) | 70 (2.8%) | 873 (35.4%) | 437 (17.7%) | 459 (18.6%) | 2468 (100%) |

注：①本表为删除缺损值之后的统计结果；②本题为多选题。

2. 同事间纠纷的法律行为取向

当问及"当您与您的同事发生纠纷矛盾时"可能会选择何种法律行为，在有效样本中，从其单变量的频次分布情况来看，有59人表示会选择政府部门，占2.3%；154人选择法院，占 6.0%；13 人选择检察院，占 0.5%；127 人选择公安，占 5.0%；27 人选择上访，占 1.1%；87 人选择居/村委会，占 3.4%；60 人选择非政府权益组织，占 2.3%；984 人选择单位，占 38.4%；46 人选择亲戚，占 1.8%；478 人选择朋友，占 18.7%；285 人选择忍忍就算了，占 11.1%；241 人选择其他方式，占 9.4%（见表 9 – 11）。

比较不同户籍的状况也可以发现，在样本与同事发生纠纷时解决途径栏中，本地非农中有 44 人选择政府，占 2.2%；122 人选法院，占 6.2%；11 人选择检察院，占 0.6%；97 人选择公安，占 4.9%；21 人选择上访，占 1.1%；65 人选择居/村委会，占 3.3%；48 人选择非政府权益组织，占 2.4%；755 人选择单位，占 38.5%；28 人选择亲戚，占 1.4%；367 人选择朋友，占 18.7%；209 人选择忍忍就算了，占 10.7%；195 人选择其他方式，占 10.0%。本地农业中有 4 人选择政府，占 2.1%；9 人选择法院，占 4.8%；0 人选择检察院；4 人选择公安，占 2.1%；1 人选择上访，占 0.5%；10 人选择居/村委会，占 5.3%；1 人选择非政府权益组织，占 0.5%；85 人选择单位，占 45.0%；5 人选择亲戚，占 2.6%；30 人选择朋友，占 15.9%；27 人选择忍忍就算了，占 14.3%；13 人选择其他方式，占 6.9%。合计本市户籍人口 2151 人，其中有 48 人选择政府，占 2.2%；131 人选择法院，占 6.1%；11 人选择检察院，占 0.5%；101 人选择公安，占 4.7%；22 人选择上访，占 1.0%；75 人选择居/村委会，占 3.5%；49 人选择非政府权益组织，占 2.3%；840 人选择单位，占 39.1%；33 人选择亲戚，占 1.5%；397 人选择朋友，占 18.5%；236 人选择忍忍就算了，占 11.0%；208 人选择其他方式，占 9.6%。外地非农中有 5 人选择政府，占 3.0%；9

人选择法院，占5.5%；1人选择检察院，占0.6%；12人选择公安，占7.3%；3人选择上访，占1.8%；6人选择居/村委会，占3.7%；8人选择非政府权益组织，占4.9%；60人选择单位，占36.6%；6人选择亲戚，占3.7%；29人选择朋友，占17.7%；13人选择忍忍就算了，占7.9%；12人选择其他方式，占7.3%。外地农业中有6人选择政府，占2.5%；14人选择法院，占5.8%；1人选择检察院，占0.4%；14人选择公安，占5.8%；2人选择上访，占0.8%；6人选择居/村委会，占2.5%；3人选择非政府权益组织，占1.2%；84人选择单位，占34.7%；7人选择亲戚，占2.9%；52人选择朋友，占21.5%；34人选择忍忍就算了，占14.0%；19人选择其他方式，占7.9%。合计外地户籍人口406人，其中有11人选择政府，占2.7%；23人选择法院，占5.7%；2人选择检察院，占0.5%；26人选择公安，占6.4%；5人选择上访，占1.2%；12人选择居/村委会，占3.0%；11人选择非政府权益组织，占2.7%；144人选择单位，占35.4%；13人选择亲戚，占3.2%；81人选择朋友，占20.0%；47人选择忍忍就算了，占11.6%；31人选择其他方式，占7.6%（见表9-13）。

表9-13 户籍身份与当与同事发生纠纷时解决途径交互频次

| | 政府 | 法院 | 检察院 | 公安 | 上访 | 居/村委会 | 非政府性权益组织 | 单位 | 亲戚 | 朋友 | 忍忍就算了 | 其他方式 | 合计 |
|---|---|---|---|---|---|---|---|---|---|---|---|---|---|
| 本地户籍 | 48(2.2%) | 131(6.1%) | 11(0.5%) | 101(4.7%) | 22(1.0%) | 75(3.5%) | 49(2.3%) | 840(39.1%) | 33(1.5%) | 397(18.5%) | 236(11.0%) | 208(9.6%) | 2151(100%) |

续表

| | 政府 | 法院 | 检察院 | 公安 | 上访 | 居/村委会 | 非政府性权益组织 | 单位 | 亲戚 | 朋友 | 忍忍就算了 | 其他方式 | 合计 |
|---|---|---|---|---|---|---|---|---|---|---|---|---|---|
| 本地非农 | 44 (2.2%) | 122 (6.2%) | 11 (0.6%) | 97 (4.9%) | 21 (1.1%) | 65 (3.3%) | 48 (2.4%) | 755 (38.5%) | 28 (1.4%) | 367 (18.7%) | 209 (10.7%) | 195 (10.0%) | 1962 (100%) |
| 本地农业 | 4 (2.1%) | 9 (4.8%) | 0 | 4 (2.1%) | 1 (0.5%) | 10 (5.3%) | 1 (0.5%) | 85 (45.0%) | 5 (2.6%) | 30 (15.9%) | 27 (14.3%) | 13 (6.9%) | 189 (100%) |
| 外地户籍 | 11 (2.7%) | 23 (5.7%) | 2 (0.5%) | 26 (6.4%) | 5 (1.2%) | 12 (3.0%) | 11 (2.7%) | 144 (35.4%) | 13 (3.2%) | 81 (20.0%) | 47 (11.6%) | 31 (7.6%) | 406 (100%) |
| 外地非农 | 5 (3.0%) | 9 (5.5%) | 1 (0.6%) | 12 (7.3%) | 3 (1.8%) | 6 (3.7%) | 8 (4.9%) | 60 (36.6%) | 6 (3.7%) | 29 (17.7%) | 13 (7.9%) | 12 (7.3%) | 164 (100%) |
| 外地农业 | 6 (2.5%) | 14 (5.8%) | 1 (0.4%) | 14 (5.8%) | 2 (0.8%) | 6 (2.5%) | 3 (1.2%) | 84 (34.7%) | 7 (2.9%) | 52 (21.5%) | 34 (14.0%) | 19 (7.9%) | 242 (100%) |
| 合计 | 59 (2.3%) | 154 (6.0%) | 13 (0.5%) | 127 (5.0%) | 27 (1.1%) | 87 (3.4%) | 60 (2.3%) | 984 (38.5%) | 46 (1.8%) | 478 (18.7%) | 283 (11.1%) | 239 (9.3%) | 2557 (100%) |

注：①本表为删除缺损值之后的统计结果；②本题为多选题。

## 四 陌生人之间纠纷的法律行为取向

与陌生人之间的纠纷，我们虚拟为一般的陌生人纠纷和特定的陌生人纠纷，特定的陌生人纠纷虚拟为消费者商场购物、交通事故两大类，以测量社会公众与这些陌生人遭遇法律纠纷时可能采取的法律行为。抽样调查显示，对于陌生人之间的纠纷，社会公众更愿意选择公权部门进行解决，尤其是对警察的依赖。而忍让或者借助家人、亲友加以解决的比例非常少。当然，在消费者权益纠纷中，也非常倚重于非政府权益组织，这是在其他纠纷中很难看到的现象。具体情况如下：

1. 陌生人之间纠纷的行为取向

当问及"当您与陌生人发生纠纷矛盾时"可能采取何种法律行为，在有效样本中，从其单变量的频次分布情况来看，有106人表示会选择政府部门，占4.1%；有333人选择法院，占12.9%；有45人选择检察院，占1.7%；有1546人选择公安，占59.9%；有25人选择上访，占1.0%；有95人选择居/村委会，占3.7%；有51人选择非政府权益组织，占2.0%；有13人选择单位，占0.5%；有11人选择亲戚，占0.4%；有34人选择朋友，占1.3%；有100人选择忍忍就算了，占3.9%；有223人选择其他方式，占8.6%（见表9-14）。

表9-14　　陌生人之间纠纷的法律行为取向

| | 政府 | 法院 | 检察院 | 公安 | 上访 | 居/村委会 | 非政府性权益组织 | 单位 | 亲戚 | 朋友 | 忍忍就算了 | 其他方式 | 合计 |
|---|---|---|---|---|---|---|---|---|---|---|---|---|---|
| 陌生人纠纷 | 106 (4.1%) | 333 (12.9%) | 45 (1.7%) | 1546 (59.9%) | 25 (1.0%) | 95 (3.7%) | 51 (2.0%) | 13 (0.5%) | 11 (0.4%) | 34 (1.3%) | 100 (3.9%) | 223 (8.6%) | 2582 (100%) |
| 消费纠纷 | 213 (8.2%) | 235 (9.1%) | 24 (0.9%) | 1090 (42.0%) | 70 (2.7%) | 57 (2.2%) | 590 (22.7%) | 62 (2.4%) | 9 (0.3%) | 8 (0.3%) | 24 (0.9%) | 214 (8.2%) | 2596 (100%) |
| 交通事故 | 129 (5.0%) | 325 (12.6%) | 49 (1.9%) | 1945 (75.7%) | 23 (0.9%) | 21 (0.8%) | 17 (0.7%) | 1 (0.0%) | 5 (0.2%) | 5 (0.2%) | 4 (0.2%) | 47 (1.8%) | 2571 (100%) |

比较户籍状况也可以发现，在样本与陌生人发生纠纷时解决途径栏中，本地非农中有71人选择政府，占3.6%；229人

选择法院，占 11.7%；35 人选择检察院，占 1.8%；1196 人选择公安，占 61.2%；18 人选择上访，占 0.9%；74 人选择居/村委会，占 3.8%；38 人选择非政府权益组织，占 1.9%；11 人选择单位，占 0.6%；9 人选择亲戚，占 0.5%；26 人选择朋友，占 1.3%；77 人选择忍忍就算了，占 3.9%；171 人选择其他方式，占 8.8%。本地农业中有 9 人选择政府，占 4.7%；21 人选择法院，占 10.9%；3 人选择检察院，占 1.6%；111 人选择公安，占 57.5%；0 人选择上访；13 人选择居/村委会，占 6.7%；2 人选择非政府权益组织，占 1.0%；0 人选择单位；1 人选择亲戚，占 0.5%；1 人选择朋友，占 0.5%；9 人选择忍忍就算了，占 4.7%；23 人选择其他方式，占 11.9%。合计本市户籍人口 2148 人，其中有 80 人选择政府，占 3.7%；250 人选择法院，占 11.6%；38 人选择检察院，占 1.8%；1307 人选择公安，占 60.8%；18 人选择上访，占 0.8%；87 人选择居/村委会，占 4.1%；40 人选择非政府权益组织，占 1.9%；11 人选择单位，占 0.5%；10 人选择亲戚，占 0.5%；27 人选择朋友，占 1.3%；86 人选择忍忍就算了，占 4.0%；194 人选择其他方式，占 9.0%。外地非农中有 15 人选择政府，占 9.1%；29 人选择法院，占 17.6%；3 人选择检察院，占 1.8%；87 人选择公安，占 52.8%；3 人选择上访，占 1.8%；5 人选择居/村委会，占 3.0%；4 人选择非政府权益组织，占 2.4%；1 人选择单位，占 0.6%；1 人选择亲戚，占 0.6%；6 人选择朋友，占 3.6%；1 人选择忍忍就算了，占 0.6%；10 人选择其他方式，占 6.1%。外地农业中有 11 人选择政府，占 4.2%；53 人选择法院，占 20.1%；4 人选择检察院，占 1.5%；150 人选择公安，占 56.8%；4 人选择上访，占 1.5%；3 人选择居/村委会，占 1.1%；7 人选择非政府权益组织，占 2.7%；1 人选择单位，占 0.4%；0 人选择亲戚；1 人选择朋友，占 0.4%；12 人选择忍忍就算了，占 4.5%；18 人选择其他方式，占 6.8%。合计外地户籍人口中 26 人选择政府，占 6.1%；82 人选择法院，占 19.1%；7 人选择检察院，占 1.6%；237 人选择公安，占 55.3%；7 人选择上访，占 1.6%；8 人选择居/村委会，占 1.9%；11 人选择非政府权益组织，占 2.6%；2 人选择单位，占 0.5%；1 人选择亲戚，占 0.2%；7 人选择朋友，占 1.6%；13 人选择忍忍就算了，占 3.0%；28 人选择其他方式，占 6.5%（见表 9-15）。

表 9-15 户籍身份与当与陌生人发生纠纷时解决途径交互频次

|  | 政府 | 法院 | 检察院 | 公安 | 上访 | 居/村委会 | 非政府性权益组织 | 单位 | 亲戚 | 朋友 | 忍忍就算了 | 其他方式 | 合计 |
|---|---|---|---|---|---|---|---|---|---|---|---|---|---|
| 本地户籍 | 80 (3.7%) | 250 (11.6%) | 38 (1.8%) | 1307 (60.8%) | 18 (0.8%) | 87 (4.1%) | 40 (1.9%) | 11 (0.5%) | 10 (0.5%) | 27 (1.3%) | 86 (4.0%) | 194 (9.0%) | 2148 (100%) |
| 本地非农 | 71 (3.6%) | 229 (11.7%) | 35 (1.8%) | 1196 (61.2%) | 18 (0.9%) | 74 (3.8%) | 38 (1.9%) | 11 (0.6%) | 9 (0.5%) | 26 (1.3%) | 77 (3.9%) | 171 (8.8%) | 1955 (100%) |
| 本地农业 | 9 (4.7%) | 21 (10.9%) | 3 (1.6%) | 111 (57.5%) | 0 | 13 (6.7%) | 2 (1.0%) | 0 | 1 (0.5%) | 1 (0.5%) | 9 (4.7%) | 23 (11.9%) | 193 (100%) |
| 外地户籍 | 26 (6.1%) | 82 (19.1%) | 7 (1.6%) | 237 (55.3%) | 7 (1.6%) | 8 (1.9%) | 11 (2.6%) | 2 (0.5%) | 1 (0.2%) | 7 (1.6%) | 13 (3.0%) | 28 (6.5%) | 429 (100%) |
| 外地非农 | 15 (9.1%) | 29 (17.6%) | 3 (1.8%) | 87 (52.8%) | 3 (1.8%) | 5 (3.0%) | 4 (2.4%) | 1 (0.6%) | 1 (0.6%) | 6 (3.6%) | 1 (0.6%) | 10 (6.1%) | 165 (100%) |

续表

| | 政府 | 法院 | 检察院 | 公安 | 上访 | 居/村委会 | 非政府性权益组织 | 单位 | 亲戚 | 朋友 | 忍忍就算了 | 其他方式 | 合计 |
|---|---|---|---|---|---|---|---|---|---|---|---|---|---|
| 外地农业 | 11 (4.2%) | 53 (20.1%) | 4 (1.5%) | 150 (56.8%) | 4 (1.5%) | 3 (1.1%) | 7 (2.7%) | 1 (0.4%) | 0 | 1 (0.4%) | 12 (4.5%) | 18 (6.8%) | 264 (100%) |
| 合计 | 106 (4.1%) | 332 (12.9%) | 45 (1.7%) | 1544 (59.9%) | 25 (1.0%) | 95 (3.7%) | 51 (2.0%) | 13 (0.5%) | 11 (0.4%) | 34 (1.3%) | 99 (3.9%) | 222 (8.6%) | 2577 (100%) |

注：①本表为删除缺损值之后的统计结果；②本题为多选题。

## 2. 消费者权益纠纷

当问及"当您在商场购物中与商场发生纠纷矛盾时"可能采取何种法律行为，在有效样本中，从其单变量的频次分布情况来看，有 213 人表示会选择政府部门，占 8.2%；235 人选择法院，占 9.1%；24 人选择检察院，占 0.9%；1090 人选择公安，占 42.0%；70 人选择上访，占 2.7%；57 人选择居/村委会，占 2.2%；590 人选择非政府权益组织，占 22.7%；62 人选择单位，占 2.4%；9 人选择亲戚，占 0.3%；8 人选择朋友，占 0.3%；24 人选择忍忍就算了，占 0.9%；214 人选择其他方式，占 8.2%。

比较户籍状况可以发现，在样本购物时与商场发生纠纷时解决途径栏中，本地非农中有 164 人选择政府，占 8.3%；154 人选择法院，占 7.7%；19 人选择检察院，占 1.0%；834 人选择公安，占 42.1%；58 人选择上访，占 2.9%；45 人选择居/村委会，占 2.3%；448 人选择非政府权益组织，占 22.6%；53 人选择单位，占 2.7%；3 人选择亲戚，占 0.2%；3 人选择朋友，占 0.2%；21 人选择忍忍就算了，占 1.1%；

176人选择其他方式，占8.9%。本地农业中有13人选择政府，占6.9%；22人选择法院，占11.6%；1人选择检察院，占0.5%；78人选择公安，占41.1%；3人选择上访，占1.6%；5人选择居/村委会，占2.6%；45人选择非政府权益组织，占23.7%；5人选择单位，占2.6%；1人选择亲戚，占0.5%；1人选择朋友，占0.5%；1人选择忍忍就算了，占0.5%；15人选择其他方式，占7.9%。合计本市户籍人口2168人，其中有177人选择政府，占8.2%；176人选择法院，占8.1%；20人选择检察院，占0.9%；912人选择公安，占42.1%；61人选择上访，占2.8%；50人选择居/村委会，占2.3%；493人选择非政府权益组织，占22.7%；58人选择单位，占2.7%；4人选择亲戚，占0.2%；4人选择朋友，占0.2%；22人选择忍忍就算了，占1.0%；191人选择其他方式，占8.8%。外地非农中有19人选择政府，占11.6%；10人选择法院，占6.1%；1人选择检察院，占0.6%；60人选择公安，占36.6%；4人选择上访，占2.4%；5人选择居/村委会，占3.1%；44人选择非政府权益组织，占26.9%；2人选择单位，占1.2%；4人选择亲戚，占2.4%；4人选择朋友，占2.4%；1人选择忍忍就算了，占0.6%；10人选择其他方式，占6.1%。外地农业中17人选择政府，占6.6%；48人选择法院，占18.5%；3人选择检察院，占1.2%；117人选择公安，占45.1%；5人选择上访，占1.9%；2人选择居/村委会，占0.8%；53人选择非政府权益组织，占20.4%；2人选择单位，占0.8%；1人选择亲戚，占0.4%；0人选择朋友；1人选择忍忍就算了，占0.4%；10人选择其他方式，占3.9%。合计外地户籍人口423人，其中36人选择政府，占8.5%；58人选择法院，占 13.7%；4 人选择检察院，占 0.9%；177 人选择公安，占 41.9%；9 人选择上访，占 2.1%；7 人选择居/村委会，占 1.7%；97 人选择非政府权益组织，占 23.0%；4 人选择单位，占 0.9%；5 人选择亲戚，占 1.2%；4 人选择朋友，占 0.9%；2 人选择忍忍就算了，占 0.5%；20 人选择其他方式，占 4.7%（见表 9-16）。

表 9-16 户籍身份与当购物时与商场发生纠纷时解决途径交互频次

| | 政府 | 法院 | 检察院 | 公安 | 上访 | 居/村委会 | 非政府性权益组织 | 单位 | 亲戚 | 朋友 | 忍忍就算了 | 其他方式 | 合计 |
|---|---|---|---|---|---|---|---|---|---|---|---|---|---|
| 本地户籍 | 177 (8.2%) | 176 (8.1%) | 20 (0.9%) | 912 (42.1%) | 61 (2.8%) | 50 (2.3%) | 493 (22.7%) | 58 (2.7%) | 4 (0.2%) | 4 (0.2%) | 22 (1.0%) | 191 (8.8%) | 2168 (100%) |
| 本地非农 | 164 (8.3%) | 154 (7.7%) | 19 (1.0%) | 834 (42.1%) | 58 (2.9%) | 45 (2.3%) | 448 (22.6%) | 53 (2.7%) | 3 (0.2%) | 3 (0.2%) | 21 (1.1%) | 176 (8.9%) | 1978 (100%) |
| 本地农业 | 13 (6.9%) | 22 (11.6%) | 1 (0.5%) | 78 (41.1%) | 3 (1.6%) | 5 (2.6%) | 45 (23.7%) | 5 (2.6%) | 1 (0.5%) | 1 (0.5%) | 1 (0.5%) | 15 (7.9%) | 190 (100%) |
| 外地户籍 | 36 (8.5%) | 58 (13.7%) | 4 (0.9%) | 177 (41.9%) | 9 (2.1%) | 7 (1.7%) | 97 (23.0%) | 4 (0.9%) | 5 (1.2%) | 4 (0.9%) | 2 (0.5%) | 20 (4.7%) | 423 (100%) |
| 外地非农 | 19 (11.6%) | 10 (6.1%) | 1 (0.6%) | 60 (36.6%) | 4 (2.4%) | 5 (3.1%) | 44 (26.9%) | 2 (1.2%) | 4 (2.4%) | 4 (2.4%) | 1 (0.6%) | 10 (6.1%) | 164 (100%) |
| 外地农业 | 17 (6.6%) | 48 (18.5%) | 3 (1.2%) | 117 (45.1%) | 5 (1.9%) | 2 (0.8%) | 53 (20.4%) | 2 (0.8%) | 1 (0.4%) | 0 | 1 (0.4%) | 10 (3.9%) | 259 (100%) |

续表

| | 政府 | 法院 | 检察院 | 公安 | 上访 | 居/村委会 | 非政府性权益组织 | 单位 | 亲戚 | 朋友 | 忍忍就算了 | 其他方式 | 合计 |
|---|---|---|---|---|---|---|---|---|---|---|---|---|---|
| 合计 | 213 (8.3%) | 234 (9.1%) | 24 (0.9%) | 1089 (42.0%) | 70 (2.7%) | 57 (2.2%) | 590 (22.8%) | 62 (2.4%) | 9 (0.3%) | 8 (0.3%) | 24 (0.9%) | 211 (8.1%) | 2591 (100%) |

注：①本表为删除缺损值之后的统计结果；②本题为多选题。

3. 交通事故

当问及"当您在交通事故中受到伤害"会选择何种法律行为时，从其单变量的频次分布情况来看，有129人表示会选择政府，占5.0%；325人选择法院，占12.6%；49人选择检察院，占1.9%；1945人选择公安，占75.7%；23人选择上访，占0.9%；21人选择居/村委会，占0.8%；17人选择非政府权益组织，占0.7%；1人选择单位，占0.0%；5人选择亲戚，占0.2%；5人选择朋友，占0.2%；4人选择忍忍就算了，占0.2%；47人选择其他方式，占1.8%（见表9-14）。

比较户籍状况也可以发现，在样本交通事故中受到伤害时解决途径栏中，本地非农中97人选择政府，占5.0%；220人选择法院，占11.3%；40人选择检察院，占2.1%；1500人选择公安，占76.8%；21人选择上访，占1.1%；14人选择居/村委会，占0.7%；13人选择非政府权益组织，占0.7%；1人选择单位，占0.1%；3人选择亲戚，占0.1%；3人选择朋友，占0.1%；3人选择忍忍就算了，占0.1%；38人选择其他方式，占1.9%。本地农业中4人选择政府，占2.2%；27人选择法院，占14.3%；1人选择检察院，占0.5%；144

人选择公安，占76.2%；1人选择上访，占0.5%；4人选择居/村委会，占2.2%；1人选择非政府权益组织，占0.5%；0人选择单位；1人选择亲戚，占0.5%；1人选择朋友，占0.5%；0人选择忍忍就算了；5人选择其他方式，占2.6%。合计本市户籍人口2142人，其中101人选择政府，占4.7%；247人选择法院，占11.6%；41人选择检察院，占1.9%；1644人选择公安，占76.8%；22人选择上访，占1.0%；18人选择居/村委会，占0.8%；14人选择非政府权益组织，占0.7%；1人选择单位，占0.0%；4人选择亲戚，占0.2%；4人选择朋友，占0.2%；3人选择忍忍就算了，占0.1%；43人选择其他方式，占2.0%。外地非农中22人选择政府，占13.6%；19人选择法院，占11.8%；2人选择检察院，占1.2%；112人选择公安，占69.2%；0人选择上访；1人选择居/村委会，占0.6%；2人选择非政府权益组织，占1.2%；0人选择单位；1人选择亲戚，占0.6%；1人选择朋友，占0.6%；0人选择忍忍就算了；2人选择其他方式，占1.2%。外地农业中6人选择政府，占2.3%；58人选择法院，占22.1%；6人选择检察院，占2.3%；185人选择公安，占70.5%；1人选择上访，占0.4%；2人选择居/村委会，占0.8%；1人选择非政府权益组织，占0.4%；选择单位、亲戚、朋友的均为0人；1人选择忍忍就算了，占0.4%；2人选择其他方式，占0.8%。合计外地户籍人口424人，其中28人选择政府，占6.6%；77人选择法院，占18.2%；8人选择检察院，占1.9%；297人选择公安，占70.1%；1人选择上访，占0.2%；3人选择居/村委会，占0.7%；3人选择非政府权益组织，占0.7%；0人选择单位；1人选择亲戚，占0.2%；1人选择朋友，占0.2%；1人选择忍忍就算了，占

0.2%；4 人选择其他方式，占 1.0%（见表 9-17）。

表 9-17　户籍身份与当在交通事故中受到伤害时解决途径交互频次

|  | 政府 | 法院 | 检察院 | 公安 | 上访 | 居/村委会 | 非政府性权益组织 | 单位 | 亲戚 | 朋友 | 忍忍就算了 | 其他方式 | 合计 |
|---|---|---|---|---|---|---|---|---|---|---|---|---|---|
| 本地户籍 | 101 (4.7%) | 247 (11.6%) | 41 (1.9%) | 1644 (76.8%) | 22 (1.0%) | 18 (0.8%) | 14 (0.7%) | 1 (0.0%) | 4 (0.2%) | 4 (0.2%) | 3 (0.1%) | 43 (2.0%) | 2142 (100%) |
| 本地非农 | 97 (5.0%) | 220 (11.3%) | 40 (2.1%) | 1500 (76.8%) | 21 (1.1%) | 14 (0.7%) | 13 (0.7%) | 1 (0.1%) | 3 (0.1%) | 3 (0.1%) | 3 (0.1%) | 38 (1.9%) | 1953 (100%) |
| 本地农业 | 4 (2.2%) | 27 (14.3%) | 1 (0.5%) | 144 (76.2%) | 1 (0.5%) | 4 (2.2%) | 1 (0.5%) | 0 | 1 (0.5%) | 1 (0.5%) | 0 | 5 (2.6%) | 189 (100%) |
| 外地户籍 | 28 (6.6%) | 77 (18.2%) | 8 (1.9%) | 297 (70.1%) | 1 (0.2%) | 3 (0.7%) | 3 (0.7%) | 0 | 1 (0.2%) | 1 (0.2%) | 1 (0.2%) | 4 (1.0%) | 424 (100%) |
| 外地非农 | 22 (13.6%) | 19 (11.8%) | 2 (1.2%) | 112 (69.2%) |  | 1 (0.6%) | 2 (1.2%) | 0 | 1 (0.6%) | 1 (0.6%) | 0 | 2 (1.2%) | 162 (100%) |
| 外地农业 | 6 (2.3%) | 58 (22.1%) | 6 (2.3%) | 185 (70.5%) | 1 (0.4%) | 2 (0.8%) | 1 (0.4%) | 0 | 0 | 0 | 1 (0.4%) | 2 (0.8%) | 262 (100%) |
| 合计 | 129 (5.0%) | 324 (12.6%) | 49 (1.9%) | 1941 (75.7%) | 23 (0.9%) | 21 (0.7%) | 17 (0.7%) | 1 (0.0%) | 5 (0.2%) | 5 (0.2%) | 4 (0.2%) | 47 (1.8%) | 2566 (100%) |

注：①本表为删除缺损值之后的统计结果；②本题为多选题。

## 五　与组织机构纠纷的行为取向

测量部门之间的纠纷和矛盾，我们虚拟了与社区物业公司的纠纷、与工作单位的纠纷和与政府部门的纠纷三大类，以此测量个体与组织机构之间出现纠纷矛盾时可能采取的行为取向。抽样调查显示,整体而言,与组织机构产生纠纷和矛盾倾向于通过正式机构进行纠纷解决。其中,与物业公司之间的纠纷,更倾向于居/村委会和非政府组织加以解决;与单位发生的纠纷更倾向于通过与单位的沟通与协调来解决;而与政府之间的纠纷则更愿意通过法律途径加以解决。具体情况如下:

1. 与物业公司的纠纷

当问及"当您与社区物业公司发生纠纷矛盾时"可能采取何种法律行为,在有效样本中,从其单变量的频次分布情况来看,有298人表示会选择政府部门,占10.8%;242人选择法院,占8.8%;8人选择检察院,占0.3%;144人选择公安,占5.2%;126人选择上访,占4.6%;1437人选择居/村委会,占52.3%;291人选择非政府权益组织,占10.6%;37人选择单位,占1.3%;14人选择亲戚,占0.5%;35人选择朋友,占1.3%;34人选择忍忍就算了,占1.2%;82人选择其他方式,占3.0%(见表9-18)。

表9-18　　样本解决各类纠纷的途径比例

|  | 政府 | 法院 | 检察院 | 公安 | 上访 | 居/村委会 | 非政府性权益组织 | 单位 | 亲戚 | 朋友 | 忍忍就算了 | 其他方式 | 合计 |
|---|---|---|---|---|---|---|---|---|---|---|---|---|---|
| 物业公司 | 298 (10.8%) | 242 (8.8%) | 8 (0.3%) | 144 (5.2%) | 126 (4.6%) | 1437 (52.3%) | 291 (10.6%) | 37 (1.3%) | 14 (0.5%) | 35 (1.3%) | 34 (1.2%) | 82 (3.0%) | 2748 (100%) |
| 工作单位 | 477 (17.7%) | 305 (11.3%) | 45 (1.7%) | 219 (8.1%) | 193 (7.2%) | 42 (1.6%) | 185 (6.9%) | 934 (34.6%) | 13 (0.5%) | 88 (3.3%) | 56 (2.1%) | 139 (5.2%) | 2696 (100%) |
| 政府部门 | 669 (24.6%) | 769 (28.3%) | 298 (11.0%) | 335 (12.3%) | 353 (13.0%) | 27 (1.0%) | 63 (2.3%) | 7 (0.3%) | 4 (0.1%) | 6 (0.2%) | 35 (1.3%) | 155 (5.7%) | 2721 (100%) |

第九章　法律行为取向　353

比较户籍状况也可以发现，在样本与社区物业公司发生纠纷时解决途径栏中，本地非农中有 233 人选择政府，占 11.1%；170 人选择法院，占 8.1%；7 人选择检察院，占 0.3%；104 人选择公安，占 5.0%；104 人选择上访，占 5.0%；1110 人选择居/村委会，占 53.0%；216 人选择非政府权益组织，占 10.3%；27 人选择单位，占 1.3%；9 人选择亲戚，占 0.4%；29 人选择朋友，占 1.4%；22 人选择忍忍就算了，占 1.1%；62 人选择其他方式，占 3.0%。本地农业中有 17 人选择政府，占 8.4%；16 人选择法院，占 8.0%；0 人选择检察院；8 人选择公安，占 4.0%；10 人选择上访，占 5.0%；111 人选择居/村委会，占 55.2%；22 人选择非政府权益组织，占 10.9%；4 人选择单位，占 2.0%；1 人选择亲戚，占 0.5%；2 人选择朋友，占 1.0%；5 人选择忍忍就算了，占 2.5%；5 人选择其他方式，占 2.5%。合计本市户籍人口 2294 人，其中有 250 人选择政府，占 10.9%；186 人选择法院，占 8.1%；7 人选择检察院，占 0.3%；112 人选择公安，占 4.8%；114 人选择上访，占 5.0%；1221 人选择居/村委会，占 53.2%；238 人选择非政府权益组织，占 10.4%；31 人选择单位，占 1.4%；10 人选择亲戚，占 0.4%；31 人选择朋友，占 1.4%；27 人选择忍忍就算了，占 1.2%；67 人选择其他方式，占 2.9%。外地非农中 24 人选择政府，占 13.5%；13 人选择法院，占 7.3%；0 人选择检察院；17 人选择公安，占 9.6%；6 人选择上访，占 3.4%；78 人选择居/村委会，占 43.8%；27 人选择非政府权益组织，占 15.1%；3 人选择单位，占 1.7%；3 人选择亲戚，占 1.7%；3 人选择朋友，占 1.7%；2 人选择忍忍就算了，占 1.1%；2 人选择其他方式，占 1.1%。外地农业中有 22 人选择政府，占 8.1%；43 人选择法院，占 15.9%；1 人选择检察院，占 0.4%；15 人选择公安，占 5.6%；6 人选择上访，占 2.2%；136 人选择居/村委会，占 50.3%；25 人选择非政府权益组织，占 9.3%；3 人选择单位，占 1.1%；1 人选择亲戚，占 0.4%；1 人选朋友，占 0.4%；5 人选择忍忍就算了，占 1.9%；12 人选择其他方式，占 4.4%。合计外地户籍人口 448 人，其中 46 人选择政府，占 10.3%；56 人选择法院，占 12.5%；1 人选择检察院，占 0.2%；32 人选择公安，占 7.1%；12 人选择上访，占 2.7%；214 人选择居/村委会，占 47.8%；52 人选择非政府权益组织，占 11.6%；6 人选择单位，占 1.3%；4 人选择亲戚，占 0.9%；4 人选朋友，占 0.9%；7 人选择忍忍就算了，占 1.6%；14 人选择其他方式，占 3.1%（见表 9-19）。

表 9-19　户籍身份与当与社区物业公司发生纠纷时解决途径交互频次

|  | 政府 | 法院 | 检察院 | 公安 | 上访 | 居/村委会 | 非政府性权益组织 | 单位 | 亲戚 | 朋友 | 忍忍就算了 | 其他方式 | 合计 |
|---|---|---|---|---|---|---|---|---|---|---|---|---|---|
| 本地户籍 | 250 (10.9%) | 186 (8.1%) | 7 (0.3%) | 112 (4.8%) | 114 (5.0%) | 1221 (53.2%) | 238 (10.4%) | 31 (1.4%) | 10 (0.4%) | 31 (1.4%) | 27 (1.2%) | 67 (2.9%) | 2294 (100%) |
| 本地非农 | 233 (11.1%) | 170 (8.1%) | 7 (0.3%) | 104 (5.0%) | 104 (5.0%) | 1110 (53.0%) | 216 (10.3%) | 27 (1.3%) | 9 (0.4%) | 29 (1.4%) | 22 (1.1%) | 62 (3.0%) | 2093 (100%) |
| 本地农业 | 17 (8.4%) | 16 (8.0%) | 0 | 8 (4.0%) | 10 (5.0%) | 111 (55.2%) | 22 (10.9%) | 4 (2.0%) | 1 (0.5%) | 2 (1.0%) | 5 (2.5%) | 5 (2.5%) | 201 (100%) |

续表

| | 政府 | 法院 | 检察院 | 公安 | 上访 | 居/村委会 | 非政府性权益组织 | 单位 | 亲戚 | 朋友 | 忍忍就算了 | 其他方式 | 合计 |
|---|---|---|---|---|---|---|---|---|---|---|---|---|---|
| 外地户籍 | 46 (10.3%) | 56 (12.5%) | 1 (0.2%) | 32 (7.1%) | 12 (2.7%) | 214 (47.8%) | 52 (11.6%) | 6 (1.3%) | 4 (0.9%) | 4 (0.9%) | 7 (1.6%) | 14 (3.1%) | 448 (100%) |
| 外地非农 | 24 (13.5%) | 13 (7.3%) | 0 | 17 (9.6%) | 6 (3.4%) | 78 (43.8%) | 27 (15.1%) | 3 (1.7%) | 3 (1.7%) | 3 (1.7%) | 2 (1.1%) | 2 (1.1%) | 178 (100%) |
| 外地农业 | 22 (8.1%) | 43 (15.9%) | 1 (0.4%) | 15 (5.6%) | 6 (2.2%) | 136 (50.3%) | 25 (9.3%) | 3 (1.1%) | 1 (0.4%) | 1 (0.4%) | 5 (1.9%) | 12 (4.4%) | 270 (100%) |
| 合计 | 296 (10.8%) | 242 (8.8%) | 8 (0.3%) | 144 (5.3%) | 126 (4.6%) | 1435 (52.3%) | 290 (10.6%) | 37 (1.3%) | 14 (0.5%) | 35 (1.3%) | 34 (1.2%) | 81 (3.0%) | 2742 (100%) |

注：①本表为删除缺损值之后的统计结果；②本题为多选题。

## 2. 与工作单位的纠纷

当问及"当您与您工作的单位发生纠纷矛盾"可能选择何种法律行为时，在有效样本中，从其单变量的频次分布情况来看，有477人表示会选择政府部门，占17.7%；305人选择法院，占11.3%；45人选择检察院，占1.7%；219人选择公安，占8.1%；193人选择上访，占7.2%；42人选择居/村委会，占1.6%；185人选择非政府权益组织，占6.9%；934人选择单位，占34.6%；13人选择亲戚，占0.5%；88人选择朋友，占3.3%；56人选择忍忍就算了，占2.1%；139人选择其他方式，占5.2%（见表9-18）。

比较户籍状况也可以发现，在样本与工作单位发生纠纷时解决途径栏中，本地非农中有334人选择政府，占16.3%；231人选择法院，占11.2%；39人选择检察院，占1.9%；

183人选择公安,占8.9%;155人选择上访,占7.5%;33人选择居/村委会,占1.6%;142人选择非政府权益组织,占6.9%;728人选择单位,占35.4%;10人选择亲戚,占0.5%;53人选择朋友,占2.6%;44人选择忍忍就算了,占2.1%;105人选择其他方式,占5.1%。本地农业中有43人选择政府,占22.2%;12人选择法院,占6.2%;0人选择检察院;7人选择公安,占3.6%;14人选择上访,占7.3%;5人选择居/村委会,占2.6%;9人选择非政府权益组织,占4.7%;73人选择单位,占37.8%;1人选择亲戚,占0.5%;9人选择朋友,占4.7%;4人选择忍忍就算了,占2.1%;16人选择其他方式,占8.3%。合计本市户籍人口2250人,其中有377人选择政府,占16.8%;243人选择法院,占10.8%;39人选择检察院,占1.7%;190人选择公安,占8.4%;169人选择上访,占7.5%;38人选择居/村委会,占1.7%;151人选择非政府权益组织,占6.7%;801人选择单位,占35.6%;11人选择亲戚,占0.5%;62人选择朋友,占2.8%;48人选择忍忍就算了,占2.1%;121人选择其他方式,占5.4%。外地非农中有33人选择政府,占19.5%;20人选择法院,占11.8%;2人选择检察院,占1.2%;12人选择公安,占7.1%;10人选择上访,占5.9%;3人选择居/村委会,占1.7%;15人选择非政府权益组织,占8.9%;59人选择单位,占34.9%;1人选择亲戚,占0.6%;6人选择朋友,占3.6%;2人选择忍忍就算了,占1.2%;6人选择其他方式,占3.6%。外地农业中有66人选择政府,占24.2%;41人选择法院,占15.1%;4人选择检察院,占1.5%;17人选择公安,占6.3%;14人选择上访,占5.1%;1人选择居/村委会,占0.4%;19人选择非政府权益组织，占 7.0%；73 人选择单位，占 26.8%；1 人选择亲戚，占 0.4%；20 人选择朋友，占 7.4%；5 人选择忍忍就算了，占 1.8%；11 人选择其他方式，占 4.0%。合计外地户籍人口 441 人，其中 99 人选择政府，占 22.4%；61 人选择法院，占 13.8%；6 人选择检察院，占 1.4%；29 人选择公安，占 6.6%；24 人选择上访，占 5.4%；4 人选择居/村委会，占 0.9%；34 人选择非政府权益组织，占 7.7%；132 人选择单位，占 29.9%；2 人选择亲戚，占 0.5%；26 人选择朋友，占 5.9%；7 人选择忍忍就算了，占 1.6%；17 人选择其他方式，占 3.9%（见表 9-20）。

表 9-20　　户籍身份与当与工作单位发生纠纷时解决途径交互频次

| | 政府 | 法院 | 检察院 | 公安 | 上访 | 居/村委会 | 非政府性权益组织 | 单位 | 亲戚 | 朋友 | 忍忍就算了 | 其他方式 | 合计 |
|---|---|---|---|---|---|---|---|---|---|---|---|---|---|
| 本地户籍 | 377 (16.8%) | 243 (10.8%) | 39 (1.7%) | 190 (8.4%) | 169 (7.5%) | 38 (1.7%) | 151 (6.7%) | 801 (35.6%) | 11 (0.5%) | 62 (2.8%) | 48 (2.1%) | 121 (5.4%) | 2250 (100%) |
| 本地非农 | 334 (16.3%) | 231 (11.2%) | 39 (1.9%) | 183 (8.9%) | 155 (7.5%) | 33 (1.6%) | 142 (6.9%) | 728 (35.4%) | 10 (0.5%) | 53 (2.6%) | 44 (2.1%) | 105 (5.1%) | 2057 (100%) |
| 本地农业 | 43 (22.2%) | 12 (6.2%) | 0 | 7 (3.6%) | 14 (7.3%) | 5 (2.6%) | 9 (4.7%) | 73 (37.8%) | 1 (0.5%) | 9 (4.7%) | 4 (2.1%) | 16 (8.3%) | 193 (100%) |
| 外地户籍 | 99 (22.4%) | 61 (13.8%) | 6 (1.4%) | 29 (6.6%) | 24 (5.4%) | 4 (0.9%) | 34 (7.7%) | 132 (29.9%) | 2 (0.5%) | 26 (5.9%) | 7 (1.6%) | 17 (3.9%) | 441 (100%) |
| 外地非农 | 33 (19.5%) | 20 (11.8%) | 2 (1.2%) | 12 (7.1%) | 10 (5.9%) | 3 (1.7%) | 15 (8.9%) | 59 (34.9%) | 1 (0.6%) | 6 (3.6%) | 2 (1.2%) | 6 (3.6%) | 169 (100%) |

续表

| | 政府 | 法院 | 检察院 | 公安 | 上访 | 居/村委会 | 非政府性权益组织 | 单位 | 亲戚 | 朋友 | 忍忍就算了 | 其他方式 | 合计 |
|---|---|---|---|---|---|---|---|---|---|---|---|---|---|
| 外地农业 | 66 (24.2%) | 41 (15.1%) | 4 (1.5%) | 17 (6.3%) | 14 (5.1%) | 1 (0.4%) | 19 (7.0%) | 73 (26.8%) | 1 (0.4%) | 20 (7.4%) | 5 (1.8%) | 11 (4.0%) | 272 (100%) |
| 合计 | 476 (17.7%) | 304 (11.3%) | 45 (1.7%) | 219 (8.1%) | 193 (7.2%) | 42 (1.6%) | 185 (6.9%) | 933 (34.6%) | 13 (0.5%) | 88 (3.3%) | 55 (2.0%) | 138 (5.1%) | 2691 (100%) |

注：①本表为删除缺损值之后的统计结果；②本题为多选题。

3. 与政府部门的纠纷

当问及"当政府部门侵犯您的权利"会采取何种法律行为时，在有效样本中，从其单变量的频次分布情况来看，有669人表示会选择政府部门，占24.6%；769人选择法院，占28.3%；298人选择检察院，占11.0%；335人选择公安，占12.3%；353人选择上访，占13.0%；27人选择居/村委会，占1.0%；63人选择非政府权益组织，占2.3%；7人选择单位，占0.3%；4人选择亲戚，占0.1%；6人选择朋友，占0.2%；35人选择忍忍就算了，占1.3%；155人选择其他方式，占5.7%（见表9-18）。

比较户籍状况也可以发现，在样本当政府部门侵犯权利时解决途径栏中，本地非农中505人选择政府，占24.5%；592人选择法院，占28.7%；239人选择检察院，占11.6%；235人选择公安，占11.4%；256人选择上访，占12.4%；21人选择居/村委会，占1.0%；49人选择非政府权益组织，占2.4%；6人选择单位，占0.3%；3人选择亲戚，占0.1%；3人选择朋友，占0.1%；30人选择忍忍就算了，占1.4%；

第九章 法律行为取向 359

126人选择其他方式，占6.1%。本地农业中51人选择政府，占25.5%；58人选择法院，占29.0%；16人选择检察院，占8.0%；23人选择公安，占11.5%；30人选择上访，占15.0%；3人选择居/村委会，占1.5%；3人选择非政府权益组织，占1.5%；1人选择单位，占0.5%；1人选择亲戚，占0.5%；1人选择朋友，占0.5%；2人选择忍忍就算了，占1.0%；11人选择其他方式，占5.5%。合计本市户籍人口2265人，其中556人选择政府，占24.5%；650人选择法院，占28.7%；255人选择检察院，占11.3%；258人选择公安，占11.4%；286人选择上访，占12.6%；24人选择居/村委会，占1.1%；52人选择非政府权益组织，占2.3%；7人选择单位，占0.3%；4人选择亲戚，占0.2%；4人选择朋友，占0.2%；32人选择忍忍就算了，占1.4%；137人选择其他方式，占6.0%。外地非农中48人选择政府，占27.6%；39人选择法院，占22.5%；19人选择检察院，占10.9%；28人选择公安，占16.1%；22人选择上访，占12.6%；2人选择居/村委会，占1.1%；4人选择非政府权益组织，占2.3%；0人选择单位；0人选择亲戚；2人选择朋友，占1.1%；1人选择忍忍就算了，占0.6%；9人选择其他方式，占5.2%。外地农业中62人选择政府，占22.4%；79人选择法院，占28.5%；24人选择检察院，占8.7%；48人选择公安，占17.3%；45人选择上访，占16.2%；1人选择居/村委会，占0.4%；7人选择非政府权益组织，占2.5%；选择单位、亲戚、朋友的都为0人；2人选择忍忍就算了，占0.7%；9人选择其他方式，占3.3%。合计外地户籍人口451人，其中110人选择政府，占24.4%；118人选择法院，占26.1%；43人选择检察院，占9.5%；76人选择公安，占16.9%；67人选择上访，占 14.9%；3 人选择居/村委会，占 0.7%；11 人选择非政府权益组织，占 2.4%；选择单位和亲戚的都为 0 人；2 人选择朋友，占 0.4%；3 人选择忍忍就算了，占 0.7%；18 人选择其他方式，占 4.0%（见表 9－21）。

表 9－21　　户籍身份与当政府部门侵犯权利时解决途径交互频次

| | 政府 | 法院 | 检察院 | 公安 | 上访 | 居/村委会 | 非政府性权益组织 | 单位 | 亲戚 | 朋友 | 忍忍就算了 | 其他方式 | 合计 |
|---|---|---|---|---|---|---|---|---|---|---|---|---|---|
| 本地户籍 | 556 (24.5%) | 650 (28.7%) | 255 (11.3%) | 258 (11.4%) | 286 (12.6%) | 24 (1.1%) | 52 (2.3%) | 7 (0.3%) | 4 (0.2%) | 4 (0.2%) | 32 (1.4%) | 137 (6.0%) | 2265 (100%) |
| 本地非农 | 505 (24.5%) | 592 (28.7%) | 239 (11.6%) | 235 (11.4%) | 256 (12.4%) | 21 (1.0%) | 49 (2.4%) | 6 (0.3%) | 3 (0.1%) | 3 (0.1%) | 30 (1.4%) | 126 (6.1%) | 2065 (100%) |
| 本地农业 | 51 (25.5%) | 58 (29.0%) | 16 (8.0%) | 23 (11.5%) | 30 (15.0%) | 3 (1.5%) | 3 (1.5%) | 1 (0.5%) | 1 (0.5%) | 1 (0.5%) | 2 (1.0%) | 11 (5.5%) | 200 (100%) |
| 外地户籍 | 110 (24.4%) | 118 (26.1%) | 43 (9.5%) | 76 (16.9%) | 67 (14.9%) | 3 (0.7%) | 11 (2.4%) | 0 (0.0%) | 0 (0.0%) | 2 (0.4%) | 3 (0.7%) | 18 (4.0%) | 451 (100%) |
| 外地非农 | 48 (27.6%) | 39 (22.5%) | 19 (10.9%) | 28 (16.1%) | 22 (12.6%) | 2 (1.1%) | 4 (2.3%) | 0 | 0 | 2 (1.1%) | 1 (0.6%) | 9 (5.2%) | 174 (100%) |
| 外地农业 | 62 (22.4%) | 79 (28.5%) | 24 (8.7%) | 48 (17.3%) | 45 (16.2%) | 1 (0.4%) | 7 (2.5%) | 0 | 0 | 0 | 2 (0.7%) | 9 (3.3%) | 277 (100%) |
| 合计 | 666 (24.5%) | 768 (28.3%) | 298 (11.0%) | 334 (12.3%) | 353 (13.0%) | 27 (1.0%) | 63 (2.3%) | 7 (0.3%) | 4 (0.1%) | 6 (0.2%) | 35 (1.3%) | 155 (5.7%) | 2716 (100%) |

注：①本表为删除缺损值之后的统计结果；②本题为多选题。

# 第十章

# 法律行为的经验

　　法律行为是法律意识的外化，法律意识在某种程度上影响甚至决定社会公众的法律行为。法律行为倾向与法律行为有所不同，前者是法律意识，后者是具体的法律行动。行为倾向可以呈现某种法律观念和意识的觉醒，但有行为倾向并不一定会转化为法律行为，法律行为是一种多因决断的结果。法律行为大体分为两大类，一类为民间的法律行为，即社会公众与其他社会主体之间发生的法律行为。另一类为与官方或相关机构打交道的法律行为，主要包括法律救济和法律参与。本章所呈现的法律行为是指第二类法律行为，其能体现社会公众对法律的信任和认同。本章尤其是侧重调查社会公众的诉讼行为，包括测量诉讼对象、纠纷类型、诉讼原因及司法认同等。

## 一　法律经验的总体状况

　　与官方或相关机构打交道的法律行为测量，我们通过询问调研对象是否打过官司、报警、上访、举报、投诉、调解和旁听审判等方式加以呈现。抽样调查显示，总体而言，社会公众与相关法律机构打交道的频次较少。其中与警方打交道的频次

最高,举报的频次最少。具体情况如下:

1. 诉讼

在问及是否有过诉讼经验时,抽样调查显示,在有效样本中,就其单变量的频次分布情况来看,有 68 人表示有过一次诉讼经验,占有效样本量的 3.0%;有 19 人表示不止一次,占 0.9%;而有 2147 人则表示没有过,占 96.1%(见表 10-1)。

表 10-1　　　　　　法律经验的总体状况

|  | 有过一次 | 不止一次 | 没有过 | 合计 |
| --- | --- | --- | --- | --- |
| 打官司 | 68（3.0%） | 19（0.9%） | 2147（96.1%） | 2234（100%） |
| 报警 | 184（8.2%） | 112（5.0%） | 1937（86.7%） | 2233（100%） |
| 上访 | 26（1.2%） | 15（0.7%） | 2193（98.2%） | 2234（100%） |
| 举报 | 18（0.8%） | 17（0.8%） | 2199（98.4%） | 2234（100%） |
| 投诉 | 54（2.4%） | 59（2.6%） | 2121（94.9%） | 2234（100%） |
| 调解 | 70（3.1%） | 56（2.5%） | 2108（94.4%） | 2234（100%） |
| 旁听审判 | 57（2.6%） | 31（1.4%） | 2143（96.1%） | 2231（100%） |

注:本表为删除缺损值之后的统计结果。

通过比较沪籍人口和非沪籍常住人口发现,在样本打官司次数栏中,不论本地户籍还是外地户籍,绝大多数人都没有打官司的经历,比例分别为 95.9% 和 97.3%;其次有少部分人只打过一次官司,比例分别为 3.2% 和 2.4%。

详细而言,本地非农 1733 人,其中 53 人有过一次,占 3.0%;17 人不止一次,占 1.0%;1663 人没有过,占 96.0%。本地农业 164 人,其中 7 人有过一次,占 4.3%;1 人不止一次,占 0.0%;156 人没有过,占 95.7%。外地非农 129 人,其中 1 人有过一次,占 0.8%;0 人不止一次;128 人没有过，占 99.2%。外地农业 204 人，其中 7 人有过一次，占 3.4%；1 人不止一次，占 0.5%；196 人没有过，占 96.1%。这一数据表明，有诉讼经验的社会群体主要由上海非农户籍构成（见表 10-2）。

表 10-2　户籍身份与打官司次数交互频次（N=2234）

|  | 有过一次 | 不止一次 | 没有过 |
| --- | --- | --- | --- |
| 本地户籍 | 60（3.2%） | 18（0.9%） | 1819（95.9%） |
| 本地非农 | 53（3.0%） | 17（1.0%） | 1663（96.0%） |
| 本地农业 | 7（4.3%） | 1（0.0%） | 156（95.7%） |
| 外地户籍 | 8（2.4%） | 1（0.3%） | 324（97.3%） |
| 外地非农 | 1（0.8%） | 0（0.0%） | 128（99.2%） |
| 外地农业 | 7（3.4%） | 1（0.5%） | 196（96.1%） |
| 合计 | 68（3.0%） | 19（0.9%） | 2147（96.1%） |

注：本表为删除缺损值之后的统计结果。

2. 报警

在问及是否有过报警行为时，抽样调查显示，就其单变量的频次分布情况来看，在有效样本中，有 184 人表示有过一次报警行为，占有效样本量的 8.2%；有 112 人表示不止一次，占 5.0%；而有 1937 人没有过，占 86.7%（见表 10-1）。

通过比较沪籍人口和非沪籍人口发现，在样本报警次数栏中，不论本地户籍还是外地户籍，大部分人没有过报警经历，比例分别为 87.3% 和 83.5%。其次有过一次报警经历，比例分别为 8.1% 和 9.0%。

详细而言，本地非农 1732 人，其中 138 人有过一次，占 8.0%；81 人不止一次，占 4.7%；1513 人没有过，占

87.3%。本地农业 164 人，其中 16 人有过一次，占 9.8%；6 人不止一次，占 3.6%；142 人没有过，占 86.6%。外地非农 129 人，其中 13 人有过一次，占 10.1%；4 人不止一次，占 3.1%；112 人没有过，占 86.8%。外地农业 204 人，其中 17 人有过一次，占 8.3%；21 人不止一次，占 10.3%；166 人没有过，占 81.4%（见表 10-3）。

表 10-3　　户籍身份与报警次数交互频次（N=2233）

|  | 有过一次 | 不止一次 | 没有过 |
| --- | --- | --- | --- |
| 本地户籍 | 154（8.1%） | 87（4.6%） | 1655（87.3%） |
| 本地非农 | 138（8.0%） | 81（4.7%） | 1513（87.3%） |
| 本地农业 | 16（9.8%） | 6（3.6%） | 142（86.6%） |
| 外地户籍 | 30（9.0%） | 25（7.5%） | 278（83.5%） |
| 外地非农 | 13（10.1%） | 4（3.1%） | 112（86.8%） |
| 外地农业 | 17（8.3%） | 21（10.3%） | 166（81.4%） |
| 合计 | 184（8.2%） | 112（5.0%） | 1937（86.7%） |

注：本表为删除缺损值之后的统计结果。

### 3. 上访

在问及是否有过上访行为时，抽样调查显示，就其单变量的频次分布情况来看，在有效样本中，有 26 人表示有过一次上访，占有效样本的 1.2%；有 15 人表示不止一次，占 0.7%；有 2193 人表示没有过，占 98.2%（见表 10-1）。

通过比较本地户籍和外地户籍发现，在样本上访次数栏中，不论本地户籍还是外地户籍，大多数人没有过上访经历，比例分别为 98.1% 和 98.5%。而在本地户籍 1897 人中，25 人有过一次上访，占 1.3%；剩下 11 人有过不止一次的上访，占 0.6%。相比之下,外地户籍 1 人有过一次上访,占 0.3%;4 人有过不止一次的上访,占 1.2%。数据表明,外地户籍不止一次上访的比例比本地户籍高。

详细而言,本地非农 1733 人,其中 24 人有过一次,占 1.4%;10 人不止一次,占 0.6%;1699 人没有过,占 98.0%。本地农业 164 人,其中 1 人有过一次,占 0.6%;1 人不止一次,占 0.6%;162 人没有过,占 98.8%。外地非农 129 人,其中 0 人有过一次;3 人不止一次,占 2.3%;126 人没有过,占 97.7%。外地农业 204 人,其中 1 人有过一次,占 0.5%;1 人不止一次,占 0.5%;202 人没有过,占 99.0%(见表 10-4)。

表 10-4　户籍身份与上访次数交互频次（N=2234）

|  | 有过一次 | 不止一次 | 没有过 |
| --- | --- | --- | --- |
| 本地户籍 | 25（1.3%） | 11（0.6%） | 1861（98.1%） |
| 本地非农 | 24（1.4%） | 10（0.6%） | 1699（98.0%） |
| 本地农业 | 1（0.6%） | 1（0.6%） | 162（98.8%） |
| 外地户籍 | 1（0.3%） | 4（1.2%） | 328（98.5%） |
| 外地非农 | 0（0.0%） | 3（2.3%） | 126（97.7%） |
| 外地农业 | 1（0.5%） | 1（0.5%） | 202（99.0%） |
| 合计 | 26（1.2%） | 15（0.7%） | 2193（98.2%） |

注:本表为删除缺损值之后的统计结果。

4. 举报

在问及是否有过举报行为时,抽样调查显示,在有效样本中,就其单变量的频次分布情况来看,有 18 人表示有过一次举报行为,占有效样本的 0.8%;有 17 人表示不止一次,占

0.8%；有2199人表示没有过，占98.4%（见表10-1）。

通过比较沪籍人口和非沪籍人口发现，在样本举报次数栏中，无论本地户籍还是外地户籍，大部分人没有过举报经历，比例分别为98.3%和99.1%。本地户籍1897人中，18人有过一次举报，占1.0%；14人不止一次举报过，占0.7%。外地户籍中，0人有过一次举报；3人有过不止一次举报，占0.9%。数据表明，本地户籍人口有过一次举报的比例高出外地户籍1.0%，而不止一次举报的比例略低于外地户籍0.2%。

详细而言，本地非农1733人，其中17人有过一次，占1.0%；13人不止一次，占0.7%；1703人没有过，占98.3%。本地农业164人，其中1人有过一次，占0.6%；1人不止一次，占0.6%；162人没有过，占98.8%。外地非农129人，其中0人有过一次；0人不止一次；129人没有过，占100.0%。外地农业204人，其中0人有过一次；3人不止一次，占1.5%；201人没有过，占98.5%（见表10-5）。

表10-5　户籍身份与举报次数交互频次（N=2234）

|  | 有过一次 | 不止一次 | 没有过 |
| --- | --- | --- | --- |
| 本地户籍 | 18（1.0%） | 14（0.7%） | 1865（98.3%） |
| 本地非农 | 17（1.0%） | 13（0.7%） | 1703（98.3%） |
| 本地农业 | 1（0.6%） | 1（0.6%） | 162（98.8%） |
| 外地户籍 | 0（0.0%） | 3（0.9%） | 330（99.1%） |
| 外地非农 | 0（0.0%） | 0（0.0%） | 129（100%） |
| 外地农业 | 0（0.0%） | 3（1.5%） | 201（98.5%） |
| 合计 | 18（0.8%） | 17（0.8%） | 2199（98.4%） |

注：本表为删除缺损值之后的统计结果。

### 5. 投诉

在问及是否有过投诉行为时，抽样调查显示，在有效样本中，就其单变量的频次分布情况来看，有54人表示有过一次投诉行为，占有效样本的2.4%；有59人表示不止一次，占2.6%；有2121人没过，占94.9%（见表10-1）。

通过比较沪籍人口和非沪籍人口发现，在样本投诉次数栏中，不论本地户籍还是外地户籍，绝大部分人都没有投诉经历，分别占94.6%和97.0%。而在本地户籍1897人中，52人有过一次投诉，占2.7%；51人有过不止一次的投诉，占2.7%。在外地户籍333人中，2人有过一次投诉，占0.6%；8人有过不止一次的投诉，占2.4%。数据表明，外地户籍有过投诉经历的比例低于本地户籍。

详细而言，本地非农1733人，其中48人有过一次，占2.8%；49人不止一次，占2.8%；1636人没有过，占94.4%。本地农业164人，其中4人有过一次，占2.4%；2人不止一次，占1.2%；158人没有过，占96.4%。外地非农129人，其中1人有过一次，占0.8%；1人不止一次，占0.8%；127人没有过，占98.4%。外地农业204人，其中1人有过一次，占0.5%；7人不止一次，占3.4%；196人没有过，占96.1%（见表10-6）。

表10-6　**户籍身份与投诉次数交互频次**（N=2234）

|  | 有过一次 | 不止一次 | 没有过 |
| --- | --- | --- | --- |
| 本地户籍 | 52（2.7%） | 51（2.7%） | 1794（94.6%） |
| 本地非农 | 48（2.8%） | 49（2.8%） | 1636（94.4%） |
| 本地农业 | 4（2.4%） | 2（1.2%） | 158（96.4%） |

续表

|  | 有过一次 | 不止一次 | 没有过 |
|---|---|---|---|
| 外地户籍 | 2（0.6%） | 8（2.4%） | 323（97.0%） |
| 外地非农 | 1（0.8%） | 1（0.8%） | 127（98.4%） |
| 外地农业 | 1（0.5%） | 7（3.4%） | 196（96.1%） |
| 合计 | 54（2.4%） | 59（2.6%） | 2121（94.9%） |

注：本表为删除缺损值之后的统计结果。

6. 调解

在问及是否有过调解行为时，抽样调查显示，在有效样本中，就其单变量的频次分布情况来看，有70人表示有过一次调解行为，占有效样本的3.1%；有56人表示不止一次，占2.5%；有2108人表示没有过，占94.4%（见表10-1）。

通过比较本地户籍和外地户籍发现，在样本调解次数栏中，不论本地户籍还是外地户籍，绝大部分人都没有调解经历，分别占93.8%和97.3%。而在本地户籍1897人中，64人有过一次调解，占3.4%；53人有过不止一次的调解，占2.8%。在外地户籍333人中，6人有过一次调解，占1.8%；3人有过不止一次的调解，占0.9%。数据表明，外地户籍有过调解经历的比例低于本地户籍。

详细而言，本地非农1733人，其中61人有过一次，占3.5%；46人不止一次，占2.7%；1626人没有过，占93.8%。本地农业164人，其中3人有过一次，占1.8%；7人不止一次，占4.3%；154人没有过，占93.9%。外地非农129人，其中3人有过一次，占2.3%；0人不止一次；126人没有过，占97.7%。外地农业204人，其中3人有过一次，占1.5%；3人不止一次，占1.5%；198人没有过，占97.0%

（见表 10-7）。

表 10-7　户籍身份与调解次数交互频次（N=2234）

| | 有过一次 | 不止一次 | 没有过 |
|---|---|---|---|
| 本地户籍 | 64（3.4%） | 53（2.8%） | 1780（93.8%） |
| 本地非农 | 61（3.5%） | 46（2.7%） | 1626（93.8%） |
| 本地农业 | 3（1.8%） | 7（4.3%） | 154（93.9%） |
| 外地户籍 | 6（1.8%） | 3（0.9%） | 324（97.3%） |
| 外地非农 | 3（2.3%） | 0 | 126（97.7%） |
| 外地农业 | 3（1.5%） | 3（1.5%） | 198（97.0%） |
| 合计 | 70（3.1%） | 56（2.5%） | 2108（94.4%） |

注：本表为删除缺损值之后的统计结果。

7. 旁听审判

在问及是否有过旁听审判行为时，抽样调查显示，就其单变量的频次分布情况来看，在有效样本中，有 57 人表示有过一次旁听审判，占有效样本的 2.6%；有 31 人表示不止一次，占 1.4%；有 2143 人表示没有过，占 96.1%（见表 10-1）。

通过比较沪籍人口和非沪籍人口发现，在样本旁听审判次数栏中，不论本地户籍还是外地户籍，绝大部分人都没有过旁听审判经历，分别占 95.6% 和 98.8%。而在本地户籍 1894 人中，55 人有过一次旁听审判，占 2.9%；29 人有过不止一次的旁听审判，占 1.5%。在外地户籍 333 人中，2 人有过一次旁听审判，占 0.6%；2 人有过不止一次的旁听审判，占 0.6%。数据表明，外地户籍有过旁听审判经历的比例低于本地户籍。

详细而言，本地非农 1731 人，其中 48 人有过一次，占

2.8%；26人不止一次，占1.5%；1657人没有过，占95.7%。本地农业163人，其中7人有过一次，占4.3%；3人不止一次，占1.8%；153人没有过，占93.9%。外地非农129人，其中1人有过一次，占0.8%；0人不止一次；128人没有过，占99.2%。外地农业204人，其中1人有过一次，占0.5%；2人不止一次，占1.0%；201人没有过，占98.5%（见表10-8）。

表10-8　户籍身份与旁听审判次数交互频次（N=2231）

|  | 有过一次 | 不止一次 | 没有过 |
| --- | --- | --- | --- |
| 本地户籍 | 55（2.9%） | 29（1.5%） | 1810（95.6%） |
| 本地非农 | 48（2.8%） | 26（1.5%） | 1657（95.7%） |
| 本地农业 | 7（4.3%） | 3（1.8%） | 153（93.9%） |
| 外地户籍 | 2（0.6%） | 2（0.6%） | 329（98.8%） |
| 外地非农 | 1（0.8%） | 0 | 128（99.2%） |
| 外地农业 | 1（0.5%） | 2（1.0%） | 201（98.5%） |
| 合计 | 57（2.6%） | 31（1.4%） | 2143（96.1%） |

注：本表为删除缺损值之后的统计结果。

## 二　诉讼对象

现代法律的核心是司法，社会公众基于不同类型和性质的纠纷与矛盾寻求司法救济，在很大程度上反映出社会公众的法律观念的变化和对司法的信任。对于诉讼的对象，抽样调查显示，在有效样本中，就其单变量的频次分布情况来看，表示打过官司的有102人，在打官司对象栏中有效值96个，系统缺失值6个,其中打官司对象是家庭成员的有13人,占打过官司的样本的13.5%;与亲戚打官司的有7人,占7.3%;与一般朋友打官司的有3人,占3.1%;与好朋友打官司的有10人,占10.4%;与熟人打官司的有3人,占3.1%;与陌生人打官司的有17人,占17.7%;与邻居打官司的有8人,占8.3%;与同事打官司的有3人,占3.1%;与单位打官司的有30人,占31.3%;与政府打官司的有2人,占2.1%(见表10-9)。

表10-9　　　　　样本打官司对象比例(N=96)

| | 家庭成员 | 亲戚 | 一般朋友 | 好朋友 | 熟人 | 陌生人 | 邻居 | 同事 | 单位 | 政府 |
|---|---|---|---|---|---|---|---|---|---|---|
| 频次(百分比) | 13 (13.5%) | 7 (7.3%) | 3 (3.1%) | 10 (10.4%) | 3 (3.1%) | 17 (17.7%) | 8 (8.3%) | 3 (3.1%) | 30 (31.3%) | 2 (2.1%) |

通过比较沪籍人口和非沪籍人口发现,在样本打官司对象栏中,打过官司的样本共96个。在本地户籍中,最多人对象是单位,占31.8%;其次是陌生人,占17.0%;接着分别是家庭成员和好朋友,分别占14.8%和11.3%。在外地户籍中,最多人对象是同事,占37.5%;其次是陌生人和单位,均占25.0%;接下来是一般朋友,占12.5%,其余对象均为0人。其中本地非农中,12人对象是家庭成员,占14.8%;6人对象是亲戚,占7.4%;2人对象是一般朋友,占2.5%;9人对象是好朋友,占11.1%;2人对象是熟人,占2.5%;14人对象是陌生人,占17.3%;7人对象是邻居,占8.6%;0人对象是同事;27人对象是单位,占33.3%;2人对象是政府,占2.5%。本地农业中1人对象是家庭成员,占14.3%;1人

对象是亲戚，占 14.3%；0 人对象是一般朋友；1 人对象是好朋友，占 14.3%；1 人对象是熟人，占 14.3%；1 人对象是陌生人，占 14.3%；1 人对象是邻居，占 14.3%；0 人对象是同事；1 人对象是单位，占 14.3%；对象是政府的为 0 人。外地非农中 1 人的对象是同事，其他对象为 0 人。外地农业中对象是家庭成员、亲戚、好朋友、熟人、邻居、政府的各为 0 人；对象是一般朋友的有 1 人，占 14.2%；对象是陌生人的有 2 人，占 28.6%；对象是同事的有 2 人，占 28.6%；对象是单位的有 2 人，占 28.6%（见表 10-10）。

表 10-10　户籍身份与打官司对象交互频次（N=96）

| | 家庭成员 | 亲戚 | 一般朋友 | 好朋友 | 熟人 | 陌生人 | 邻居 | 同事 | 单位 | 政府 |
|---|---|---|---|---|---|---|---|---|---|---|
| 本地户籍 | 13 (14.8%) | 7 (8.0%) | 2 (2.3%) | 10 (11.3%) | 3 (3.4%) | 15 (17.0%) | 8 (9.1%) | 0 | 28 (31.8%) | 2 (2.3%) |
| 本地非农 | 12 (14.8%) | 6 (7.4%) | 2 (2.5%) | 9 (11.1%) | 2 (2.5%) | 14 (17.3%) | 7 (8.6%) | 0 | 27 (33.3%) | 2 (2.5%) |
| 本地农业 | 1 (14.3%) | 1 (14.3%) | 0 | 1 (14.3%) | 1 (14.3%) | 1 (14.3%) | 1 (14.3%) | 0 | 1 (14.3%) | 0 |
| 外地户籍 | 0 | 0 | 1 (12.5%) | 0 | 0 | 2 (25.0%) | 0 | 3 (37.5%) | 2 (25.0%) | 0 |
| 外地非农 | 0 | 0 | 0 | 0 | 0 | 0 | 0 | 1 (100%) | 0 | 0 |
| 外地农业 | 0 | 0 | 1 (14.2%) | 0 | 0 | 2 (28.6%) | 0 | 2 (28.6%) | 2 (28.6%) | 0 |
| 合计 | 13 (13.5%) | 7 (7.3%) | 3 (3.1%) | 10 (10.4%) | 3 (3.1%) | 17 (17.7%) | 8 (8.3%) | 3 (3.1%) | 30 (31.3%) | 2 (2.1%) |

## 三 诉讼的纠纷类型

对于纠纷类型，抽样调查显示，在有效样本中，就其单变量的频次分布情况来看，打过官司有102人，在打官司涉及问题栏中有效值96个，系统缺失值6个，其中有8人涉及"日常生活消费类纠纷"，占8.3%；涉及"生意经济纠纷"的有25人，占26.0%；涉及"家庭财产纠纷"的有13人，占13.5%；涉及"家庭伤害类纠纷"的有2人，占2.1%；涉及"离婚纠纷"的有6人，占6.3%；涉及"邻里纠纷"的有8人，占8.3%；涉及"侵权纠纷"的有34人，占35.4%（见表10－11）。

表10－11　样本打官司涉及问题比例① (N=96)

| | 日常生活消费类纠纷 | 生意经济纠纷 | 家庭财产纠纷 | 家庭伤害类纠纷 | 离婚纠纷 | 邻里纠纷 | 侵权纠纷 | 合计 |
|---|---|---|---|---|---|---|---|---|
| 频次（百分比） | 8 (8.3%) | 25 (26.0%) | 13 (13.5%) | 2 (2.1%) | 6 (6.3%) | 8 (8.3%) | 34 (35.4%) | 96 (100%) |

通过比较沪籍人口和非沪籍人口发现，在样本官司涉及问题栏中，打过官司的有96人。在本地户籍中，大部分人涉及侵权纠纷，占36.3%；其次涉及生意经济，占21.6%；接着是家庭财产纠纷，占14.8%。在外地户籍中，75.0%的人涉及生

---

① 本题之选项为多选。

意经济纠纷，25.0%的人涉及侵权纠纷，其余涉及问题人数为0。其中本地非农中有8人涉及的问题是日常生活消费纠纷，占9.9%；17人涉及生意经济纠纷，占21.0%；12人涉及家庭财产纠纷，占14.8%；2人涉及家庭伤害类纠纷，占2.4%；5人涉及离婚纠纷，占6.2%；8人涉及邻里纠纷，占9.9%；29人涉及侵权纠纷，占35.8%。本地农业中0人涉及日常生活消费纠纷；2人涉及生意经济纠纷，占28.6%；1人涉及家庭财产纠纷，占14.2%；0人涉及家庭伤害类纠纷；1人涉及离婚纠纷，占14.2%；0人涉及邻里纠纷；3人涉及侵权纠纷，占43.0%。外地非农中只有1人涉及生意经济，占100%；涉及其他问题的都为0人。外地农业中有5人涉及生意经济纠纷，占71.4%；2人涉及侵权纠纷，占28.6%；涉及其他问题的都为0人（见表10-12）。

表10-12　户籍身份与涉及问题交互频次（N=96）

| | 日常生活消费类纠纷 | 生意经济纠纷 | 家庭财产纠纷 | 家庭伤害类纠纷 | 离婚纠纷 | 邻里纠纷 | 侵权纠纷 |
|---|---|---|---|---|---|---|---|
| 本地户籍 | 8 (9.1%) | 19 (21.6%) | 13 (14.8%) | 2 (2.3%) | 6 (6.8%) | 8 (9.1%) | 32 (36.3%) |
| 本地非农 | 8 (9.9%) | 17 (21.0%) | 12 (14.8%) | 2 (2.4%) | 5 (6.2%) | 8 (9.9%) | 29 (35.8%) |
| 本地农业 | 0 | 2 (28.6%) | 1 (14.2%) | 0 | 1 (14.2%) | 0 | 3 (43.0%) |
| 外地户籍 | 0 | 6 (75.0%) | 0 | 0 | 0 | 0 | 2 (25.0%) |
| 外地非农 | 0 | 1 (100%) | 0 | 0 | 0 | 0 | 0 |
| 外地农业 | 0 | 5 (71.4%) | 0 | 0 | 0 | 0 | 2 (28.6%) |
| 合计 | 8 (8.3%) | 25 (26.0%) | 13 (13.5%) | 2 (2.1%) | 6 (6.3%) | 8 (8.3%) | 34 (35.4%) |

## 四 诉讼原因

对于诉讼的原因,抽样调查显示,在有效样本中,就其单变量的频次分布情况来看,打过官司的有 123 人,在选择官司的原因栏中有效值 117 个,系统缺失值 6 个,其中有 29 人选择打官司的原因是由于"律师建议",占 24.8%;因"家人朋友建议"的有 12 人,占 10.3%;因"没必要通过其他方式解决"的有 7 人,占 6.0%;因"其他方式解决不了"的有 37 人,占 31.6%;因"更相信法院的公正"的有 23 人,占 19.7%;因"法院最权威"的有 9 人,占 7.7%;合计频次 117,占 100%(见表 10-13)。

表 10-13　样本选择官司的原因比例（N=117）

| 原因 | 律师建议 | 家人朋友建议 | 不需其他方式 | 其他无法解决 | 相信法院公正 | 法院最权威 | 合计 |
|---|---|---|---|---|---|---|---|
| 频次（百分比） | 29 (24.8%) | 12 (10.3%) | 7 (6.0%) | 37 (31.6%) | 23 (19.7%) | 9 (7.7%) | 117 (100%) |

通过比较沪籍人口和非沪籍人口发现,在样本选择官司原因栏中,样本共 117 个。在本地户籍中,大部分人因其他方法无法解决而选择官司,占 32.4%;其次是律师建议,占 23.1%;接着分别是相信法院公正和家庭朋友建议,分别占 19.5%和 11.1%。在外地户籍中,大部分人因律师建议而选择官司,占 44.4%;其次是其他无法解决和相信法院公正,

均占 22.2%；接着是不需其他方式，占 11.1%；其余选项 0 人选择。其中本地非农中有 23 人是因律师建议，占 23.2%；11 人因家人朋友建议，占 11.1%；6 人认为不需其他方式解决，占 6.1%；31 人是因其他方式无法解决，占 31.3%；19 人因相信法律，占 19.2%；9 人认为法院最权威，占 9.1%。本地农业中 2 人是因律师建议，占 22.2%；1 人是因家人朋友建议，占 11.1%；0 人是认为不需要其他方式解决；4 人是因其他方式无法解决，占 44.5%；2 人是因相信法律，占 22.2%；0 人认为法院最权威。外地非农中 1 人是因律师建议，占 100%；其他原因都为 0 人。外地农业中 3 人是因律师建议，占 37.5%；0 人是因家人朋友建议；1 人认为不需其他方式解决，占 12.5%；2 人是因其他方式无法解决，占 25%；2 人是因相信法院公正，占 25.0%；0 人认为法院最权威（见表 10-14）。

表 10-14　户籍身份与选择官司原因交互频次（N = 117）

|  | 律师建议 | 家人朋友建议 | 不需其他方式 | 其他无法解决 | 相信法院公正 | 法院最权威 |
|---|---|---|---|---|---|---|
| 本地户籍 | 25 (23.1%) | 12 (11.1%) | 6 (5.6%) | 35 (32.4%) | 21 (19.5%) | 9 (8.3%) |
| 本地非农 | 23 (23.2%) | 11 (11.1%) | 6 (6.1%) | 31 (31.3%) | 19 (19.2%) | 9 (9.1%) |
| 本地农业 | 2 (22.2%) | 1 (11.1%) | 0 | 4 (44.5%) | 2 (22.2%) | 0 |
| 外地户籍 | 4 (44.4%) | 0 | 1 (11.1%) | 2 (22.2%) | 2 (22.2%) | 00 |
| 外地非农 | 1 (100%) | 0 | 0 | 0 | 0 | 0 |
| 外地农业 | 3 (37.5%) | 0 | 1 (12.5%) | 2 (25.0%) | 2 (25.0%) | 0 |
| 合计 | 29 (24.8%) | 12 (10.3%) | 7 (6.0%) | 37 (31.6%) | 23 (19.7%) | 9 (7.7%) |

## 五 司法认同

对诉讼认同的测量,我们主要围绕着两个指标进行,一个是诉讼后对法院的态度,另一个则是从对判断的服从态度进行测量。

1. 诉讼后对法院的印象

当问及"接触法院后对法院印象"时,抽样调查显示,从其单变量的频次分布情况来看,在有效样本中,有效值100个,系统缺失值6个。其中表示对法院的印象"变坏了"的有23人,占有效样本的23%;认为"变好了"的有30人,占30%;认为"没变化"的有47人,占47%;合计100%。这表明当前司法过程并不能有效增进社会对司法的认同(见表10-15)。

表10-15　样本接触法院后对法院印象比例(N=100)

| 对法院印象 | 变坏了 | 变好了 | 没变化 | 合计 |
| --- | --- | --- | --- | --- |
| 频次(百分比) | 23(23%) | 30(30%) | 47(47%) | 100(100%) |

通过比较沪籍人口和非沪籍人口发现,在样本接触后对法院印象栏中,有效值100个。在本地户籍中,大多数人认为没变化,占46.7%;印象变好了与印象变坏了的比例较接近,分别为28.9%和24.4%。在外地户籍中,50.0%的人对法院

印象没变化，40.0%的人认为法院变好了，10.0%的人认为法院变坏了。从数据可以看出，不论本地户籍还是外地户籍，大多数人接触后对法院印象没变化，且外地户籍在接触后更多的觉得法院变好了。本地非农中22人对法院印象变坏了，占26.5%；24人对法院印象变好了，占28.9%；37人表示没变化，占44.6%。本地农业0人对法院印象变坏了；2人表示变好了，占28.5%；5人表示没变化，占71.4%。外地非农中0人表示变坏了；0人表示变好了；1人表示没变化，占100%。外地农业中1人表示变坏了，占11.1%；4人表示变好了，占44.4%；4人表示没变化，占44.4%（见表10-16）。

表10-16　户籍身份与接触后对法院印象交互频次（N=100）

|  | 变坏了 | 变好了 | 没变化 |
| --- | --- | --- | --- |
| 本地户籍 | 22（24.4%） | 26（28.9%） | 42（46.7%） |
| 本地非农 | 22（26.5%） | 24（28.9%） | 37（44.6%） |
| 本地农业 | 0 | 2（28.6%） | 5（71.4%） |
| 外地户籍 | 1（10.0%） | 4（40.0%） | 5（50.0%） |
| 外地非农 | 0 | 0 | 1（100%） |
| 外地农业 | 1（11.1%） | 4（44.4%） | 4（44.4%） |
| 合计 | 23（23%） | 30（30%） | 47（47%） |

2. 对判决的态度

从整体上测量社会公众对判断的态度，我们可以通过询问社会公众"当诉讼失败后对法院判决的态度"来测量。抽样调查显示，就其单变量的频次分布情况来看，表示若打官司输了对法院做出判决的态度是"肯定不接受"的有117人,占3.9%;认为"公正就接受"的有1415人,占46.7%;认为"合法就接受"的有1145人,占37.8%;认为"不接受也得接受"的有351人,占11.6%;合计频次3028,占100%(见表10－17)。

表10－17　　　样本若打官司输后对法院态度比例

| 态度 | 肯定不接受 | 公正就接受 | 合法就接受 | 不接受也得接受 | 合计 |
|---|---|---|---|---|---|
| 频次（百分比） | 117（3.9%） | 1415（46.7%） | 1145（37.8%） | 351（11.6%） | 3028（100%） |

注：本题为多选题。

通过比较沪籍人口和非沪籍人口发现,在样本若打官司输后对法院判决的态度栏中,在本地户籍中,47.2%的人表示公正就接受,38.4%的人表示合法就接受,10.9%的人表示不接受也得接受。在外地户籍中,43.5%的人表示公正就接受,34.1%的人表示合法就接受,16.1%的人表示不接受也得接受。数据表明,不论本地户籍还是外地户籍,在官司输后,大多表示公正合法就接受,而表示不接受也得接受的外地户籍人口比本地户籍人口高5.2%。本地非农中80人表示肯定不接受,占3.4%;1126人表示公正就接受,占47.4%;918人表示合法就接受,占38.6%;254人表示不接受也得接受,占10.7%。本地农业中11人表示肯定不接受,占4.6%;111人表示公正就接受,占46.3%;87人表示合法就接受,占36.2%;31人表示不接受也得接受,占12.9%。外地非农中7人表示肯定不接受,占4.2%;85人表示公正就接受，占 50.9%；54 人表示合法就接受，占 32.3%；21 人表示不接受也得接受，占 12.6%。外地农业中 19 人表示肯定不接受，占 7.8%；93 人表示公正就接受，占 38.3%；86 人表示合法就接受，占 35.4%；45 人表示不接受也得接受，占 18.5%（见表 10-18）。

表 10-18　户籍身份与官司输后对法院判决的态度交互频次

|  | 肯定<br>不接受 | 公正<br>就接受 | 合法<br>就接受 | 不接受<br>也得接受 |
|---|---|---|---|---|
| 本地户籍 | 91<br>(3.5%) | 1237<br>(47.2%) | 1005<br>(38.4%) | 285<br>(10.9%) |
| 本地非农 | 80<br>(3.4%) | 1126<br>(47.4%) | 918<br>(38.6%) | 254<br>(10.7%) |
| 本地农业 | 11<br>(4.6%) | 111<br>(46.3%) | 87<br>(36.2%) | 31<br>(12.9%) |
| 外地户籍 | 26<br>(6.3%) | 178<br>(43.5%) | 140<br>(34.1%) | 66<br>(16.1%) |
| 外地非农 | 7<br>(4.2%) | 85<br>(50.9%) | 54<br>(32.3%) | 21<br>(12.6%) |
| 外地农业 | 19<br>(7.8%) | 93<br>(38.3%) | 86<br>(35.4%) | 45<br>(18.5%) |
| 合计 | 117<br>(3.9%) | 1415<br>(46.7%) | 1145<br>(37.8%) | 351<br>(11.6%) |

下篇

专论

# 第十一章

# 司法信任的影响机制分析
## ——基于上海数据的实证探讨[*]

**内容摘要**：在我国社会整体信任状况不佳和法治化改革进程不断深化的背景下，民众的司法信任状态及其影响因素如何？学界对此少有实证角度的关注。在上海调查数据的基础上，本文一方面延续相关的研究，另一方面回应普通社会学关于系统信任的分析框架，从文化论和制度论来探讨司法信任的现状及影响因素。从总体来看，当下民众对司法持较高的信任水平，而且对区（县）法院的信任度低于上级法院。同时，涉及司法运作和效果的制度论因素对司法信任有着实质的影响，而法律价值观等文化论因素则无此影响。这可提供一种以司法效果促进法制文化变迁，进而支持法治化建设的路径选择。

**关键词**：司法信任 文化论 法律价值观 制度论 法律效果

伴随着社会快速转型，我国社会正经历着较为严重的信任危机（冯仕政，2004；邱建新，2005；郑也夫，2006），信任

---

[*] 本文曾发表于《甘肃社会科学》2013年第6期，在此有所改动。

问题成为社会广为关注的热点议题之一。同时，我国正在进行着前所未有之深度的法治改革，其重要特征是自上而下的推进。但正如亚里士多德（1965：199）所言，"法治应包含两重含义：已成立的法律获得普遍地服从，而大家所服从的法律又应该本身是制定得良好的法律"。由此可以看出，法治在于与法律相关的主体与客体的双重建构。为此，民众的立场和观点对于我国法治化建设也尤为重要，而在我国的法律实践中，当前的司法信任也成为诸多信任危机中的一个较为突出的问题。正如最高人民法院常务副院长沈德咏在2009年8月召开的全国法院大法官社会主义法治理念专题研讨班上指出："部分群众对司法的不信任感正在逐渐泛化为普遍社会心理，这是一种极其可怕的现象。"从某种程度来说，机构信任实质是民众对其合法性认可的重要测量指标，为此，司法信任是一个法的接受的前提，而"'法的接受'是法律的一个重要标准"（魏德士，2003：155），是一个积极形成法律态度的过程，这一态度的形成又是建立现代社会秩序的基础。因为对于现代社会来说，信任是建立和维持社会秩序的主要工具之一，而制度和法律又是信任重建的关键机制（郑也夫，2006；张维迎，2003）。

鉴于此，本文试图从实证的角度，对当前社会民众的司法信任现状、影响因素等进行初步的探讨。

## 一 文献综述、问题及分析思路

近年来，信任已成为社会科学研究的一个热点，其探讨大致可分为社会（人际）信任和系统（制度）信任两类。从现有的研究成果来看，在系统信任研究中，与政治信任、政府信任等相比，司法信任的研究极其罕见，相关的探讨多集中于对法律信任的分析。

从问题意识来看，法律信任的研究有两个源头：一个是基于伯尔曼的法律信仰下的理论讨论；另一个是置于当前中国社会信任危机下的现实反思。

伯尔曼在反思西方社会法律权威呈现衰落之势的基础上，提出了"法律必须被信仰，否则它形同虚设"（2003：3）的论断。在中国语境下，出于"对现实法律无效的苦恼，对法律之治究竟能否行之于中国的困惑"（许章润，2003：7），诸多法理学者或证明法律信仰在中国的有效和必要性（谢晖，1997；刘旺洪，2003：3—22；黄文艺：2003：65—82），或进一步阐释中国社会中法律信仰的现实途径（苏力，1999；范进学，2003：149—168）。但也有学者认为法律不能被信仰，法律信仰是个伪命题（张永和，2006），在这种质疑声中，有学者认为，法律不是信仰的对象，而是信任的对象。"法律信任"一词由此作为一个学术术语开始出现于我国学界（马新福、杨清望，2006；马麟，2006）。

与此同时，还有一支学术力量将法律信任问题置于中国当前社会信任危机背景下进行讨论。这又表现出规范性和实证性研究两种旨趣。

规范性研究的学术阵地主要在法理学界，他们主要从应然的角度进行深入的理论探讨，其关注点主要集中于以下三个方面：第一，法律与信任的关系（季卫东，2006；萧伯符、易江波，2005；王明亮，2005；张维迎，2002；王新红，2003）；第二，树立司法公信力与司法权威的必要性及其影响因素（关玫，2005；廖进、赵东荣，2004；孟详沛、王海峰，2012）；第三，影响法律信任的因素以及建构的路径（李勇，

2009;刘琛,2009;欧运祥,2010;杨俊,2011;孙德奎,2011)。在研究思路上,这些探讨或侧重从中国文化传统的角度进行分析,或从当前我国司法运作过程中的一些不足等现状分析法律信任的影响因素。

这些分析在为我们提供诸多成果的同时,也存在着一些亟待深入之处,特别是实证研究探讨的佐证。在先行成果中,绝大多数学者基本都采用马新福和杨清望(2006)的定义,认为法律信任是社会主体与法律的交往过程中以及理性主体在法律的中介之下,基于一种承认法律天生局限性的共识,仍然愿意选择法律作为调控其参与社会关系的手段。作为规范性的研究,此界定无可厚非,但从实然的角度来看,这种界定恐过于笼统,因为"法律信任在结构上并不像人际信任那样,是一种直接的关系……主体与法律之间的信任关系属于一种间接关系"(欧运祥,2010:109)。它既可包括对法律条款的不信任,也可包括对法律制度合法性的不信任,还可包括对立法、司法和执法体制的不信任以及对相关法律人的不信任。

为此,若要推动实证研究的深入,规范性研究中的法律信任这一概念的可操作化是一个必须解决的问题。虽然此方面的经验探讨较少,但仍有学者在此方面进行了努力。在西方学界,泰勒等人将法律信任界定为对警察和法官(或法院)的信任,并对美国社会的法律信任进行了探讨。他们的研究是基于其以前对法律服从探讨的延续,主要关注于程序公正与法院信任(Tyler & Huo,2002)、少数族群与主体族群的法院信任差异(Tyler,2001;Rottman & Tomkins,2001)以及有诉讼经历者与无诉讼经历者的差异(Benesh & Howell,2001)等方面。他们的问题意识和出发点主要是基于已有着法治传统的西方社会近年来出现的对法院信任下降的现实。不过这些多仅限于描述分析，缺乏深入的多变量探讨（Leben，1999；Rottman & Tomkins，1999；Rottman，2005；Jackson etc.，2011）。

而我国正处于社会转型期，法治建设也在不断的完善过程中。一方面，在社会结构层面，我国 1949 年后建立起的总体性社会结构正不断步向多元化社会，社会各子系统的变迁都深深打上这种烙印；另一方面，强调人情的传统的人伦社会文化价值观及行动方式依然影响着人们对政府、司法等机构的判断，基于制度的现代的法治意识也开始扎根于社会，这必然使得我国的司法信任状态更为复杂。在这种问题关照下，史根洪的博士论文《嵌入视角下司法信任的研究》是少有的司法信任定量研究。他从实证的角度对司法信任的内容结构进行了量化分析，并从宏观的角度论述了影响司法信任的四个因素——公正、制度、能力和关系（2010）。吴美来从学理层面论述了司法信任，并从法文化要素、道德要素和合理性要素等对司法信任的建构进行了探讨（2009）。不过两位学者对司法的界定各不相同。吴美来将司法信任界定为"人们基于相信司法机关能够公正、高效处理案件，维护社会公平正义的心理预期，依照法律规则的指引积极利用和参与司法，并对法官、司法程序、司法裁决及司法制度表示认同与遵从"（2009：38）。而史根洪的司法是指"国家司法机关根据法律赋予的治权和法定的程序，具体适用法律处理案件的一种专门行为"。此外，兰德里（Landry，2008）从比较政治学的角度对我国的法院信任问题进行了一定的关注。另外，郭星华基于北京和芝加哥的数据，对法律服从进行了比较研究（Guo Xinghua，Winter 2008/2009）。

基于已有研究，本文试图在以下方面进行推进的尝试。

首先，在相关的经验研究中，已有的成果少有与普通社学中关于系统信任的分析框架进行对话;虽然规范研究有类似的理论观照,但缺乏实证材料的支持。什托姆斯卡认为,信任有三种维度:理性、心理和文化,在此基础上形成三种信任生成机制:反思性的可信性、行动者的信任倾向和信任文化。反思性的可信性是建立在理性的评估基础之上,而声誉、表现和外表有其基础,可信性的评估提供的是信任的认识论基础。而基于心理机制之上的行动者的信任倾向却是建立在个体的系谱学基础之上,与参与者的知识无关,而源自个体的历史经验,并固化在信任的行动者的人格中。信任文化强调的是信任的历史文化系谱,是一套规则系统对个体信任的影响(什托姆斯卡,2005:95—134)。由于信任的心理机制除了受到完全生物学的因素影响外,个体的人格在很大程度上也是社会化的产物,这又与社会文化密切相关。故从实证研究的角度来看,若暂不考虑个体人格特征,那么,系统信任的生成机制可概括为制度论(performance-based)和文化论(culture-based)两种分析模式(Mishler & Rose, 2001)。

制度论的理论假设以理性为基础,认为制度信任是制度运作的结果,即民众对系统运行的满意度和可预期有效性的评估,而非原因。这也有宏观和微观两种视角。宏观视角着重于强调制度在诸如促进增长、政府效率、避免腐败等方面的表现,微观视角则强调个体对制度执行评价过程中还受个体偏好与经历的影响(Mishler 2001; Newton & Norris, 2000)。

文化论的理论假设认为对制度的信任源自机构领域之外,是根植于社会中的一种信仰,系统信任只不过是人际信任的延伸。但它们也有微观和宏观两种视角之分。微观视角强调个体早期社会化的经历。宏观视角强调民族文化传统(阿尔蒙德,2005;帕特南,2001;福山,2001;等等)。他们认为社会中的某种文化传统和生活经历，尤其是志愿精神和志愿行动对信任有积极的影响，此观点逐渐形成社会信任是机构信任的源泉的论断。在此方面较为集中的政治信任研究中，许多文化论者认为，短期对物质利益的计算只能说明部分问题。政治行动者对刺激的反应并不是直接的，中间还有一个赋予事件意义和价值的调节机制；调节取向的不同会使得政治行动者对刺激的反应也完全不同（熊美娟，2011）。而这个调解机制就是人们在社会化过程中所接受，并将之内化了的文化价值观。如史天健（Shi，2001）在对大陆和台湾政治信任比较研究中发现，两地政治信任的差异主要是受其不同的价值观影响；马得勇（2007）的实证研究表明，在中国，政治信任更多取决于传统的价值观。

若以此为框架，我们可从内在逻辑对已有的研究进行重新分类，即影响民众对法律或司法信任主要有两种影响因素：法律文化论和法律或司法制度论。法律文化论认为，某些价值观影响着人们对法律或司法信任的因素，这些价值观既有来自中国传统文化的，也有源自现实中人们的法律认知。法律或司法制度论主要考察司法效果，从理性的角度来看，司法过程及效果的质量高低与司法信任呈正相关。

其次，民众对法律的信任更多是通过对司法机构的态度来实现，而不论是机关还是行为，上述对司法信任的研究都没将司法本身具体化，即它是指法院、检察院还是包括其他的相关制度设计和安排。从中国当前的实际情况来看，"司法"一词在使用过程中，存在着不同的含义。一般而言，司法这一概念有狭义、广义之分。狭义的"司法"仅指法院和法官参与的审判，而广义的"司法"则除了法院审判外，还包括侦查、起诉、执行等（李寿初，2005）。囿于条件及能力的原因，本文所涉及的"司法信任"仅局限于民众对法院的信任。

在先行研究的基础上，本文试图从文化论和制度论两方面对司法信任进行探讨，并对此两种影响因素进行比较，探究何种因素的影响最大。

## 二　研究假设

基于以上分析，本文基于三个层次对司法信任进行探讨。

第一是司法信任的文化论——法律价值观层次。文化论是当前我国法理学界对影响我国当前法律信任的一个非常重要的视角（刘琛，2009）。正如前文所述，在转型中的中国社会，既存在中国传统的法律观，也存在着现代的法律观。从中国传统的法律观来看，人治是我国传统法的根本精神，无讼是中国传统法律文化的机制取向（刘作翔，1999；张中秋，2009）。在民众的具体司法实践中，前者表现出在诉讼过程中，在"清官"等意识下，民众存在着找官告状的文化倾向。后者体现为不愿意打官司，打官司普遍被认为是不好的事情等息讼倾向。为此，我们提出以下假设：

假设1.1　越认可"息讼"、打官司找政府等传统法律价值观者，其对司法的信任越低。

同时，在现代社会，基于美国和我国的实证研究表明，程序正义，而非分配正义才是维系人们对法律服从的关键（Warren，2000；Tyler & Huo，2002；郭星华、陆益龙，2004；Guo Xinghua，Winter 2008/2009）。作为一个正在迈向法治的社会，这也会影响着人们对我国司法的信任。为此，我们提出：

假设1.2 对程序正义的认同程度与司法信任正相关。

第二是司法信任的制度论——司法效果层次。对任何一个信任客体来说，其社会作用和表现是影响人们态度形成的最重要原因之一，司法机构更是如此。司法效果不仅体现于受理和审理案件多少等客观因素，而且更体现于人们对司法机构对个体权益和社会公正的维护、效率和整体形象等评价。基于此，我们提出：

假设2 人们对司法效果的评价与司法信任呈正相关。

第三，从比较的角度来看，司法信任的制度论是基于理性选择理论，而理性选择理论又源自社会交换论，其基本逻辑是，人类的行动是受到某种能带来奖励和报酬的交换活动支配的，为此，信任实质也是一种交换。如在对政治等机构的信任等研究中，有学者发现，在西方社会，机构绩效是决定政治信任的一个关键变量（Kim, J. Y., 2005；Nye, 1997）；而史天建在对民主化进程中台湾的政治信任研究中发现，政府绩效，而非文化对政治信任的影响更大（Shi, 2001）。就整体来看，本文认为，我们正处于一个快速社会转型时期，虽然在我国还存在着诸多传统意识，但个体自主性意识也已普遍（阎云翔，2012；贺美德、鲁纳，2011）。同时，随着社会的分化，利益纠纷和冲突也成为社会的常态，对自我利益的维护成为一种基本的行为取向。在此影响下，我们认为：

假设3 相较传统法律价值观的影响，司法的效果对司法信任的影响更大。

## 三 数据与变量

本研究所采用的数据源自华东政法大学社会发展学院于

2011年在上海市进行的"上海市居民法律认知和行为"调查。该调查采取多段随机抽样的方法，以 Kish 表入户的方式进行，共获得有效问卷 2300 份。样本的性别比、年龄段比例与总体基本吻合。①

（一）因变量

在已有的调查和研究中，对法院等司法机构的信任通常笼统地以对法院的信任为测量方法。但在现实生活中，法院是由各层级构成，而且西方的研究也表明，人们对不同层级法院的信任程度不一（Benesh & Howell, 2001）。为此，本文的因变量"司法信任"来自于对一系列政治机构信任的因素分析，此因子包括全国最高人民法院、上海市最高人民法院、上海市中级人民法院和区（县）人民法院。②

（二）自变量

基于本文的问题意识和分析框架，我们的自变量主要包括法律价值观和司法效果两类：

1. 法律价值观。法律价值观主要基于信任文化论的考虑。基于假设部分的论述，本文主要考虑"纠纷解决的司法或行政倾向""纠纷解决的息讼倾向"和"对司法判断的接受态度"三个方面的法律价值观。前两者考虑的是个体对中国传统法律价值观的接受程度，后者考虑的是对现代法律精神的接受。

---

① 本调查的总体以第六次全国人口普查的上海数据为依据，对 18—69 岁的上海市常住人口进行抽样调查。样本中男女的比例分别为 50.6% 和 49.4%，总体的比例分别为 51.5% 和 48.5%。上海市统计局公布的年龄段分布为 15—29 岁的人数占全部的 35.9%，30—44 岁占 33.7%，45—59 岁占 30.3%，60 岁及以上占 15.1%，样本的数据依次为 30.0%、31.6%、28.3% 和 12.2%，考虑到本调查的年龄限定，样本基本能较好地反映总体情况。

② 本因子分析的 KMO 值为 0.9，因子总解释方差为 75.1%。

(1) 纠纷解决的司法或行政倾向。问卷中的题目为"去法院打官司不如去政府部门找领导",选项是从"非常不同意"到"完全同意"五个态度级①,我们分别赋值 1—5 分,视为定距变量。

(2) 纠纷解决的息讼倾向。测量的题目为"打官司终究是不好的事情"和"被别人告到法院总是不光彩的事情",选项也是从"非常不同意"到"完全同意"五个态度级,我们每题分别赋值 1—5 分后累加,形成一个值在 2—10 间新的定距变量(Alpha 值为 0.869)。

(3) 对司法判断的接受态度。问卷涉及的问题是:"若您打官司输了,那么您对法院做出判决的态度是?"选项为"肯定不接受""公正就接受""合法就接受"和"不接受也得接受"。"肯定不接受"表明社会公众对法律接受的工具性态度,即面对法官的判决如对自己有利就服从,不利则不服从;"公正就接受"表明社会公众对法律的实质正义的信任态度,即面对法官的判决,确实是公正的,那就服从,如认为是不公正的,就不服从;"合法就接受"表明社会公众对法律的程序正义的信任态度,即面对法官的判决,只要在程序上没有瑕疵,就服从,而不管实质是否公正;"不接受也得接受"表明社会公众对法律的被迫服从(张善根、李峰,2012)。在数据处理时,我们将之生成一组虚拟变量。

2. 司法效果。本文对此主要从民众对司法判决过程的评价来测量,这涉及个体对司法的公正感判断、司法过程的办案

---

① 在问卷中,其中一个选项为"说不清"。基于中国社会中的中庸原则和已有的研究先例(Chen, Lee & Stevenson, 1995;洪大用、卢春天,2011:161),本文也将"说不清"视为一种中间态度,这样就形成了从"非常不同意"到"完全同意"五个态度级。

效率以及司法形象的历时性评价等。

（1）个体对司法整体公正感。问卷中的测量题目为"总体来说，您觉得目前打官司公平吗"，其选项包括"非常不公平""不太公平""比较公平""非常公平"和"视官司的性质和对象而定"，本文将前两者合并为"不公平"，将"比较公平""非常公平"合并为"公平"，这样就形成了"不公平""公平"和"视官司的性质和对象而定"三类。我们将之进行虚拟变量化处理。

（2）司法过程的办案效率。我们以问卷中受访者对"法院审判效率太低"的判断一题进行测量，选项为从"非常不同意"到"完全同意"五个态度级，我们分别赋值1—5分，视为定距变量。

（3）司法形象的历时性评价。我们将问卷中受访者对"与5年前相比，现在的法院和法官更值得信任了"和"未来我国的司法状况会变得更好"两道态度题进行累加，形成一个值在2—10间新变量（Alpha值为0.798），即司法形象的历时性评价。

（三）控制变量

本文的控制变量包括性别、年龄、受教育年限、政治面貌等。其中，在性别方面，我们将男性赋值为1，女性为0。在受教育年限方面，问卷中询问的是受访者的受教育程度，我们对此进行定量转化为受教育年限：小学以下=3，小学=6，初中=9，高中/技校/中专=12，大专=15，本科=16，硕士及以上=20。在政治面貌方面，我们将中共党员和团员合并为党团员，赋值为1；将群众和少量民主党派合并为非党团员，赋值为0（见表11-1）。

表 11 - 1　　　　　　　变量描述性统计

| 变量 | 均值（标准差） | 变量 | 均值（标准差） |
|---|---|---|---|
| 纠纷解决的行政倾向 | 3.04（1.15） | 对法院的评价 | 15.40（4.12） |
| 纠纷解决的息讼倾向 | 6.03（2.37） | 政府信任 | 16.43（2.52） |
| 司法判断的接受态度 | | 性别（男性=1） | .51（.5） |
| 肯定不接受（同意=1） | .05（.22） | 年龄 | 40.29（14.44） |
| 公正就接受（同意=1） | .65（.479） | 受教育年限 | 12.23（2.98） |
| 合法就接受（同意=1） | .05（.22） | 政治面貌（党团员=1） | .28（.45） |
| 不接受也得接受（同意=1） | .15（.37） | | |

## 四　数据分析

（一）描述性分析

对于司法信任，我们既要对其进行单独的分析，也要与其他相关机构，特别是政府信任进行对比。从表 11 - 2 中我们可以看出：

表 11 - 2　　　　　法院与政府信任比例分布

| | 非常不信任 | 不太信任 | 说不清 | 比较信任 | 非常信任 |
|---|---|---|---|---|---|
| 全国高院 | 0.4% | 2.9% | 4.8% | 55.5% | 36.3% |
| 上海高院 | 0.4% | 2.9% | 4.4% | 55.7% | 36.6% |
| 区（县）法院 | 0.5% | 7.7% | 5.5% | 65.2% | 21.1% |
| 中央政府 | 0.4% | 2.7% | 2.9% | 48.0% | 46.0% |

续表

|  | 非常不信任 | 不太信任 | 说不清 | 比较信任 | 非常信任 |
|---|---|---|---|---|---|
| 上海市政府 | 0.4% | 4.1% | 2.6% | 55.4% | 37.4% |
| 区（县）政府 | 0.4% | 8.0% | 4.3% | 67.1% | 20.1% |
| 街道办或镇政府 | 1.0% | 13.8% | 4.5% | 62.9% | 17.8% |

首先，若将"非常不信任"和"不太信任"合并为"低信任"，"比较信任"和"非常信任"合并为"高信任"，那么，不论是对全国高院、上海高院还是区（县）高院，大多数受访者都持信任的态度。其中对全国高院的低信任与高信任比例分别为 3.3% 和 91.8%；对上海高院的低信任与高信任比例分别为 3.3% 和 92.3%；对区（县）法院的这一比例为 8.2% 和 86.3%。

其次，与西方社会不同，在本样本中，受访者对司法与政府都持非常高的信任比例，两者基本相近，而且在同一层次，政府信任还略高于法院信任。对中央政府的低信任与高信任比例分别为 3.1% 和 94.0%，高信任比例较全国高院的高 2.2%；对上海市政府的低信任与高信任比例分别为 4.5% 和 92.8%，与对上海市高院的高信任比例基本相同，仅高 0.5%；对区（县）政府的低信任与高信任情况为 8.4% 和 87.2%，比对县（区）法院的信任比例高 1.1%；对街道办或镇政府的低信任与高信任比例为 14.8% 和 80.7%。

最后，与政府信任表现出依行政级别的增高信任度亦增高的极差信任（Li Lianjiang，2004；胡荣，2007；叶敏，2010）类似，在本样本中，对法院的信任部分呈现出此特征。区（县）法院的高信任比例要较上海市高院和全国高院低 6.0%

和 5.5%,但不论是低信任,还是高信任,上海市高院与全国高院基本相似。其原因可能在于,由于民众更多接触的是基层法院,案件受理的增多必然会导致态度的多元化,因此,基层法院的信任较上级法院低也是一个普遍性的现象(Benesh & Howell, 2001)。

(二)多因素分析

为实现前文所述的既要分析文化论、制度论对司法信任的影响,又要比较它们之间影响的强弱,为此,本文采用三组嵌套线性回归模型:模型一是基准模型,包括人口学变量等控制变量;模型二在模型一基础上加入法律文化论层次的诸如纠纷解决的行政倾向、息讼倾向和司法判决的接受态度等价值观变量;模型三则继续加入制度论的司法效果变量:公正感判断、司法过程的办案效率以及司法形象的历时性评价,并形成一个全变量模型(见表11-3)。

表 11-3　　司法信任线性回归模型(OLS)

| 变量 | 模型一 | 模型二 | 模型三 |
| --- | --- | --- | --- |
| 性别[a] | -.131 (.042)** | -.130 (.041)** | -.099 (.040)* |
| 年龄 | .003 (.002) | .002 (.002) | .002 (.002) |
| 受教育年限 | .012 (.008) | .007 (.008) | .007 (.008) |
| 政治面貌[b] | .125 (.049)* | .092 (.049) | .060 (.047) |
| 纠纷解决的行政倾向 | | -.071 (.019)*** | -.011 (.019) |
| 息讼倾向 | | -.004 (.009) | -.011 (.009) |
| 司法判决的接受[c] | | | |

续表

| 变量 | 模型一 | 模型二 | 模型三 |
|---|---|---|---|
| 性别[a] | -.131（.042）** | -.130（.041）** | -.099（.040）* |
| 肯定不接受 |  | .380（.315） | .375（.304） |
| 公正就接受 |  | .125（.046）** | .048（.045） |
| 合法就接受 |  | -.650（.319） | -.559（.308） |
| 个体对司法整体公正感[e] |  |  |  |
| 公正 |  |  | .543（.062）*** |
| 视官司的性质和对象而定 |  |  | .286（.072）*** |
| 审判效率评价 |  |  | -.091（.019）*** |
| 司法形象历时性评价 |  |  | .074（.014）*** |
| 常数 | -.217（.146） | .040（.167） | -.735（.195）*** |
| 模型 Sig. | .00 | .00 | .000 |
| 调整后的 $R^2$ | .007 | .029 | .102 |
| 样本量 | 230 | 230 | 2300 |

注：①括号前为非标准化回归系数，括号内为标准误差。② ***P<.001；**P<.01；*P<.05。③a 以女性为参照；b 以非党团员为参照；c 以不接受也得接受为参照；e 以不公正为参照。

从模型一来看，在各人口学变量中，性别与政治面貌具有统计显著性，其意义在于：在此模型中其他条件不变的情况下，与女性相比，男性对司法的信任要低 12.19%（$1-e^{-.131}$）；党团员比非党团员对司法的信任要高 13.31%（$e^{.125}-1$）。

从模型二来看,当加入法律价值观类变量后,模型调整后$R^2$较模型一上升了1.8%(0.029—0.007)。同时,在法律价值观类变量中,纠纷解决的行政倾向在0.001水平显著,这表示,在此模型中其他条件不变的情况下,越认可"去法院打官司不如去政府部门找领导"者对司法的信任也越低,两者呈负相关。但纠纷解决的息讼倾向却在0.05水平并不具显著性,这说明,对于息讼的认可程度与对司法的信任间并无实质的社会性的意义。在对司法判决的接受程度上,在其他因素不变的情况下,相对于"不接受也得接受"的被迫服从,认可"公正就接受"者的司法信任度要高13.31%。这意味着,在民众的观念中,实质正义,即只要法院的判决是公正的,程序或法律本身是否具有正义性,并不会影响到人们对司法的信任判断,这基本符合我国当前民众的法律观(Guo Xinghua, Winter 2008/2009),而与西方司法信任的主要影响因素——程序正义(Tyler & Huo, 2002)相异。

从模型三来看,当继续考虑司法效果因素后,模型的决定系数较模型二增加了7.3%。同时,于模型二中在0.01水平具有显著性的文化论变量"公正就接受"即便是在0.05水平也不再具显著性。而诸如司法整体的公正感、审判效率评价和司法形象历时性评价等司法效果类变量都具显著性。具体来说,在对司法整体的公正感评价方面,在其他因素不变的情况下,相较对当前司法整体状况的不公正判断而言,作出公正评价和视官的性质和对象而定者对司法的信任度要高;在审判效率方面,越认为当前我国司法审判效率低者,其司法信任度就低;而对司法形象的历时性评价也与司法信任呈正相关。另外,将这些具有显著性变量的回归系数进行标准化处理后,我们发现,其绝对值从高到低依次为:个体对司法整体情况的公正判断（8.795）、司法形象的历时性评价（5.440）、审判效率评价（-4.710）、个体对司法整体公正感的视情况而定的判断（3.950）和性别（-2.484）。

## 五　结论与讨论

通过上述的数据分析，我们发现，上海民众对司法持较高的信任水平，而且也表现出类似于政治系统的极差信任现象：对区（县）法院的信任度低于上级法院。此外，不论从模型的 $R^2$ 变化，还是从各变量的显著性来看，影响人们对司法信任的因素是民众对司法效果的感受和评价，而非法律价值观。

近代以来，随着中国历经数次剧烈的社会变迁，诸如纠纷解决的行政倾向和息讼等传统的法律价值观虽仍犹存，但它更多是作为一种与社会实践的断裂传统而在，正如黄宗智所言："它可能带有历史价值和中华民族的智慧，但它不具有对现实生活的意义"（2009：1）。同时，诸如程序正义等现代法律价值观对当下司法信任也无实质的影响。这可能存在两种解释：

第一，这在一定程度上反映了当下社会法律价值观的"失范"状况。一方面，如前所述，传统价值观对人们司法实践没有直接的影响。从表11-1来看，纠纷解决的行政倾向的均值为3.04（总分为5分），在态度上认可息讼的均值为6.03（总分为10分），但它们对司法信任在0.05水平却不具有统计显著性。另一方面，支持现代法治社会的核心价值观——程序正义也对司法信任无实质影响。从表11-1的情况来看，认可实体公正的"公正就接受"者的比例最高，为65%，而认可程序公正的"合法就接受"者仅为5%，不仅人数较少，而且从统计学意义来看，它们都在0.05水平不显著。

第二,在法律价值观处于态度和实践间的"悬置"状态下,司法的效果是影响当下民众对司法信任关键变量。一方面,我国总体性社会向多元化社会的结构转型使得民众个体自主性意识高涨,这一方面源自市场经济的力量,它极大地激发了人们对自我利益维护的热情;另一方面,我国自1986年以来持续开展的普法工作也使人们对自我权利的认识和保护意识高涨(柳经纬,2012)。在这种社会背景下,当民众遇上纠纷并诉诸司法途径时,他们对司法过程及结果的接受程度成为形塑其司法信任的当然条件。为此,从这个角度来看,当前民众的司法信任是司法制度运作,即民众对司法运行的满意度和可预期的有效性的评估的结果。

基于此,我们再回到相关议题的讨论。首先,在对公民法律情感的"信仰说"和"信任说"讨论中,我们认为,信仰更多是基于一种性情倾向,同时,信仰的对象常具有终极意义,是个体将一套支持该信仰的文化价值观内化为自我行动后的一种自然表现。通过本研究发现,法律价值观在当下都无法转化为个体司法实践的指导,为此,基于问题的现实性,法律信任议题更具现实意义。

其次,对法律的服从,或可基于外力的工具性服从,或可基于内在价值取向的规范性服从(Tyler,1990),司法信任亦然。前者的服从和信任要么是建立在外在强力的压制之上,要么会导致因分配正义的相对化而出现对自己有利就接受、不利就不接受的权宜之策。而后者则是在诸如程序正义、司法独立等现代法律文化的支撑下,民众将法律视为社会秩序的理所当然(take‐for‐granted)最佳维护者和裁判者等价值观的一种行为外化。为此,从这个意义来讲,我国当前的司法信任还停留于工具性信任层面,由于缺乏必要的法律文化的支持,以及当前整个社会的信任危机,这也使得我们的司法信任处于不稳定的状态。

鉴于此,我们可拒绝前文基于法律文化论之上提出的假设1.1和假设1.2,接受基于法律制度论之上得出的假设2和假设3,即人们对司法效果的评价与司法信任呈正相关;是司法效果,而非法律价值观对司法信任的有实质的影响,即是制度化而非文化论更具解释能力。

除此之外,我们的研究还表明,这种工具性司法信任一方面可能会造成司法实践中的某种混乱,但另一方面,这正是我国步入法治化社会的必然阶段。从前面的分析来看,虽然当前我们的法律文化处于失范或悬置状态,但法律文化是可变迁的。而本研究表明,法律文化变迁的动力可以源自司法的运作效果。为此,这可在一定程度上为我国提供一条法治化路径:通过司法实效增进法治文化变迁。当法律运行机制得以不断完善,法院审判质量和效率不断提高,司法的社会公信力才能得以健康地成长,而此过程中所体现出的秩序、公正、平等、安全和利益等法的价值也会得以自然地呈现。从这个意义来说,人们对法的信任及信仰不可能只靠宣传和教育达到,而要靠具体的法的经验(蒋传光,2012)。当然,这不是否认普法的作用。不过,由于普法主要基于自上而下的努力,同时,在普法过程中,又不可避免地侧重于实体法及具体法律条文的普及,这可能会造成对程序正义等法治文化中的核心要素普及的困难。当民众懂得用法律武器保护自我权益时,若其对审判的判断仍停留于基于自我利益至上的工具性接受,或仅是实体公正之上时,他们对司法的信任也仅是一种权宜之计。而司法实效及在此过程中体现出的法治原则,会在很大程度上起着另外一种普法之效,这在诸多案件中均有体现,而其结果是推动着社会整体法治文化的变迁（刘伟林、席文启，2008），有了相应的法律文化共识，这势必又会自下而上地推动着我们的司法改革，如此，在法律相关的主体与客体的双重建构进程中，法治之路才可能得以更健康地发展。

## 参考文献

［德］伯恩·魏德士：《法理学》，法律出版社2003年版。

范进学：《法律信仰：文明转型、基础与条件》，载许章润《法律信仰——中国语境及其意义》，广西师范大学出版社2003年版。

冯仕政：《我国当前的信任危机与社会安全》，《中国人民大学学报》2004年第2期。

［美］福山：《信任——社会美德与创造经济繁荣》，海南出版社2001年版。

郭星华、陆益龙：《社会与法律——社会学和法学的视角》，人民出版社2004年版。

［美］哈罗德·J.伯尔曼：《法律与宗教》，中国政法大学出版社2003年版。

［挪威］贺美德、［挪威］鲁纳：《"自我"中国：现代中国社会中个体的崛起》，上海译文出版社2011年版。

洪大用、卢春天：《公众环境关心的多层分析》，《社会学研究》2011年第6期。

胡荣：《农民上访与政治信任的缺失》，《社会学研究》2007年第5期。

黄文艺：《论法律信仰的类型》，载许章润《法律信仰——中国语境及其意义》，广西师范大学出版社2003年版。

季卫东：《法治与普遍信任》，《法哲学与法社会学论丛》

2006年第1期。

李寿初：《中国政治制度》，中共中央党校出版社2005年版。

李勇：《当前中国的法律信任及其养成》，《东岳论丛》2009年第8期。

廖进、赵东荣：《诚信与社会发展》，西南财经大学出版社2004年版。

刘琛：《论法律信任及其在我国的构建》，硕士学位论文，湖南大学，2009年。

刘旺洪：《法律意识论》，法律出版社2001年版。

刘作翔：《法律文化理论》，商务印书馆1999年版。

刘维林、席文启主编：《法治中国30年——重大事件回放与述评》，红旗出版社2008年版。

刘经纬：《当代中国法治进程中的公众参与》，《华东政法大学学报》2012年第5期。

［美］加布里埃尔·A.阿尔蒙德、西德尼·维马：《公民文化》，东方出版社2008年版。

蒋传光：《法治思维与社会管理创新的路径》，《东方法学》2012年第5期。

马得勇：《政治信任及其起源——对亚洲8个国家和地区的比较研究》，《经济社会体制比较》2007年第5期。

马麟：《信任：一个新的法的基本价值——以行动中的法的维度思考》，《理论观察》2006年第2期。

马新福、杨清望：《法律信任初论》，《河北法学》2006年第8期。

孟详沛、王海峰：《司法权威之影响及其建构：上海实证研究》，《政治与法律》2012年第3期。

欧运祥：《法律的信任：法理型权威的道德基础》，法律出版社2010年版。

［　］帕特南：《使民主运转起来》，江西人民出版社2001年版。

邱建新：《信任文化的断裂》，社会科学文献出版社2005年版。

史根洪：《嵌入视角下的司法信任研究》，博士学位论文，武汉大学，2010年。

孙德奎：《论良法与法律信任》，《长江大学学报》（社会科学版）2011年第12期。

苏力：《法律如何信仰——〈法律与宗教〉读后》，《四川大学学报》（哲社版）1999年增刊。

阎云翔：《中国社会的个体化》，上海译文出版社2012年版。

萧伯符、易江波：《中国传统信任结构及其对现代法治的影响》，《中国法学》2005年第2期。

谢晖：《法律信仰的理念与基础》，山东人民出版社1997年版。

熊美娟：《政治信任的理论综述》，《公共行政评论》2011年第6期。

许章润：《法律信仰——中国语境及其意义》，广西师范大学出版社2003年版。

吴美来：《论我国司法信任的养成》2009年第1期。

［古希腊］亚里士多德：《政治学》，商务印书馆1965年版。

杨俊：《法律信任的合理性分析》，硕士学位论文，华东政法大学，2011年。

叶敏：《"央强地弱"政治信任的解析》，《甘肃行政学院学报》2010 年第 3 期。

张维迎:《信息、信任与法律》,生活·读书·新知三联书店 2003 年版。

张永和:《信仰与权威——诅咒(赌咒)、发誓与法律之比较研究》,法律出版社 2006 年版。

张中秋:《中西法律文化比较研究》,法律出版社 2009 年版。

郑也夫:《信任论》,中国广播电视出版社 2006 年版。

Benesh, Sara C. & Howell, Susan E., "Confidence in the Courts: a Comparison of Users and Non-Users", *Behavioral Sciences and Law*, Vol. 19, 2001.

Chen, C., Lee, S. Y. & Stevenson, H. W., "Response Style and Cross-cultural Comparisons of Rating Scales among East Asian and North American students", *Psychological Science*, Vol. 6, 1995.

Guo Xinghua, "Why do We Obey Law?", *Chinese Sociology & Anthropology*, Vol. 41, No. 2, Winter 2008/2009.

Hough, M. & Sato, M., *Trust in Justice: Why It is Important for Criminal Policy, and How It Can be Measured: Final Report of the Euro-Justis Project*, Helsinki: Academic Bookstore, 2011.

Jonathan Jackson, Tia Pooler, Katrin Hohl & Jouni Kuha, *Trust in Justice: Topline Results from Round 5 of the European Social Survey*, Prinflow Ltd, 2011.

Kim, J. Y., "Bowling Together isn't a Cure-all: The Relationship between Social Capital and Political Trust in South Korea", *International Political Science Review*, Vol. 26, No. 2, 2005.

Landry, Pierre, "The Institutional Diffusion of Courts in China: Evidence from Survey Data", in Ginsburg, Tom & Moustafa, Tamir ed., *Rule By Law: The Politics of Courts in Authoritarian*

*Regimes*, Cambridge University Press, 2008.

Leben, S., "Public Trust and Confidence in the Courts: A National Conference and Beyond", *Court Review*, Vol. 36, No. 3, 1999.

Li Lianjiang, "Political Trust in Rural China", *Modern China*, April 2004.

Mishler W. & Rose R., "What are the Origins of Political Trust? Testing Institutional and Cultural Theories in Post – Communist Societies", *Comparative Political Studies*, Vol. 34, 2001.

Newton, K. & Norris P., "Confidence in Public Institution: Faith, Culture or Performance?" in Pharr S. J. & Putnam, R. D. Eds., *Disaffected Democracies: What's Troubling the Trilateral Counties?* Princeton University Press, 2000.

Nye, J. S., Jr. Zelikow, Philip. D & King, D. C. Eds., *Why People Don't Trust Government*, Cambridge, MA: Harvard University Press, 1997.

Rottman, Davib B., *Trust and Confidence in the California Courts: A Survey of the Public and Attorneys*, 2005, http://www.courts.ca.gov/documents/4_37pubtrust1.pdf（2012年10月26日访问）。

Rottman, Davib B. & Tomkins, Alan J., "Public Trust and Confidence in Courts: What Public Opinion Surveys Mean to Judge", *Court Review*, Vol. 36, No. 3, 1999.

Rottman, Davib B. & Tomkins, Alan J., "Introduction to Public Trust and Confidence in the Courts", *Behavioral Sciences and Law*, Vol. 19, 2001.

Shi, T. J., "Cultural Values and Political Trust: A Comparison of the Peoples Republic of China and Taiwan", *Comparative Politics*, Vol. 33, No. 4, 2001.

Tyler R. T. & Huo, Y. J., *Trust in the Law: Encouraging Public Cooperation with the Police and Courts*, NY: Russell Sage Foundation, 2002.

Tyler R. T., *Why People Obey the Law*, New Haven: Yale University Press, 1990.

Tyler R. T., "Pubic Trust and Confidence in Legal Authorities: What do Majority and Minority Group Members Want from the Law and Legal Institutions?", *Behavioral Sciences and Law*, Vol. 19, 2001.

Warren, Roger K., "Public Trust and Procedural Justice", *Court Review*, 1999, Fall, Vol. 37, No. 3, 2000.

# 第十二章

## 社会公众对法律人的信任问题探析
——基于上海的实证研究*

**内容摘要**：对法律人的信任既是建构法治权威和公信力，也是法治社会化和大众化的关键因素。研究数据表明，社会公众对法律人的信任呈现出总体的高信任和部分的低信任，但对其信任基础是关系高于权威，即社会公众对法律人的信任主要是一种关系依赖型信任，而并非基于对法律权威的信任。就社会公众对法律人权威信任而言，其信任基础也比较薄弱。一方面，信任的权威基础是实质正义高于程序正义，信任的心理基础是压力服从高于内在服从。因此，决策部门对法律人的高信任度应谨慎乐观，并应有意识地对社会公众的信任进行管理，以此提升社会公众对法律人的信任。同时需要注意的是，中间阶层对法律人信任最为稳定，对未来法律人信任具有重要的建构意义。

**关键词**：权威　关系　法律人　信任

在我国，法治化之路暗含着深刻的隐忧，即在改革开放

---

\* 本文曾发表于《法商研究》2012 年第 4 期。

以来的中国法治建构与发展历程中,如何实现法治的社会化和大众化,或者说如何让社会民众普遍接受和认同现代的法治,一直是中国实现法治治理的难题。这种隐忧在社会主义法制体系基本健全之后显得更为急迫。[1] 在我国法律社会学研究中,有两个基本理论框架和三个研究层面可以呈现学界对这一问题的思考。一个框架是书本中的法与行动中的法[2],另一个就是国家法与民间法。前者侧重文本与实践的研究,后者侧重规范研究。在这两种理论框架的关怀下,通过制度、法律机构和法律人这三个层面,解读中国法治社会化的问题。即最后这些研究的取向都回归到社会及其社会中的人,法治的社会化和大众化之路是建构法治权威和社会对法治的认同的过程,其中社会及其社会中的人才是法治化的关键,这其中就包括诸如法官等法律人的作用。

然而,在对法律人的研究中,学界把更多的关注力集中于法律共同体的建构,认为职业化的法律共同体是实现法治的关键。[3] 确实,法律人在现代法治秩序的建构中可能起着决定性的作用。[4] 因为法律人可信度低的主要原因是非职业化和非专业化。[5] 而通过法律共同体建构(包括专业化、职业化、职业伦理的建构)则可以提升法治权威和公信力,从

---

[1] 全国人大常委会委员长吴邦国在十一届全国人大四次会议中宣告中国特色社会主义法律体系形成。

[2] 朱景文:《比较法社会学的框架和方法:法制化、本土化和全球化》,中国人民大学出版社2001年版。

[3] 季卫东、贺卫方、强世功、孙笑侠等学者创导的法律共同体和法律职业化道路。

[4] 房文翠、房绍坤:《当代中国法律家培养的困境与出路》,《烟台大学学报》(哲学社会科学版)2003年第2期,第145页。

[5] 余晓敏:《中国目前法官信任状况之我见》,《北京社会科学》1999年第4期,第131页。

而实现法治。这一研究思路尽管预设了法律共同体的法律行为对实现法律文本中所内含的法治具有极其重要的意义,但在实现的途径上,却主要采用自上而下的方式,社会对法治的建构意义并没有显现。从当前的实际情况来看,社会公众并没有因法律共同体的逐渐形成而增强对法律的认同;相反,目前中国社会对法律人,特别是对律师的总体印象,很不好。[1] 每当法律事件出现后,社会公众对法律共同体存在一种普遍的质疑,最后都把矛头指向了法律本身的合法性。虽然社会的质疑能够在某种程度上倒逼法治的进步,但普遍的质疑必然损伤公众对法治的认同。因此,我们认为社会公众对法律的信任是法治化的前提,而对法律人的信任则是关键。基于此,本文把研究主题转向法律人的信任研究,并以上海市民对法律人的信任为案例,通过定量研究的方式,探索社会公众对法律人的信任状况及其影响因素,并以此为如何建构法律人信任提供思路。

## 一　法律人信任:文献综述与研究思路

### (一)研究综述

当前有关法律人信任的研究并不多见,尤其是法律人信任的实证研究几近空白。既有的相关研究比较侧重法律信任和司法信任,对法律人的信任问题仅有所提及。虽然法律信任和司法信任的研究无论是在理论探讨还是实证研究都不是很充分,但其理论框架对法律人的信任研究很有借鉴意义。

1. 从法律人到法律人信任

对法律人信任的界定主要建立在法律人的概念基础之上,

---

[1] 苏力:《法律人自身的问题》,《北方法学》2011年第4期,第156页。

但当前有关法律人究竟包含哪些人并没有严格的限定,学界大致而言主要有三种界定模式,不同的界定标准对法律人的范畴认识会有所差异:一为法律职业模式,二为法学教育模式,三为法律参与模式。这三种模式中以职业标准模式最具有代表性,法学教育模式和法律参与模式并不常见。

所谓法律职业模式,就是通过对法律职业的分类,来界定法律人的类别,而不管这些人是否受过专业的法学教育。法律人即是法律职业者,典型的法律人包括律师、法官和检察官,然而法律人所承担的职务范围十分广泛,包括企业和政府的顾问、法学者、政治家、行政官员以及公司经营家等。[①] 不过学界更倾向于把法律人与法律共同体相关联,认为法律共同体就是通常意义上的法律人。[②] 当然由于对法律职业的认识不同,也会对法律人的类别划分产生影响。张文显、卢学英认为法律职业共同体是由法官、检察官、律师、法学学者所构成。[③] 贺卫方也持有这种观点。霍宪丹认为法律共同体只指法官、检察官、律师。[④]

法学教育模式是通过是否接受过专门的法学教育来界定法律人的方式,如应飞虎认为法律人应当是特指受过专业的法学教育的人,包括法学大专、本科、硕士、博士。而不管这些人的职业和职务。[⑤] 而法律参与模式的界定,是把法律人视为社

---

[①] 季卫东:《法律职业的定位——日本改造权力结构的实践》,《中国社会科学》1994年第2期,第65页。

[②] 强世功:《法律人的城邦》,上海三联书店2003年版,第7页。

[③] 张文显、卢学英:《法律职业共同体引论》,《法制与社会发展》2002年第6期。

[④] 霍宪丹:《关于构建法律职业共同体的思考》,《法律科学》2003年第5期,第23页。

[⑤] 应飞虎:《制度变迁中的法律人视野》,《法学》2004年第8期,第20页。

会上参与法律生活的一般人。即"法律人"定位于依存于法律（包括人对法律的期待与遵守）、参与法律（包括法律的制定、执行及进行其他法律活动）和受制于法律的人。①

以法律参与模式界定法律人在我国并非通说，而且与学界和社会公众的认知有偏差。所以，一般意义上的法律人信任主要是指在职业模式或教育模式下的法律人信任。

2. 从法律/司法信任到法律人信任

早期有关法律的信任研究比较集中于法律对社会信任的建构意义，② 这一主题实际上是研究法律与社会信任的关系。而后才逐渐进入法律信任和司法信任研究领域，法律人的信任研究主要镶嵌在法律信任和司法信任之中，并以此推导出法律人在法律信任和司法信任中的意义。

所谓司法信任是人们基于相信司法机关能够公正、高效处理案件，维护社会公平正义的心理预期，依照法律规则的指引积极利用和参与司法，并对法官、司法程序、司法裁判及司法制度表示充分的认同与遵从。而法律信任则是指社会主体在与法律的交往过程中以及理性主体在法律的中介之下，基于一种承认法律天生局限性的共识，仍然愿意选择法律作为调控其参与的社会关系的手段。只要法律按既定的规则和程序运行，都愿意承担由此而带来的有利或不利后果，都不会因追求自己的暂时利益而损害法律的权威性。③ 易言之，法治能够达成的信任度取决于有关的实践过程。尤其对法律人的意图和能力的信任，显然在相当程度上取决于民主参与、职业自治、审判独

---

① 胡玉鸿：《"法律人"建构论纲》，《中国法学》2006年第5期，第31页。
② 张维迎：《信息、信任与法律》，生活·读书·新知三联书店2003年版。
③ 马新福、杨清望：《法律信任初论》，《河北法学》2006年第8期，第11页。

立、解释技术、案例编纂、判决执行等一整套组织性、程序性规范的构成。① 也就是说，无论是司法信任还是法律信任，都隐含了法律人对现代法治的意义。法律人既是法律得以优质、高效运转的动力和保障，是法律实体价值实现的中转机构，也是保障具有普遍性和可操作性的法律的至上权威和程序正义的力量。② 法律人的信任既是司法/法律信任的前提，也是司法/法律信任的结果。因此，可以说，法律权威的最稳定、最持久、最可靠的基础是强大而又有威信的职业法律家阶层。③

3. 法律人信任模式

尽管对有关法律人信任模式并没有直接的研究，但可以从法律信任、司法信任甚至从法律服从或支持理论中推导出来。

泰勒从法律服从推导出法律信任，他认为法律服从可以区分为工具性服从和规范性服从④，这与传统法学中的外在服从和内在服从理论基本一致。一般而言，规范性服从度越高，对法律的信任度也就越高。但法律服从并不能直接产生信任，因而，不能直接把法律信任转化为工具信任和规范信任。从法律服从到法律信任必须经由法律权威来转化。关于权威的是否可信赖的判断是影响人们法律服从的主要因素。⑤ 基于此，泰勒把法律信任区分为程序信任和人格信任。前者是对法律制度的一般性信任，体现出程序公正的中立性模式；后

---

① 季卫东：《法治与普遍信任》，载郑永流主编《法哲学与法社会学论丛》，中国政法大学出版社2006年版。

② 王人博：《法治论》，山东人民出版社1998年版，第184页。

③ 黄文艺：《法律家与法治——对中国法治之路的一种思考》，《南京社会科学》2005年第1期，第59页。

④ Tom R. Tyler, *Why People Obey the Law*, Yale University, 1990.

⑤ Tom. R. Tyler and Yuen J. Huo, *Trust in the Law: Encouraging Public Cooperation with the Police and Courts*, Russell Sage Foundation New York, 2002.

者是人们在法律行为过程中对特定法律人的信任，体现了信任导向模式。①

季卫东把信任区分为一般信任与特殊信任。这种区分主要来自韦伯的理论。一般信任与特殊信任不仅能解释制度的信任差异，也能解释人际信任差异。他认为，传统中国的信任主要是特殊信任，其根据人际关系的远近形成信任的差序格局，从而形成以关系为基础的交换性信任。西方社会的典型特征是一般信任。其主要由现代法治秩序所建构出来，形成的大都是非交换性信任。② 而对不同社会群体的信任中，陌生人的信任是一般信任，而熟人群体则是特殊信任。在中国社会转型、着力建构法治的过程中，如何建构对法治的一般信任是关键。

棚濑孝雄从政治信任中推导出司法信任，他认为司法信任可以区分为依存性信任和主体性信任两者，所谓依存性信任就是不包括主体的努力在内的、相信审判制度或法院会给自己做主的一般信任。而主体性信任则指只要自己做出了主体性的积极努力，审判制度或法院就不会使自己失望。这两种信任根据社会经济属性的差异可以形成四种不同类型的关系。加入阶层变量后，可以发现随着社会阶层的提高，主体性的信任越高，但依存性信任则呈扁平状，处于中等偏上的阶层的依存性信任最高，上层和底层的依存性信任度低。以此区分为支持类型、能动类型、被动类型和异化类型四种基本信任形态。③

---

① ［美］泰勒：《程序正义》，载［美］奥斯汀·萨拉特编《布莱克维尔法律与社会指南》，高鸿钧等译，北京大学出版社2011年版。
② 季卫东：《法治与普遍信任》，载郑永流主编《法哲学与法社会学论丛》，中国政法大学出版社2006年版。
③ ［日］棚濑孝雄：《纠纷的解决与审判制度》，王亚新译，中国政法大学出版社2004年版，第232—233页。

### (二) 本文的研究框架

虽然根据已有文献对法律信任和司法信任提供的研究，能够为法律人的信任提供解释框架，但却不能完全涵盖我国普通民众对法律人信任的复杂情感。棚濑孝雄的司法信任模式在我国并没有获得应用，但其通过依存性信任和主体性信任模型说明了观念信任和行动信任之间的差异和关系则值得我们重视。泰勒的模型虽然在我国有比较多的定量研究，但更多的是从法律服从的角度介入。[①] 在我们看来，法律服从是对法律人信任的基础，而不是法律人信任本身。事实上，泰勒对法律人信任的研究也是从观念和行动两个方面进行测量的。[②] 季卫东的信任模型在某种程度上表达了关系在法律信任中的意义，值得我们借鉴。

在我们看来，关系信任和权威信任可以成为解释中国民众对法律人信任的两个基本类型。所谓关系信任就是指社会民众对法律人的信任在很大程度上取决于法律人是否处于其私人关系网络之中。这种类型划分是把与法律人没有关系的人区别开来，并考察关系在法律人的信任之间是否存在相关性。而权威信任则是指社会民众对法律人的信任是基于法律的权威本身，当然对法律人权威信任的基础又可能来自于法律人可以动用外在的压力或社会民众基于制度的内在认同。也就是说，这种类型的划分则可以考察法律权威与法律人信

---

① 参见郭星华《走向法治化的中国社会》和冯仕政《北京市民的法律意识》，两文都刊载于《法律与社会——社会学和法学的视角》，中国人民大学出版社2004年版。

② Tom. R. Tyler and Yuen J. Huo, *Trust in the Law: Encouraging Public Cooperation with the Police and Courts*, Russell Sage Foundation New York, 2002.

任的相关性。

一般而言,所谓的法律人主要是一种制度化的社会角色,对法律人的信任应当建立在制度化的权威基础之上。但在我国法治化进程中,一个基本的经验事实是,作为自然人的法律人,社会关系依然对他们产生了重要影响。因此,我们认为,社会民众对法律人的信任是否也存在关系和权威双重要素,如果是,哪种信任类型对社会公众影响更大、两种类型的信任之间存在一种什么关系则需要进一步的检验。

## 二 对法律人总体的高信任和部分的低信任

本文的数据来源于华东政法大学"上海市居民法律认知与行为调查(2011)",该调查按照多层随机抽样,共获取有效问卷2300份。

如前所述,当前学界对法律人的界定主要是研究者的一种客位判断,即把法律人的界定建立在知识传统、职业技能和研究者自身的认知基础之上。本研究以此为基础,还试图了解公众对法律人的主位认知。通过对各种社会主体的信任进行因子分析发现,公众信任可由四个公因子解释(见表12-1):第一个因子包括法官、检察官、警察、律师和法学家,这一特征基本与学界关于法律人的职业模式认定吻合,作为一项实证研究,本文亦将法官、检察官、警察、律师和法学家这五类人群界定为法律人;第二个因子则呈现出一般信任的特征;第三个因子的特征可用亲密关系信任表达;第四个因子则主要是单位关系信任。

表 12-1　　　　　　社会角色信任因子分析结果①

| | Factor_1<br>法律人信任 | Factor_2<br>一般信任 | Factor_3<br>亲密关系信任 | Factor_4<br>单位关系信任 |
|---|---|---|---|---|
| 检察官 | .910 | .052 | .166 | .097 |
| 法官 | .902 | .058 | .159 | .096 |
| 律师 | .774 | .202 | -.004 | .135 |
| 警察 | .770 | .091 | .180 | .211 |
| 法学家 | .741 | .231 | -.032 | .094 |
| 一般朋友 | .095 | .841 | .151 | .117 |
| 一般熟人 | .123 | .827 | .209 | .119 |
| 邻居 | .138 | .588 | .338 | .043 |
| 第一次见面的人 | .145 | .519 | -.158 | .134 |
| 直系亲属 | .050 | .070 | .842 | .074 |
| 家庭成员 | .039 | -.044 | .802 | .035 |
| 其他亲属 | .115 | .420 | .589 | .064 |
| 亲密朋友 | .183 | .203 | .473 | .138 |
| 单位同事 | .188 | .224 | .122 | .885 |
| 单位领导 | .256 | .134 | .130 | .885 |

从表 12-2 我们可以进一步看出，绝大部分社会公众对法律人的信任较高。若将"非常信任"与"一般信任"合并为"高信任"，"不太信任"和"非常不信任"合并为"低信任"，那么对法官、检察官、警察、律师和法学家的高信任比例分别为 79.1%、80.0%、78.9%、75.9% 和 73.4%。数

---

① 本文选择方差最大旋转（Varimax）法进行因子分析，KMO 值为 0.9，约 66.6% 的总方差可由此四个潜在因子解释。

据还表明,民众对体制内法律人的信任度高于体制外的法律人,即社会公众对法官、检察官和警察持"非常信任"的比例明显高于律师和法学家。律师在社会公众中的形象一直不佳比较容易理解,但社会公众对具有话语权的法学家持有相对较低的信任度就值得警惕。这可能表明,社会公众对法律人的信任主要是一种制度性依赖,而不仅出于对法律职业本身的信任。

表12-2 民众对各类法律人的信任态度 (N=2300)

|     | 非常信任 | 比较信任 | 说不清 | 不太信任 | 非常不信任 |
| --- | --- | --- | --- | --- | --- |
| 法官 | 434 (18.9%) | 1385 (60.2%) | 259 (11.3%) | 195 (8.5%) | 27 (1.2%) |
| 检察官 | 478 (20.8%) | 1362 (59.2%) | 258 (11.2%) | 178 (7.7%) | 24 (1.0%) |
| 警察 | 484 (21.0%) | 1331 (57.9%) | 207 (9.0%) | 251 (10.9%) | 27 (1.2%) |
| 律师 | 366 (15.9%) | 1381 (60.0%) | 295 (12.8%) | 226 (9.8%) | 32 (1.4%) |
| 法学家 | 354 (15.4%) | 1333 (58.0%) | 336 (14.6%) | 251 (10.9%) | 26 (1.1%) |

对法律人的信任程度较高,但也有相当比例的人持负面态度,不论何种法律人,也有近五分之一的民众对之持"低信任"的态度。这基本反映了我国当下法治化建设进程的现实。对法律人的基本信任保证了一个社会法制秩序的正常维持,低信任反映出了对法治建设中诸多问题的担忧和不满。

总体情况如此,那么接下来的问题就是,当前影响民众对法律人信任的因素是什么?是基于某种特殊的社会关系,还是基于对法律权威的服从而信任？这也即是前文所提及的关系信任和权威信任。基于此，本文试图从实证的角度对此进行深入的探讨。

## 三 关系信任抑或权威信任

### （一）方法和思路

为实现上述目的，本文采用多元回归分析，通过四个嵌套模型的方法进行探讨。我们将法律人信任作为因变量。[①] 模型1为基准模型，主要包括性别、受教育年限对数、主观阶层认同、政治面貌和法律了解程度等变量。在已有的研究中，教育、阶层和主体对法律知识的了解和掌握一直是信任研究的重要变量。郭星华认为，在教育与法律服从和法律信任的关系上，教育程度越高，对法律越不信任。[②] 如进一步考察，则可发现高学历层具有更强的主体性信任和较低的依存性信任；而低学历则恰好相反，主体性信任低而依存性信任高。[③] 与此相应的是，阶层与法律信任的关系同教育与法律信任的关系基本一致。但需要注意的是，中间阶层无论是主体性信任还是依存

---

[①] 本文首先将问卷中各种态度进行赋值：非常不信任＝1分，不太信任＝2分，说不清＝3分，比较信任＝4分，非常信任＝5分，然后采用加权平均的方法算出对法官、检察官、警察、律师和法学家的信任得分，并以此为对法律人的信任的数值。关于对"说不清"的赋值，有些研究将之视为缺损之不加考虑，但我们认为，基于中国文化中的中庸原则和人们的行为方式，"说不清"也是一种态度，而且它更倾向于一种中间态度。

[②] 郭星华：《走向法治化的中国社会》，载《法律与社会——社会学和法学的视角》，中国人民大学出版社2004年版，第195页。

[③] ［日］棚濑孝雄：《纠纷的解决与审判制度》，王亚新译，中国政法大学出版社2004年版，第239页。

## 第十二章 社会公众对法律人的信任问题探析 421

性信任度都最高。① 法律知识与法律支持与信任的研究中，也可以发现，对法律知识的了解程度越高，对法律的支持度和信任度越低。②

模型 2 是在模型 1 的基础上加入关系类测量变量，在问卷设计时，我们重点考察受访者对"打官司就是打关系"的态度，以及对社会主体的"特殊信任"③。前者侧重于受访者在法律场域内对法律和关系的态度，后者则是基于中国关系社会理念的考察：人们对法律人的信任逻辑是否与人们对特殊的初级群体信任一致。

模型 3 则是在模型 1 的基础上加入民众对法律权威服从变量，它对应的问题是"当您打输了官司，您对法院的判决态度是：肯定不接受、公正就接受、合法就接受、不接受也得接受"。四种选择反映出对法律的四种不同的信任态度：第一，"肯定不接受"表明社会公众对法律信任的工具性态度，即面对法官的判决如对自己有利就服从，不利则不服从；第二，"公正就接受"表明社会公众对法律的实质正义的信任态度，即面对法官的判决，确实是公正的，那就服从，如认为是不公正的，就不服从；第三，"合法就接受"表明社会公众对法律的程序正义的信任态度，即面对法官的判决，只要在程序上没

---

① ［日］棚濑孝雄：《纠纷的解决与审判制度》，王亚新译，中国政法大学出版社 2004 年版，第 233 页。

② ［美］萨拉特：《对法律制度的支持：知识、态度、行为的分析》，载［美］William M. Even 主编《法律社会学》，郑哲民译，巨流图书公司 1996 年版。

③ 为减少虚拟变量的数量，我们将"打官司就是打关系"态度中的"非常赞同"和"比较赞同"合并分为"高认可"，将"非常不赞同"和"不太赞同"合并为"低认可"，由此生成"高认可""低认可"和"说不清"三个态度，在此基础上进行虚拟变量处理。"特殊信任"为连续变量，参照前面的因子分析，其数值是"直系亲属""家庭成员""一般亲属"和"亲密朋友"信任得分的加权平均数。

有瑕疵，就服从，而不管实质是否公正；第四，"不接受也得接受"表明社会公众对法律的被迫服从。

模型4则是将基准模型与关系变量和权威服从变量综合起来进行分析，以此综合考察各个变量对法律人信任的影响。

借助这四个模型，我们不仅尝试与现有的研究进行对话，而且还通过模型间的比较来鉴别对法律人的信任更多是基于外在于法律制度的关系还是内在于法律制度的权威，并对当前法律人信任的反思和如何建构法律人信任提供知识基础。

### （二）数据分析

为克服部分数据的离散性，本研究使用稳健回归（robust regress）的方法进行回归处理。① 表12-3是依照上述思路的分析结果。

表12-3　　　　　法律人信任稳健回归分析结果

| | 模型1 | 模型2 | 模型3 | 模型4 |
|---|---|---|---|---|
| 性别<br>（男=1） | .217<br>(.028) | -.031<br>(.249) | -.019<br>(.028) | -.032<br>(.027) |
| 受教育对数 | .129<br>(.128) | .210<br>(.122) | .179<br>(.127) | .259<br>(.122) * |
| 主观阶层认同（以下层为参照） | | | | |
| 中下层 | -.133<br>(.047) ** | -.094<br>(.045) * | -.154<br>(.085) | -.081<br>(.045) |

---

①　在处理特异值等方面，稳健回归较一般OLS回归更具效率。可参见劳伦斯·汉密尔顿《应用STATA做统计分析》，郭志刚等译，重庆大学出版社2011年版，第207—221页。

续表

| | 模型1 | 模型2 | 模型3 | 模型4 |
|---|---|---|---|---|
| 中层 | -.163 (.048)*** | -.116 (.046)* | -.134 (.047)** | -.095 (.046)* |
| 中上及上阶层 | -.189 (.085)* | -.097 (.082) | -.113 (.047)* | -.073 (.081) |
| 政治面貌（党员=1） | -.090 (.039)* | -.039 (.038) | -.083 (.039)** | -.041 (.038) |
| 法律了解程度（以低了解为参照组） | | | | |
| 了解高 | -.202 (.031) | .017 (.030) | .010 (.031) | .041 (.038) |
| 说不清 | -.173 (.069)* | -.100 (.066) | -.178 (.069)** | -.100 (.066) |
| 关系变量 | | | | |
| 打官司就是打关系态度（以低认可为参照） | | | | |
| 说不清 | | .131 (.044)** | | .116 (.055)** |
| 高认可 | | .167 (.029)*** | | .151 (.029)*** |
| 特殊信任得分 | | .498 (.029)*** | | .493 (.030)*** |
| 权威服从变量 | | | | |
| 肯定不接受（是=1） | | | -.043 (.074) | .028 (.071) |
| 公正就接受（是=1） | | | -.081 (.038)* | -.004 (.036) |
| 合法就接受（是=1） | | | -.051 (.033) | -.015 (.032) |

续表

|  | 模型1 | 模型2 | 模型3 | 模型4 |
| --- | --- | --- | --- | --- |
| 不接受也得接受（是=1） |  |  | .192<br>(.148)*** | .231<br>(.052)*** |
| 常数项 | 2.121<br>(.136)*** | 1.111<br>(.030)*** | 2.096<br>(.148)*** | 1.023<br>(.147)*** |
| F | 2.88 | 32.23 | 6.19 | 26.78 |
| 模型 Sig. | .0035 | .000 | .000 | .0000 |
| R2 | .0099 | .1342 | .0315 | .150 |

注：①表中列出的是未标准化的回归系数，括号内为标准误。② $*P<0.05$（单侧检验），$**P<0.01$，$***P<0.001$。

从模型1的数据来看，阶层、政治面貌和法律知识的"说不清"有显著性，具有统计推论意义。数据的社会意义是，主观阶层认可越高，其对法律人的信任程度越低。在调研对象中，相比主观认可为下层者而言，中上及上层①对法律人的信任低17.22%②，中层和中下层分别低15.04%、12.45%。共产党员较非党员的法律人信任低59.34%。对自我法律知识了解程度持"说不清"者较认为自己对法律知识持了解不多者的法律人信任低15.89%，虽然"了解高"者的数据不具显著性，但在方向上呈现出对法律知识越了解对法律人信任越低的倾向。

当加入关系性变量后，模型2反映的情况是，在控制其他

---

① 由于主观认可为上层的人数少于5%，为防止其对回归模型的影响，故本文将中上层与上层合为一项。

② 其计算方法为 $(e^{-189}-1)\times100\%$，原理下同。

## 第十二章 社会公众对法律人的信任问题探析

变量的条件下,几个关系变量都具显著性,与低度认可"打官司就是打关系"者相比,高度认可者和说不清者对法律人的信任分别高18.18%和12%;同时,特殊信任与对法律人的信任也呈现出较强的相关性。与模型1相比,在控制其他变量后,主观认可为中层和中下层的相对下层认可者对法律人的信任分别低10.95%和60.94%,而中上及上层则变得不具显著性,但方向是较下层信任度低。同样变得不具显著性的还有政治面貌和法律了解程度。

从模型3的数据来看,在权威服从类变量中,对判决"公正就接受"与"不接受也得接受"具有显著性,对此认可者较不认可者的法律人信任度分别低7.78%和高25.99%。同时,在此模型中,在控制其他变量的情况下,主观阶层中的中层、中上和上层,政治面貌,对法律知识了解做"说不清"回答者重新具有显著性,其解释方向没有发生变化。

从模型4来看,在控制其他变量的条件下,受教育程度和中间阶层认同的效应具有显著性,前者呈现正相关,后者则较下层认同者的信任度低。此外,关系性变量仍都具较高的显著性,权威服从类变量中仅"不接受也得接受"具有显著性。

对此,我们还必须配合模型的决定系数来综合解释。一方面,从四个模型来看,主观中间阶层认同、关系性变量和权威服从类变量中的"不接受也得接受"对法律人信任具有较好的稳定性,也应是解释法律人信任的重要因素。另一方面,从四个模型的决定系数比较来看,考虑关系变量的模型2的决定系数较模型1减少了12.43%的总方差,而考虑权威服从的模型3较模型1仅减少了6.75%的总方差,模型4较模型2也只减少了1.58%的方差。从中我们可以看出,关系性变量的作用效应更明显，即它们较权威性变量对法律人信任更具解释力。

## 四　结论与讨论：法律人信任的隐忧及其应对

通过以上数据分析可以发现，社会公众对法律人信任度很高，但我们对此不应过于乐观，在高信任度的背后，社会公众对法律人的信任情结比较复杂，信任基础比较脆弱。而提高社会公众的信任基础不仅是建构社会公众对法律人信任的基本措施，也是建构社会公众对法治认同和法治社会化的基本手段。具体而言，本文能够得出以下结论：

第一，总体高信任和部分低信任并存。总体高信任可以在某种程度上表明社会公众对法律人信任的增长，这正是国家建构法律职业化的目标之一。早在20世纪90年代中期，社会公众对法律人信任低于50%，[1] 而当前的上海则居于80%左右，北京甚至已经达到90%以上。[2] 同时也表明大都市中社会公众对法律的依赖。即在大都市中，陌生人的社会结构效应显现出来，熟人社会的关系效应降低导致社会公众开始转向制度中的法律人信任。但应当注意的是，社会公众对法律人信任的信心并不是很足，或者说这种信任正处于一个从熟人信任向陌生人信任转换的缓冲时期。与此同时，即使是在上海这样的大都市，社会公众对法律人还存在部分不信任，表明在全国范围内

---

[1] 季卫东：《法治与普遍信任》，载郑永流主编《法哲学与法社会学论丛》，中国政法大学出版社2006年版。

[2] 郭星华：《走向法治化的中国社会》，载《法律与社会——社会学和法学的视角》，中国人民大学出版社2004年版。

提高社会公众对法律人信任还将是任重道远。

第二，关系信任与权威信任并存，但关系信任强于权威信任。研究发现，在影响法律信任的因素中，关系信任和权威信任都起作用，但关系信任强于权威信任，甚至权威信任是经由关系信任而建立的。因而，关系信任和权威信任能更好地揭示社会公众对法律人的信任状况及其可能存在的问题，而西方的模型则可能会出现障碍。关系信任强于权威信任表明当前社会公众对法律人信任主要还是一种关系依赖型的信任。即如果在社会公众的社会关系网络中，尤其是在亲属中有法律人，那么他就更信任法律人。或者在具体的诉讼中，如果有关系，甚至没有关系能够托到关系，那么他就更信任法律人。而与关系信任相比较，通过法律赋予的法律人权威并没有得到更多的信任。这在某种程度上反映了法律人的信任问题，法律人的信任主要是以关系为媒介而建构出来的，关系信任即使是高信任也无助于社会公众对法治的接受，而且还可能会消解法治的公信力。而如何通过法律权威来建构法律人的信任才是实现法治的基本途径之一。

第三，权威信任的脆弱基础：实质正义与压力服从。关系信任强于权威信任表达了社会公众对法律人高信任之后的隐忧，而就社会公众对法律人的权威信任而言，也不容乐观。数据表明，维系社会公众对法律人的权威信任基础比较脆弱。一方面，社会公众对法律人权威信任基础来源于对实质正义的支持，而程序是否公正对法律人的信任并无显著影响。这比较符合中国社会公众的法律观念，但与现代法治社会所追求的形式理性或程序正义有显著差异。对实质正义的追求可能会弱化社会公众对国家法律制度的认同与接受，尤其是实在法与社会正义观出现张力的时候更是如此，从而降低对法律人的信任。另一方面，社会公众对法律人权威信任的心理基础来源于压力服从。即社会公众信任法律人主要是基于法律人背后的国家机器，而并非基于对法律人发自内心的内在服从。而依赖国家暴力维系的法律人权威信任并不能有效促进法律的良性运行。

总而言之，当前社会公众对法律人信任所呈现出来的问题，在当前中国法治建构过程中具有一定的必然性。一方面，法治立基于传统的关系社会之中，关系必然会在法治运行中产生深刻的影响。传统社会秩序的主要特征是事实比规范优先、互惠比权利优先；在人际关系之前或之上的确定的法治观，即使并非完全没有，也是非常薄弱的。[①] 另一方面，法治作为社会公众的新规则游戏，其更多地表现为被动式接受。法治在中国的发展是一个从关系依赖到权威依赖，从注重实体正义到程序正义，从被动接受到主动接受的过程。当前决策部门的诸多努力主要是通过制度法治化和法律职业化的方式提升法治权威与法律人的信任，但从社会层面就如何改善社会公众对法律人信任则处于无意识状况。因此，我们建议决策部门应当对法律人信任进行有意识的管理，以提升社会公众对法律人权威的有效信任。其基本策略可以根据不同社会群体对法律人信任的不同特征，采用不同的信任管理模式。与此同时，基于中间阶层在法律人信任的高度稳定性及其中间阶层对现代法治的意义，对法律人信任的管理可以从中间阶层着手，并逐渐辐射到其他阶层。

---

① 季卫东：《法治与普遍信任》，载郑永流主编《法哲学与法社会学论丛》，中国政法大学出版社 2006 年版。

# 第十三章

## 户籍、同期群及其对警察信任度的影响
## ——基于上海数据的分析[*]

**内容摘要**：学界对外来人口的研究多从城市管理及其社会认同和适应入手。本文利用上海的调查数据，以冲突论为基础，在回应西方学界关于警察信任之种族脸谱化理论及论争的基础上，提出了"制度—文化挤压"的分析框架，并从即时性和历时性两种作用机制入手，尝试整合主流社会学关于系统信任研究的制度论和文化论，探讨户籍和同期群对当前外来人口管理的主体之一——警察之信任的影响。结果显示，在户籍方面，本地人口较外来人口更信任上海警察。在同期群方面，"80后"外来人口比"80前"外来人口对上海警察的信任度高；"80后"和"80前"本地人口对警察信任的态度无实质差异；就整体而言，"80后"较"80前"更信任警察。

**关键词**：户籍　同期群　警察信任　制度—文化挤压

改革开放以来，由经济推动的大规模人口流动已成常态，其中既有大量流入城市的农业人口，即农民工，也有一些在城

---

[*] 本文曾发表于《社会学评论》2013年第6期。

市有着较好的工作但户籍不在此地的所谓"漂族"。按照当前的人口普查口径,当他们在所在地区居住半年以上时就被视为该地区的外来常住人口,与本地户籍人口一起构成所在地的总人口。[①] 但在社会层面,诸如户籍等带有二元社会特征的制度性区隔仍在,这就形成了中国当今社会转型过程中的身份转换现象。在此现实背景下,对外来人口的研究已成为当前我国社会科学界的热点议题之一。大体来说,相关的探讨可分为作为客体的外来人口问题及作为主体的外来人口问题两种研究路径。前者侧重于城市的社会控制,主要涉及对外来人口的管理,而这又常与外来人口犯罪问题联系在一起。[②] 后者侧重于外来人口的社会融入,主要涉及他们的社会认同和社会适应等[③],其中,同期群间的差异是其讨论的焦点。

在此基础上,本文提出一个新的议题:在同一时空格局之中,不同户籍和不同同期群的常住人口对城市最主要的社会控制方之一——警察的信任状况如何,他们之间有无差异。从现实来看,对此问题的探讨,既可从受众的角度了解警察参与社会治理的绩效,也能了解到流动人口在城市的融入限度及制约因素。根据 2010 年第六次人口普查公报,上海市外来常住人口占总人口的比例达 39%,为全国之最。因而,有关警察信任的探讨之于上海等中国大城市未来的社会建设、社会治理来说尤具现实性。然而,在近年来众多的对社会信任与系统信任的研究中,我国学界鲜有对警察信任态度的专题探讨,更不用

---

[①] 下文统一将拥有本地户籍的人口简称为"本地人口",非户籍常住人口简称为"外来人口"。

[②] 麻国安:《中国的流动人口与犯罪》,中国方正出版社 2000 年版。

[③] 郭星华、姜华:《农民工城市适应的几种理论视角》,《探索与争鸣》2009 年第 1 期。

说考虑到户籍和同期群因素。少有的相关研究或是将对警察的态度评价视为对法律权威认同的测量指标之一[1]；或是在职业声望研究中对警察从职业方面进行评价[2]；或将警察信任作为社会信任之一进行简单的百分比介绍。[3] 因此，对警察信任的研究有助于推动我国犯罪社会学和信任议题研究的深入。一些海外学者对中国当代社会中的警察信任议题进行了一定的实证研究，但这些研究多是基于西方问题意识和理论话语下的探讨，缺乏对外来常住人口与本地居民对警察信任的对比分析。[4] 据此，本文根据上海的调查数据，主要从户籍和同期群等方面对警察信任问题进行了初步的探讨。

## 一 西方文献综述

西方学界关于民众对警察之信任的研究最早始于贝尔

---

[1] 冯仕政：《北京市民的法律意识》，载郭星华、陆益龙《法律与社会——社会学和法学的视角》，中国人民大学出版社2004年版，第162页。

[2] 李强：《转型时期冲突性的职业声望评价》，《中国社会科学》2000年第4期。

[3] 饶印莎、周江、田兆斌、杨宜音：《城市居民社会信任状况调查报告》，载王俊秀、杨宜音《中国社会心态研究报告（2012—2013）》，社会科学文献出版社2013年版。

[4] 此类的研究有：Cao, Liqun & Charles Hou, "A Comparison of Confidence in the Police in China and in the United States", *Journal of Criminal Justice*, Vol. 9, No. 2, 2004, pp. 87 – 99; Wu, Yuning & Ivan Y. Sun, "Citizen trust in police: The case of China", *Police Quarterly*, Vol. 12, No. 2, 2009, pp. 170 – 190; Sun, Ivan, Rong Hu & Yuning Wu, "Social capital, political participation, and trust in the police in urban China", *Australian & New Zealand Journal of Criminology*, Vol. 45, No. 1, 2012, pp. 87 – 105。

曼①，但直到20世纪六七十年代，随着美国民权运动的兴起，该议题才真正引起社会学者的关注，同时，他们的问题意识开始聚焦于不同种族或族群亚群体对警察之信任差异的探讨。大体来说，西方学界对此大致形成三种不同的观点和研究取向。

1. 基于种族脸谱化理论（theory of racial profiling）下的警察信任种族差异论

种族脸谱化理论源自犯罪社会学中的冲突论。该理论认为，社会的秩序并不是群体共同性的反映，而是不同利益群体间相互冲突和竞争的结果。而这也反映于司法过程之中，整个立法和执法实质反映的是占主导地位的群体的利益和文化。因此，犯罪既是强势群体对弱势群体利益排斥的制度化结果②，也是少数群体按照自己的文化逻辑而有意违背所谓主流文化行动的结果，这实质是一种文化歧视和偏见。③ 在西方社会，由于占主导地位的白人在实质上控制着国家，因此，警察就必然代表着白人的利益，他们执法的实质就是种族脸谱化，其后果必然会导致少数种族或族群，特别是黑人对警察的怀疑和低信任。④ 这得到了20世纪70—80年代大量经验研究的证实。如托马斯和海曼在将种族、性别、年龄、收入、教育、职业威望、犯罪的受害程度及其居住因素等变量进行比较后，甚至认

---

① Bellman, Arthur, "A Police Service Rating Scale", *Journal of Criminal Law and Criminology*, Vol. 26, No. 1, 1935, pp. 74–114.

② Vold, George B., Bernard J. Thomas & Jeffrey B. Snipes, *Theoretical Criminology*, NY: Oxford University Press, 2002.

③ Sellin, Thorsten, *Culture Conflict and Crime*, NY: Social Science Research Council, 1938.

④ Weitzer, Ronald & Steven A., Tuch, "Perceptions of racial profiling: Race, class and personal experience", *Criminology*, Vol. 40, No. 2, 2002, pp. 435–456.

为种族是预测民众对警察信任的最佳变量。[1]

2. 基于种族重要性下降的判断以及统计分析复杂化下的警察信任种族无差异论

到20世纪70年代后,由于社会制度的变化,尤其是美国民权运动的消退及黑人在制度层面平等地位的获得,有学者开始提出种族问题在美国社会重要性下降的新论点。[2] 同时,在研究推进的过程中,有些学者发现,之前许多得出种族间信任差异论的研究在数据处理过程中存在着简单化的瑕疵,这些成果要么仅进行简单的描述统计,甚至未作任何变量控制就进行回归分析;要么选择诸如年龄、性别和收入等人口学变量,或仅单独选择诸如与警察的联系、是否有犯罪受害经历等少数几个控制变量,缺乏多变量的综合分析。由此形成的问题是,警察信任到底是基于种族区隔这样的宏观制度性和文化性变量,还是取决于诸如地区背景、与警察互动的经历和个人生活满意度等微观制度性变量。

在这一新问题意识的启发下,有研究显示,当控制地区背景类的变量后,种族或族群间警察信任的差异不再存在[3];另一些研究在控制个人生活满意度等变量后种族或族群间的信任

---

[1] Thomas, Charles W. & Jeffrey M. Hyman. "Perceptions of Crime, Fear of Victimization, and Public Perception of Police Performance", *Journal of Police Science and Administration*, Vol. 5, No. 3, 1977, pp. 305 – 317.

[2] Wilson, William J., *The Declining Significant of Race: Blacks and Changing American Institutions*, Chicago: University of Chicago Press, 1978.

[3] Cao, Liqun, James Frank & Francis T. Cullen, "Race, Community Context and Confidence in the Police", *American Journal of Police*, Vol. 15, No. 1, 1996, pp. 3 – 22.

也无差异。① 当然,由于不同的研究在数据的来源以及控制变量的测量指标等方面不尽相同,为此,上述判断也遭到警察信任种族差异论坚持者的反证。

3. 更复杂的考虑

在上述非黑即白的争论之外,还有学者从因变量和自变量的精细化层面进行分析。

首先,在因变量方面,传统的测量题目为"您对警察的信任程度"。但有学者认为,这种笼统的问法难以真实地测量出民众对警察的信任态度,应采用更精细化的测量指标和方法。如罗森鲍姆(Rosenbaum)将警察信任分为对地方警察的态度和对他们行为的信任评价,结果显示,在对地方警察的总体信任态度方面,包括非洲裔和西班牙裔的大多数人少数族群与白人无太大差异,但当问及他们对警察行为的评价和信任时,少数族群与白人间的差异明显。② 夏克(Schuck)等人通过因子分析将对警察的信任态度分为居住地的警察表现、对警察的整体印象、警察在为少数族群和穷人提供的服务质量和对警察的担忧等四个因子,结果显示,非洲裔在后三者与白人有差异,西班牙裔仅在对警察担忧方面与白人有差异。③

其次,在自变量方面,有学者考虑到了种族与社会经济地

---

① Boggs, Sarah L. & John F. Galiher, "Evaluating the Police: A Comparison of Black Street and Household Respondents", *Social Problem*, Vol. 22, No. 3, 1975, pp. 393–406.

② Rosenbaum, Dennis P., Amie M. Schuck, Sandra K. Costello, Darnell F. Hawkins & Marianne K. Ring, "Attitudes Toward the Police: The Effects of Direct and Vicarious Experience", *Police Quarterly*, Vol. 8, No. 3, 2005, pp. 343–365.

③ Schuck, Amie M., Dennis P. Rosenbam & Darnell F. Hawkins, "The Influence of Race/Ethnicity, Social Class, and Neighborhood Context on Resident's Attitudes toward the Police", *Police Quarterly*, Vol. 11, No. 4, 2008, pp. 496–519.

位的交互效果。有研究发现,在美国,非洲裔的地位越高,他们对警察的负面评价也越高,特别是处于中产阶级地位的少数裔要比中产白人对警察的信任度低。因为对地位较高的非洲裔来说,他们的权利诉求更强,对种族不平等更为敏感。[1]

虽然西方学界对上述的探讨成果纷呈,但本文认为,在分析路径方面,大多数研究都独立于主流社会学有关系统或机构信任之外。大体来说,信任可分为人际信任与系统信任。在对系统信任的研究过程中,主流社会学界逐渐形成了制度论和文化论两种不同的研究取向。[2]"制度论"以理性为基础,认为系统信任是制度运作的结果,其理论假设强调系统信任的内生性。其中,宏观视角强调即时社会政治结构环境以及制度的有效性;微观视角则重视个体基于受托人守信概率、可能损失和可能收益间的权衡。"文化论"的理论假设强调系统信任的外生性。它认为,对机构的信任源自制度领域之外,是根植于社会中的一种信仰,系统信任只不过是个体人际信任的延伸。该理论的微观视角强调个体早期的社会化经历和后来的信任经验[3],而宏观视角强调民族文化传统与信任的亲和性。

虽然已有的警察信任研究基本未提及此两种分析路径,不

---

[1] Weitzer, Ronald & Steven A. Tuch, "Race, Class, and Perceptions of Discrimination by the Police", *Crime & Delinquency*, Vol. 45, No. 4, 1999, pp. 494 – 507.

[2] Mishler W. & Rose R., "What are the Origins of Political Trust? Testing Institutional and Cultural Theories in Post – Communist Societies", *Comparative Political Studies*, Vol. 34, 2001.

[3] 在已有的文献综述成果中,有学者将此视角单列为信任研究的心理学取向,从而形成制度论、文化论和心理论三种研究取向(Newton and Norris, 2000)。

过，从上述先行研究的情况来看，他们的探讨大多可归为制度论和宏观文化论两种分析思路。更为重要的是，虽未直接回应，但种族脸谱化理论在一定程度上却能为系统信任研究提供新的研究路径。对于系统信任研究的制度论而言，它强调的是当下社会结构的影响和个体当前对系统运行绩效的评价，而文化论则偏重于个体早期生活的经验和已形成之文化的影响。但在西方警察信任研究利益冲突论和文化冲突论的逻辑中，我们可以看到，制度和文化并非截然的二元对立，两者存在着相互建构的关系。为此，系统信任研究的两条路径虽然有所差别，但"它们之间的界限则被明显夸大了"①，而这在制度论与宏观视角的文化论间尤为如此。

## 二 分析框架和研究思路

### （一）分析框架

基于以上文献综述，在问题意识和理论旨趣方面，本文认为，虽然中国警务与美国不同，同时我国的外来人口问题与西方的种族问题也有着本质的区别，但两者的问题意识却有着一定的相似性：不同亚群体对警察之信任态度的差异。不论是西方之种族问题，还是我国的外来人口问题，这些亚群体既有先赋性特征，同时其身份也是由制度和文化而建构起来的，而制度产生和发展的逻辑是以分配冲突为基础的。② 为此，本文认为，冲突论的逻辑同样适用于我们的议题。在分析路径方面，

---

① 熊美娟：《政治信任研究的理论综述》，《公共行政评论》2010年第6期。
② ［美］杰克·奈特：《制度与社会冲突》，上海人民出版社2010年版，第130页。

我们亦认为，对制度论和宏观文化论间不同的过分强调，都属于"文化和社会结构影响论"[①] 的思维逻辑。鉴于此，本文在已有研究基础上，提出了"制度—文化挤压"的分析框架，试图在冲突论的框架内，回应西方学界关于警察信任的种族脸谱化理论及论争，并整合主流社会学关于系统信任研究的制度论和文化论观点。同时考虑到即时性和历时性两种作用的机制，探讨户籍和同期群对当前外来人口管理的主体之一——警察之信任的影响。

具体而言，第一，在结构层面，主流社会群体为维护自我利益，凭借其所把持的话语权制定出有利于己的制度；另外，在社会生活领域，为保证自己话语权的生产和再生产，主流社会群体也会建构起一套代表自我价值观和行为方式的文化，并使之成为与已有制度相互支持的社会主文化，由此排斥其他与自己可能有着利益冲突的亚群体，文化歧视即是其产物之一。而这种制度和文化的挤压自然会激起少数群体对这套制度和文化之载体——整个政治系统的反感。根据伊斯顿提出的弥散性政治支持（diffuse political support）观点，如果一个特定政体的输出被认为在一个长时期内是正向的，那么政府信任就会产生，由此还会滋生出对其他相关政治机构的信任，反之亦然。[②] 而警察作为政治系统的构成部分之一，少数群体的这种反感必然会扩散到他们对警察的低信任。

第二，在行动层面，当这套制度和文化内化为人们的日常实践时，在文化歧视的再生产过程中，少数群体逐渐被主流社会标签化为社会秩序的潜在破坏者，警察的标签执法即是其结

---

① 房莉杰：《制度信任的形成过程》，《社会学研究》2009 年第 2 期。
② Easton, David, *A Systems Analysis of Political Life*, New York: Wiley, 1965.

果之一。而这极易激起少数群体的不公正感,从而对当地警察持消极的评价。

同时,当我们将这种排斥置于中西不同的社会结构背景之下时,由于冲突论适用的社会土壤不同,使得基于西方经验发展出的种族脸谱化理论与影响我国民众对警察之信任的诸如户籍等制度、文化原因间存在着本质的差异。大体来说,我们可将解释当前西方警察信任的冲突论逻辑概括为从"强文化—强制度挤压"到"强文化—弱制度挤压"下的对比观照,其本质是文化主导型的制度和文化挤压,而将解释我国当前警察信任的逻辑概括为从"强制度—强文化挤压"到"弱制度—次强文化挤压"下的转变,其本质是制度主导型的制度和文化挤压。

具体而言,西方存在着一个"白人主导社会"的传统,其社会冲突不仅有制度的根源,更重要的是还有文化上的支撑。制度上的歧视和偏见一方面是维护白人的利益使然,但更是占主导地位的白人在文化上歧视其他种族或族群的产物。当然,制度又在很大程度上扮演着这种利益和文化歧视再生产的维护者角色。自20世纪60年代以后,虽然西方社会从制度层面消除了种族歧视的可能,但白人对有色人种之文化偏见依然存在(见图13-1)。也就是说,冲突的文化根源难以消除。这一方面导致非白人种族与族群对整个政治领域的低信任[1],而这种弥散性的政治信任也必然影响到对警察的信任;另一方面,在这种种族或族群文化歧视的影响下,警察在执法过程中也会体现出"标签执法",从而加深

---

[1] Avery, James V., "Inter - and Intra - Racial Differences in Political Trust", Paper for the 2003 meeting of the Midwest Political Science Association, 2003.

第十三章　户籍、同期群及其对警察信任度的影响　439

了他们对警察的不满。西方学界关于种族和族群的警察信任差异的问题意识以及围绕种族脸谱化理论展开的论争也正是西方社会经历从"强文化—强制度挤压"到"强文化—弱制度挤压"的现实写照。

```
┌──────┐   ┌────────┐   ┌────────┐     ┌──────┐   ┌────────┐   ┌┄┄┄┄┄┄┄┄┐
│主导群体│──▶│强文化挤压│──▶│强制度挤压│     │主导群体│──▶│强文化挤压│──▶┆弱制度挤压┆
└──────┘   └────────┘   └────────┘     └──────┘   └────────┘   └┄┄┄┄┄┄┄┄┘
```

**图 13 – 1　西方社会文化主导型的"制度—文化挤压"模式及变迁**

注：20 世纪八九十年代前：强制度—强文化挤压；20 世纪八九十年代后：弱文化—弱制度挤压。

在我国，城乡二元结构是造成城市户籍人口对外来人口利益和文化排斥的关键原因。在这种社会结构安排下，包括警察等相关的制度设计主要考虑城市户籍人群的利益，市民对外来人口的文化歧视也是基于这种制度设计而生。因此，这与西方社会先有文化歧视，并由此产生制度挤压的逻辑迥异。

同时，自 20 世纪八九十年代后，随着我国快速的社会转型和市场经济的发展，原来制约人口自由流动的制度隔阂日趋消融，附着于制度之上的利益分配格局也开始逐步松动。而以经济为主要衡量标准的阶层划分原则也使得户籍和地域等先赋性属性的区隔慢慢消融。在此背景下，原有的"强制度排斥"势必会蜕变为"弱制度排斥"。而制度层面的变迁也慢慢影响着本地户籍人口对外来人口的态度。同时，与西方社会中制度与文化偏见的再生产模式不同，由于我国的社会转型一直由国家主导，这种自上而下的结构塑造与西方那种自下而上的制度设计不同，使得我国的歧视性文化基本处于被压制的状态，难以促成排斥性制度的再生产（见图 13 – 2）。要言之，与西方相对，我们关于户籍和同期群及警察信任差异的问题意识是我国社会经历从"强制度—强文化挤压"到"弱制度—次强文化挤压"的现实写照。

```
┌─────────┐   ┌─────────┐   ┌─────────┐   ┌┄┄┄┄┄┄┄┄┄┐   ┌─────────┐   ┌┄┄┄┄┄┄┄┄┄┄┐
│ 强制度挤压│→ │ 主导群体 │→ │ 强文化挤压│   │ 弱制度挤压│→ │ 主导群体 │→ │ 次强文化挤压│
└─────────┘   └─────────┘   └─────────┘   └┄┄┄┄┄┄┄┄┄┘   └─────────┘   └┄┄┄┄┄┄┄┄┄┄┘
```

**图 13-2　我国社会制度主导型的"制度—文化挤压"模式及变迁**

注：20世纪八九十年代前：强制度—强文化挤压；20世纪八九十年代后：弱制度—次强文化挤压。

### （二）研究思路

1. 制度和文化挤压机制下的警察信任之户籍差异

基于上述分析框架，我们可以推论：来自诸如户籍等制度和本地户籍人口的文化挤压会使外来人口对上海警察持低信任态度。具体而言：

第一，从结构层面来看，基于户籍身份区隔之上的制度排斥使得外来人口与市民在同一地域处于两个不同的制度体系中，这会使外来人口感受到利益分配上的被剥夺感和不公平感，从而引发他们对整个城市的社会设置持较为负面的评价。同时，外来人口流入所在城市后，他们虽然或多或少地接受了所在城市的生活和文化方式，但其早期的社会化经历使得他们仍保留着原有的文化价值观。而上海市民在本地的主导地位以及在物质、文化等方面的优越感极易演化为对外来人群的歧视。即便是对于二代外来人口来说，他们有些人虽自出生后就一直生活在城市，但社会加诸他们身上的"外来人口"标签

## 第十三章　户籍、同期群及其对警察信任度的影响

和他们自身的定位让其处于"半城市化"① 状况。当物质上和文化上的被剥夺感和被歧视感交织在一起时，他们不仅在文化和心理认同上难以真正融入当地社会，而且还会滋生出对整个城市管理机构及本地户籍人群的疏离感和低信任感，而这种低信任感自然也会扩散到对警察的低信任。

第二，从行动层面来看，我国警察实行属地管辖原则，在户籍区隔、防控为主以及强调社会服务理念的影响下，不论是出自对城市利益维护的自觉，还是出自文化歧视的无意，警察对外来人口的执法呈现出明显的标签化趋势。其原因在于：随着外来人口的增多，身份区隔下的利益和文化冲突常以外来人口的犯罪表现出来。面对着如此趋势，本地居民的安全感受到极大的影响。官方主持的调查表明，90%的受访者认为，影响上海社会治安最突出的因素是外来人口犯罪。② 由此，市民的主动求助与警察实现社会秩序化的职责合成一体，其后果之一就是将外来人口打上素质低、容易犯罪等标签，由此就会使得城市管理者综合运用打防管控等工作机制，最大限度地调动社会资源，更加强化对外来人口的管理，在社会上形成严控、严管、严打的高压态势，从而导致挤压式执法和差异性执法。而西方的研究表明，影响警察信任的一个重要因素是警民关系。在居民对警察的态度形成方面，"直接互动"有着直接的影响。③ 而且新近的研究注意到，在现实生活中，与警察直接打

---

① 王春光：《农村流动人口的"半城市化"问题研究》，《社会学研究》2006 年第 5 期。

② 《上海公安年鉴》编辑部：《上海公安年鉴》，同济大学出版社 2003 年版。

③ Tyler, Tom R., *Why People Obey the Law*, New Haven, CT: Yale University Press, 1990.

交道的人仅是少数,尽管大多数人可能从未与警察有联系,但都可通过亲戚、朋友和媒体等间接途径获得对警察的认知。基于社会学习理论,罗森鲍姆等的研究证明了在民众对警察态度的形成过程中这种间接经验的重要性。① 而我国外来人口多聚居、多内群交往的生活时空格局就是扩散这种间接经验的绝佳载体。因此,这些差异性措施极可能会招致外来人口对这一措施主要实施者警察的抵触和低信任。

2. 变迁中的制度和文化挤压机制及不同同期群对警察信任之差异

在社会化过程中,社会结构特征和重大的社会事件都会参与个体生命历程的建构,因而,个体的行为方式、价值观念等具有了明显的代际特征。② 西方的先行研究显示年龄对警察信任没有实质的影响,但这对于转型中的中国来说却不同,以1980年出生为界的"二代"现象已成为一个社会共识。

对于外地人口而言,当我们从历时性的角度,考虑到社会结构变迁导致影响警察信任的"制度—文化挤压"机制的变化时,同期群间可能存在显著的差异。其原因在于:对"80前"外来人口而言,他们经历的是"强制度—强文化排斥"的社会化过程,其早期生命历程打上了僵化的二元社会烙印,当他们进入城市后,面临的是同样受此影响的城市人口在利益和文化上的歧视。但对"80后"的外来人口而言,他们多是在20世纪90年代后进入城市工作,或者一直就生活在城市,

---

① Rosenbaum, Dennis P., Amie M. Schuck, Sandra K. Costello, Darnell F. Hawkins & Marianne K. Ring, "Attitudes Toward the Police: The Effects of Direct and Vicarious Experience", *Police Quarterly*, Vol. 8, No. 3, 2005, pp. 343–365.

② [美]埃尔德:《大萧条的孩子们》,译林出版社2002年版。

与其父辈相比，他们所处的社会结构变迁可概括为"弱制度—次强文化排斥"。具体而言：

第一，从制度和文化环境来看，在整个20世纪80—90年代上半期，上海市外来人口管理基本上沿袭了计划体制遗留下来的静态人口管理模式，以治安管理部门为主，立足于防控式的被动应付。20世纪90年代后，随着我国户籍及其相关制度改革的推进以及上海人口结构及社会管理思路的变化，上海市原有的外来人口管理模式也在进行渐进式的调整。

首先，随着上海老龄化以及户籍人口的负增长，外来人口对上海经济和社会发展的贡献越来越突出，面对这一变化，经历了20世纪80年代对外来人口的被动式管理后，到20世纪90年代，上海市外来流动人口管理模式从原来被动式的静态管理向积极主动的动态管理转变，由单项治安管理向包括服务在内的综合管理转变。1996年由上海市第十届人大常委会通过的《上海市外来流动人口管理条例》成为指导外来人口管理的主要政策框架。其基本精髓在于将外来人口管理从公安部门中剥离出来，由多部门共同参与、管理和服务，落实"以户口管理为基础、治安管理为重点、劳务管理为抓手、其他管理相配套"的工作机制。同时，上海还逐步将流动人口纳入人口综合调控计划和社会经济发展规划，在全国较早并较好地推进居住证制度，外来人口的福利保障和综合保险制度，子女教育和就业户籍改善等举措。2009年，上海市政府还发布了《持有〈上海市居住证〉人员申办本市常住户口试行办法》。

其次，20世纪90年代后，如果说上海市的外来人口管理基本上仍由计划内的模式调整的话，那么在资源配置方面则表现为明显的市场逻辑。在经济发展的驱动下，外来人口出现了明显的"家庭化""常住化"和"本地化"的趋势。同时，随着上海市的产业升级，外来人口的构成和分布格局也发生了改变，高素质人才不断增多，人口分布也不再局限于郊区。另外，虽然有着不同的观点，但越来越多的学者认为，居民报酬的差别与户籍身份间的相关性在逐渐下降，与城市同类群体相比，外来人口表面的收入水平并无太多的差异。① 这也在一定程度上使得"80后"如果选择自己父辈为参照群体时，则会弱化利益分配上的相对剥夺感。

最后，自20世纪90年代以后，上海市在全国率先进行的警察招录制度改革，不再局限于户籍，这使得上海的警察队伍不再像以前一样几乎清一色地由上海本地人构成。这一方面提高了警察的普遍受教育水平，另一方面也使得他们对外来人口的态度可能会有一定程度的改变。

第二，这一系列变化也改变着"80后"外来人口的预期。就他们的年龄和人生经历而言，他们有着美好的生活预期，暂时也没有遇到更为显著的生活压力，这使得他们处于一个乐观的"青春期"状态。② 在社会态度方面，他们较其前辈更愿主动融入城市。根据第六次人口普查的数据，上海市外来人口的平均年龄为31.6岁，这也就是说，上海的外来人口基本实现了新老交替，而且正处于乐观的"青春期"。由此，我们可以看到，对于上海"80前"外来人口来说，他们虽然同样感受到这种变化，但他们的早期经历、对家乡的地域和文化认同以

---

① 邓曲恒:《城镇居民与流动人口的收入差异——基于 Oaxaca – Blinder 和 Quantile 方法的分解》，《中国人口科学》2007年第2期。

② 李培林、田丰:《中国新生代农民工：社会态度和行为选择》，《社会》2011年第3期。

及与同侪群体的巨大差异都使其对包括警察在内的城市事物的肯定态度不及"80后"外来人口。

当然，虽然户籍身份及相应制度对外来人口的限制不断弱化，但不同群体间社会福利的制度性差异仍在。同时，源自制度文化与观念文化间的"堕距"也使得城市人口对外来人口偏见的改变难以毕其功于一役。此外，虽然上海市在警察招录制度上向全国开放，但这无法改变警察队伍中上海本地人占主体的格局，也无法改变警察作为地方主体人群利益的代表和维护者的角色。由此就形成了一种有别于之前的"弱制度—次强文化排斥"的新格局。为此，本文提出以下三个假设：

假设1  在外来人口中，较其前辈和本地居民而言，"80后"比"80前"对上海市警察的信任度要高。

假设2  在本地人口中，"80后"和"80前"对上海市警察的信任无实质区别。

考虑到假设2中"80前"与"80后"本地人口之警察信任无实质区别，而"80后"外来人口较"80前"更持高信任，为此，就整个城市人口而言，我们提出：

假设3  就上海市的常住人口而言，"80后"较"80前"对警察更信任。

## 三　数据与变量

本文采用的数据源自华东政法大学社会发展学院2011年在上海市进行的"上海市居民法律意识与行为"的调查。该调查采取多段随机抽样，以Kish表入户的方式进行，共获得有效问卷2300份。样本的性别比、年龄段比与总体基本吻合。

但由于外来人口居住格局的非随机性和多聚居性，本调查在抽样过程中对此难以兼顾，样本中的外来人口比例为14.9%，而第六次全国人口普查中上海市外来人口的比例为39%。为此，本研究根据人口普查数据进行加权，加权后外来人口比例为34.5%。

### （一）因变量：对警察的信任

在对因变量的界定方面，我们将警察信任具体化为民众对基层派出所的信任。其原因在于：虽然我们在问卷中设计了受访者对基层派出所、区（县）公安局、上海市公安局和国家公安部等不同层级警察机构的信任态度测量，但从警务的性质考虑，一方面由于绝大多数民众少有机会接触国家公安部、上海市公安局和区（县）公安局，只能根据抽象感来判断，由此可能会导致信任态度的趋同或失真现象。而另一方面基层派出所基于管辖的属地原则，承担着绝大多数的基层警务工作，因此，民众更可能接触到基层派出所的警察。同时，考虑到外来人口的融入问题，他们更多感受到所在地警察机构的执法态度。

基于此，本文将问卷中关于受访者对居住地"基层派出所"的信任态度评价作为警察信任测量的指标。选项包括"非常不信任""不太信任""比较信任"和"非常信任"。从本数据分布比例来看，由于选择"非常不信任"的比例过小（见表13-2），故本文依照相关的研究经验，忽略缺失值，将持肯定态度的两级"比较信任"与"非常信任"合并为"高信任"（赋值为1），将"非常不信任"和"不太信任"合并为"低信任"（赋值为0），形成一个二分变量。

## （二）核心自变量

基于我们的研究目的和分析框架，本文的核心自变量主要有：

1. 户籍身份。问卷中关于户籍状况提供了四种选择："本市非农""本市农业""外地非农"和"外地农业"。我们将前两项合并为"本市户籍居民"，后两者合并为"外来人口"（"本市居民"=0，"外来人口"=1）。

2. 同期群。本研究遵循已有的研究共识，分为"80后"与"80前"两个同期群（"80前"=0，"80后"=1）。

3. 同期群与户籍交互变量。为实现同期群与户籍的交互比较，本文构造出四种类型变量：本地人"80前"，外地人"80前"，本地人"80后"和外地人"80后"，赋值情况为上述各项=1，"其他=0"。

## （三）控制变量

1. 性别。我们将性别变量分别赋值0（女）和1（男）。

2. 受教育程度。本文不将受教育程度转化为受教育年限，而是分为初中及以下、高中及中专和高等教育，分别赋值为1、2和3，设为定类变量。

3. 主观阶层认同。由于上层认同者太少，为此，我们将中上层与上层合并，形成下层、中下层、中层和中上层及上层四个定类数据。

4. 生活质量自我满意度。如前所述，在西方学界关于种族或族群是否影响民众对警察之信任的争论中，有些学者发现，在控制个人生活满意度变量后，种族或族群间的警察信任无差异。但托马斯和海曼在将种族、性别、年龄、收入、教育、职业威望、犯罪的受害程度、居住因素以及个体生活满意度等变量进行比较后发现，种族仍是关于警察信任的最佳预测变量。[1] 基于此，我们将此作为控制变量之一。在操作层面，本文通过问卷中受访者对与生活质量相关的若干情形的态度评价进行因子分析，最后降为两个公共因子：安全感因子（包括法治环境、治安状况和公民政治权利保护）和生活条件满足因子（包括收入水平、物价控制、住房状况、贫富差距、经济发展、社会保障、促进就业、医疗保障和教育等）[2]，均为定距变量。

5. 居住区域。如前所述，在西方的研究中，地区变量也是关于种族是否会影响到警察信任的富有争议性的控制变量之一。对此，大多数学者多采用地区，特别是所在社区的集中弱势（concentrated disadvantage）程度和凶杀案率等指标。[3] 虽然此方面的相关资料难以获取，但不论是从产业和就业结构，还是从社会经济发展水平来看，上海市区与各郊区（县）都具有实质的区别。参照已有的分类成果，我们将居住区域分为核心区（包括黄埔和静安两区）、非核心传统中心城区（包括长宁、虹口、闸北、普陀、杨浦和徐汇）、城郊接合区（包括浦东和闵行）和远郊区（松江、青浦、奉贤和崇明等）四类，分别赋值1—4，为定类变量。

---

[1] Thomas, C. W. and J. M. Hyman, "Perceptions of Crime, Fear of Victimization, and Public Perceptions of Police Performance", *Journal of Political Science and Administration*, Vol. 5, 1977, pp. 305 – 317.

[2] 分析时采用方差最大旋转（Varimax）法，KMO值为0.882，约56.35%的总方差由此两个潜在因子解释。

[3] Schuck, Amie M., Dennis P. Rosenbam & Darnell F. Hawkins, "The influence of Race/Ethnicity, Social Class, and Neighborhood Context on Resident's Attitudes toward the Police", *Police Quarterly*, Vol. 11, No. 4, 2008, pp. 496 – 519.

## 第十三章 户籍、同期群及其对警察信任度的影响

相关的定量描述信息见表 13-1。

表 13-1　　　　　　样本中主要变量分布[a]

| 变量 | 频次 | 百分比 | 变量 | 频次 | 百分比 |
|---|---|---|---|---|---|
| 警察信任 |  |  | 性别 |  |  |
| 高信任 | 363 | 15.8% | 男 | 1173 | 51% |
| 低信任 | 1829 | 79.5% | 女 | 1127 | 49% |
| 户籍[b] |  |  | 受教育程度 |  |  |
| 户籍人口 | 1727 | 75.1% | 初中及以下 | 757 | 32.9% |
| 外来人口 | 343 | 14.9% | 高中及中专 | 791 | 34.4% |
| 同期群 |  |  | 高等教育 | 752 | 32.7% |
| 本地"80"前 | 1070 | 46.5% | 阶层认同 |  |  |
| 本地"80"后 | 506 | 22% | 下层 | 264 | 11.5% |
| 外地"80"前 | 350 | 15.2% | 中下层 | 945 | 41.1% |
| 外地"80"后 | 374 | 16.3% | 中层 | 998 | 43.4% |
|  |  |  | 中上层及上层 | 87 | 3.8% |

注：a. 此表数据的百分比未将缺失值排除之外；b. 本表中的户籍人口为未加权的原始值。

### （四）数据分析

为实现上述研究目的，同时根据变量性质和特征，本文分两步来进行数据处理和说明：首先对数据进行描述性统计，然后将核心变量和控制变量纳入两分类 Logistic 回归模型进行多变量分析。

本文的描述分析主要通过以下两个表格呈现：表 13-2 列举了全样本中不同户籍以及同期群对上海市各基层派出所的信

任态度的比例分布情况；表 13-3 显示的是将户籍作为控制变量，同期群与基层派出所信任的比例分布。

表 13-2　对基层派出所之信任的描述统计（N=2300）

|  | 非常不信任 | 不太信任 | 比较信任 | 非常信任 | 缺失值 |
| --- | --- | --- | --- | --- | --- |
| 全样本 | 1.3% | 14.5% | 64.9% | 14.6% | 4.8% |
| 本地户籍 | 1.3% | 13.0% | 65.9% | 15.4% | 4.4% |
| 外地人口 | 1.1% | 17.8% | 62.8% | 12.9% | 5.4% |
| "80"前 | 1.3% | 16.1% | 64.5% | 13.8% | 4.3% |
| "80"后 | 1.2% | 11.9% | 65.5% | 16.1% | 5.3% |

从表 13-2 的数据来看：首先，就样本的整体情况而言，受访者对基层派出所持"非常信任"的比例为 14.6%，而持"非常不信任"的仅 1.3%，大部分人选择"比较信任"，比例为 64.9%。同时，若将"非常不信任"与"不太信任"合并为"低信任"，后两者合并为"高信任"，那么其比例分别为 15.8% 和 79.5%。其次，当考虑到户籍因素后，本地户籍受访者对基层派出所持"低信任"与"高信任"的比例分别为 14.3% 和 81.3%；外地户籍受访者的比例为 18.9% 和 75.7%，本地人口较外地人口对基层派出所持高信任的比例要高 5.6%。最后，考虑到同期群因素，80 年前和 80 年后选择"低信任"的比例分别为 17.4% 和 13.1%；选择"高信任"的比例为 78.3% 和 81.6%，80 后比 80 前持高信任的比例高 3.3%。

### 第十三章 户籍、同期群及其对警察信任度的影响

表13-3 对基层派出所之信任与不同户籍内同期群的交互分类（N=2162）

|   |   | 低信任 | 高信任 |
|---|---|---|---|
| 本地 | 80前 | 19.1% | 80.9% |
| 本地 | 80后 | 17.7% | 82.3% |
| 外地 | 80前 | 29.8% | 70.2% |
| 外地 | 80后 | 19.2% | 80.8% |

注：考虑到数据的可比性，此表为样本中删除缺损值后的有效数据。

从表13-3的数据来看，当将户籍作为控制变量后，我们发现：在本地户籍受访者中，就"低信任"而言，"80后"的受访者较"80前"略低1.4%，选择"高信任"的比例略增1.4%；但在外地人口的受访者中，"80后"的受访者比"80前"对警察的"低信任"降低了10.6%，对警察的"高信任"比例上升了10.6%。

虽然表13-3中的数据与本文假设的判断一致，但由于目前只进行了单纯的统计描述而没有进行统计推论，因此为更准确地验证本文的假设，体现各变量间的差异及其与警察信任的净相关，我们还有必要进行多变量分析。仍然采用Logistic回归法建构回归模型。首先纳入户籍、同期群核心自变量和其他控制变量，形成模型1。为避免严重的共线性问题，模型2和模型3则纳入户籍和同期群交互变量及其他控制变量。其中，模型2中的户籍同期群交互分类是以"外地80前"为参照的，模型3则以"本地80前"为参照。由此，形成表13-4呈现的结果。

表 13-4　　　　　警察信任两分 Logistic 回归

| | 模型 1 | 模型 2 | | 模型 3 |
|---|---|---|---|---|
| 户籍[a] | -.270 (.121)* | | | |
| 同期群[b] | .540 (.166)*** | | | |
| 户籍同期群交互分类[c] | | | 户籍同期群交互分类[d] | |
| 本地 80 前 | | .545*** (.154) | 本地 80 后 | .191 (.207) |
| 本地 80 后 | | .736*** (.195) | 外地 80 前 | -.545 (.154)*** |
| 外地 80 后 | | .839*** (.199) | 外地 80 后 | .294 (.219) |
| 性别[e] | -.029 (.099) | -.048 (.100) | 性别[e] | -.048 (.100) |
| 年龄 | .007 (.006) | .003 (.006) | 年龄 | .003 (.006) |
| 受教育程度[f] | | | 受教育程度[f] | |
| 初中及以下 | .080 (.153) | .063 (.155) | 初中及以下 | .063 (.155) |
| 高中及中专 | -.103 (.131) | -.173 (.134) | 高中及中专 | -.173 (.134) |
| 主观阶层认同[g] | | | 主观阶层认同[g] | |
| 中上及上层 | -.549 (.344) | -.595 (.346) | 中上及上层 | -.595 (.346) |
| 中层 | -.358 (.322) | -.385 (.324) | 中层 | -.385 (.324) |
| 中下层 | -.310 (.318) | -.350 (.320) | 中下层 | -.350 (.320) |
| 生活满意度 | | | 生活满意度 | |
| 生活条件因子 | .323 (.052)*** | .322*** (.052) | 生活条件因子 | .322 (.052)*** |
| 安全感因子 | .445 (.050)*** | .446*** (.050) | 安全感因子 | .446 (.050)*** |

## 第十三章 户籍、同期群及其对警察信任度的影响

续表

|  | 模型1 | 模型2 |  | 模型3 |
|---|---|---|---|---|
| 居住区域[h] |  |  | 居住区域[h] |  |
| 核心区 | -1.666 (.207)*** | -1.678*** (.208) | 核心区 | -1.678 (.208)*** |
| 非核心传统中心城区 | -.405 (.135)** | -.370** (.135) | 非核心传统中心城区 | -.370 (.135)** |
| 城郊接合区 | -.683 (.127)*** | -.677*** (.127) | 城郊结合区 | -.677 (.127)*** |
| 常数 | 1.937 (.452)*** | 1.746*** (.442) | 常数 | 2.290 (.442)*** |
| 模型 $\chi^2$ (df) | 214.778 (14) | 222.838 (15) | 模型 $\chi^2$ (df) | 222.838 (15) |
| 模型 Sig. | .00 | .00 | 模型 Sig. | .000 |
| 伪决定系数 | .118 | .122 | 伪决定系数 | .122 |
| n | 2151 | 2151 | n | 2151 |

注：①括号前为原始系数，括号内为标准误差。② \*\*\* P <.001；\*\* P <.01；\* P <.05（双尾检验）。③a. 以"本市户籍人口"为参照；b. 以"1980 年前出生人群"为参照；c. 以"外地80前"为参照；d. 以"本地80前"为参照；e. 以"女性"为参照；f. 以"高等教育"为参照；g. 以"下层"认同者为参照；h. 以"远郊"为参照。

从模型1的数据来看，首先，户籍变量在0.05水平上具有统计显著性，其社会意义在于：以对警察的低信任为对照，在控制其他变量的前提下，外地户籍人口较本地户籍人口选择对警察持高信任态度的发生比要低23.7%（$1 - e^{-.270}$）。其次，同期群变量在0.001水平具有统计显著性，其意义表明：以对警察的低信任为对照，在控制其他变量的前提下，80后选择对警察高信任的发生比是"80前"的1.715（$e^{.540}$）倍。

从上述数据可知，假设1和假设3得以证实。从模型2来看，在控制其他变量的情况下，以对警察的低信任为对照，外地"80后"对警察持高信任态度发生比是外地"80前"的2.314倍，本地"80后"对警察持高信任的发生比是外地"80前"的2.087倍，而本地"80前"选择高信任的发生比是外地"80前"的1.724倍。由此，假设2也为数据所证明。从模型3来看，当以"本地80前"为参照时，在控制其他变量的情况下，以对警察的低信任为对照，本地"80前"与本地"80后"间在0.005水平不具统计显著性，即两者无实质的差异。由此可知，本文的假设3也获得数据的支持。

综上所述，就上海市常住人口对警察的信任度而言，从本研究的数据可知：即便是控制了阶层认同、生活满意度和居住地区等变量，户籍及同期群仍有显著影响。

## （五）结论与讨论

本文在冲突论视野下，一方面回应西方学界关于警察信任的种族脸谱化理论及其论争，另一方面还试图整合主流社会学关于系统研究的制度论和文化论两种分析路径，提出"制度—文化挤压"分析框架，从即时性和历时性两层面对户籍身份区隔下的警察信任差异进行分析，并兼顾同期群的影响。如前所述，本文的假设都获得了数据的支持。同时，相关的结论也可与西方社会的解释模式形成对话。

第一，户籍区隔是解释上海市常住居民对警察信任的重要因素之一。一方面，从基于制度的利益分配而生的挤压机制来看，虽然在全国范围内附着于户籍制度之上的社会福利区隔慢慢消融，但在"北上广"这类城市，户籍改革仍未触及最核心的利益分配不公平原则。另一方面，从文化歧视产生的挤压来看，虽然在城市中的外来人口慢慢过渡到以"二代"为主，但相对制度变迁而言，观念文化变迁的滞后性也使得加诸他们的"农民工""外来人口"等文化标签，以及由此沿袭的城市人口对他们的歧视仍然存在，警察对他们的"标签式执法"仍旧存在。其结果必然造成受挤压方对城市警察制度设置的不满。

第二，如果认可信任生成的结构性和历时性影响，同时，由于同代性使同一代人在性格模式上存在着同样的社会经历和思维模式，在行为上表现出同样的历史类别，那么，就同期群影响而言，与城市人口不同同期群对警察信任态度表现出同质性相比，外来人口对警察信任的同期群差异则表现出更具异质化的倾向。其主要原因在于：首先，对于本地人口而言，由于警察仍是其利益的代表，为此，社会的变迁之于他们对警察的态度影响并不显著；其次，对于"80前"外来人口而言，僵化的二元社会使其生活经历处于"强制度—强文化排斥"的文化和社会结构安排之中；而对于"80后"外来人口而言，相比其父辈，一方面，他们社会化历程的社会结构背景表现为"弱制度—次强文化排斥"特征，户籍制度的改革及市场化的资源配置方式在一定程度上弱化了基于身份的利益分配歧视，上海户籍人口对外来人口的文化歧视也不如之前强烈，而"80后"自身的人生经历也使得他们更认同城市；另一方面，上海市对外来人口以防控为主的管理思路也在调整，这些都使得外来人口中"80后"较"80前"对上海市警察的信任度更高。

同时，本文也有许多值得更深入探讨之处：

第一，与西方影响警察信任的文化主导型机制相比，影响上海市外来人口对警察信任的重要机制是制度主导型。文化主导型机制深根于一个地区的观念体系之中，在文化观念的限制下，制度的改革在许多时候未必能实现其相应的功能。从这个意义来讲，与西方警察信任的种族或族群差异相比，改善我国外来人口对所在地警察的信任就显得较为容易，也更具可行性。但其前提是需要不断改革诸如户籍等限制当前身份转换的制度。相反，在正处于二代更替的当下，若基于身份的利益分配格局在机制层面制度化，在民众观念层面固化，那么，我们的前述的优势也有可能转化为类似于西方文化主导型的群体隔阂劣势，而这不仅无助于形成良好的警民关系，也对当前我国改革的深化及社会建设有弊无利。

第二，与前文所述"弱制度—次强文化挤压"下的乐观判断不同，考虑到上海市外来人口31.6岁的平均年龄，我们认为，"80后"外来人口对上海市警察的较高信任仅是一种暂时状况。正如李培林等学者的判断，新生代流动人口此阶段的乐观的"青春期"只是暂时的、不稳定的，随着年龄和阶层地位的变化，如果他们的生活压力不断增大，美好的生活预期被打破，那么他们对社会的积极态度会迅速转变为消极评价。对处于底层的农民工如此，对于外来人口的中产阶层更是如此。也如"凤凰男"[①]的命题一样，当他们享受完事业之初的人力资本优势后，源自文化的歧视和社会资本的不足会使其产生更大的相对剥夺感。若未有及时跟进的制度改革和相应文化的改变，这种信任格局的不确定性会加大。

第三，本文虽未提及，但不同户籍人口的警察信任既受所在地的人口户籍结构、经济发展水平、产业结构、当地对外来

---

① 林易：《"凤凰男"能飞多高——中国农转非的晋升之路》，《社会》2010年第1期。

## 第十三章　户籍、同期群及其对警察信任度的影响　457

人口的管理理念和体制、法治化程度和社会治安状况等宏观因素的影响，也与外来人口的收入水平、社会经济地位、主动社会融入程度以及与警察的互动方式等微观因素有关。为此，我们呈现的结论可能仅是上海这个本就是移民社会中的"地方性知识"。但从本文的回归结果来看，生活条件满意因子、安全感因子和居住区域都表现出高度显著性。为此，从控制变量数据对上述部分因素的支持情形来看，虽然囿于本文的目的，我们未进行具体的分析，但居民的安全感及警察对待居民的态度也是影响民众警察信任感的重要因素。

任何社会生活的秩序生成都需要公权力，但只有那些具有社会合法性的权力才可能维护着一个良性的社会。而系统或机构信任的实质反映的是民众对其社会合法性的认可程度。正如哈贝马斯所指出的："一个统治的合法性，是以被统治者对合法性的信任为尺度的。这涉及着'信任问题，即相信一个国家的结构、活动、活动方式、决策、政策，以及一个国家的官吏和政治领导人都具有正确性、合理性、善良道德的素质；并且由于这种素质而应得到承认'。"[1] 我国社会正在快速转型，社会利益日趋多元，纠纷纷呈，社会秩序面临着各种失范现象的挑战。在此背景下，公权机构的公信力就显得尤为必要，因为没有来自民众的信任，诸如警察、司法部门的执行力也必然出现问题。但与此同时，国人对公权力的信任机制也发生了变化，与之前家长制的公权力权威服从模式不同，随着权利意识的觉醒，民众对公权机构的信任更多的是建立在自我权利在多大程度上得到尊重和维护的基础之上。而本文关于警察信任感

---

[1]　［德］哈贝马斯：《重建历史唯物主义》，社会科学文献出版社 2000 年版，第 287 页。

的研究也印证了这点——对警察的高信任度必然会提升警察的公信力，公信力的提高随之会带来警察执行力的提升，而这既有助于社会秩序的维护，也有助于民众对整个公权机构的信任。

然而，需要指出的是，本文在数据上还存在着两个重要的缺陷：（1）由于上海市的移民特性，在上海户籍人口中，有相当部分是经过"极度正向选择"而获得上海市户籍的外来人口，这些人大部分是自20世纪90年代后进入上海，即所谓的"新上海人"，他们与"老上海人"在对外常住人口的态度方面可能存在着一定的差异。（2）如前所述，民众与警察互动的经历是影响其警察信任的重要因素，但囿于数据缺陷，虽然前文在推理部分也涉及间接互动这一逻辑环节，但在数据分析上无法弥补。为此，作为国内关于警察信任的一项较为新颖的尝试，本文希望笔者的这个研究会在一定程度上起到抛砖引玉的作用，同时也期待在以后的调查和研究中能进一步补充和完善。

# 附录

编号：□□□□

# 上海市居民法律认知与行为调查问卷

女士/先生：

您好！我是华东政法大学社会发展学院委托的社会调查员。我们正在进行一项上海市居民法律认知与行为的社会调查。本调查受中央财政专项"大都市社区治理与公共安全"项目的资助，由华东政法大学社会发展学院负责。

经抽样选择，您被选为我们的访问对象。本问卷不记录填答人的姓名。回答的问题，没对错之分，您只要根据平时的想法和做法回答就行。对于您的回答，我们将按照《统计法》的规定，严格保密，只用于统计分析。谢谢您的合作！

华东政法大学社会发展学院
2011 年 6 月

填答须知：

1. 填答时，请在您认为合适的选项中画"○"。

2. 本问卷若未加说明都为单项选择，请选择您认为最合适的答案。若需要您进行多项选择，我们会在题目后说明。

---

采访地点（请调查员务必填写）

区/县名称：＿＿＿＿＿＿＿　乡/镇/街道名称：＿＿＿＿＿＿＿

居委会/村委会名称：＿＿＿＿＿＿＿＿＿

调查员（签名）：＿＿＿＿＿＿＿　调查日期：2011 年＿＿月＿＿日

问卷录入员（签名）：＿＿＿＿＿＿

---

请您留下联系电话或家庭电话，主要用于对访问员调查问卷质量的监控工作。

被访者姓名：＿＿＿＿＿＿　家庭地址：＿＿＿＿＿＿＿＿

联系电话：＿＿＿＿＿＿＿

Q1. 您的性别是：1. 男　　2. 女

Q2. 您的年龄：＿＿＿＿＿＿

Q3. 您的受教育程度是：

1. 没受过教育　2. 小学　3. 初中/技校　4. 高中/中专

5. 大专　6. 本科　7. 硕士及以上

Q4. 您的婚姻状况是：1. 未婚　2. 已婚　3. 离异

Q5. 您的户口状况是：1. 本市非农　2. 本市农业

3. 外地非农　4. 外地农业

Q6. 您的职业和工作单位性质是（请分别在下表相应的选项中画"〇"）

| 职业 | | 类别 | | 单位 | 类型 |
|---|---|---|---|---|---|
| 科学研究人员 | 1 | 农民 | 11 | 党政机关 | 21 |
| 大学教师 | 2 | 农民工 | 12 | 国有企业 | 22 |
| 中小学教师 | 3 | 产业工人 | 13 | 国有事业 | 23 |
| 工程技术人员 | 4 | 商业、服务业人员 | 14 | 集体企事业 | 24 |
| 医生 | 5 | 家庭保姆、计时工 | 15 | 个体经营 | 25 |
| 护士 | 6 | 政府机关负责人 | 16 | 私营、民营企事业 | 26 |
| 企业一般管理人员 | 7 | 党群组织负责人 | 17 | 三资企业 | 27 |
| 企业一般职员 | 8 | 企事业单位负责人 | 18 | 外资企业 | 28 |
| 法律工作人员 | 9 | 普通公务员 | 19 | 其他类型 | 29 |
| 私营企业主 | 10 | 个体户 | 20 | | |

Q7. 您的政治身份是：

1. 中共党员  2. 民主党派人士  3. 共青团员  4. 群众

Q8. 您的宗教信仰是：

1. 佛教  2. 基督教  3. 天主教  4. 伊斯兰教

5. 道教  6. 没啥固定信仰，偶尔拜拜神

7. 其他信仰（请填写）  8. 无神论者

（Q8 若您选择 1—7，请接着回答 Q8—1 至 Q8—3；若选择 8，请跳至 Q9）

Q8—1. 下列宗教活动，如念经、拜佛、祷告、进香、读圣经等，您的参与程度是：

1. 从没  2. 偶尔  3. 经常  4. 其他（请说明）

Q8—2. 您认为您的宗教信仰：
1. 不太虔诚　2. 一般　3. 比较虔诚　4. 非常虔诚
5. 说不清

Q9. 不论您是否参与宗教活动，您个人认为您是：
1. 有宗教信仰者　2. 无宗教信仰者
3. 坚定的无神论者

Q10. 若将上海市的居民收入分为5个等级，您认为您家的收入属于：
1. 下等　2. 中下等　3. 中等　4. 中上等　5. 上等

Q11. 您对自己家庭的经济状况：
1. 非常满意　2. 比较满意　3. 不太满意
4. 非常不满意

Q12. 总体来说，您认为当前中国社会整体信任状况是：
1. 大多数人是不可信任的　2. 大多数人是可信任的
3. 说不清

Q13. 请问您对以下人的信任程度

|   |   | 非常信任 | 比较信任 | 不太信任 | 非常不信任 | 说不清 |
|---|---|---|---|---|---|---|
| 一 | 家庭成员 | 1 | 2 | 3 | 4 | 5 |
| 二 | 直系亲戚 | 1 | 2 | 3 | 4 | 5 |
| 三 | 其他亲属 | 1 | 2 | 3 | 4 | 5 |
| 四 | 邻居 | 1 | 2 | 3 | 4 | 5 |
| 五 | 一般熟人 | 1 | 2 | 3 | 4 | 5 |
| 六 | 一般朋友 | 1 | 2 | 3 | 4 | 5 |
| 七 | 亲密朋友 | 1 | 2 | 3 | 4 | 5 |
| 八 | 第一次见面的人 | 1 | 2 | 3 | 4 | 5 |
| 九 | 法官 | 1 | 2 | 3 | 4 | 5 |

续表

| | 非常信任 | 比较信任 | 不太信任 | 非常不信任 | 说不清 |
|---|---|---|---|---|---|
| 十　检察官 | 1 | 2 | 3 | 4 | 5 |
| 十一　警察 | 1 | 2 | 3 | 4 | 5 |
| 十二　单位同事 | 1 | 2 | 3 | 4 | 5 |
| 十三　单位领导 | 1 | 2 | 3 | 4 | 5 |
| 十四　律师 | 1 | 2 | 3 | 4 | 5 |
| 十五　法学家 | 1 | 2 | 3 | 4 | 5 |
| 十六　社工（社会工作者） | 1 | 2 | 3 | 4 | 5 |

**Q14. 请问您对以下机构的信任程度**

| | 非常信任 | 比较信任 | 不太信任 | 非常不信任 | 说不清 |
|---|---|---|---|---|---|
| 一　最高人民法院 | 1 | 2 | 3 | 4 | 5 |
| 二　最高人民检察院 | 1 | 2 | 3 | 4 | 5 |
| 三　中央政府 | 1 | 2 | 3 | 4 | 5 |
| 四　上海市最高人民法院 | 1 | 2 | 3 | 4 | 5 |
| 五　上海市中级人民法院 | 1 | 2 | 3 | 4 | 5 |
| 六　上海市最高人民检察院 | 1 | 2 | 3 | 4 | 5 |
| 七　上海市人民检察分院 | 1 | 2 | 3 | 4 | 5 |
| 八　上海市政府 | 1 | 2 | 3 | 4 | 5 |
| 九　区（县）法院 | 1 | 2 | 3 | 4 | 5 |
| 十　区（县）检察院 | 1 | 2 | 3 | 4 | 5 |
| 十一　区（县）政府 | 1 | 2 | 3 | 4 | 5 |
| 十二　您所在的街道或镇政府 | 1 | 2 | 3 | 4 | 5 |
| 十三　信访办 | 1 | 2 | 3 | 4 | 5 |

续表

|  | 非常信任 | 比较信任 | 不太信任 | 非常不信任 | 说不清 |
|---|---|---|---|---|---|
| 十四　国家公安部 | 1 | 2 | 3 | 4 | 5 |
| 十五　上海市公安局 | 1 | 2 | 3 | 4 | 5 |
| 十六　区（县）公安局 | 1 | 2 | 3 | 4 | 5 |
| 十七　基层派出所 | 1 | 2 | 3 | 4 | 5 |
| 十八　全国人大 | 1 | 2 | 3 | 4 | 5 |
| 十九　上海市人大 | 1 | 2 | 3 | 4 | 5 |
| 二十　区人大 | 1 | 2 | 3 | 4 | 5 |
| 二十一　全国政协 | 1 | 2 | 3 | 4 | 5 |
| 二十二　上海市政协 | 1 | 2 | 3 | 4 | 5 |
| 二十三　区（县）政协 | 1 | 2 | 3 | 4 | 5 |
| 二十四　消费者协会 | 1 | 2 | 3 | 4 | 5 |
| 二十五　律师协会 | 1 | 2 | 3 | 4 | 5 |
| 二十六　报纸杂志 | 1 | 2 | 3 | 4 | 5 |
| 二十七　电视台 | 1 | 2 | 3 | 4 | 5 |
| 二十八　街道司法站 | 1 | 2 | 3 | 4 | 5 |
| 二十九　宗教组织 | 1 | 2 | 3 | 4 | 5 |

Q15. 总体来说，您觉得目前打官司公平吗？
1. 非常不公平　2. 不太公平　3. 比较公平

4. 非常公平　5. 视官司性质和对象而定

Q16. 您觉得社会上的冤假错案多吗？

1. 非常少　2. 比较少　3. 比较多　4. 非常多

Q17. 您是不是下列组织或活动的成员，如果是，近年以来，您的参与程度是：

|  | 不是成员 | 是成员 |  |  |
|---|---|---|---|---|
|  |  | 经常参加 | 偶尔参加 | 从不参加 |
| 一　教育/艺术/音乐/文化组织 | 1 | 2 | 3 | 4 |
| 二　工会 | 1 | 2 | 3 | 4 |
| 三　政党组织 | 1 | 2 | 3 | 4 |
| 四　环保组织 | 1 | 2 | 3 | 4 |
| 五　专业或行业协会 | 1 | 2 | 3 | 4 |
| 六　慈善组织 | 1 | 2 | 3 | 4 |
| 七　宗教组织 | 1 | 2 | 3 | 4 |
| 八　宗族组织 | 1 | 2 | 3 | 4 |
| 九　妇女团体 | 1 | 2 | 3 | 4 |
| 十　单位组织的活动 | 1 | 2 | 3 | 4 |
| 十一　居、村委会会议和活动 | 1 | 2 | 3 | 4 |
| 十二　所在小区组织的活动 | 1 | 2 | 3 | 4 |

## Q18. 您对下列语句的态度是

| | 非常同意 | 比较同意 | 不太同意 | 非常不同意 | 说不清 |
|---|---|---|---|---|---|
| 一　个人利益在任何时候都要服从集体利益 | 1 | 2 | 3 | 4 | 5 |
| 二　如果领导的道德品质好，能力强，我们就可以让他来决定所有的事情 | 1 | 2 | 3 | 4 | 5 |
| 三　政府首脑就像一家之长 | 1 | 2 | 3 | 4 | 5 |
| 四　在当代中国，法院基本代表正义 | 1 | 2 | 3 | 4 | 5 |
| 五　原告和被告不论有钱无钱，有权无权，法官都能一视同仁 | 1 | 2 | 3 | 4 | 5 |
| 六　打官司就是打关系 | 1 | 2 | 3 | 4 | 5 |
| 七　大盖帽两头翘，吃了原告吃被告 | 1 | 2 | 3 | 4 | 5 |
| 八　某些法官的法治意识不强 | 1 | 2 | 3 | 4 | 5 |
| 九　法院审判效率太低 | 1 | 2 | 3 | 4 | 5 |
| 十　法院判决受到太多政治和经济利益的影响 | 1 | 2 | 3 | 4 | 5 |
| 十一　去法院打官司不如去政府部门找领导 | 1 | 2 | 3 | 4 | 5 |
| 十二　有冤屈找政府或法院不如找媒体 | 1 | 2 | 3 | 4 | 5 |
| 十三　去法院打官司不如信访 | 1 | 2 | 3 | 4 | 5 |
| 十四　信访不如上网 | 1 | 2 | 3 | 4 | 5 |
| 十五　请律师主要是律师懂法律 | 1 | 2 | 3 | 4 | 5 |
| 十六　请律师主要看他是否与法官熟悉 | 1 | 2 | 3 | 4 | 5 |
| 十七　打官司终归是不好的事情 | 1 | 2 | 3 | 4 | 5 |

续表

|  | 非常同意 | 比较同意 | 不太同意 | 非常不同意 | 说不清 |
|---|---|---|---|---|---|
| 十八　被别人告到法院总是不太光彩的事情 | 1 | 2 | 3 | 4 | 5 |
| 十九　信访的人都是不懂法的人 | 1 | 2 | 3 | 4 | 5 |
| 二十　与5年前相比，现在的法院和法官更值得信任了 | 1 | 2 | 3 | 4 | 5 |
| 二十一　未来我国的司法状况会变得更好 | 1 | 2 | 3 | 4 | 5 |

Q19. 大致来说，您对法律知识的了解程度：

1. 完全不知道　2. 不太了解　3. 比较了解

4. 非常了解　5. 说不清

Q20. 您对以下部门法制宣传与教育的关注程度是：

|  | 非常关注 | 比较关注 | 不太关注 | 一点不关注 | 说不清 |
|---|---|---|---|---|---|
| 一　家庭中的法制宣传与教育 | 1 | 2 | 3 | 4 | 5 |
| 二　学校法制宣传和教育 | 1 | 2 | 3 | 4 | 5 |
| 三　社区街道中的法制宣传与教育 | 1 | 2 | 3 | 4 | 5 |
| 四　司法机关的普法宣传和教育 | 1 | 2 | 3 | 4 | 5 |
| 五　公检法及政府部门的法制宣传与教育 | 1 | 2 | 3 | 4 | 5 |
| 六　报纸杂志中的法制栏目 | 1 | 2 | 3 | 4 | 5 |
| 七　电视、广播中的法制栏目 | 1 | 2 | 3 | 4 | 5 |
| 八　网络中的法制新闻和栏目 | 1 | 2 | 3 | 4 | 5 |
| 九　各种新闻媒体中的法制新闻和故事 | 1 | 2 | 3 | 4 | 5 |

Q21. 当您遇到法律纠纷想了解法律知识时,一般通过哪些渠道(可多选):

1. 咨询家人  2. 咨询亲戚朋友  3. 咨询律师

4. 查阅相关书籍  5. 通过网络查询  6. 咨询有关部门

7. 其他(请说明)

Q22. 您曾经是否有过以下行为:

|  | 有过一次 | 不止一次 | 没有过 |
| --- | --- | --- | --- |
| 一 打官司 | 1 | 2 | 3 |
| 二 报警 | 1 | 2 | 3 |
| 三 上访 | 1 | 2 | 3 |
| 四 举报 | 1 | 2 | 3 |
| 五 投诉 | 1 | 2 | 3 |
| 六 调解 | 1 | 2 | 3 |
| 七 旁听审判 | 1 | 2 | 3 |

〔若您打过官司(包括被别人告上法院),请接着回答Q22.1—4,若没,请跳答Q23〕

Q22—1. 您和谁打过官司(可多选):

1. 家庭成员  2. 亲戚  3. 一般朋友  4. 好朋友

5. 熟人  6. 陌生人  7. 邻居  8. 同事  9. 单位

10. 政府

Q22—2. 您的官司所涉及的问题是(可多选):

1. 日常生活消费类纠纷  2. 生意经济纠纷

3. 家庭财产纠纷  4. 家庭伤害类纠纷  5. 离婚纠纷

6. 邻里纠纷

7. 侵权纠纷(包括人身伤害、名誉伤害、交通事故等):

Q22—3. 您选择官司的原因是（可多选）：

1. 律师的建议　2. 家人和朋友的建议

3. 没必要通过其他方式解决　4. 其他方式解决不了

5. 更相信法院的公正　6. 法院最权威

Q22—4. 与法院接触后，您对法院的印象：

1. 变坏了　2. 变好了　3. 没变化，与原来一样

Q23. 若您打官司输了，那么您对法院作出判决的态度是（可多选）

1. 肯定不接受　2. 公正就接受　3. 合法就接受

4. 不接受也得接受

Q24. 为了防止纠纷和矛盾，面对下述问题您是否会签协议或进行公证？

|   |   | 会 | 不会 | 视情况而定 |
| --- | --- | --- | --- | --- |
| 一 | 夫妻财产 | 1 | 2 | 3 |
| 二 | 家庭财产 | 1 | 2 | 3 |
| 三 | 家庭成员间相互借款 | 1 | 2 | 3 |
| 四 | 亲属间相互借款或合伙做生意 | 1 | 2 | 3 |
| 五 | 同学间相互借款或合伙做生意 | 1 | 2 | 3 |
| 六 | 同事间相互借款或合伙做生意 | 1 | 2 | 3 |
| 七 | 一般朋友相互借款或合伙做生意 | 1 | 2 | 3 |
| 八 | 亲密朋友相互借款或合伙做生意 | 1 | 2 | 3 |
| 九 | 与不熟悉的人相互借款或合伙做生意 | 1 | 2 | 3 |

Q25. 当您遇到下列纠纷或矛盾时，您倾向于以何种途径解决？

|  | 政府 | 法院 | 检察院 | 公安 | 上访 | 居/村委会 | 非政府性权益组织 | 单位 | 亲戚 | 朋友 | 忍忍就算了 | 其他方式 |
|---|---|---|---|---|---|---|---|---|---|---|---|---|
| 一 与您的配偶因子女的姓名权发生纠纷时 | 1 | 2 | 3 | 4 | 5 | 6 | 7 | 8 | 9 | 10 | 11 | 12 |
| 二 当您的家人侵犯您的个人隐私时 | 1 | 2 | 3 | 4 | 5 | 6 | 7 | 8 | 9 | 10 | 11 | 12 |
| 三 当您的家人对您实施家庭暴力时 | 1 | 2 | 3 | 4 | 5 | 6 | 7 | 8 | 9 | 10 | 11 | 12 |
| 四 当您与您的亲属发生债务纠纷时 | 1 | 2 | 3 | 4 | 5 | 6 | 7 | 8 | 9 | 10 | 11 | 12 |
| 五 当您与您的家人因财产分配产生纠纷时 | 1 | 2 | 3 | 4 | 5 | 6 | 7 | 8 | 9 | 10 | 11 | 12 |
| 六 当夫妻发生离婚矛盾时 | 1 | 2 | 3 | 4 | 5 | 6 | 7 | 8 | 9 | 10 | 11 | 12 |
| 七 当您与您的邻居发生纠纷矛盾时 | 1 | 2 | 3 | 4 | 5 | 6 | 7 | 8 | 9 | 10 | 11 | 12 |
| 八 当您与您的朋友发生纠纷矛盾时 | 1 | 2 | 3 | 4 | 5 | 6 | 7 | 8 | 9 | 10 | 11 | 12 |
| 九 当您与您的同学发生纠纷矛盾时 | 1 | 2 | 3 | 4 | 5 | 6 | 7 | 8 | 9 | 10 | 11 | 12 |
| 十 当您与您的同事发生纠纷矛盾时 | 1 | 2 | 3 | 4 | 5 | 6 | 7 | 8 | 9 | 10 | 11 | 12 |
| 十一 当您与社区物业公司发生纠纷矛盾时 | 1 | 2 | 3 | 4 | 5 | 6 | 7 | 8 | 9 | 10 | 11 | 12 |
| 十二 当您与陌生人发生纠纷矛盾时 | 1 | 2 | 3 | 4 | 5 | 6 | 7 | 8 | 9 | 10 | 11 | 12 |
| 十三 当您与您工作的单位发生纠纷矛盾时 | 1 | 2 | 3 | 4 | 5 | 6 | 7 | 8 | 9 | 10 | 11 | 12 |

续表

| | 政府 | 法院 | 检察院 | 公安 | 上访 | 居/村委会 | 非政府性权益组织 | 单位 | 亲戚 | 朋友 | 忍忍就算了 | 其他方式 |
|---|---|---|---|---|---|---|---|---|---|---|---|---|
| 十四 当您在商场购物中与商场发生纠纷矛盾时 | 1 | 2 | 3 | 4 | 5 | 6 | 7 | 8 | 9 | 10 | 11 | 12 |
| 十五 当您在交通事故中受到伤害 | 1 | 2 | 3 | 4 | 5 | 6 | 7 | 8 | 9 | 10 | 11 | 12 |
| 十六 当政府部门侵犯您的权利时 | 1 | 2 | 3 | 4 | 5 | 6 | 7 | 8 | 9 | 10 | 11 | 12 |

Q26. 当您发现下列问题时，您是否会举报或报警？

| | 会 | 不会 | 视情况而定 |
|---|---|---|---|
| 一 公务员或官员贪污腐败 | 1 | 2 | 3 |
| 二 公务员或官员违法乱纪 | 1 | 2 | 3 |
| 三 公务员或官员以权欺压老百姓 | 1 | 2 | 3 |
| 四 单位领导或同事贪污腐败 | 1 | 2 | 3 |
| 五 单位领导或同事违法乱纪 | 1 | 2 | 3 |
| 六 社会上的违法乱纪现象 | 1 | 2 | 3 |
| 七 企业或他人正在进行环境污染 | 1 | 2 | 3 |
| 八 收到疑似诈骗电话 | 1 | 2 | 3 |
| 九 社会上的您看不惯的现象 | 1 | 2 | 3 |

Q27. 一般情况，在春节时，以各种方式与您家互相拜年、交往的亲属、非亲属朋友、同学或同事和其他人大概有多少人？

| 一　亲戚 | 　人 | 二　同学或同事 | 　人 |
| --- | --- | --- | --- |
| 三　非亲戚朋友 | 　人 | 四、其他 | 　人 |

Q27—1. 他们有无从事下列职业、在下列单位类型里工作的人？（如果有，请圈出）

| 职业类别 | | | | 单位类型 | |
| --- | --- | --- | --- | --- | --- |
| 科学研究人员 | 1 | 农民 | 11 | 党政机关 | 21 |
| 大学教师 | 2 | 农民工 | 12 | 国有企业 | 22 |
| 中小学教师 | 3 | 产业工人 | 13 | 国有事业 | 23 |
| 工程技术人员 | 4 | 商业、服务业人员 | 14 | 集体企事业 | 24 |
| 医生 | 5 | 家庭保姆、计时工 | 15 | 个体经营 | 25 |
| 护士 | 6 | 政府机关负责人 | 16 | 私营、民营企事业 | 26 |
| 企业一般管理人员 | 7 | 党群组织负责人 | 17 | 三资企业 | 27 |
| 企业一般职员 | 8 | 企事业单位负责人 | 18 | 外资企业 | 28 |
| 法律工作人员 | 9 | 普通公务员 | 19 | 其他类型 | 29 |
| 私营企业主 | 10 | 个体户 | 20 | | |

Q28. 近年来，您走亲访友的次数：

1. 减少了　2. 增多了　3. 基本没变

Q29. 与以前相比，现在您的社会交往圈子：

1. 缩小了　2. 扩大了　3. 基本没变

Q30. 您对下列判断的态度是：

| | 非常不同意 | 不太同意 | 比较同意 | 非常同意 |
| --- | --- | --- | --- | --- |
| 一　像我这样的人对政府作为没有任何的影响力 | 1 | 2 | 3 | 4 |
| 二　我认为政府官员不会在意像我这样的人的想法 | 1 | 2 | 3 | 4 |

续表

|  | 非常不同意 | 不太同意 | 比较同意 | 非常同意 |
|---|---|---|---|---|
| 三 有时,政治太复杂,不是像我一样的人能够明白的 | 1 | 2 | 3 | 4 |
| 四 如有可能,我会积极参与各种政治活动 | 1 | 2 | 3 | 4 |

Q31. 您对下面公共事务的态度是:

|  | 一点不关心 | 不太关心 | 比较关心 | 非常关心 |
|---|---|---|---|---|
| 一 工作单位中的公共事情 | 1 | 2 | 3 | 4 |
| 二 居住小区(村)的公共事情 | 1 | 2 | 3 | 4 |
| 三 本区的公共事情 | 1 | 2 | 3 | 4 |
| 四 本市的公共事情 | 1 | 2 | 3 | 4 |
| 五 国家的方针和政策 | 1 | 2 | 3 | 4 |

Q32. 人们会将自己划分到高低不同的阶层,您觉得自己在社会上属于哪个阶层:

1. 下层　2. 中下层　3. 中层　4. 中上层　5. 上层

Q33. 您家的月收入(包括各种收入来源)大概处于本市的:

1. 下层　2. 中下层　3. 中层　4. 中上层　5. 上层

Q34. 您对下列政府绩效的满意度评价是:

|  | 非常不满意 | 不太满意 | 比较满意 | 非常满意 |
|---|---|---|---|---|
| 一 中央政府重大决策透明度 | 1 | 2 | 3 | 4 |
| 二 市政府重大决策透明度 | 1 | 2 | 3 | 4 |
| 三 区(县)政府重大决策透明度 | 1 | 2 | 3 | 4 |
| 四 街道(镇)政府重大决策透明度 | 1 | 2 | 3 | 4 |
| 五 中央政府依法行政 | 1 | 2 | 3 | 4 |
| 六 市政府依法行政 | 1 | 2 | 3 | 4 |

续表

|  | 非常不满意 | 不太满意 | 比较满意 | 非常满意 |
|---|---|---|---|---|
| 七　区（县）政府依法行政 | 1 | 2 | 3 | 4 |
| 八　街道（镇）政府依法行政 | 1 | 2 | 3 | 4 |
| 九　中央政府工作效率 | 1 | 2 | 3 | 4 |
| 十　市政府工作效率 | 1 | 2 | 3 | 4 |
| 十一　区（县）政府工作效率 | 1 | 2 | 3 | 4 |
| 十二　街道（镇）政府工作效率 | 1 | 2 | 3 | 4 |
| 十三　我国整体的环境治理和保护情况 | 1 | 2 | 3 | 4 |
| 十四　本市的环境治理和保护情况 | 1 | 2 | 3 | 4 |
| 十五　本区（县）的环境治理和保护情况 | 1 | 2 | 3 | 4 |
| 十六　贫富差距改善情况 | 1 | 2 | 3 | 4 |
| 十七　居民住房状况 | 1 | 2 | 3 | 4 |
| 十八　居民医疗状况 | 1 | 2 | 3 | 4 |
| 十九　治安状况 | 1 | 2 | 3 | 4 |
| 二十　法治环境 | 1 | 2 | 3 | 4 |
| 二十一　公民政治权利保护 | 1 | 2 | 3 | 4 |
| 二十二　腐败治理 | 1 | 2 | 3 | 4 |
| 二十三　经济健康发展 | 1 | 2 | 3 | 4 |
| 二十四　物价的控制 | 1 | 2 | 3 | 4 |
| 二十五　教育发展和投入 | 1 | 2 | 3 | 4 |
| 二十六　社会保障 | 1 | 2 | 3 | 4 |
| 二十七　提高民众收入水平 | 1 | 2 | 3 | 4 |
| 二十八　促进就业 | 1 | 2 | 3 | 4 |

# 后 记

几经周折，本书之数据梳理终于能够呈现于读者，相关的数据源自华东政法大学社会发展学院于2011年6—9月在上海市开展的"上海市居民法律意识与行为取向"的调查。虽然其中的数据多为描述分析，但却基本可以展示出本次调查的目的、思路。

本次调查从立项到操作，再到出版资助，必须感谢社会发展学院的何明升院长。他的鼓励和支持不仅保障了本次调查项目的顺利完成，而且还获取为一个系列调查项目。作为坐落于上海的政法类院校的社会学专业，法律社会学一直是我们社会发展学院的重点发展方向，同时，我们社会发展学院也是中国社会学学会下法律社会学专业委员会的主要发起单位和理事单位。基于中国之现实以及自身的学科定位，我们计划每隔2—3年在上海市进行一次关于"法治国情"的调查，作为第一期法律社会学调查项目，其重点在于对上海的法律意识和法律行为取向进行总体的摸底和把握。而且调查大大扩展了法律意识的范畴，有助于我们更为全面地了解法治上海的基本面貌。

目前，我们虽在中国社会学学会下成立了法律社会学专业委员会，但从研究人员和研究思路来看，目前相关的探讨多为法学背景和法理学路径。作为社会学下的法律社会学，应当充分利用社会学的优势，我们将定位于法律社会学调查，开发各种调查数据库。为了更大地发挥数据库的功效和社会影响，我们也决定在条件成熟时将这些数据库建设为一个共同平台，以供同人利用、开发，共同推动我国法律社会学实证研究的发展。

当然，由于本期调查是一次社会学对法学领域"入侵"的尝试，在对法学的一些概念和基本范畴可能会有一些出入和争议，由此也可能引发对指标设置的一些质疑。同时，也正是一次探索性的调查，使得调查问卷的设计也可能存在这样那样的问题。在此，我们也求教于学界同人，我们将在进一步的调查项目中，逐渐完善。

最后，感谢易益典副院长、李俊副教授和井世洁副教授等，他们为本次调查的顺利进行提供了大量的帮助。同时，感谢我院的秦云、张沂以及江南慧等硕士研究生和本科生在数据的录入和统计方面的细致工作。